陳碩文—著

現代文人在上海的跨域譯寫

航向新世界

政大出版社
Chengchi University Press

國家圖書館出版品預行編目(CIP)資料

航向新世界：現代文人在上海的跨域譯寫/陳碩文著. -- 初
版. -- 臺北市：國立政治大學政大出版社, 2024.02
　　面；　公分
ISBN 978-626-98247-4-8(平裝)

1.CST: 中國文學史 2.CST: 現代文學 3.CST: 翻譯
4.CST: 文學評論

820.908　　　　　　　　　　　　　　　113002374

航向新世界：現代文人在上海的跨域譯寫

作　　　者｜陳碩文

發 行 人　李蔡彥
發 行 所　國立政治大學政大出版社
出 版 者　國立政治大學政大出版社
總 編 輯　廖棟樑
執行編輯　林淑禎
地　　址　11605臺北市文山區指南路二段64號
電　　話　886-2-82375669
傳　　真　886-2-82375663
網　　址　http://nccupress.nccu.edu.tw
經　　銷　元照出版公司
地　　址　10047臺北市中正區館前路28號7樓
網　　址　http://www.angle.com.tw
電　　話　886-2-23756688
傳　　真　886-2-23318496
戶　　名　元照出版有限公司
郵撥帳號　19246890
法律顧問　黃旭田律師
電　　話　886-2-23913808

初版一刷　2024年2月
定　　價　400元
I S B N　9786269824748
G P N　1011300269

政府出版品展售處
‧國家書店松江門市：104臺北市松江路209號1樓
　電話：886-2-25180207
‧五南文化廣場臺中總店：400臺中市中山路6號
　電話：886-4-22260330

目　次

第二編　前鋒左翼：唯美派與異國新潮文藝譯介

導論

一、前言

　　19 世紀以降,中國迎來了所謂前所未有之變局,從鴉片戰爭、八國聯軍、甲午戰爭,到中日戰爭、國共內戰;從中華民國成立到中華人民共和國建國,可說迭經動盪。百年來,物質生產方式、政治體制、經濟、社會、文化模式亦屢經嬗變,加之城市文化興起,鄉土意識萌芽,知識傳布、教育傳承方式等也日新月更,各式巨變皆為華夏文明帶來強烈衝擊,古老帝國及其人民隨之航向一條佈滿挑戰的新旅程。梁啟超(1873-1929)如是說道:「余蓋完全無缺不帶雜質之鄉人也。曾幾何時,為 19 世紀世界大風潮之勢力所簸蕩、所衝擊、所驅遣,使我不得不為國人焉,浸假使將不得不為世界人焉。」[1]極為深刻地銘記著近現代文人由中國人而又為「世界人」的身世感懷。

　　而文學,作為人感知、表彰自我對世界的認識,表達為外界所淘洗、銘刻之心靈變化的藝術形式,也相應產生極大的變化。更因印刷技術的發達、讀者群的擴大、職業作家隊伍的成形,文學概念的形塑、文學傳播的方式,以及文學的普及和多樣化等方面,風貌也大大與前不

1　梁啟超:〈夏威夷遊記〉,《飲冰室合集》第 7 冊(北京:中華書局,1989年),頁 185。

同。作為呈顯心靈、思想的藝術表徵，現代文學充分體現著中國作家如何表述、回應、記憶此一在自我更新能量與外來刺激的共同作用之下，中華古老文明改頭換面、脫胎換骨的歷程；也呈現、刻畫了一代人的生命經驗。文學，不但紀錄了現代中國文人記事、想像、言志、抒情的豐富軌跡，更是其再現世界的表達形式。文學與文心、文化相聯繫，持續體現個體的生命歷程，彰顯人類之內心圖景，更透過敘事、情節、人物、意象、隱喻等文學象徵形式，呈現時局變遷與時代精神。

　　此一中華文明迎來巨大變化的時期，也值現代全球文化快速流動、各國交流日趨頻繁之際。晚清以來，隨著西人地理觀念的傳入，傳統「溥天之下，莫非王土」的「天下」觀受到衝擊，「世界」論述隨之誕生。從「中國」到「萬國」，從「天下」而「世界」，[2]以往中國人習以為常的時空框架逐步轉變，概念、知識構建亦隨之轉型，形成在「世界」的在場下不斷應時而變的嶄新格局。此時期的中國文學書寫，也因時所趨，多發生於與域外異國文學文化交流的情境下，涉及了一不斷「跨域」——跨越國族、語言、文化、文類等各種邊界，不斷對話、轉化，以表現嶄新心靈世界、無時不「新生」的歷程。

　　回探過往，中國文學史上所謂中外文學、文化交流，並不始自此時，[3]惟近代以來，規模更甚以往。自明以降，先有西方傳教士渡海而

2　近現代中國人世界觀的轉變，相關研究請見金觀濤、劉青峰：〈從「天下」、「萬國」到「世界」——晚清民族主義形成的中間環節〉，《二十一世紀》第94期（2006年4月），頁40-53；劉禾著，楊立華等譯：《帝國的話語政治：從近代中西衝突看現代世界秩序的形成》（北京：三聯書店，2009年）；羅志田：〈天下與世界：清末士人關於人類社會認知的轉變——側重梁啟超的觀念〉，《近代讀書人的思想世界與治學取向》（北京：北京大學出版社，2009年），頁30-54；王柯：《中國，從「天下」到民族國家》（臺北：政大出版社，2017年）。

3　佛經中譯對中國文學之影響，胡適、梁啟超早已指出。請見梁啟超：〈翻譯文學與佛典〉，收於羅新璋編：《翻譯論集》（北京：商務印書館，1984年），頁52-67；胡適：〈佛教的翻譯文學〉，收於羅新璋編：《翻譯論集》，頁67-78。

來栽下譯介根苗，[4]後又有中國文人、外交官居留海外或身處文化接觸地帶，傳遞耳濡目染獲致的親身體驗。[5]晚清以來，更多作家、譯者持續想像與書寫世界，[6]各大報刊園地亦多有譯介專欄，展演「世界」，搬演「新潮」，舉凡各國史地、國際政治、科學知識、社會思潮等，皆在中國蓬勃傳播。此時期之文學報刊亦紛紛增設與世界文藝譯介相關之內容，關注世界文壇，翻譯文學亦相當盛行；[7]更屢有文人、作家提倡參照域外文藝體系，更新文學形式，復興中國文學。[8]此時，不但各大文學社團多致力於翻譯，關注世界文藝思潮，各大書局推出的系列叢書

4　明清西方傳道士的文學翻譯及與中國文學的交流，相關研究已有很多，請見李奭學：《中國晚明與歐洲文學——明末耶穌會古典型證道故事考詮》（北京：三聯書店，2010 年）；李奭學：《譯述：明末耶穌會翻譯文學論》（香港：香港中文大學出版社，2012 年）；段懷清：《傳教士與晚清口岸文人》（廣州：廣東人民出版社，2007 年）。

5　晚清文人域外遊記相關研究，請見陳室如：《近代域外遊記研究（1840–1945）》（臺北：文津出版社，2008 年）；呂文翠：《海上傾城：上海文學與文化的轉異，1849–1908》（臺北：麥田出版社，2009 年）；陳室如：《晚清海外遊記的物質文化》（臺北：里仁書局，2014 年）。

6　晚清文人如何在此新世界觀念影響下想像世界，塑造世界敘事，相關研究請見顏健富：《從「身體」到「世界」：晚清小說的新概念地圖》（臺北：國立臺灣大學出版中心，2014 年）；顏健富：《穿梭黑暗大陸：晚清文人對於非洲探險文本的譯介與想像》（臺北：國立臺灣大學出版中心，2022 年）。

7　晚清民初時期，中國文壇的翻譯文學作品，尤其是小說，一度與文人創作不相上下，學者多有關注。請見阿英：《晚清小說史》（臺北：商務印書館，1996 年），頁 234；王宏志：〈導言：教育與消閒——近代翻譯小說略論（代序）〉，《翻譯與創作——中國近代翻譯小說論》（北京：北京大學出版社，2000 年），頁 4。然實際上，翻譯文學作品數量是否佔比更多，因史料收集、統整不易，實難估算。陳平原在《二十世紀中國小說史》中參酌黃小配的觀點，指出「譯本盛行，是為小說發達之初級時代」，1908 年後，創作應大於翻譯，推想大約符合實情。陳平原：《二十世紀中國小說史》（北京：北京大學出版社，1989 年），頁 32。

8　比如茅盾在改革現代文學史上重要文學雜誌《小說月報》時，便主張將西洋文學變遷之過程廣泛介紹，以為借鑑。請見沈雁冰（茅盾）：〈改革宣言〉，《小說月報》第 12 卷第 1 期（1921 年 1 月），頁 2-4。

中亦多文學翻譯作品。[9]現代文人也多同時能操譯筆,具開闊的世界視野和文學意識。在與世界文壇的交流下,新詞語、新概念、新知識外,各大文學類型也陸續譯入中國,文學體式和語言的風貌也更迭蛻變。[10]誠如陳平原所言,域外文學思潮與中國近現代文學轉型和開展息息相關,難以分割,[11]而中國現代文人對域外文藝的接受並非照搬全演,反多詮釋和轉化,此一文學實踐與其生存的時代情境、歷史社會脈絡息息相關,從中更足以探照出中國現代歷史、文化轉型的多樣面貌,使得此一主題成為極具價值的研究議題。

　　事實上,關於翻譯,以往總有成見,以如實呈現原文為翻譯本色,而將與之相反的翻譯視為「不忠的美人」,斥譯者為叛逆者。薩依德(Edward W. Said,1935-2003)提出「理論旅行」(traveling theory)觀點時指出,理論的移動總是反映著與起源地的文化、時代、情境不同的再現過程,理論概念也是在與本地文化的拉鋸、互動中,形塑出新意義的;[12]而在此過程中,再現他人的知識份子/譯者,其實也表述了自

9　學者多指出,文學翻譯在中國現代文學建構、報刊出版等方面,都扮演了舉足輕重的角色,不少新文學作家將文學翻譯視為是中國現代文學盛衰的關鍵,與創作一樣重要。相關研究請見謝天振、查明建主編:《中國現代翻譯文學史》(上海:上海外語教育出版社,2004 年),頁 1-26;張中良:《五四時期的翻譯文學》(臺北:秀威資訊科技,2005 年),頁 3-17。

10　相關研究請見 Catherine Vance Yeh, *The Chinese Political Novel*: *Migration of a World Genre* (Cambridge M.A.: Harvard University Asia Center, 2015);高旭東:《比較文學與中國文體的現代轉型》(北京:北京大學出版社,2017 年);關詩珮:《晚清中國小說觀念譯轉——翻譯語「小說」的生成及實踐》(香港:商務印書館,2019 年);張麗華:《現代中國「短篇小說」的興起——以文類形構為視角》(北京:北京大學出版社,2011 年);張麗華:《文體協商:翻譯中的語言、文類與社會》(北京:北京大學出版社,2023 年);石曉岩:《文學翻譯與中國文學現代轉型研究(1898-1925)》(北京:社會科學文獻出版社,2021 年)。

11　陳平原早已指出,域外小說與傳統文學,同是晚清小說發展的動力,請見陳平原:《中國現代小說的起點:清末民初小說研究》(北京:北京大學出版社,2010 年),頁 10。

12　薩依德著,薛絢譯:《世界‧文本‧批評者》(臺北:立緒文化公司,2009

己的觀點。[13]單德興亦將翻譯者視為語文的再現者，為原作表述、代言。[14]無獨有偶，翻譯理論家韋努蒂（Lawrence Venuti，1953-）也提倡讀者拋開工具性思維，重新思考翻譯與原文的差異，他更認為，與其獨尊譯文的流暢、透明和忠實，漠視翻譯者的貢獻，不如肯定譯者在翻譯活動中扮演關鍵角色。[15]以上理論視角，都提醒了讀者重新思考文學譯介與其變異的文化意涵，並將聚光燈投向翻譯活動中的譯者、譯入語文化脈絡，賦予翻譯活動中涉及的主體／他者之間的關係以新的意義。由此，譯者，也可以是文學價值的締造者。

此外，劉禾通過考察新詞語、新話語和意義在中國獲得合法性的過程，以「客方語言」（guest language）／主方語言（host language）定義原文和翻譯文字，也重新對以往讀者講究譯本忠實與否的想法提出針砭，對譯者的主動性、譯文進行更深入的探索，[16]並提出了「跨語際實踐」（translingual practice）的概念，更寬廣地探討翻譯的意義，特別強調譯者在詞語、概念、文學模式在不同語言的翻譯和傳播過程中產生新變時的主動性。由此，則一文本或思潮在現代中國的跨域行旅，便不再僅僅可從影響或傳播的歷程考察之，更與譯者的選擇、詮釋脈脈相通，而探索新的意涵如何誕生，也成為學者可進一步著力之處。

近年來，陸續又有學者思考劉禾之論述是否能充分體現譯者在翻譯活動中的主體性，及怎樣在其思考基礎上展開以現代中國為主體的文學翻譯探查。有鑒於世界文學的相關理論探討日益勃興，亦為吾人思考此

年），頁 344。

13　薩依德著，薛絢譯：《世界・文本・批評者》，頁 344。

14　單德興：〈譯者的角色〉，《翻譯與脈絡》（臺北：書林出版社，2013 年），頁 19。

15　單德興：〈朝向一種翻譯文化——評韋努隄的《翻譯改變一切：理論與實踐》，《翻譯論叢》第 8 卷第 1 期（2015 年 3 月），頁 146。

16　劉禾著，宋偉杰等譯：《跨語際實踐——文學、民族文化與被譯介的現代性（中國，1900-1937）》（北京：三聯書店，2014 年修訂譯本），頁 36。

一議題提供思想資源。[17]如莫瑞提（Franco Moretti，1950-）通過對現代小說的考察指出，文類、文學形式流傳至各地時，為反映不同的經驗，會系統性地有所調整，在域外形式與本地內容的多重關係中形塑、協商、逐漸凝聚出嶄新風貌；[18]因而，研究者與其對一地一民族文學先有獨斷的界定，從非此即彼的視角分析作品，卻忽略文學的流動性，不如採取「世界文學」的視野，追蹤考察文學敘事模式、特色如何在與不同語言、文化形態接觸中發展。此說與前揭諸觀點呼應，對以往僅追求忠實翻譯，或忽視譯者能量的論點，形成了補充，更進一步提醒了我們以更寬廣的視角，重新思考現代中國的文學翻譯、文化交流相關議題。的確，如同漢斯·弗美爾（Hans J. Vermeer，1930-2010）指出，翻譯可以被視為一種行動，故於探索此一跨域交流時，除深入探索譯者的主動選擇外，研究者還應探討翻譯過程中的物質、文化條件、社會背景與歷史脈絡、翻譯目的等對譯者選擇之影響，[19]以深化相關研究。也就是說，一種文本、文學思潮或概念的流布、成形，並不僅僅是旅行者在異地興之所至的穿梭歷險，也可能是應邀而來，融入一時一地的紀錄，而其所見所思，所化所拒，與其身處之脈絡、背景休戚相關，如此思考，則中國現代文學翻譯與流動就不僅僅是一旅行的過程，其「編譯」、「變異」，都涉及了一文本、思潮、話語的落地、轉化與再生，反映了時代變遷，極具學術價值。

　　事實上，早於 20 世紀初，黃人（1866-1913）已經從世界與中國文

17　張麗華：《文體協商：翻譯中的語言、文類與社會》，頁 20。

18　Franco Moretti, "Conjectures on World Literature," *New Left Review* 1 (Jan.-Feb. 2000): 54-68.

19　Hans J Vermeer, "Skopos and Commission in Translational Action," in *Readings in Translation Theory,* ed. A. Chesterman (Helsinki: Finnlectura, 1989), 173-200. Hans J Vermeer and Katharina Reiss, *Towards a General Theory of Translational Action: Skopos Theory Explained,* trans. Christiane Nord (London, New York: Routledge, 2014).

學的角度談論中國文學，[20]而近年來，已屢有學者從「世界」與文學的
觀點，探討中國現代文學的形構與轉變。如王德威指出，中國現代文學
是一「世界中」（worlding）的文學，世界，既是構成現代文學演變的
宏大背景，也是現代文學演變本身；世界不斷在變化中，文學隨之改
變，而世界也相應而變，因此世界和中國現代文學兩者間不是影響、制
約的關係，而是不斷流動、發展的，[21]此說相當精闢。在此之前，陳思
和從世界文學的視野出發，闡釋中國現代文學的演變、發展、重要命題
及多元面向，亦頗有卓識。[22]然睽諸現代中國與世界的交流，仍與西方
強勢文化的傳入，以及家國有難的艱難處境此一時代脈絡息息相關。中
國文人實際是乃在一板蕩時局中，在不斷流動和變化的世界中思索、安
放他者與自我的位置，持續構建國族文學與文化，故其以「譯」興國的
主體願望未曾稍歇。此一對中國前途的焦慮和思考，可說一直徘徊於不
少作家文人的心靈中，這也就是上個世紀，夏志清在其現代中國小說學
史專著中所指出的，一種現代中國作家難以迴避的「情迷中國」
（obsession with China）現象。[23]李歐梵在論述三〇年代上海廣納百
川，繁華昌盛的都會文化時，也曾指「摩登上海」雖相當具有世界主義
色彩，[24]但中國自晚清以來，便存在著一種獨特的「世界性」想像，[25]

---

20 黃人：《中國文學史》（上海：國學扶輪社，1907 年）。在黃人編輯的《普通
　　百科新大辭典》子集中也收有「世界文學」。黃人：《普通百科新大辭典》
　　（上海：國學扶輪社，1911 年）。
21 王德威：〈「世界中」的中國文學〉，《中國現代文學》第 31 期（2017 年 6
　　月），頁 1-26。
22 陳思和：《中國文學中的世界性因素》（上海：復旦大學出版社，2011 年）。
23 夏志清：《中國現代小說史》（香港：香港中文大學，2001 年），頁 459。
24 李歐梵著，毛尖譯：《上海摩登：一種新都市文化在中國 1930-1945》（香港：
　　牛津大學出版社，2000 年），頁 292。
25 李歐梵：〈羅曼羅蘭與世界主義〉，收於陳相因主編：《左翼文藝的世界主義
　　與國際主義：跨文化實例研究》（臺北：中央研究院中國文哲所，2020 年），
　　頁 45。中國人此一從由「天下」而「世界」的觀念演變，逐漸回到新華夏主
　　義，以中國為中心的概念演進，請見金觀濤、劉青峰：〈從「天下」、「萬
　　國」到「世界」——晚清民族主義形成的中間環節〉，《二十一世紀》總第 94

亦即,當文人作家將中國放置在世界範疇中來審視時,雖意在參與其中,更欲與其並駕齊驅,其文學著譯中亦難免沾染此一情懷。而韋努蒂從關注世界文學在各地流通的角度考察文學、文化翻譯時則進一步指出,是翻譯促成了世界文學在各地之接受,而譯文文化的融入,更重新創造了世界文本的價值,並將之再植入全球網絡中,使此一全球網絡有所變化;此外,他也同時揭露了一民族文學傳統乃通過與其他國族文學傳統的聯繫建構而成的事實。[26]以上觀點不但挑戰了學者、史家僅從民族國家視野探詢文學史的思考,也啟發了我們從此跨越對立的視角探照中國現代文學場域中的文學翻譯、流動,以呈顯其所兼具之探索世界的好奇心與復興國族的想像等複雜面貌之靈感,以對中國現代文學有更加深切的認識。

尤有甚者,在此一代人成為梁啟超所言之「世界人」的時刻,中國現代文人之文學譯寫無不或多或少體現著吉登斯(Anthony Giddens,1938-)所言,相當斷裂的現代性生活體驗。[27]中國現代文人在此時此地嘗試的各式文學實踐,無不呼應著自古以來文人作家的詩心文膽,圍繞著其對現代的思考與感受,迴旋往復、反覆猶疑,充滿多面性,形構出一己之獨特現代性面貌,至今未熄。多年來,中國文學現代性已成為眾所矚目的議題,依此,究竟現代中國文人、作家、譯者和讀者如何在世界框架下想像中國文學?他們「以異為新/以譯維新」的文學實踐,有什麼特色?怎麼回應了本地文學、國族文化的建構?又如何展現了與世界文壇對話的想像?展露了什麼文化意涵?以往學者多從現代文人的創作活動入手進行探索,誕生不少成果,然將中國現代文人之譯寫也納入研究視野,考察他們如何轉化域外他者,形構自我想像,仍有待進一步

期(2006年4月),頁40-53。

26 韋努蒂著,王文華譯:〈翻譯研究與世界文學〉,收於達姆羅什(David Damrosch)、劉洪濤、尹星主編:《世界文學理論讀本》(北京:北京大學出版社,2013年),頁203-211。

27 安東尼‧吉登斯著,田禾譯:《現代性的後果》(南京:譯林出版社,2000年版),頁4。

深化。以上議題，皆為本書亟欲叩詢的研究目標，也是主要論述關懷。

二、上海志「譯」：以譯言志的現代文人與都市文化

　　本書旨在從世界文學流動的框架出發，探索中國現代文人的文學翻譯、評介與轉化，考察現代中國文學場域中的文藝譯介與文化交流，及中國文學如何形塑現代面貌。作為相關研究的起點，本書尤關注民初上海文壇的跨域譯寫。自晚明起，自署為「海上晚生」的徐光啟（1562-1633），與利瑪竇（Matteo Ricci，1552-1610）多有交遊，欲求會通西學而多有翻譯，從此，上海與域外世界之姻緣不絕如縷，揭開近世中國與世界交流的篇章。[28]而自晚清開埠以來，上海更由於特殊的歷史機緣，逐漸變身為世界矚目的重要口岸都市，進而又發展為全國商業、經濟中心和交流樞紐，更在租界的帶動下，成長為一中西互通、人文薈萃之文化接觸地帶（contact zone），[29]及近現代中國報刊出版與文學生產的首善之都。[30]此時的上海，可說具備了雷蒙・威廉士（Raymond

---

28　呂文翠：《易代文心：晚清民初的海上文化賡續與新變》（新北：聯經出版事業公司，2018年），頁10。

29　普拉特（Mary Louise Pratt）提出了「接觸地帶」的概念，指稱不同帝國文化相遇、衝突、拉鋸的社會空間。請見 Mary Louise Pratt, "Arts of the Contact Zone," *Profession*, 1991, 33-40. 上海作為一個文化接觸空間，在晚清民初中國人新知識的普及、思維方式的轉型，發揮了媒合作用。相關研究請見魯道夫・瓦格納（Rudolf G. Wagner）著，鍾欣志譯：〈中國的「睡」與「醒」：不對等的概念化與應付手段之研究（二）〉，《東亞觀念史集刊》第2期（2012年6月），頁19；鍾欣志：〈宋春舫的多語書寫與民國初年交會區的知識互換〉，《戲劇研究》第29期（2022年1月），頁37-70。

30　學界對中國近代報刊在上海的研究，不論是對於報刊的生產、發行、流通狀況進行探討，或者考察報刊上的圖像、文本及其所反映的知識傳播、啟蒙教育、思潮推動等意義，或者其中涉及的中國政治、社會、經濟變革等情況，都有相當豐富的成果。集中探討上海的報刊文化史的專著，要者如芮哲非（Christopher A. Reed）的《谷騰堡在上海：中國印刷資本業的發展（1876-1937）》對西方印刷技術如何在近現代取代中國雕版印刷術的過程進行了細緻分析，揭示了中國傳統的印刷文化向印刷資本主義發展的過程。請見 Christopher A.

Williams，1921-1988）所談的現代大都會（metropolis）特徵，即在無論何種面向上，都提供了新的社會、經濟、文化發展可能性之地，[31]不但是中國近現代發展程度最高的都市，也接近學者所談論的變異（heterogenetic）都市，乃一具有多樣性的大都會，[32]更匯聚了傳統文化與現代文明的碰撞與融會。

　　隨著都市化的腳步，上海原就蓬勃的市民文化，在現代大眾報刊媒體、公共環境的完善中更加發達，文化市場也熱絡興旺。上海文壇報刊、出版機構蓬勃發展，蒸蒸日上，為現代文學的發展提供了充足條件；上海譯壇亦不遑多讓，在此基礎上日益繁盛。識者多會指出，自19世紀中起，首先有傳教士棲身租界，籌建墨海書館，出版印刷，翻譯西書，率先成為溝通中外文學文化的橋樑；爾後又有中國文人與知識份子為因應變局，急於輸入文明、喚醒民智，積極辦刊編報，翻譯西方文化，不論是《萬國公報》、《時務報》、《申報》等，或者各式民營出版機構如商務印書館、廣智書局，皆大力刊登各種譯稿，致力傳播域外文藝作品。[33]不少中國文人無緣或絕意於仕途，遂得以落腳上海，投

Reed, *Gutenberg in Shanghai: Chinese Print Capitalism, 1876-1937* (Vancouver: University of British Columbia Press, 2004)。秦紹德《上海近代報刊史論》全面呈現了上海近代報刊的發軔、變革和盛衰的歷史。秦紹德：《上海近代報刊史論》（上海：復旦大學出版社，1993年）。上海新型出版系統與報刊的相關探討，請見 Barbara Mittler, *A Newspaper for China?: Power, Identity*, and *Change in Shanghai's News Media, 1872-1912* (Cambridge, M.A.: Harvard University Asia Center, 2004)。魯道夫・瓦格納在《晚清的媒體圖像與文化出版事業》一書中，將報刊視為跨文化的媒體，是一種跨語言、跨文化的連結，並通過對上海《申報》進行細致的個案分析，探討晚清時期政治與公共領域的互動、女性形象的建構、報刊角色的自我定位，深具啟發性。魯道夫・瓦格納（Rudolf G. Wagner）著，賴芊曄、徐百柯等譯：《晚清的媒體圖像與文化出版事業》（臺北：傳記文學出版社，2019年）。

31 Raymond Williams, *Politics of Modernism: Against the New Conformists* (London: Verso, 1989), 44-46.

32 Robert Redfield and Milton B. Singer, "The Cultural Role of Cities," *Economic Development and Social Change* 3 (1954): 57-59.

33 關於晚清西學東漸時期社會變遷與文學出版的討論，代表研究成果如熊月之：

身出版印刷事業，或辦報寫作，或譯書評述，各自演繹其眼觀世界，書寫一代文心的海上文人生涯。

　　而當時序進入 20 世紀上半葉，上海的翻譯出版與報刊市場更為發達，[34]上海定期刊物的數量獨占全國鼇頭，[35]翻譯出版也佔據了中國的半壁江山。[36]且上海租界相對寬鬆的言論環境，更為譯介、出版業昌盛之火增薪添柴，使之成為各地文人、譯者匯聚之地。此時期的中國，思潮流湧，流派迭起，思想、學術、文化百家爭鳴，文藝社團雨後春筍般的出現，寓居滬上的譯者群體，包含各地雲集而來的文人，留學歸國的學者，有政治、文化理想與抱負的青年等，幾乎人人都能手執譯筆，譯者隊伍遂日漸龐大；新式教育培養出的青年讀者嚮往新學，求知若渴，閱讀胃口相較於前也益發多元，在在使上海成為翻譯出版的重鎮。各譯者文人其面貌雖各有殊異，仍多以革新鼎故為依歸，而其之譯介域外文學，更在於借鑑異國文學資源，別求新聲，以張靈明。1915 年，《新

　　《西學東漸與晚清社會》（上海：上海人民出版社，1994 年）；段懷清：《西學東漸與晚清語言文學》（上海：復旦大學出版社，2021 年）；Theodore Huters, *Bringing the World Home: Appropriating the West in Late Qing and Early Republican China* (Honolulu: University of Hawai'i Press, 2005)；潘光哲：《晚清士人的西學閱讀史（1833-1898）》（臺北：中央研究院近代史研究所，2014 年）。與晚清報刊中異國文學、文化譯介相關的研究甚多，要者請見楊代春：《〈萬國公報〉與晚清中西交流文化》（長沙：湖南人民出版社，2002 年）；關文文：《晚清報刊上的翻譯小說》（濟南：齊魯書社，2013 年）；陳平原：《左圖右史與西學東漸──晚清畫報研究》（香港：三聯書店，2018 年）等。

34　二、三〇年代摩登上海的多元文學譯介景觀，多為識者所熟悉，長期以來已經吸引了不少研究者的關注，不論是現代派文人對於西歐前衛文藝潮流的轉化、左翼文人對於馬克思主義文藝思潮的積極譯介等。重要研究成果頗多，如鄒振環談論上海出版環境與翻譯文學，別開生面，請見鄒振環：《20 世紀上海翻譯出版與文化變遷》（南寧：廣西教育出版社，2001 年）。其他相關研究，下文將再評述。

35　徐雪筠等譯編：《上海近代社會經濟發展概況（1882-1931）──〈海關十年報告〉譯編》（上海：上海社會科學院出版社，1985 年），頁 241。

36　熊月之主編，許敏著：《上海通史》第 10 卷「民國文化」（上海：上海人民出版社，1999 年），頁 253。

青年》的前身《青年雜誌》於上海創刊，提倡民主與科學，創刊宣言中對青年提出六條要求，直陳當今青年應為「世界的而非鎖國的」。[37]各式議論文字外，該刊也登翻譯小說，欲以之為中國現代文學作家之借鑑。1920 年代，茅盾主導《小說月報》之改革，提倡中國的新文學加入世界，以多譯西書，以引領創作為志向，搬演世界各地之文藝潮流，[38]以刺激中國現代文學之新生，接續更與泰東書局、世界書局、現代書局等聯手揭開上海譯壇的「名著時代」。[39]

　　時序進入三〇年代，不同意識形態陣營間的交鋒日趨激烈，各種文化論爭——不論是文藝大眾化的討論、中西文化本位的論爭、整理國故的思想交鋒——也陸續興起，而此時各流派文人、作家或多有留學經驗，或因長年浸潤歐風美雨，日已習慣，或又加之以全球文化流動勃興，屢受影響，故多具世界主義視野，頻頻譯入域外書刊以為己用，譯事更是大興。1928 年太陽社成立，隨後，《太陽》、《文化批判》、《創造月刊》等左翼刊物接連而起；1930 年，左翼作家聯盟成立，更積極提倡國際主義、無產階級文藝，以之為建設新文學之依歸。隨之，國民黨的言論審查機制頻趨嚴厲，民族文藝運動因應而生，提倡國族文藝的建設，也多重視譯介。同時，還有自由派文人籌辦《新月》、《論語》等雜誌，參與者不乏關心翻譯的雙語作家；唯美派文人如邵洵美（1906-1968）、曾樸（1872-1935）、綠社文人辦刊、出版，接連引述西人名作，標榜文學的自由與獨立；現代派文人如劉吶鷗（1905-1940）則成立水沫書局，與戴望舒（1905-1950）、施蟄存（1905-2003）等人推出一系列小刊物如《無軌列車》，積極譯介、創作前衛文藝思潮與作品，以寫新句，造新境。[40]除此之外，一支活躍、暢銷的生

37　陳獨秀：〈敬告青年〉，《青年雜誌》第 1 卷第 1 號（1915 年 9 月），頁 4。

38　茅盾：〈通信：答周贊襄〉，《小說月報》第 13 卷第 2 期（1922 年 2 月），頁 4。

39　鄒振環：《20 世紀上海翻譯出版與文化變遷》，頁 141-210。

40　Michel Hockx, *Questions of Style: Literary Societies and Literary Journals in Modern China: 1911-1937* (Leiden, Boston: Brill Academic Publishers, 2003), 86-117。王曉

力軍——上海本地的通俗文學作家——同樣關注異國文藝，致力於譯介、創作，銷量驚人，在一般讀者中影響深遠，展現出了本地文化傳統與域外文學思潮的互動、協商，尤其不能忽視。以上文人的文學活動與出版事業雖各有風貌，然他們在此具有大規模的意識形態化、商業化等特色的上海現代文學環境中，積極創刊結社，致力推廣、譯介異國文藝思潮，可說是與熱烈關注域外文藝譯介的讀者，一同築起一片亮麗的文壇風景。[41]

　　自晚清始，上海文人的文學實踐與都市文化形塑與轉化息息相關；其書寫與都市意象的凝聚與文化的建構，互相成就，誠如呂文翠指出，上海從開埠以來歷經世變，滄桑起伏，時空變遷間，文心亦波瀾變化，此時期文人之文學實踐在傳達現代中國人之心曲同時，無疑也以文字，反向銘刻了其所身處的都市之文化地貌。[42]而民國以來，現代文人之「現代」文學想像，既步武前人，又踵事增華，在更大規模的大眾傳媒推波助瀾，及更高速的全球文化流動下，創作之餘，其譯作出版，更屢屢推陳出新，竿頭日上，與上海邁向世界大都會的進程一同躍升。成長於此劇變之關鍵時刻，新一代的上海譯者對世界上與己不同的文化潮流已相當熟悉，且多能直接掌握外文，專業深厚，明白甚至亟欲引領世界大勢。他們或為學者，或為政治運動家，或為專業報人，立足於中國文化和世界思潮交會之處，更主動、積極地接受新潮西學，對外譯寫中國。他們翻譯域外名著、海外學說，引為潮流，為其代言，非但不吝於展現譯者身份，更視為其文化資本、身份認同；其譯著或與其創作、著

漁：《知識份子的「內戰」：現代上海的文化場域（1927-1930）》（上海：上海人民出版社，2007 年）。

41 當時上海文壇不僅有英美日文學思想的流傳，亦有法國、俄國文藝思潮的交會，各式文學文化接觸於此發生，此一文壇的多元、興盛，可見於施蟄存的回憶，請見張英：〈期待中國文學與世界文學交融：訪著名學者施蟄存〉，《山花》1996 年第 1 期（1996 年），頁 71-73。

42 呂文翠：《易代文心：晚清民初的海上文化賡續與新變》（新北：聯經出版事業公司，2018 年）。

述不相上下，甚在百廢待舉的時刻，成為其發聲渠道，傳達心曲。通過翻譯及詮解，在此摩登上海間，中國現代文人不僅書寫新潮，也觀望現代，更頻頻回首過往，展現出在中西、新舊、現代與傳統夾縫中猶疑往復的身影，為上海繁華的都會文化景觀增添多元風采；其譯與著不斷新變，更成為解剖中國現代文學心靈與現代人生命境遇之絕佳案例。如王德威所言，現代中國文學樣貌空前複雜，「本土和域外、大眾和精英、霸權和顛覆，各種創作力量相互交匯，此消彼長」，不但呈現出獨特的美學，更展演出一代人的「感覺結構」。[43]

而胡志德（Theodore Huters，1946-）更指出，因現代中國的歷史背景特殊，現代文人莫不懷抱著復興國族、想像未來的極大熱情，其文學書寫中涉及之現代性面目相當複雜；加之以韋伯（Max Weber，1864-1920）的理性、啟蒙現代性論述影響深遠，使得研究者對中國現代性議題的討論，尤其在文學方面，時常處於一種含混多義的狀態。然若現代性的意義正在於現代人不斷生發新意的探索，則晚清以來，中國現代文人反思傳統，尋找新生，其各式文學實踐源源不絕，恰好展現了上述屢求新變的現代性樣貌，而此一樣貌尤其萌發於民初上海——此一拜租界之賜，新思想和事物大規模出現，與舊有多所融會折衷之地。上海文人在此獨特的都會文化環境中屢與世界相遇，力圖融會本地文化與外來事物，展現出奇特的適應性，在在使得民初上海文壇成為探討中國文學現代性面貌時不作他想之處。[44]

的確，近現代上海因時勢所趨，原有移民城鎮靈活、多樣的文化性格，在近現代工商業文明與域外思潮、文化的激盪下，更為寬廣多元，既饒富地方文化色彩，又兼具世界主義特質，醞釀著種種文化協商，交

43　王德威：〈「世界中」的中國文學〉，頁 19。

44　胡志德著，吉靈娟譯：〈20 世紀初中國文學現代性的曖昧面貌〉，《人文中國學報》第 24 期（2017 年 6 月），頁 231-261。相關研究還可見於 Theodore Huters, *Taking China to the World: The Cultural Production of Modernity* (N.Y.: Cambria Press, 2022).

流著各類文藝思潮，而生發其中的現代文人、譯者譯寫並重的文化實踐，於焉成為最能觀察、省思中國現代文學複雜、精彩面貌之切入點，而這也是本書以上海現代文人之譯事為主要考察對象之緣由，更期以此為起點，探索中國現代文學的繁複面貌。

三、展演世界新潮・譯寫現代文藝

前文已提及，自晚清始，中國文人已多將域外文學譯介視為新興國族文化的媒介者，積極別求新聲於異邦，欲以之振聾發聵，其文藝實踐蘊含著對國族命運的終極關懷。他們大膽接受世界文藝思潮，以新為尚，欲以之一「新」文學，[45]視之為刺激中國現代文學新生的良方。誠如李歐梵所言：

> 自晚清以降，「現代取向」的意識形態（相對於一般古典的儒家思想的傳統取向），在字義和涵義上都充滿「新」內涵：從1898 年的「維新」運動、梁啟超的「新民」思想，到五四呈現的「新青年」、「新文化」和「新文學」，「新」字幾乎和一切社會性與知識性的運動息息相連，欲求中國解脫傳統的桎梏而成為「現代」國家。因此，中國的「現代風」不是只以現時為主的新觀念，而且也是往西方求「新」、求「新奇」的探索。[46]

---

45 夏曉虹在近年對晚清「新小說」的研究中，也提到了此「新小說」的「新」，也可做為動詞使用，亦即「更新」之意。如梁啟超，便是懷抱國家興亡之熱情，譯介、接受當時日本文壇流行的政治小說，期待以之一新中國文學文化，更新一國之民。請見夏曉虹：〈晚清「新小說」辨義〉，《文學評論》2017 年第 6 期（2017 年），頁 5-15。事實上，這股「以譯維新」的思潮延續到了中國現代文壇，未嘗須臾遠離。
46 李歐梵：〈中國現代文學的現代主義〉，收於林燿德編：《當代臺灣文學評論大系・文學現象卷》（臺北：正中書局，1993 年），頁 124-125。

「新與舊」的辯證，誠然已是一組詮釋中國現代文化過去和未來的重要修辭，更是首要任務。[47]

　　而當時序進入 20 世紀，中國現代文人、譯者更積極敘寫「新潮」，力促中國文學與世界文學的「共時性」交流，戮力翻譯世界文藝，以創發、更新中國現代文學形式和思想，多方展現出精彩的現代性景觀。所謂「新潮」，所指不僅僅是「新興文學」，[48]也指當時文人在「以異為新」視角下所關注的世界文藝潮流。尤其值得注意的是，此時中國現代文人域外文學之譯介實踐，其意多在於借鑑域外文學資源，別求新聲以建設新文學外，更同時思索文學如何能體現人道，以張個性。雷蒙・威廉士曾談及，現代意義上狹義的「藝術」、「文學」等概念，即視文學、藝術為個人創造力的展現，是在西歐於 18、19 世紀經歷了一連串的觀念變遷歷程方逐漸確立的。[49]而學者也指出，近代日本文

---

47 劉禾著，宋偉杰等譯：《跨語際實踐——文學、民族文化與被譯介的現代性（中國，1900-1937）》，頁 112。

48 「新興文學」指流行於日本 20 世紀初期種種新文藝思潮，包括前衛藝術、左翼文學與大眾文藝等等，相關研究請見葉渭渠：《日本文學思潮史》（北京：北京大學出版社，2009 年）；葉渭渠、唐月梅：《日本文學史・現代卷》（北京：經濟日報出版社，1999 年）。「新興文學」與現代中國的相關研究，可見於趙家琦：《東京／上海：從日本「新興文學」視域重探日、中新感覺派的多重現代性交涉（1920s-1930s）》（新竹：國立清華大學中國文學系博士學位論文，2014 年）。事實上，施蟄存回憶上海現代文壇時，也稱「新興文學」為當時新文學的總稱，請見張英：〈期待中國文學與世界文學交融：訪著名學者施蟄存〉，頁 72。魯迅談「新興文學」也使用「新潮」一詞：「新潮之進中國，往往只有幾個名詞，主張者以為可以咒死敵人，敵對者也以為將被咒死，喧嚷一年半載，終於火滅煙消。如什麼羅曼主義，自然主義，表現主義，未來主義……彷彿都已過去了，其實又何嘗出現。現在借這一篇，看看理論和事實，知道勢所必至，平平常常，空嚷力禁，兩皆無用，必先使外國的新興文學在中國脫離『符咒』氣味，而跟着的中國文學才有新興的希望——如此而已。」請見魯迅：〈《現代新興文學的諸問題》小引〉，《魯迅全集》第 10 卷《譯文序跋集》（北京：人民文學出版社，1981 年），頁 291-292。

49 「literature（文學）、art（藝術）、aesthetic（美學的）、creative（具創意的）與 imaginative（具想像力的）所交織成的現代複雜意涵，標示出社會、文化史的一項重大變化」。雷蒙・威廉士（Raymond Williams）著，劉建基譯：《關鍵

學、藝術概念的現代意義，亦是在稍晚與西方文學觀念的接觸、接受中，逐漸在傳統文化的基礎上，吸納域外觀點，孕育出帶有西方文藝特徵，具有現代意義的日本文學、藝術觀的。[50]而「文學」一詞在近現代中國的含意變遷、形塑歷程，及外來視野的參照——包括傳教士、西方、日本的文學、思想論著，如何對此時期文人知識份子論辯、思索傳統與現代文學觀念的異同發生影響，更可見於李奭學、蔡祝青之專文討論。[51]此外，陳俊啟也從坪內逍遙（1859-1935）小說理論對日本近代小說觀念確立之啟迪此一角度，思考真正有現代意義的中國小說實踐與論述，要直至魯迅（1881-1936）、周作人（1885-1967）兄弟在多方吸取域外文學資源，思索傳統，並重新對文學的藝術性提出思考後，方能見到端倪。[52]總而言之，經此可見，現代意義上的文學、藝術概念的形塑在中國，亦是在現代文人與域外文學潮流交流的過程中，逐漸生發的；域外文學譯寫，實為培育中國現代文藝花朵之養分，且在「藝術」、「文學」觀念形塑中扮演重要角色。因此，探索此一歷程，並對其中涉及的自我與他者間的交涉、對話進行梳理，無疑十分必要，也饒富學術意義。

　　實際上，近現代中國文學的形塑、轉變與異國文藝譯寫之關係，相關研究成果亦相當豐碩，陸續有學者提出精彩的觀察視角。劉禾提出

詞：文化與社會的詞彙》（臺北：巨流出版社，2004 年），頁 218。

50 鈴木貞美指出，早在 18 世紀，日本即有了「游藝」的觀點，包括和歌、漢詩文、茶道、國畫，甚至俳諧、歌舞伎、謠曲等，請見鈴木貞美著，王成譯：《文學的概念》（北京：中央編譯出版社，2011 年），頁 73。相關討論請見本書第二章。

51 李奭學：《譯述：明末耶穌會翻譯文學論》（香港：香港中文大學出版社，2012 年）；李奭學：〈八方風雨會「文學」〉，《東亞觀念史集刊》第 10 期（2016 年 6 月），頁 151-177；蔡祝青：〈「文學」觀念的現代化進程：以晚清報刊的運用實例為中心〉，《清華中文學報》第 24 期（2020 年 12 月），頁 153-205。

52 陳俊啟：〈新小說、政治小說，或現代小說？——晚清時期「中國小說現代化」的考察〉，《文與哲》第 35 期（2019 年 12 月），頁 233-266。

「跨語際實踐」（translingual practice）的觀點，指稱晚清以降中外交流中的語言文字交流活動內涵相當多元，包含了翻譯，改寫、詮釋，以及跨語際的寫作、閱讀等，力圖超越以往比較文學、翻譯研究的模式，以更寬廣的角度對中外文學交流進行探索。[53]李奭學談明清傳教士的翻譯時，則觀察到其翻譯之「譯述」性質，探討其翻譯策略與譯者的角色。[54]李歐梵談上海都會文化，以「文本置換」的觀點分析當時中國現代作家如何通過書刊進入美麗的新世界，卓見精闢；[55]在近年來的專著《現代性的想像：從晚清到五四》中，則提倡從「跨文學」的角度細讀、比對文本，並借鑑莫瑞提的觀點，探討域外文學作品如何渡海移植，與本地文學系統嫁接，推動創發新的文學類型，更從中延伸、分析，深入探討中國文學現代性的展演。[56]彭小妍則探討三〇年代上海新感覺派作家、譯者如何援用多元文化資源，跨越語言、文類的疆界，體現了所謂的「跨文化現代性」（transcultural modernity）。她指出，所謂的跨文化，並非僅跨越語言以及國家的疆界，還包括跨越了種種二元對立的思考模式，而任何人只要力求突破傳統、追求創新，都可視之為跨文化實踐。[57]王宏志則強調「以譯者為研究主體」的視角，探析譯者所處的歷史及文化背景中的具體文化問題。[58]從此廣闊的視野進行中國現代文學翻譯、文本旅行、跨文化實踐研究的專著，除上述鴻文卓著

53　劉禾著，宋偉杰等譯：《跨語際實踐——文學、民族文化與被譯介的現代性（中國，1900-1937）》（北京：三聯書店，2014 年修訂譯本）。

54　李奭學：《譯述：明末耶穌會翻譯文學論》（香港：香港中文大學出版社，2012 年）。

55　李歐梵著，毛尖譯：《上海摩登——一種新都市文化在中國》，頁 120。

56　如同李歐梵在他的研究中所談到的「接枝學」。李歐梵：〈見林又見樹——晚清小說翻譯研究方法的初步探討〉，《現代性的想像：從晚清到五四》（新北：聯經出版事業公司，2019 年），頁 153。

57　Hsiao-yen Peng, *Dandyism and Transcultural Modernity: The Dandy, the Flâneur, and the Translator in 1930s Shanghai, Tokyo, and Paris* (London and New York: Routledge, 2010).

58　王宏志：〈作為文化現象的譯者：譯者研究的一個切入點〉，《長江學術》第 69 期（2021 年 1 月），頁 87-96。

外，陳建華多年來關注通俗文學與文化中的跨界實踐，對譯者、譯本進行細緻的梳理，從多方面揭示了上海通俗文人在輸入西方文明上不亞於新文學陣營的努力，及他們如何共同參與了清末民初想像新中國的建構，深具洞見。[59]葉嘉則分析通俗報刊上的域外文藝翻譯，將現代上海通俗文人的實踐與五四文人對照閱讀，勾勒了民初上海的通俗文學翻譯景觀，所見精當。[60]張麗華著重梳理「文體」在不同語言、文化與社會間流轉時的跨文化轉化，並通過此一分析，挖掘此時期現代中國的歷史、社會面貌，視角獨到。[61]通過考察政治論述、文學作品和電影，王斑討論中國文人自 19 世紀末至現代的世界觀演變，尤其是國家建構與國際視野間的關係，發人深省。[62]晚近亦陸續有學者專家，從世界視野探析「左翼世界主義」（leftist cosmopolitanism）在中國的形成、轉變，及改造、回應，如鄺可怡的研究；[63]而陳相因近年來更陸續召開相關學術研討會，亦結集出版其學術成果，為中國現代文學研究開展新貌。[64]黃心村晚近探討張愛玲文字因緣的專書，也不乏從世界文學視角探勘而得出的新見。[65]不過，相較於中國現代文學花園的百花爭妍，以

59　陳建華：《從革命到共和——清末至民國時期文學、電影與文化的轉型》（桂林：廣西師範大學出版社，2009 年）。

60　請見葉嘉：《通俗與經典化的互現：民國初年上海文藝雜誌翻譯研究》（臺北：華藝學術出版社，2021 年）。

61　張麗華：《現代中國「短篇小說」的興起——以文類形構為視角》（北京：北京大學出版社，2011 年）；張麗華：《文體協商：翻譯中的語言、文類與社會》（北京：北京大學出版社，2023 年）。

62　Ban Wang, *China in the World: Culture, Politics, and World Vision* (Durham, NC: Duke University Press, 2022).

63　鄺可怡：《黑暗中的明燈——中國現代派與歐洲左翼文藝》（香港：商務印書館，2017 年）。

64　相關學術成果可見於陳相因主編：《左翼文藝的世界主義與國際主義：跨文化實例研究》（臺北：中央研究院中國文哲研究所，2020 年）；陳相因主編：《戰爭、傳統與現代性：跨文化流派爭鳴》（臺北：中央研究院中國文哲研究所，2020 年）。

65　黃心村：《緣起香港：張愛玲的異鄉和世界》（香港：香港中文大學出版社，2022 年）。

世界文學流動為架構，參酌的翻譯研究的理論視野，一一爬梳中國現代文學、文化人與域外文學交流歷程的研究，仍然有更多有待開拓的空間。本書便在參酌相關理論框架及以上先進研究的基礎上，探討中國現代作家如何在世界文學流動的脈絡下，通過文學譯寫，構建中國現代文學，重塑本地文化，想像世界文壇。

　　事實上，識者多會指出，早在 18 世紀，歌德（Johann Wolfgang von Goethe，1749-1832）便提起了世界文學（Weltliteratur），他看重其中文學交流及人之自由思考潛力，也側重文學作家之間基於普遍人性的相互接受及影響。[66]近年來，反響尤為顯著的，當為美國學者達姆羅什（David Damrosch，1953-）的研究，他將「世界文學」視為一種交流和閱讀模式（a mode of circulation and of reading），並從此視角出發，探討文學經典如何通過翻譯流通各地，產生新的生命，而世界文學也因此受益，得以不斷擴大。[67]達姆羅什不但認為任何通過翻譯流傳的文學作品，就是世界文學的一部分，更提出世界文學的形成實際上是民族文學的橢圓形折射此一說法，相當有啟發性。

　　繼之，晚近陸續有學者持續思考「世界文學」的意義，從全球化、後殖民的角度探討世界文學此一概念與論述涉及的單一思維傾向，可譯與不可譯的限制，以及不對等的文化流動。[68]更有研究者指出，吾人應將世界文學當作是複數的存在，以對「世界文學」提出新的定義。然科彭（Erwin Koppen，1929-1990）所言相當中肯：「如同文學研究者運

66　相關研究可見於歌德著，范大燦譯：〈歌德論世界文學〉，收於達姆羅什、劉洪濤、尹星主編：《世界文學理論讀本》，頁 3-5；約翰・皮澤（Jhon Pizer）著，尹星譯：〈世界文學的出現：歌德與浪漫派〉，收於達姆羅什、劉洪濤、尹星主編：《世界文學理論讀本》，頁 6-29；方維規：〈起源誤識與撥正：歌德「世界文學」概念的歷史語義〉，《文藝研究》2020 年第 8 期（2020 年），頁 22-37。

67　David Damrosch, *What Is World Literature?* (Princeton: Princeton University Press, 2003), 5.

68　Emily Apter, *Against World Literature*: *On the Politics of Untranslatability* (London, New York: Verso, 2013).

用的大部分概念和範疇，世界文學也沒有一個可靠的定義或內容精準的界說。」[69]弗萊澤（Matthias Freise，1957-）則認為：「可以用關係取代本質主義視角來觀察作為現象的世界文學。」他還進一步解釋，世界文學「必須作為一種網狀關係，而非一組客觀對象，比如一組文學文本來理解」。[70]提哈諾夫（Galin Tihanov，1964-）也提出相似的看法：「世界文學就是特定區域之間的文學互動過程。」[71]以上觀點也不約而同地提醒了我們，從歌德談「世界文學」以來，「世界文學」的內涵屢經迭變，時至今日，與其追求一個固定不變的定義，吾人不如將「世界文學」看成一個在互相關聯的「關係」中正在發生的現象；[72]一種互動與實踐，並重視此一概念的流動性特質，無疑更有意義。

　　而從世界文學的角度，討論中國現代文學的論述亦不少，如前文提及的王德威「世界中」（worlding）的中國文學相關研究，便獲得許多矚目與迴響。王德威借鑒海德格（Martin Heidegger，1889-1976）本體論的觀點，從「世界中」的角度論述現代中國文學史，將「世界」（welt）一詞動詞化——因為世界本身即生生不息，時時有變，複雜而又活力十足，不斷推陳出新，與之相應有感的人類心靈所創寫之文學作品，因而也隨時變化，具有變動不居之特色。因此，研究者不僅能從中探測中國人如何遭遇世界，也能觀察人們如何將世界帶入中國，甚或，參照此一事事不斷變動轉化的視角，則不同文體、文類的作品之間也並

---

69 Erwin Koppen, "Weltliteratur," in *Reallexikon der deutschen Literaturge-schichte*, hrsg. von Klaus Kanzog und Achim Masser (Berlin: de Gruyter, 1984), 815。轉引自方維規：〈何謂世界文學？〉，《文藝研究》2017 年第 1 期（2017 年），頁 7。

70 弗萊澤著，張帆譯：〈世界文學的四個角度——讀者，作者，文本，系統〉，收於方維規主編：《思想與方法：地方性與普世性之間的世界文學》（北京：北京大學出版社，2016 年），頁 174。

71 提哈諾夫著，席志武譯：〈世界文學的定位〉，收於方維規主編：《思想與方法：地方性與普世性之間的世界文學》，頁 54。

72 方維規：〈歷史形變與話語結構——論世界文學的中國取徑及相關理論問題〉，《文藝爭鳴》2019 年第 7 期（2019 年），頁 94-102。

非隔絕、截然二分，實彼此勾連、交織，形構成一動態的文學體系，錯綜地共同再現世界的，其說與上述世界文學理論觀點不無呼應之處。[73]謝永平（Pheng Cheah，1968- ）也指出，事實上，世界文學就是一股構成世界的活躍能量，是一不斷進行的世界化之歷程，本身更是參與、介入此一歷程的重要元素，是故，世界文學實為一種實踐。[74]延伸以上學者的觀點考察文學，則文學研究者不但能跳脫國族邊界的束縛、擺脫政治疆界的管制，更能從寬廣且綿延的視野，揮別舊有的國別空間概念，將文學看成是一個不斷互動、交流，永遠在調整、變化中的歷程。如此，則不斷與世界文學互動、發展而形構自我的中國現代文學，即所謂「世界中」的「中國現代文學」，內涵複雜精巧，永遠滿溢著調整折衝，充滿著各種論述可能，展現出獨特的現代性面貌。而綜合及引伸以上觀點，從「世界文學」的視角，探索中國現代文學超越疆界，舊有與新生不斷碰撞，變動不居的特質，及從「文學互動」、「彼此關連」的視野，觀察中國現代文學，以「再現」出中國現代文學的繁複面貌，揭露「譯寫新世界」與「中國現代文學」間的互動關係，拓展研究邊界，還原「中國現代文學」流動不居的特質，便是本書的重大旨趣，也是重要研究關懷。

　　此外，本書更從「翻譯」與「譯者」的角度，將「翻譯」視為一種「翻轉」、「飛越」，亦視作是「解釋」、「傳達」，[75]以回應以上觀

73　David Der-wei Wang, "Introduction: Worlding Literary China," in *A New Literary History of Modern China* (Cambridge M.A.: Harvard University Press, 2017), 1-28.

74　Pheng Cheah, "World against Globe: Toward a Normative Conception of World Literature,"*New Literary History* 45.3. (Summer 2014): 303-329.

75　「翻譯」一詞，古來有之。學界對於「翻譯」一詞的討論，可見於 Martha P. Y. Cheung, "'To translate' Means 'to exchange'? A New Interpretation of the Earliest Chinese Attempts to Define Translation('fanyi')," *Target* 17 no.1 (2005): 27-48。Wolfgang Behr, "'To translate' is 'to exchange': Linguistic Diversity and the Terms for Translation in Ancient China," in *Mapping Meanings: the Field of New Learning in Late Qing China* (Boston, Leiden: Brill, 2004), 173-209。也可見於單德興：〈譯者的角色〉，《翻譯與脈絡》，頁 9-32。

察。

　　首先，中文歷來已有「翻譯」一詞。許慎在《說文解字》中將翻譯釋為「傳譯四夷之言者」，[76]本意為傳譯外族語言。《史記・三王世家》中有言：「遠方殊俗，重譯而朝，澤及方外。」[77]強調的是經過多次輾轉翻譯，遠方殊俗終能得以傳達。可見，自古以來，中文中的「翻譯」一詞大抵與將一語言文字以另一種語言文字表達出來有關，側重「傳達」之意。而英語中的翻譯（translate）一詞，語源則可追溯到拉丁文「translatus」。「latus」指兩邊中的任一邊，而「translatus」則意指在兩邊穿梭，可見此詞富有空間的轉移和翻越的意象。如同單德興所言，「翻譯」一詞中、英文詞源意涵，一涉及時間的返咨，一關涉空間的轉換，相當形象化地呈現出翻譯活動的特殊含義。[78]跨越、傳譯的翻譯意象，也正呼應本書借鑒、關注的跨界視角。

　　另外，識者多會指出，上世紀八〇年代以來，翻譯研究界生發了所謂的文化轉向，相較於語言、文字的翻譯比對，研究者多樂於探討翻譯活動中所體現的文化意涵。比如前述韋努蒂所言的譯者的能動性（agency），重現譯者的能量。[79]或如勒菲弗爾（André Lefevere，1945-1996）和巴斯奈特（Susan Bassnett，1945-）的論點，將翻譯文本視為譯者、讀者理解作者，並將之創造性地再現於另一文化的語言表現。[80]並且，如貝曼（Antoine Berman，1942-1991）的研究所揭示，翻譯研究

76　許慎《說文》：「譯，傳四夷之語者。从言，睪聲。」請見〔東漢〕許慎撰，〔清〕段玉裁注：《說文解字注》（臺北：黎明文化事業公司，1996 年），頁 102。
77　司馬遷《史記・三王世家》：「遠方殊俗，重譯而朝，澤及方外。」請見〔西漢〕司馬遷撰，瀧川資言考證，水澤利忠校補：《史記會注考證》（上海：上海古籍出版社，1986 年），卷 60，頁 1276。
78　單德興：〈譯者的角色〉，《翻譯與脈絡》，頁 13-14。
79　Lawrence Venuti, *The Translator's Invisibility: A History of Translation* (London and New York: Routledge, 2008).
80　Susan Bassnett, André Lefevere, *Constructing Cultures: Essays on Literary Translation* (Clevedon: Multilingual Matters Ltd, 1998).

者的關懷重點並不在譯本的忠實與否，而應從譯者的翻譯立場
（translating position）、翻譯計畫（translating project）、翻譯視域
（translating horizon）等角度，探討譯者的翻譯策略及其意涵，關注譯
者的貢獻。[81]以上理論視角都彰顯了前文所言及的，現今學界研究翻譯
的關懷重點，已漸轉向為譯本和譯者。譯者不再被視為「逆者」
（"Traduttore, traditore"），而是觸發文學作品新的意義和生命誕生的
「使者」。因此，如謝天振在《譯介學》中所指出的，研究者該探討
的，是「翻譯（主要是文學翻譯）作為人類的一種跨文化交流的實踐活
動所具有的獨特價值和意義」。[82]

　　如此，以「翻譯」視角與「世界文學」框架切入的現代中國文學研
究，乃意圖在一多維、多元、具世界視野之文學網絡中，探索中國現代
文人的譯介與創作，思索他們如何在文學傳統與世界文學的滋養下煥發
新生，以文藝實踐呈現獨特心靈世界，進而參與了中國、世界現代文學
與文化的多元建構。因此，研究者不僅要對單個文本詳細審讀，也宜結
合文學體裁、類型的傳播浪潮模式進行研究；不僅關心文學史中的主流
論述和正統言說，也細心考察其中的流變，及高下雅俗左右中外間的對
話關係；而對於翻譯作品，學者尤應進行遠距離的粗讀、近距離的細
讀，從而探索世界經典和其解讀間的聯繫。[83]

　　尤其，中國現代文人的文學譯介還相當具有跨域的色彩，而跨域所
跨之「域」，既含有「域內」、「域外」之意，[84]也指涉不同文藝「領
域」、「場域」等，涉及了各式語言、文化、文類，及文字與藝術間、

81　Antoine Berman, *Toward a Translation Criticism*: *John Donne*, ed. and trans. Françoise Massardier- Kennedy (Kent: Kent State University Press, 2009).

82　謝天振：《譯介學》（南京：譯林出版社，2013 年），頁 1。

83　韋努蒂著，王文華譯：〈翻譯研究與世界文學〉，收於達姆羅什、劉洪濤、尹星主編：《世界文學理論讀本》，頁 211。

84　陳平原曾提出以「域外」文學指稱異國文學，來自魯迅的《域外小說集》，請見陳平原主講，梅家玲編訂：《晚清文學教室：從北大到臺大》（臺北：麥田出版社，2005 年），頁 100。

西文與中文間、外來文化與本地敘事傳統間不同層次的交流與協商，值得深入分析。而中西互通、文化底蘊深厚、印刷出版與都會文化蓬勃發展的上海，跨域流動與各式文藝交流更是盛極一時。活躍其中的現代文人對於前衛藝術、現代主義、唯美文學、左翼文藝思潮、電影等多元接納，其譯介包羅萬象。故在此文學場域中，域外思潮、文學、影像、藝術的跨越與對話屢屢可見；大眾文化、革命情懷、頹廢美學、先鋒文藝等面向糾葛共生，更在其文藝實踐與實驗中俯拾即是，展現出多重但又含混的面貌。

如同李歐梵援引卡林內斯庫（Matei Calinescu，1934-2009）觀點談論中國文學現代性時所指出，中國現代文學家對「多重現代性」——「布爾喬亞現代性」偏重樂觀的理性進步價值；另一種則為「藝術上的現代性」，以藝術先鋒手法挑戰布爾喬亞現代文化——的思考時常是混雜的，只有少數作家在作品中表現出對現代性的不安。[85]前文已提及，胡志德更曾指出，因現代中國的歷史背景十分特殊，使得文學研究者對現代性的討論，尤其在文學應用上，顯得混淆、複雜，值得更完整的探索。二、三〇年代以降，相對動盪時局，言論、出版環境較為自由，且開埠較早，跨文化流動頻繁的上海，文人雲集，創發著各式各樣的文學實踐，他們非但戮力譯寫世界，其文藝實踐中新舊交融，中外匯通，風雲萬變，又與其國族情懷緊緊相繫，其文學創作、翻譯銘刻著文人歷經時代洗刷的心靈印記，萌發著現代文學與文化新生的蓓蕾。上海現代文人的跨域譯寫精彩多樣，其日新又新、變化多端之文藝實踐，更時時逸出疆界，難以框限，巧妙揭露了中國文學現代性的多重面貌，並不斷與晚清士人，及主流文學史論述中五四文化人所標舉的現代性方案對話，彼此纏繞，延伸補充，多方展現出現代中國作家、讀者重塑主體認同、建

85　李歐梵：〈漫談中國現代文學中的「頹廢」〉，《現代性的想像：從晚清到五四》，頁 297-332。Matei Calinescu, *Five Faces of Modernity: Modernism, Avant-garde, Decadence, Kitsch, Postmodernism* (Durham: Duke University Press, 1987), 41-46。

構民族文化與本地文學之風貌，不啻為探討中國現代文學性的絕佳案例。本書即通過對上海現代文人跨域譯寫的分析，探測中國文學現代性的樣貌，探照中國現代社會、文化之地景，以期能為相關研究提供更豐富的解讀可能。

四、章節說明

本書旨在考察中國現代文學的多元面貌，在前人研究成果之基礎上，縮結文化翻譯、世界文學理論等研究概念，在世界文學流動之架構下，探索中國文人在上海譯介世界新潮文藝的跨域轉化，及其譯寫中的多重現代性面貌。儘管本書研究觀點得益於前文述及之理論概念的啟發，然關注的乃現代文人譯寫在中國的流動和轉化，重點並非理論的探討，而著重於梳理脈絡、考掘史料及文本細讀。

本書分別從「翻譯現代：國族想像與域外文藝傳釋」、「前鋒左翼：唯美派與異國新潮文藝譯介」、「亦是摩登：通俗文人文藝譯介與跨域實踐中的現代圖景」三個面向出發，結構章節，串連數篇以現代上海文人作家之文藝譯介與實踐歷程的挖掘，以及對其翻譯策略與特色、文化意涵之考察為主題的論文。

首先，要探索中國現代文人如何轉化域外資源，表達一己之心曲，及其中蘊含的復興國族與世界想像等雙重現代性面貌，必須先從域外文藝傳遞、流衍和中國現代文藝觀念的形塑、國族文化之復興願景談起，以爬梳其文藝復興之夢的內涵。是故本書首個專題為「翻譯現代：國族想像與域外文藝傳釋」，分別探索了施蟄存和傅雷（1908-1966）的域外文藝翻譯實踐。在〈「瞭解全個世界」：施蟄存與「弱小民族文學」譯介〉一章中，筆者著重分析了施蟄存的弱小民族文學譯介，更將其翻譯放回晚清民初弱小民族文學翻譯的脈絡中探究其位置與意涵。事實上，晚清民初以來，身處特殊的時代變局中，中國文人譯介域外文學時，尤為關注弱小民族文學，多將世界上其他弱小民族抵抗帝國勢力入

侵的文學書寫，視為能激勵、感動中國讀者發揚民族光輝，建設獨立、強大新中國的觸媒。因此，現代文人弱小民族文學翻譯與詮釋無不壯懷激昂，抵抗以外，更意在「動之以情」，以召喚國魂。而在現代文學譯介方面貢獻卓著的施蟄存，亦十分看重弱小民族文學翻譯，此一翻譯喜好與他的文學創作生涯同步展開，且持續緊緊聯繫。然其譯寫弱小民族文學，不僅僅關注如何以受損害者的啼哭喚醒國民，更關注如何在此類作品中，吸收表述人內在現實之寫作手法與內容，以創發現代中國文學的新生命。由此，施蟄存的弱小民族文學翻譯，不但展現出中國現代文人、譯者認識世界的好奇心，彰顯了文學家對本地文學現代性的多樣化探索，可視為反映出中國文學現代性多元、複雜面向的絕佳代表。

　　的確，自晚清民初以來，中國文人、藝術家便反覆思考如何「現代」中國文藝，促進老大帝國的文化復甦，此一「文藝復興」之聲可謂不絕於耳。在第二章〈譯述藝術：傅雷與《藝術旬刊》中的現代文藝〉中，筆者接著梳理了此一文藝復興論述在近現代中國的形塑、流變歷程，並進一步分析中國現代藝壇重要的文藝雜誌《藝術旬刊》中一群現代主義藝術家的跨域實踐，尤其關注傅雷的異國文藝譯介。事實上，傅雷所譯介的世界藝術潮流相當複雜，既包含了經典美術史，也涵蓋了前衛作品，與世界潮流同步；其域外文藝翻譯還包括了對法國超現實主義詩人電影小說的詮寫，其電影譯寫，刻意張揚電影主角雖漂泊、歷險，仍不卑不亢的英雄精神，視之為勉勵中國讀者奮起的典範，並期待中國人民的新生，折射出以文學實踐面對家國有難之時代困境的翻譯觀。從以上兩位活躍於上海的現代派文人、譯者之文藝譯寫的分析，中國現代文學主潮中緊密交織的啟蒙、抒情雙重奏，及鮮明的譯寫域外他者，形塑自我形象的身影，也呼之欲出，展現出現代中國文學立體的地貌。

　　現代文人的文學想像方案，總與其對國族文化的期待願景相繫，而當家國變革之政治激情日漸高漲，左右翼陣營逐漸對立，各種文化論爭日益開展，促使各式文學譯寫亦達到新的高峰時──現代文人又如何在此情境中通過翻譯傳遞其想像新中國文藝的計畫？怎樣譯寫現代中國的

未來圖景？又如何燃燒著對新興國族文化的強烈熱情，擁抱一切新異？在第二個專題「前鋒左翼：唯美派與異國新潮文藝譯介」中，筆者探析了前期創造社小伙計葉靈鳳（1905-1975）以及綠社文人朱維基（1904-1971）、芳信（1902-1963）的文學譯介。在第三章〈左翼與摩登之外：葉靈鳳《現代小說》中的文藝譯介與小說創作〉中，筆者勾勒了葉靈鳳在《現代小說》上兼容左翼國際主義色彩及英法唯美精神之文藝譯介圖景，並分析其異域文本轉化、再造中所折射出的文化意涵，梳理何為中國現代文壇著名的「avant garde，真正的左翼」說。[86]事實上，葉靈鳳《現代小說》中的文藝實踐看似對立，龐雜，然不論是其唯美文學的翻譯、新興左翼文藝潮流的探索，乃至於唯美插畫、新興版畫譯介，都共同分享著其嗜新一代人追求新異的精神，展現出了上海二、三〇年代現代文人複雜的心態，以及商業、革命、純文藝、世界新興文學思潮等，如何在上海都市文化環境中糾葛纏繞，為當時文人所吸收、回應之情景，深具代表性意義。而在第四章〈唯美者的戰歌：朱維基、芳信二戰前後異國詩歌翻譯〉中，通過對上海唯美青年詩人朱維基、芳信二戰前後異國詩歌翻譯的考察，筆者指出，曾一度耽溺煩悶、唯美詩歌的青年如朱維基、芳信，在戰爭號角吹響，時代主旋律難以迴避地成為其文藝實踐的背景音時，其文藝譯寫亦一改從前面貌，回應著時代的艱鉅挑戰；他們揮動曾經的唯美之筆譯寫戰爭詩歌，以雄渾合唱鼓舞民眾提起勇氣，其唯美情懷與報效家國的激昂情感，共冶一爐。或許，中國現代文人的國家情懷與唯美絕唱，從來便同時縈繞在心頭，絕非彼此斷裂、阻絕。不論是「美」的信徒，抑或「行列」中的一員，朱維基、芳信戰爭前後詩歌譯介中不變的是，對一己心靈圖景之描繪。朱維基、芳信的文藝譯介、創作實踐，不但以詩為史般寄託了其心曲，也折射了二十世紀世界現代文學與政治思潮的交織、互動，如何與各地青年同步前行。

---

86 見李歐梵、施蟄存的對談，李歐梵：〈「怪誕」與「著魅」：重探施蟄存的小說世界〉，《現代性的想像：從晚清到五四》（新北：聯經出版事業公司，2019年），頁362。

　　與時俱進，與世界同行，通過文藝建構，召喚新興國族文化的復甦，昌盛現代中國的心理願望，一直是中國現代文人「現代」文學的內部驅力。然實際上談及現代文壇中深受讀者歡迎、影響力卓絕者，在新文學家以外，非通俗文學作家莫屬，而他們多寓居上海。以往談及通俗文學，不少人多以落後、消閒視之，然實際上，近現代中國通俗文人關注域外文藝潮流從來不落人後。其譯寫亦多融會新鮮元素、重塑舊有敘事之嘗試，或以親切的手法與敘事口吻，傳遞現代、異域文明感受，回應其文人之思，展現豐沛的能量。在「亦是摩登：通俗文人文藝譯介與跨域實踐中的現代圖景」此一專題中，筆者在第五章〈紳士怪盜的跨文化行旅：孫了紅的「東方亞森羅蘋」魯平奇案〉中分析孫了紅（1897-1958）從法國偵探小說亞森羅蘋（Arsène Lupin）故事中汲取靈感誕生的俠盜書寫，探討孫了紅翻譯羅蘋故事的特色，及其魯平探案敘事中對羅蘋故事的轉化，更分析其譯寫中如何映射出他的家國情懷、現代感懷以及社稷之思，表現出複雜、深厚的文化意蘊。在第六章〈演練現代性：陸澹盦偵探影戲小說的跨界譯寫〉中，筆者則專注分析了陸澹盦（1894-1980）轉化西方偵探影集成為影戲小說的深層意涵。陸澹盦的影戲小說，非但深具教育、啟蒙功能，他援用傳統小說的敘事模式，以及淺近文言，以活潑、深具聲光色彩的方式，呈現異國景觀、都市現代與新型女性形象，召喚讀者對新生活的想像，不但拓寬了傳統文學的表現領域，也實驗了文學語言的新可能，在在展現了中國本地多重的文學現代性在域外文藝風潮的洗禮下生發、凝聚的歷程。在此一專題中，通過對最具有代表性，且風行上海灘，風潮至今未退的現代偵探小說與電影的譯介、轉化，筆者承繼前人研究，多方面探索「通俗現代主義」在上海的面貌，[87]思考通俗文人如何在舊有中開創新局，也進一步思索當時流行世界各地的通俗文學文化潮流如何通過在地轉化，在不同面向上

87　Miriam Hansen, "Fallen Women, Rising Stars, New Horizons: Shanghai Silent Film as Vernacular Modernism," *Film Quarterly* 54 no.1 (Fall 2000): 10-22.

參與了中國現代文學的建構，而其本地譯寫，又如何補充、回應了上述流轉世界的通俗現代主義論述。

綜之，本書分別從前文所述，活躍於上海現代文壇中數個具代表性的流派，包括現代派、左翼與唯美文人，通俗文學家的文學實踐出發，分析其文學譯寫之特色與意涵。筆者從國族文藝想像、現代文藝形塑、跨域實踐三個面向切入，細讀史料、報刊、著譯作品、個人著述等，參酌相關理論概念，從詳實的個案分析著手，力求完整呈現現代文學家多姿多彩之文學譯寫，如何承繼舊有，轉化、協商域外資源，刻畫出一幅幅流動的、立體的文學圖景，建構豐富的文學場域，以期能透過本書一連串的個案研究，由點連成面，描繪出一星羅棋布的文壇星空，探討現代文人之著譯實踐如何在與世界文學的聯繫網路中生成，形塑中國現代文學與文化風貌，以深化中國現代文學的相關研究。

本書基礎為數篇學術論文，其中幾篇，通過期刊、專書審查程序後，已經刊登發表；其餘幾篇，有的已在學術會議宣讀，有的為首次發表。為求專書的完整性，本書各章乃將上述論文修訂、改寫而成。以下為各篇論文出處：

（一）〈「瞭解全個世界」：施蟄存與「弱小民族文學」譯介〉，部分內容來自 "Shi Zhicun's translation of the literature of 'European small nations' during the Sino-Japanese War"，「第二十二屆歐洲漢學會議雙年會（The 22nd Biennial Conference of EACS）」，2018 年 8 月 31 日，英國格拉斯哥大學。部分內容來自〈猶有哀弦・復活華土：「弱小民族文學」譯介與現代中國〉，《亞洲概念史研究》第 11 卷（2023 年 11 月），頁 36-51。〈咨爾多譯，為民前鋒：《前鋒月刊》中的異國文藝譯介與國族想像〉，《東亞觀念史集刊》第 8 期（2015 年 6 月），頁 87-135。

（二）〈譯述藝術：傅雷與《藝術旬刊》中的現代文藝〉，部分內容來自〈新的想像、異的誘惑：《藝術旬刊》中的異國文藝譯介〉，收於解昆樺主編：《流動與對焦：東亞圖像與影像論》（臺中：國立中興

大學人社中心，2019 年），頁 125-163。部分內容來自〈「文藝」如何「復興」？──「文藝」的一種現代化歷程〉，《東亞觀念史集刊》第 10 期（2016 年 6 月），頁 103-149。

（三）〈左翼與摩登之外：葉靈鳳《現代小說》中的文藝譯介與小說創作〉，部分內容來自〈雙面「現代」：論《現代小說》中的異國文藝譯介與創作〉，「華文與比較文學協會（ACCL）雙年會：文本、媒介與跨文化協商」，2017 年 6 月 22 日，香港中文大學。

（四）〈唯美者的戰歌：朱維基、芳信二戰前後的異國詩歌翻譯〉，部分內容來自〈而上海歌唱了：芳信二戰前後的異國詩文譯介（1930-1949）〉，「2022 年文化研究學會年會暨國際學術研討會：戰‧世代」，2020 年 3 月 12 日，臺北：國立臺北教育大學。部分內容來自〈異域的花香：朱維基波特萊爾譯詩研究〉，收於楊振主編：《波特萊爾與中國》（上海：華東師範大學出版社，2021 年），頁 307-336。

（五）〈紳士怪盜的跨文化行旅：孫了紅的「東方亞森羅蘋」魯平奇案〉，部分內容來自 "The Chivalrous Burglar of a Thousand Faces: Arsène Lupin and Sun Liaohong's Legends of Lu Ping", *Rivista degli Studi Orientali* Vol. 93 (2020.12), 151-167。

（六）〈演練現代性：陸澹盦偵探影戲小說的跨界譯寫〉，部分內容來自〈書寫西洋鏡：論陸澹盦偵探影戲小說的跨文化轉化實踐〉，《興大人文學報》第 68 期（2022 年 3 月），頁 41-76。

以上研究得以完成，要感謝國科會、教育部高教深耕計畫多年來的補助，在此特別致謝。

第一編
翻譯現代：

國族想像與域外
文藝傳釋

第一章
「瞭解全個世界」：
施蟄存與弱小民族文學譯介

一、前言

晚清時期，西潮東來，翻譯文學日益增多，而弱小民族文學翻譯尤為屬人耳目。以描述各地各民族備受欺凌之遭遇為主題的弱小民族文學作品，情感澎湃，觸動人心，多被當時中國文人視為能激起人民義憤、奮力排除壓迫、爭取解放的榜樣，長期以來受到不少中國譯者、讀者的喜愛。

在中國現代文學史上，以心理分析視角書寫都市人不寧情緒的《將軍的頭》、《梅雨之夕》，奠定了現代小說先驅地位的施蟄存，更因主編中國現代文學史上重要的大型文藝刊物《現代》為人所知。然而，在創作、編輯以外，施蟄存在文學翻譯方面亦著力甚深，[1]且其譯介範疇多元，視角獨到，不僅關注西方現代主義文學思潮與作品、美國的意象

1　近年《施蟄存譯文全集》出版，收集施蟄存畢生翻譯文字約千萬言，譯作包羅萬象，橫跨歐亞大陸，所涉及的題材、類別十分廣泛，在中國現代文學翻譯家之間相當少見。在施蟄存勤於創作的 1946 年前，施蟄存出版的創作相比之下也未有翻譯數量多，而晚年專心治學的施蟄存雖鮮少創作，翻譯之筆卻未曾停歇，可見得文學翻譯可說是施蟄存文學活動中的重中之重。施蟄存譯，《施蟄存譯文全集》編委會編：《施蟄存譯文全集》（上海：上海人民出版社、華東師範大學，2021 年）。

詩，也重視當時主流或大國文學譯介以外的邊緣聲音，尤其看重「弱小
民族」文學，[2]更曾指出「這些小說給我的感動，比任何一個大國度的
小說給我的更大」。[3]在《現代》上，施蟄存多方譯介世界文藝，包括
了希臘、阿根廷、愛沙尼亞等地文藝情況。中日戰爭爆發前夕，施蟄存
又陸續出版了東歐各國的小說翻譯選集如《匈牙利短篇小說集》、《波
蘭短篇小說集》等。戰爭時期，創作漸少，輾轉任教於雲南大學、廈門
大學的施蟄存，卻沒有停下翻譯的腳步，先後翻譯了波蘭作家顯克微支
（Henryk Sienkiewicz，1846-1916）、匈牙利作家莫爾那
（Ferenc Molnár，1878-1952），以及捷克、南斯拉夫諸國作家的作
品。1949 年後，施蟄存研究、教學之餘，還出版了保加利亞作家伊
凡·伐佐夫（Ivan Vazov，1850-1921）的《軛下》（Under the Yoke），
直到捲入反右運動後，方全力治學。綜觀施蟄存一生的文學活動，譯介
異國文學實乃其不可忽視的貢獻之一，尤其是弱小民族文學譯介。然，
究竟施蟄存的弱小民族文學譯介面貌如何？有何特色？又該怎麼理解其
文化意涵呢？以往的研究者雖分別對施蟄存的譯介活動、晚清民初中國
的弱小民族文學翻譯等相關議題有所關注，[4]但針對施蟄存「弱小民
族」文學翻譯的研究卻相對為少，還有待開展。[5]

2　「主要從事歐洲各弱小民族的文學翻譯，譯作甚豐」。請見賈植芳：〈人格·
　人性·人情·友情──憶施蟄存先生〉，《黑龍江日報》，2003 年 12 月 15
　日。

3　施蟄存：《稱心如意·引言》（上海：正言出版社，1948 年），頁 1。

4　弱小民族文學相關的研究成果不少，重要者如宋炳輝：《弱勢民族文學在中
　國》（南京：南京大學出版社，2007 年）；宋炳輝：《弱勢民族文學在現代中
　國（以東歐文學為中心）》（北京：北京大學出版社，2017 年）；尹輝：《五
　四前後「弱小民族文學」譯介研究》（山東：山東大學中國現當代文學博士論
　文，2019 年）。

5　關於施蟄存文學生涯的相關研究甚多，要者如楊迎平：《現代的施蟄存》（臺
　北：秀威資訊科技，2017 年）；王宇平：《現代之後──施蟄存一九三五─一
　九四九年創作與思想初探》（臺北：秀威資訊科技，2008 年）。專論施蟄存翻
　譯的，還可見於李歐梵著，沈瑋、朱妍紅譯：〈探索「現代」── 施蟄存及
　《現代》雜誌的文學實踐〉，《文藝理論研究》1998 年第 5 期（1998 年），頁

　　本文旨在探析施蟄存之翻譯觀與其弱小民族文學翻譯實踐，將其放回弱小民族文學翻譯在世界與晚清民初中國的文化脈絡中探究其意涵外，更從施蟄存對世界文學的關注之視角出發，比對原作與翻譯，著重分析施蟄存戰爭前後弱小民族文學翻譯特色與其此時的文學關懷，及其中展現的中國現代文學與世界想像的豐富面貌，以回應以上的提問。

二、「弱小民族」現代概念的生成

　　「弱小民族」一詞究竟始自何時何處？筆者在古籍資料庫中搜尋，[6]未見此四字詞語，但在《史記》中已可見「弱小」一詞，用以形容內外交迫的燕國：「太史公曰：召公奭可謂仁矣！甘棠且思之，況其人乎？燕（北）〔外〕迫蠻貉，內措齊、晉，崎嶇彊國之閒，最為弱小，幾滅者數矣。然社稷血食者八九百歲，於姬姓獨後亡，豈非召公之烈邪！」[7]文中以「弱小」形容燕國身處強國之間的處境，已近現今意涵。

　　前文已提及，晚清以來，因面臨國家存亡危急之秋，民族主義思潮在近現代中國迅速興起與傳布，國族的獨立、平等與強盛，成為中國知

　　41-52；李歐梵著，毛尖譯：《上海摩登——一種都市文化在中國》（香港：牛津大學出版社，2000 年），頁 147-187；劉敘一：〈政治的懸置，文藝的聚焦——《現代》雜誌「現代美國文學專號」翻譯活動研究〉，《外語與翻譯》2018 年第 1 期（2018 年），頁 19-23；劉慧：〈論施蟄存的詩歌翻譯對其新詩的影響〉，《長沙大學學報》第 34 卷第 3 期（2020 年 5 月），頁 140-144；劉軍：《文學的燈火：現當代文學評論集》（上海：上海人民出版社，2014 年），頁 40-69。雖然學界關於施蟄存翻譯研究的成果不少，但施蟄存弱小民族文學譯介得到的關注仍然相對不多。

6　中央研究院歷史語言研究所：「漢籍電子文獻資料庫」，參見網址：http://hanchi.ihp.sinica.edu.tw/ihpc/hanjiquery?@63^871719325^90^^^../hanjimg/hanji.htm，瀏覽日期：2022 年 1 月 15 日。

7　〔漢〕司馬遷：《史記・燕召公世家第四》（北京：中華書局，2000 年），頁 1301。

識份子關懷之重要議題。[8]以「種族」為主要概念內涵的「民族主義」因革命排滿的思潮日漸普及，而梁啟超以文化認同為主要內涵的民族主義論述相應出現，兩者展開激烈對話。[9]民國建立後，受到各種因素，包括受新式教育成長的知識階層增多、印刷出版業的蓬勃發展、各種啟蒙、科學思潮在社會廣泛傳布的影響等，民族主義思潮方興日盛，更促使在 19 世紀與西方思潮交流，及日本和製漢語新詞的傳入等脈絡下成形的「民族」一詞傳播流通。[10]

　　「民族」一詞在現代中國使用頻率之消長，隨時不同，不過，總的來說，其高峰乃出現於二、三〇年代。中共成立後，馬列思想在中國益加發酵，關於「帝國主義」、「民族主義」的討論，以及中國作為現代民族國家，其真正的獨立與平等如何可能等關懷，在國共鬥爭日趨激烈後，更成為左右翼陣營熱烈交鋒的議題，也為此詞語的普及提供助力。到了三、四〇年代，尤其是中日戰爭爆發後，「民族」的認同，更成為中國抗日戰爭的精神基礎。[11]簡單來說，「民族」一詞在現代中國詞意多變，包含種族、國家等意涵，是一重要的政治、文化術語，也是引領

8　相關論著請見沈松僑：〈近代中國民族主義的發展——兼論民族主義的兩個問題〉，《政治與社會哲學評論》第 3 期（2002 年 12 月），頁 49-119；宏觀的研究請見金觀濤、劉青峰：〈從「天下」、「萬國」到「世界」——兼談中國民族主義的起源〉，收於金觀濤、劉青峰：《觀念史研究：中國現代重要政治術語的形成》（香港：香港中文大學當代中國文化研究中心，2008 年），頁 221-245。

9　1903 年，梁啟超介紹民族主義的〈近世歐人之三大主義〉於《新民叢報》刊登；1904 年，梁啟超在〈國家思想變遷異同論〉、〈新民說〉中，更直指民族主義是歐洲各國現代化、強大昌盛的原因，將民族主義視為當時中國人團結國民、爭取一國之獨立，並抵抗西方帝國的動力，他認為，國民應「速養成我所固有之民族主義以抵制之」。此說發揮廣大影響。請見梁啟超：〈國家思想變遷異同論〉，收於梁啟超著，張品興主編：《梁啟超全集》第 1 冊（北京：北京出版社，1999 年），頁 460。

10　黃興濤：〈清末現代「民族」概念形成小考〉，《人文雜誌》2011 年第 4 期（2011 年），頁 140-144。

11　請見黃興濤、王峰：〈民國時期「中華民族復興」觀念之歷史考察〉，《中國人民大學學報》2006 年第 3 期（2006 年），頁 129-137。

變革的思想基石。[12]

　　然「弱小民族」一詞是何時出現的呢？[13]根據前人研究指出，「弱小民族」此一四字詞首見於 1921 年陳獨秀（1879-1942）〈太平洋會議與太平洋弱小民族〉一文，他使用「弱小民族」一詞指稱受英日美法等「列強」壓迫摧殘的中國、朝鮮、西伯利亞等地。[14]事實上，陳獨秀在 1904 年的文章中，已將世界各國分為「國富民強的國家」和「被欺負的國家」兩類，[15]所謂弱小民族接近後者。而在陳獨秀 1921 年的文章中，其所謂「弱小民族」既包含了中國、朝鮮等「國家」，也包含了「西伯利亞」民族，反映出上文所述，當時中國人對「民族」一詞理解上的多義性，及「民族」一詞乃與其他詞語概念同時流傳的脈絡。

　　然若檢索、瀏覽現存的《申報》資料庫，[16]則「弱小民族」一詞第一次出現，乃在 1915 年，評論一戰時期東方戰線情勢的轉譯報導〈德博士台爾白洛克之戰局譚〉中，早於陳獨秀文。文中談及德國出兵對抗俄國，乃為協助俄國境內弱小民族：「……得分收其土地，脫俄人之羈

12　筆者曾對「民族」與民族文藝運動進行過相關研究，請參見拙著。陳碩文：〈咨爾多譯，為民前鋒：《前鋒月刊》中的異國文藝譯介與國族想像〉，《東亞觀念史集刊》第 8 期（2015 年 6 月），頁 87-135。

13　事實上，「弱小民族」一詞在二〇年代分析一戰後歐洲世界秩序的日文著作中也已出現。請見 1925 年長谷川鉞次郎的《世界を背景とせる日本現代史》一書，其中一章節以「弱小民族解放の失敗」為名。但查考《英華和譯字典》（1879），並未收錄此詞。請見 W. ロプシャイト（Wilhelm Lobscheid）原著，津田仙、柳澤信大、大井鎌吉譯，中村敬宇校正：《英華和譯字典》（東京：山內輱出版，1879-1881 年）。長谷川鉞次郎：《世界を背景とせる日本現代史》（東京：慶文堂書店，1925 年）。「弱小民族」一詞的形塑與日本和製漢詞的淵源尚有待進一步考察。

14　宋炳輝：〈弱小民族文學的譯介與中國文學的現代性〉，《中國比較文學》2002 年第 2 期（2002 年），頁 57。陳獨秀：〈太平洋會議與太平洋弱小民族〉，《新青年》第 9 卷第 5 號（1921 年 9 月），頁 1-4。

15　陳獨秀：〈說國家〉，《安徽俗話報》第 5 期，1904 年 6 月 14 日。

16　北京愛如生數字化技術研究中心：「上海申報全文圖像資料庫」，參見網址：http://small.wenzibase.com/，瀏覽日期：2021 年 12 月 7 日。

絆。」[17]不過，此處「弱小民族」指的是一戰前後俄國境內矛盾不斷上升中的各族群，並不單指同一血緣、種族之共同體。

　　在「中國近現代思想史專業數據庫（1830-1930）」[18]所收錄文章中搜尋，「弱小民族」一詞首見於 1919 年李大釗（1889-1927）評論威爾遜（Thomas Woodrow Wilson，1856-1924）的〈秘密外交與強盜世界〉一文中。[19]此外，此詞頻繁出現的高峰則落在 1925、1926 年，常見於《新青年》、《嚮導》等與左翼陣營關聯緊密的刊物上，而最常使用此一詞語的作者則為瞿秋白（1899-1935）、陳獨秀、鄭超麟（1901-1998）。《新青年》於 1920 年後成為共產黨的喉舌刊物，1923 年起由瞿秋白、彭述之（1895-1983）先後主持；《嚮導》則創辦於 1922 年，由共產國際支持，蔡和森（1895-1931）、彭述之、瞿秋白先後擔任主編。這兩份刊物都積極宣傳中共的主要政策和方針——即秉持列寧（Vladimir Lenin，1870-1924）的政治思想，將帝國主義視為資本主義發展的最高形式；資本主義大國通過經濟手段和軍事侵略，瓜分世界，佔領殖民地，故鼓吹世上其他無產階級及弱小民族聯合起來，通過革命實行無產階級專制，以進入社會主義階段。此時中共的奮鬥目標便如同《嚮導》在創刊號《本報宣言》中所言：「反抗國際帝國主義」；[20]也如陳獨秀在〈列甯主義與中國民族運動〉一文中所云：「其主要目的，乃是聯合全世界所有被壓迫的無產階級與所有被壓迫的弱小民族，推翻國際資本帝國主義對於全世界之統治與剝削。」[21]更如瞿秋白在〈列甯

17　作者不詳：〈德博士台爾白洛克之戰局譚〉，《申報》，1915 年 11 月 28 日。
18　國立政治大學「中國近現代思想及文學史專業數據庫（1830-1930）」計畫團隊：「中國近現代思想史專業數據庫（1830-1930）」，參見：http://digibase.ssic.nccu.edu.tw/，瀏覽日期：2021 年 12 月 7 日。
19　「拿著弱小民族的自由、權利、作幾大強盜國家的犧牲」。請見常（李大釗）：〈秘密外交與強盜世界〉，《每週評論》第 22 期，1919 年 5 月 18 日。
20　〈本報宣言〉，《嚮導》第 1 卷第 1 期（1922 年 9 月），頁 1。
21　陳獨秀：〈列甯主義與中國民族運動〉，《新青年》第 12 卷第 1 期（1925 年 4 月），頁 49。

主義概論〉中所說：「帝國主義之下，戰爭必不能免；而歐美無產階級
革命與東方之弱小民族革命要相聯結，而成反帝國主義的統一戰
線。」[22]「因為如果不是這樣，不但無產階級不能得着解放，就是弱小
民族也始終不能脫離壓迫」，[23]以上論述，提及「弱小民族」，都與列
寧民族自決論脈脈相連。

　　不過，若我們瀏覽《申報》，則可以發現另一個有趣的面向。1919
年後，「弱小民族」一詞開始在《申報》上廣泛出現，大多指稱一戰後
欲脫離俄奧強權、獨立建國的東歐弱小民族國家。而「弱小民族」一詞
在《申報》上出現頻率最高時，則要到 1927 年，尤其可見於國民黨於
北伐後對俄絕交的宣傳文字中。此時國民黨正積極進行反共、反帝政治
宣傳，是「弱小民族」一詞在《申報》頻繁出現的時代背景。識者多會
指出，孫中山（1866-1925）在《三民主義・民族主義》第六講中已經
提出了扶持弱小民族、對抗帝國主義列強的目標，[24]「民族主義」一直
是國民黨建構國家想像的基礎理念。然在 1927 年「清黨」後，國共合
作破局，國民黨拒絕俄國援助，採與國際合作，並以融入國際秩序等方
式獲得列強對中國國際地位的承認；並主張在中國振興後，再援助弱小
民族爭取自由、獨立；其論述中雖多言支援「弱小民族」，期許與各民
族共同奮鬥，其文藝陣營也多譯介「弱小民族」文學，但優先順序與目
標、手段皆與左翼陣營不同。[25]

　　進入三〇年代，「弱小民族」一詞再次頻繁出現在報端，尤其在

22　瞿秋白：〈列寧主義概論〉，《新青年》第 12 卷第 1 期（1925 年 4 月），頁
　　36。

23　秋白：〈列寧主義與中國的國民革命〉，《嚮導》143 期（1926 年 1 月），頁
　　1300-1303。

24　張玉法：〈帝國主義、民族主義與國際主義在近代中國歷史上的角色（1900-
　　1949）〉，收於劉青峰編：《民族主義與中國現代化》（香港：香港中文大學
　　出版社，1994 年），頁 99-125。

25　相關評述請見拙作。陳碩文：〈咨爾多譯，為民前鋒：《前鋒月刊》中的異國
　　文藝譯介與國族想像〉，《東亞觀念史集刊》第 8 期（2015 年 6 月），頁 87-
　　135。

1936 年前後，多與義大利入侵衣索比亞（第二次義大利衣索比亞戰爭）有關。這場被視為第二次世界大戰前哨戰的戰役在當時廣泛引起了中國知識界的注意，相關報導也不少。此時，日本全面侵華戰爭一觸即發，中國讀者特別關注英美法列強對義大利強佔衣索比亞的反應，可謂其來有自——相對強勢帝國主義列強而顯得「弱小」的中國，也正面對侵略威脅。而此時，曾被視為「弱小民族」的南歐國家義大利，當然已經不再被中國人認為是「弱小民族」之一。

　　而在當時中國人形塑現代民族國家的論述中，世界上其他弱小民族積極抵抗入侵的遭遇，多被時人詮釋為能激勵中國人重振民族光輝，建設一獨立、強大之國家之榜樣。尤其在一戰前後，引領俄國革命風潮的列寧出版《論民族自決權》（1914），隨即在 1917 十月革命後，以「民族自決」作為革命階段之一，鼓動中東歐的弱小民族獨立，推翻帝國主義秩序；其後，威爾遜根據「民族自決」原則，寄望建立「平等秩序」的國際社會。上述兩種陣營都通過各式強力宣傳和傳播，為世界各地受壓迫的殖民地或者近似殖民地處境的人民——如中國、朝鮮、印度——爭取平等獨立，此一時代背景與理念基礎，[26]對弱小民族一詞的流傳影響深遠。

　　總之，當時中國人所謂「弱小民族」所指稱的具體內涵，並不固定，隨時代不同而有所變化。比如早期被視為「弱小民族」者，包含了俄國、日本、義大利等國度，然俄國革命以及二戰後，上述這些國家便已經不再被包括在「弱小民族」之內；此外，當時人所指稱的「弱小民族」有時還包含了猶太、美國非裔等，有時又指稱殖民地，意涵相當多元。這一方面固然是和前人對「民族」一詞的理解和詮釋本就多樣有關；另一方面，也可以看出，此詞語的運用，乃與強弱消長、瞬息萬變的現代國際政治情勢息息相關，其意涵、使用狀況也就多有變化。

---

26 埃雷斯‧馬內拉（Erez Manela）著，吳潤璿譯：《1919：中國、印度、埃及和韓國，威爾遜主義及民族自決的起點》（新北：八旗文化，2018 年）。

從晚清起，接連不斷為外患侵略、佔據的中國近現代歷史實況，即是弱小民族一議題在中國受關注之主要脈絡。那麼「弱小民族」文學又所指為何？又有何影響？下文中，筆者將進一步探討「弱小民族文學」在中國的來龍去脈。

三、為何／何為「弱小民族」？晚清民初的弱小民族文學翻譯

文學翻譯，自古有之，然晚清民初之際，為因應三千年未有之時代變局的挑戰，異國文學與新知的翻譯更形成熱潮，多方面刺激、帶動了中國文人的文化想像與創作實踐。其中，除了英法俄等大國文學外，東歐各國如波蘭、匈牙利等在近現代歐洲國運乖舛、飽經風霜的國度之文學作品，更被視為充滿抵抗精神的「亡國之音」，成為晚清民初中國文人特別關注的對象。事實上，明清以來，傳教士文獻、使臣日記、近代報刊中已有不少東歐史地文化等信息。[27]1896 年，梁啟超在《時務報》上刊登其所編寫的《波蘭滅亡記》，著力描述了波蘭亡國後的慘狀。康有為（1858-1927）也創作了《波蘭分滅記》七卷（1898），敘述波蘭因政治腐敗，終被強國瓜分滅亡的歷史，據說光緒帝讀後，曾「為之啼噓感動」不已。鄒振環便指出，「亡國史編譯」可說是 20 世紀初中國大規模撰寫異國歷史時最鍾情的主題之一，[28]不但創作者情有獨鍾，亡國史的通俗化書寫，也成為晚清民初文壇報界刺激銷售的熱點，深受讀

---

27 艾儒略（Giulio Aleni，1582-1649）《職方外記》（1623）中已提及「波羅尼亞」（波蘭）。林則徐的《四洲志》、魏源的《海國圖志》、徐繼畬的《瀛寰志略》等亦有關於東歐的各種敘述。《申報》、《萬國公報》等近代報刊上有關東歐的消息也相當豐富。外交官著作如曾紀澤《出使英法俄國日記》、薛福成《出使英法義比四國日記》等書，對東歐史地文化亦多介紹。相關研究請見丁超：〈對五四時期東歐民族文學與文化在中國譯介流布的再認識〉，《外語教學與研究》第 51 卷第 4 期（2019 年 7 月），頁 621-622。

28 鄒振環：〈清末亡國史「編譯熱」與梁啟超的朝鮮亡國史研究〉，《韓國研究論叢》1996 年第 2 輯（1996 年），頁 325-355。

者歡迎。[29]簡之，自晚清以來，面對危如累卵之困局的中國文人、讀者，出於自傷身世、以異己之鏡來照見自我的心態，對於歐洲若干受壓迫的小國一度相當關注。

　　「弱小民族」一詞在中國當時脈絡中之意涵，既然與力量微弱，須自立自強的被壓迫者相聯繫，那麼所謂「弱小民族文學」，指的就是書寫受壓迫之情的文學作品。1906 年，吳檮（？-？）首先通過日文翻譯了波蘭作家顯克微支的《燈台卒》（*The Lighthouse Keeper of Aspinwall*），刊登於《繡像小說》，被認為是弱小民族文學翻譯初鳴之啼聲。1909 年，魯迅和周作人出版《域外小說集》，著重翻譯「被壓迫」、「被損害」、「被污辱」的國家之文學，尤其關注「歐洲諸國」。民國後，相關文本選輯陸續出現，如周瘦鵑（1895-1968）的《歐美名家短篇小說叢刊》（1917）、徐懋庸（1911-1977）和黎烈文（1904-1972）等翻譯的《弱小民族小說選》（1936）、王魯彥（1901-1944）翻譯的《弱國小說名著》（1937）等。報刊專號亦多，如《小說月報》「被損害民族的文學號」（1921 年 10 月）、《文學》「弱小民族文學專號」（1934 年 5 月）、《矛盾》月刊推出的「弱小民族文學專號」（1943 年 6 月）等。當時文人多將歐洲弱小民族文學視為被壓迫者戮力發出的呼聲，強調其「動人」的力量，期待通過對歐洲弱小民族文學的翻譯、出版，喚醒當時中國讀者救亡圖強的感情與意志。

　　前文已述及，上述中國讀者關注「弱小民族」，又以東歐最受注意，「弱小民族文學」翻譯亦是。《域外小說集》的編譯者周作人曾說：「當時我所最為注重的是波蘭，其次是匈牙利，因他們都是亡國之民，尤其值得同情。」[30]他又稱波蘭、烏克蘭等國的文學「莫不有哀聲

29　胡閩蘇：〈救亡的「寓言」：晚清小說中的波蘭亡國書寫〉，《中國現代文學研究叢刊》2017 年第 2 期（2017 年），頁 42-56。

30　周作人：〈炭畫與黃薔薇〉，《知堂回想錄》（香港：三育圖書文具公司，1980 年），頁 237。

逸響，迸發其間」。[31]魯迅在〈我怎麼做起小說來〉一文中敘述其選譯東歐文學原因時說：「因為所求的作品是叫喊和反抗，勢必至於傾向了東歐。」[32]可見他們之所以大力譯介東歐文學，其中一個面向乃重視其文學的感染、移情力量，[33]而將國勢陵替的東歐文學視為能使人「啼噓感動」之作、為受厄者發聲之書。[34]

　　而譯介弱小民族文學頗力的茅盾（1896-1981），[35]曾如此表述他重視弱小民族文學翻譯的原因：

> 我鑑於世界上許多被損害的民族，如猶太如波蘭如捷克，雖曾失却政治上的獨立，然而一個個都有不朽的人的藝術，使我敢確信中華民族那怕將來到了財政破產強國共管的厄境，也一定要有，而且必有，不朽的人的藝術！而且是這「藝術之花」滋養我再生我中華民族的精神，使他從衰老回到少壯，從頹喪回到奮發，從灰色轉到鮮明，從枯朽裏爆出新芽來！[36]

---

31 周作人：〈哀弦篇〉，《河南》第 9 期（1908 年 12 月 20 日）。

32 魯迅：〈我怎麼做起小說來〉，《魯迅全集》第 4 卷（北京：人民文學出版社，1981 年），頁 511。

33 關於《域外小說集》翻譯研究，請見王宏志：〈「人的文學」之「哀弦篇」：論周作人與《域外小說集》〉，《中國文化研究所學報》總第 46 期（2006年），頁 367-392；張麗華：〈文類如何翻譯？——晚清小說譯介中的《域外小說集》〉，《現代中國「短篇小說的興起」——以文類形構為視角》（北京：北京大學出版社，2011 年），頁 84-147；何旻：〈現代世界文學環流中的「精美」與「餘裕」之物：周氏兄弟與作為文學媒介翻譯的《域外小說集》毛邊本〉，《魯迅研究月刊》2021 年第 2 期（2021 年），頁 41-47。

34 相關研究請見尹輝：《五四前後「弱小民族文學」譯介研究》（山東：山東大學中國現當代文學博士學位論文，2019 年）。近年來陸續有學者多方面考察魯迅、周作人《域外小說集》翻譯特色與其豐富複雜的意涵，請見註 33。

35 茅盾主編的 1921 年間的《小說月報》，發表弱小民族文學譯文 60 篇，約佔總數的 55%。1922 年的《小說月報》發表此類譯文 57 篇，約佔總數的 59%，以所佔比率來看，不可謂不重視，請見陸志國：〈弱小民族文學的譯介和聖化——以五四時期茅盾的翻譯選擇為例〉，《外語教學理論與實踐》2013 年第 1 期（2013 年），頁 91-95、78。

36 記者（茅盾）：〈一年來的感想與明年的計畫〉，《小說月報》第 12 卷第 12

從上可知，弱小民族文學非但被茅盾視為亡國之音，茅盾更提倡借鑑、閱讀弱小民族文學，召喚刻畫本地的「血和淚的文學」之出現。

　　而到了政治激情高漲的二、三〇年代之交，「弱小民族」文學翻譯也沒有被遺忘。如同前文所述，不論是民族主義文藝運動陣營，或者左翼文學陣營，皆看重「弱小民族」文學翻譯，只是兩者階段目標與實踐手段不同，然世界主義情懷一致。此時期，左翼作家的「弱小民族」文學翻譯更不絕如縷，王魯彥、樓適夷（1905-2001）等作家接棒而起，多有譯著，更強調其中的反抗與奮鬥力量。《譯文》月刊多有相關譯介文章。[37]1936 年，左翼作家胡風（1902-1985）推出《山靈》翻譯小說集，再版時稱之為《弱小民族小說選》，選譯了日本、朝鮮、臺灣作家的小說，將眼光從東歐調轉回亞洲，勾勒出一幅描繪帝國勢力與弱小民族之拉扯，兼具近代社會生產關係中不平等之苦難現實的現代圖景，展現了中國左翼文人、知識份子重新想像、構建世界知識的面貌。[38]

　　總之，從以上討論可見，從晚清到民國，伴隨著中國文人翻譯世界、想像中國的心路歷程，從維新保皇人士，到新文化運動健將，乃至於左右翼文學人，都看重「弱小民族」文學動人之情，提倡譯介，並以之為標竿，期勉清末以來備受列強欺凌，內憂外患不斷的老大帝國人民閱讀之後受到啟發，自立自強，進而振作國民精魂。在這縷縷不絕的弱小民族文學譯介潮流中，施蟄存的弱小民族文學翻譯特色為何？弱小民族文學也被他視之為所謂的「悲鳴」與「叫喊」嗎？又如何回應此一文學譯介傳統呢？下文將一一闡釋。

期（1921 年 12 月），頁 1。

37　相關研究請見崔峰：〈為《譯文》溯源──從茅盾的《譯文‧發刊詞》說起〉，《中國比較文學》2009 年第 4 期（2009 年），頁 80-88；張穎：《《譯文》與 1930 年代中國的世界文學樣貌》（吉林：東北師範大學中國現當代文學博士學位論文，2020 年）。

38　吳舒潔：〈世界的中國：「東方弱小民族」與左翼視野的重構──以胡風譯《山靈》為中心〉，《文學評論》2020 年第 6 期（2020 年），頁 212-220。

四、施蟄存的翻譯觀與弱小民族文學譯介

　　施蟄存，杭州人，幼時移居上海，曾入杭州之江大學，後又陸續就讀過震旦大學等，精通英法文。施蟄存讀中學時便開始發表小說，初入文壇便出版翻譯小說，而編輯《現代》期間，更時常推出異國文學譯介專號。戰時，施蟄存漸漸放下創作之筆，專心教學與學術工作，然仍持續翻譯，尤以對奧地利作家顯尼志勒（Arthur Schnitzler，1862-1931）小說、弱小民族文學之翻譯最為突出。[39]

　　談及文學翻譯，施蟄存曾說：「大量外國文學的譯本在中國讀者中間廣泛地傳布了西方的新思想、新觀念，使他們獲得新知識，改變世界觀。同時也堅信，應當取鑒於西方文化來挽救、改造封建落後的中國文化。」[40]當他自己談到中國現代詩發展時，施蟄存也提及西洋詩歌的翻譯對於刺激中國現代詩歌的影響，認為這對中國現代詩歌「和外國的詩壇合轍」將有助益。[41]可見施蟄存將翻譯文學視為刺激中國文學與文化新生之利器，及促進作家創造新興文學作品的觸媒的翻譯觀於一斑。此外，他更積極促進文學交流，不但熱衷翻譯異國文學，主編《現代》時，更不忘為中國文學外譯，躋身世界文壇貢獻心力。[42]中日戰爭結束後，施蟄存回到上海創辦以譯文為主的《活時代》月刊時，更有言道：「我們的一呼一吸，都已與世界上任何一個隅角裡的人息息相通。我們必須要能瞭解全個世界，才能在這個世界上佔據一個適如其分的地

---

39 關於施蟄存生平相關研究，請見楊迎平：〈施蟄存傳略〉，《新文學史料》2000年第4期（2000年），頁148-162；楊迎平：《施蟄存評傳》（上海：上海人民出版社，2021年）。

40 施蟄存：〈中國近代文學大系·翻譯文學集·序言〉，《北山散文集（三）》（上海：華東師範大學出版社，2001年），頁1410。

41 施蟄存：〈域外詩抄·序引〉，《北山散文集（三）》，頁1309。

42 施蟄存主編《現代》時，曾給在法國留學的戴望舒寄送雜誌，期許他進行中外文學交流。見施蟄存1932年11月18日致戴望舒函，孔另境：《現代作家書簡》（上海：生活書店，1936年），頁104-105。。

位。」[43]至此，翻譯對施蟄存來說不但是為一己表情達意的形式，更是和其他生命生息相通之憑藉，並且憑此對於他者的理解，使中國人能更好地認識世界，踏足世界版圖。在施蟄存對文學的理解中，現代文學與改良社會、一國之文學與世界文學的連結與辯證無所不在，而此一「要能瞭解全個世界」、「與外國的詩壇合轍」的「世界文學」翻譯觀，實是考察施蟄存翻譯實踐（包括施蟄存的弱小民族文學翻譯），及文學活動時最重要的參照譜系。

上文已述及，早自開啟文學生涯起，施蟄存已對弱小民族文學頗感興趣。[44]而他的弱小民族文學翻譯橫跨戰前戰後，包含了各種文類，如短篇小說、中長篇小說、戲劇、詩歌等，雖受限於戰爭，有些作品於戰後出版，但在他的規劃中，他不但計畫陸續推出單行本、叢書，也欲連載於報刊，可見他對於弱小民族文學翻譯並非臨時起意，而有長期的興趣，題材也相當多樣，以下略為梳理。

（一）小說

1936 年，戰雲逼近之際，施蟄存先後推出了《波蘭短篇小說集》、《匈牙利短篇小說集》，屬於王雲五（1888-1979）創辦的商務印書館所推出的「萬有文庫・漢譯世界名著二集」系列叢書之一。關於小說譯本出版，施蟄存如是回憶：

> 一九二九年，鄭振鐸先生任上海商務印書館編輯。他的工作任
> 務主要是編《小說月報》，但也兼管一些文藝出版物的組稿任
> 務。當時他計劃以較大的規模系統地介紹世界各國的短篇小

---

43 施蟄存：〈《活時代》・發刊辭〉，《施蟄存序跋》（南京：東南大學出版社，2003 年），頁 19。

44 施蟄存曾回憶自己最初接受外國文學時，便開始關注周瘦鵑翻譯的《歐美短篇小說叢刊》，包括《小說月報》的「弱小民族文學專號」，及周作人翻譯的《現代小說譯叢》。他早期的創作《江干集》也被認為帶有弱小國家文學的印痕。請見楊迎平：《現代的施蟄存》，頁 65。

說。經過幾個月的考慮，制定了《世界短篇小說大系》的規劃，分別邀請適當的人選擔任編譯。對於一些在文學上有重要地位的國家，即以國為單位。鄭先生分配給我的是捷克、波蘭和匈牙利三個國家，因為我正熱中於東歐文學。[45]

而其之所以熱衷於東歐文學，施蟄存說道：

我們中國，從十九世紀四十年代到本世紀四十年代，一百年之間，多次受到帝國主義的侵略和壓迫。民族災難激發了民族意識，提高了我們的愛國主義覺醒。我的前輩翻譯家，一向注意於東歐國家的民族革命文學，盡可能介紹給我國的讀者。現代偉大的作家魯迅和茅盾，都曾翻譯過東歐文學作品。我是在這樣的文學翻譯傳統中成長起來的。在三十年代，我已經通過英文書報，熟悉波蘭、匈牙利、保加利亞這些國家的文學史和重要作家。[46]

上述回憶文字中有兩點值得注意。首先，晚年的施蟄存回憶自己的東歐文學翻譯偏好時，直言乃承繼了五四一代文人對弱小民族文學的關心，分享了他們對現實主義文學作品的偏愛，重視弱小民族文學翻譯促發中國讀者覺醒的力量。處於內憂外患不斷的現代中國，文藝工作者力求以其文學實踐尋出一條救國之道，此的確即施蟄存文學翻譯重要的時代背景與翻譯視域（translating horizon）。[47]事實上，識者多會指出，此時期的施蟄存在創作上也戮力實驗一種「寓描寫於敘述中的一種文

---

45 施蟄存：〈關於《世界短篇小說大系》〉，收於陳子善、徐如麒編：《施蟄存七十年文選》（上海：上海文藝出版社，1996年），頁670。

46 施蟄存：〈致巴佐娃〉，《北山散文集（四）》，頁1816。

47 翻譯學者貝曼認為譯者所處的視域（歷史、語言、文化背景等）所在，也會影響譯者的思考與行為。Antoine Berman, Françoise Massardier-Kenney trans., *Toward a Translation Criticism: John Donne* (Kent: Kent State University Press, 2009), 62-66.

體」，[48]試圖取用傳統小說資源，結合西方小說技法，創作現實書寫新
篇章，展現出在戰火臨近之時，於左右翼不同意識形態文藝陣營夾攻
中，施蟄存汲取古典文學敘事元素，回應時代共有之民族關懷的情
懷。[49]此時期，其創作與翻譯共享之文心，顯然有所呼應。

　　此外，施蟄存曾自陳，他翻譯《波蘭短篇小說集》、《匈牙利短篇
小說集》時所參照的源本，多來自英語相關選集或文庫類叢書。[50]這些
英語選集出版於美國文壇對東歐各國文學——尤其是波蘭文學——感興
趣之時，多在 1915、1916 年前後，波蘭一戰後短暫獨立建國時期。當
時美國譯者翻譯不少波蘭代表作家作品，尤以顯克微支最多；學者指
出，這份對波蘭政治情勢的好奇及異國情調的嚮往，一直是美國人翻譯
波蘭短篇小說的重要因素。[51]事實上，當時此類世界文學名著選集、文
庫叢書，或者世界文學精選單行本的風行，乃為出版社為一般讀者得以
低廉價格和便宜的方式接觸異國文學，以拓展視野、增進修養而出版，
在選文上多為能反映該國民情、文化，通俗易懂者。施蟄存在此類選集
中擇其喜愛者譯出中文版本，譯出的當多為具有代表性的名家作品。

　　事實上，此類世界文學名著叢書或文庫選集，早在 19 世紀的德國
已經出現，頗受到中產階級讀者歡迎，也引發了後續一陣模仿潮。學者
指出，魯迅、周作人在翻譯《域外小說集》時便參考過德國世界文學叢
書。[52]而與留日，通過德語、日語文學接觸弱小民族文學翻譯的魯迅兄

48　施蟄存：〈關於〈黃心大師〉〉，收於劉凌、劉效禮編：《十年創作集》（上
　　海：華東師範大學出版社，2008 年），頁 626。

49　徐禎苓：《說部美學與文體實驗：上海新感覺派的重寫研究》（臺北：政大出
　　版社，2021 年），頁 125。

50　請見註腳 46。這些書可能是以下幾種。Maxim Lieber, *Great Stories of All Nations*
　　(London: George G. Harrap & Company Ltd, 1927). Else C. M. Benecke; Marie Busch
　　trans., *More Tales by Polish Authors* (Oxford: B. H. Blackwell, 1916).

51　Edmund Ordon, "The Reception of the Polish Short Story in English: Reflections on a
　　Bibliography," *The Polish Review* Vol. 2, No. 2/3 (Spring-Summer 1957): 125-132.

52　魯迅極為倚重「雷克拉姆萬有文庫」（Reclams Universal-Bibliothek），即周作
　　人所說的「瑞克闌姆小文庫」，由德國萊比錫的雷克拉姆出版社（Reclam

弟不同，施蟄存自幼成長求學於上海。拜租界之賜，在當時上海的各式
外文書店如中美圖書公司、別發書店（Kelly & Walsh），各大學的圖書
館，都得以迅速訂閱、參考最新出版的各國文學報刊，[53]也能找到許多
舊書，皆成為施蟄存獲取外國文學資源的來處。美國麥克米蘭
（Macmillan）「現代圖書館」（Modern Library）系列叢書，因在上海
有銷售點，便成為施蟄存認識現代文學經典的最佳管道之一。[54]事實
上，施蟄存翻譯《波蘭短篇小說選》等時所據源本之一，便來自「人人
的圖書館」（Everyman's Library）系列叢書。「人人的圖書館」自
1905 年創始起，便立志要以合理的價格，推出 1000 種以上短小輕薄的
世界文學選集，將學生與文化菁英，都視為他們的目標讀者，面向全世
界流通販售，[55]也是上文所述的「文庫」類型出版品之一。

　　饒有意味的是，施蟄存此時翻譯波蘭、匈牙利短篇小說選，所據源
本乃英美文庫叢書，而他此舉又乃為商務印書館的「萬有文庫・漢譯世

Verlag）發行，創刊於 1867 年，延續至今。相關研究請見崔文東：〈青年魯迅
與德語「世界文學」──《域外小說集》材源考〉，《文學評論》2020 年第 6
期（2020 年），頁 191-200；張麗華：〈文類如何翻譯？──晚清小說譯介中
的《域外小說集》〉，《現代中國「短篇小說的興起」──以文類形構為視
角》，頁 84-147；何旻：〈現代世界文學環流中的「精美」與「餘裕」之物：
周氏兄弟與作為文學媒介翻譯的《域外小說集》毛邊本〉，《魯迅研究月刊》
2021 年第 2 期（2021 年），頁 41-47。

53　「這期間，雪峯和望舒經常到上海去，大約每二星期，總有一個人去上海，一
　　般都是當天來回。去上海的目的任務是買書或『銷貨』。……我到上海，先去
　　看幾家英文舊書店，其次才到南京路上的中美圖書公司和別發書店。英美出版
　　的新書價高，而賣英文書的舊書店多，故我買的絕大部分是舊書。所謂『銷
　　貨』，就是把著譯稿帶到上海去找出版家。」請見施蟄存：〈最後一個老朋
　　友──馮雪峯〉，《新文學史料》1983 年第 2 期（1983 年），頁 201。相關研
　　究還可見馬鳴謙：〈施蟄存外文藏書摭談〉，《澎湃新聞・上海書評》，參
　　見：https://ppfocus.com/0/en214b788.html，瀏覽日期：2022 年 1 月 23 日。

54　李歐梵著，毛尖譯：《上海摩登──一種都市文化在中國》，頁 120-127。

55　「文庫網站」參見：http://www.everymanslibrary.co.uk/history.aspx，瀏覽日期：
　　2021 年 1 月 23 日。

界名著二集」貢獻心力。[56]翻看此「萬有文庫‧漢譯世界名著二集」的選編目標，如王雲五在《萬有文庫》的印行緣起中所言，乃以植基普遍圖書館來促進社會的閱讀風氣、增廣讀者見聞與提高文學修養為目的，[57]與上述歐美各地的世界文學叢書出版目標頗為相似。短篇小說翻譯選集，輕薄短小，易於流通，價格又較親近大眾，受歡迎是意料中事；主打短篇小說集，無疑是出版商意圖兼具銷量與文化理想的營銷策略。

亦即，通過以上爬梳可以發現，弱小民族文學在中國近現代能進入五四新文化人、現代作家的視野，確與當時文人心懷救亡啟蒙的志願，欲以弱小民族文學作品啟迪大眾息息相關。然他們所接觸、翻譯的作品與文本，又與 19 世紀德國、20 世紀美國的「世界文學」叢書在世界文壇的跨文化流通脫離不了關係。因其流通甚廣，且「價廉易得」，[58]遂成為中國近現代文人翻譯弱小民族文學作品時的文學資源，又隨之通過中國現代文人作家別有深意的翻譯，對當時中國讀者認識「弱小民族」，尤其是東歐各國及其文學產生了不小影響。[59]更值得留意的是，

56　《萬有文庫》是王雲五於 1928 年開始籌備，於 1929 年開始出版的叢書，第一集共出版圖書 1010 種，共 2000 冊，第二集有 700 種，共 2000 冊，是當時商務印書館的重要出版品之一。商務印書館在戰爭時期重印翻譯文學系列，相關研究可見陳傳芝：〈抗戰時期商務印書館的外國文學譯作出版〉，《編輯之友》2010 年第 9 期（2010 年），頁 110-114。

57　王雲五：〈萬有文庫第一、二集印行緣起〉，收於宋原放主編，陳江輯註：《中國出版史料（現代部分）》第 1 卷下冊（山東：山東教育出版社，2001年），頁 487-493。

58　「上邊所說偏僻的作品英譯很少，德譯較多，又多收入勒克闌等叢刊中，價廉易得，常開單托相模書店向丸善訂購」。周作人：〈關於魯迅之二〉，《瓜豆集》（臺北：里仁書局，1982 年，此版本據民國 26 年宇宙風社版影印），頁237。

59　近年來學者陸續對民國時期的世界文學選本進行研究，梳理「世界文學」在中國從一抽象的觀念，通過選本的出版，成為具體可讀的文本，且漸為人所知的歷程。然而作者並不從翻譯角度探討選本的生成過程及意涵，也不關注編選者以外，譯者如何對讀者認識世界文學發生作用，以及全球跨文化流動和一時一地「世界文學」的形成之間的關係，殊為可惜。請見張珂：〈民國時期「世界

通過此類書籍的出版，當時中國讀者可說和其他國度的讀者一同分享著相似的文化心態，不論是意圖通過文學欣賞陶冶自身修養、增廣視野，或出自閱讀域外文學作品以認識世界當代情勢的現實需要，都折射出19、20世紀現代人共享之「認識世界」、「走向世界」的心理願望。

緊接著，施蟄存又推出了收有10篇東歐短篇小說的《老古董俱樂部》（後改名為《稱心如意》再版），每篇小說翻譯後都有施蟄存精準的評論和說明。[60]這些故事也是根據英譯本而來，原多刊登於1920年代的英美雜誌 The Living Age、Dial 等。1945年，施蟄存又據英譯本推出了波蘭作家顯克微支的《戰勝者巴爾代克》（又名為《勝利者巴爾代克》，Bartek the Victor）。[61]這本小說描寫一小人物巴爾代克的悲慘遭遇。巴爾代克身為波蘭人，卻為德國人徵召，參與普法戰爭，他在奮勇殺敵的同時，漸漸失去了民族與鄉土認同，戰爭的殘酷血腥更讓他墮落，沉湎酒精。回到故鄉後的巴爾代克一蹶不振，最終連家園都無法守護，淪落至一貧如洗、隨妻兒流落異鄉的境地。

《戰勝者巴爾代克》和上述《老古董俱樂部》中的故事，皆描述小人物生活的悲喜，呈現該國子民的真實生活；其描寫時代，乃通過聚焦一位人物內心視角的呈現，建構出特殊時空圖景，抒發身處其中人類的思想感情，頗能與此時施蟄存自己的創作精神相輝映。的確，在談到對創作的思考時，施蟄存曾表示，他試著「把心理分析、意識流、蒙太奇等各種新興的創作方法，納入了現實主義的軌道」。[62]而談到寫作歷史

文學選本」的編纂思路及歧異——以陳旭輪《世界文學類選》和鄭振鐸《世界文庫》為例〉，《中華文化論壇》2014年第8期（2014年），頁82-86。相關研究，有待筆者未來展開。

60　施蟄存譯：《稱心如意》（上海：正言出版社，1948年）。

61　施譯此本小說出版過兩次：《戰勝者巴爾代克》（永安：十日談出版社，1945年）和《勝利者巴爾代克》（上海：正言出版社，1948年）。據筆者考察，施蟄存翻譯的應該是此一英文版本。Henryk Sienkiewicz, "Bartek the Victor," in Yanko the Musician and Other Stories, trans. Jeremiah Curtin (Boston: Little, Brown, 1893), 155-281.

62　施蟄存：〈關於「現代派」一席談〉，《文匯報》，1983年10月18日。

小說之目的時，又表示「是想在這舊故事中發掘出一點人性」。[63]1935年後，向現實主義回歸的施蟄存又提出書寫時代的呼聲，並表示：「真正的典範還得向社會上去尋求」，[64]主張從一個人物的經歷思想中發想故事題材，呈現主人公的情緒心態，以發掘、呈現人性，此即施蟄存「內在寫實」小說最大的魅力。也就是說，施蟄存弱小民族文學作品的翻譯選擇，可說與他對文學的理解和想像相呼應——即現實主義描寫與人物心理分析敘寫並重，並不斷思索文學性與大眾之間的關係。考量施蟄存不少譯作實在戰前便已開始著手，唯因戰事綿延，拖延至戰後方出版，推測施蟄存之文學創發如何在譯與寫中凝聚，應不是不可能之事。

（二）詩歌、戲劇

　　除了小說以外，施蟄存還熱衷於翻譯詩歌。戰爭期間，施蟄存任教於廈門大學，藉著廈門大學圖書館藏書之便，翻譯了不少希臘詩歌。廈門大學的圖書館藏書甚豐，相當聞名，皆因廈門大學戰時內遷，圖書儀器隨之移往後方躲避無情戰火，故尚稱完備。1942年，施蟄存的好友浦江清（1904-1957）到西南聯大任教，途經長汀，往廈門大學會晤施蟄存，浦江清對圖書館藏書甚多頗為意外：

> 西文書，凡語言、文學、哲學、歷史、醫學、生物皆富，物理、化學、數學書亦可，而關於中國文學之書籍亦多，出意料之外。據云語言、文學為林語堂，生物為林惠祥所購，故有底子。人類學書亦富。中文則叢書甚多，地方誌亦不少，顧頡剛所購，金文亦不少。又有德文書不少，自歌德以下至托麥斯・曼均有全集。尼采、叔本華全集英、德文皆有。亞里士多德有最新之英譯本。[65]

63　施蟄存：〈從亞倫坡到海敏威〉，《北山散文集（一）》，頁463。

64　施蟄存：〈創作的典範〉，《文飯小品》第1期（1935年2月），頁35。

65　陳滿意：〈抗戰時內遷長汀的廈門大學〉，《北京晚報》，2021年8月12日。

林語堂（1895-1976）學貫中西，尤熟諳英美文學，其所收藏的圖書之
豐厚可想而知；而博覽群書的魯迅任教廈大期間，曾將藏書捐獻給該圖
書館，對廈大圖書館外文書館所藏應也貢獻甚多，而這些都成為施蟄存
此時翻譯的資源。

　　詩難譯，施蟄存譯詩也特別講究，力求忠實傳達詩意：「我對於自
己的譯詩工作，也只希望能做到傳達原意。如果不懂外文的讀者，可以
借此瞭解一點外國詩人的思想、感情的表現方法，也就可以滿足
了。」[66]從施蟄存談譯詩之難中，我們也可以一瞥他翻譯首重忠實的翻
譯觀。回上海後，施蟄存又陸續翻譯《波蘭抒情詩金庫》（*A Golden
Treasury of Polish Lyrics: Selected and Rendered into English*）中的 20 多
首詩歌，[67]除部分發表於報刊外，其他收入《域外詩抄》。

　　施蟄存此時期還特別喜愛獨幕劇（one act play）。1940 年，施蟄
存推出《外國獨幕劇選》。1942 年，他翻譯了德國劇作家蘇德曼
（Hermann Sudermann，1857-1928）的死亡三部曲之一《戴亞王》
（*Teja*）。1945 年，他又譯出了匈牙利作家莫爾那的《丈夫與情人》
（*Husbands and Lovers: Nineteen Dialogues*），英譯本的副標題為「十
九篇對話」，[68]一本包含 19 篇獨幕劇的戲劇集，施蟄存只譯出了 14
篇。施蟄存十分喜愛莫爾那，早已翻譯過他的劇作，[69]尤其推崇他寫喜
劇和人物心理的洗鍊，認為足以作為當時中國作家的參考：「莫爾那是

66　施蟄存：《域外詩抄・序引》，《北山散文集（三）》，頁 1309。
67　Watson Kirkconnell trans., *A Golden Treasury of Polish Lyrics: Selected and Rendered
　　into English* (Winnipeg: Polish Press, 1936).
68　此書亦是施蟄存據圖書館中所藏的英譯本譯出，英譯者為彭吉敏・格拉才。經
　　筆者查找，英譯者應為 Benjamin Glazer（1887-1956）。施蟄存自敘他戰前原購
　　此書已遺失，所幸在廈門大學圖書館中找到此書，因而重譯。請見施蟄存譯：
　　《丈夫與情人・引言》（上海：正言出版社，1948 年），頁 1-3。Ferenc
　　Molnár, *Husbands and Lovers; Nineteen Dialogues,* trans. Benjamin Glazer (New
　　York: Boni and Liveright, 1924).
69　莫爾那著，惜蕙（施蟄存）譯：《鑰匙》，《現代》第 2 卷第 6 期（1933 年 3
　　月），頁 835-839。

一個著名的喜劇家，這十九篇雖然被英譯者題為『對話』，實在却是一種小喜劇。」「不單是『幕下』一篇，差不多全體都是一種喜劇的素描。這是作者的緒餘，然而很可以供給學習喜劇寫作者做參考。」[70]他也喜愛莫爾那諷刺的才華，說他寫戀愛心理，尤其是三角戀愛各人的心情十分到位。從上可知，施蟄存的弱小民族文學翻譯不只於重視其傳達的政治意涵，也看重文學性，並期待譯本能引發中國現代作家的創作靈感，而這也與他一以貫之的翻譯理念相呼應。

（三）叢書、報譯

戰爭前後，施蟄存還曾規劃出版叢書，首先是和老朋友海岑（陸清源，1919-1981）的十日談出版社推出《北山譯乘第一集》，預計包含十本小說翻譯，包含了東歐各國、美國作家沙洛揚（William Saroyan，1908-1981）、法國繆塞（Alfred de Musset，1810-1857）、法國考克多（Jean Cocteau，1889-1963）的劇本，可惜最後因時局動盪，只推出了四本，但已見得其內容相當豐富，且多關注新銳作家作品，可見施蟄存的文學眼光與世界文壇頗為同步。另一套則是 1948 年，施蟄存在同鄉朋友朱雯（1911-1994）創辦的上海正言出版社預計推出的「域外小說珠叢」，收羅有沙洛揚、紀德（André Gide，1869-1951）的作品，但也因種種緣故沒有發行，只重印了舊書三種。沙洛揚是美國阿美尼亞裔的小說家，前期作品多以移民生活為藍本，受到許多讀者喜愛，施蟄存對沙洛揚的小說特別青睞，幾度想要出版未果，此一偏愛或亦與他一直以來對東歐文學以及對新興文學（包括美國文學）的興趣有關。

1946 年，戰爭結束，施蟄存在上海出版公司的支持下，創辦了《活時代》雜誌，定位為「西洋社會生活文化思想半月刊」，旨在呼籲剛結束戰爭的中國人通過閱讀「重新認識這個世界」。二戰後，美國主導的世界秩序正在成形，中國雖為戰勝國，仍百廢待舉，也正在適應新

---

70 請見施蟄存譯：《丈夫與情人‧引言》，頁 2。

的國際地位和空間，施蟄存辦刊的理念，頗能反映當時讀者對建構新世界秩序的願望。該雜誌命名令人直接聯想到 *The Living Age* 雜誌，施蟄存曾自陳該刊的確有意承襲 *The Living Age* 而來。*The Living Age* 是自 19 世紀開始發行的綜合期刊（1844-1941），創辦人是伊利亞基姆·利特爾（Eliakim Littell，1797-1870），選錄各英美報刊雜誌上刊登的新聞時事、文學作品，每週發行一次。如同 *The Living Age*，《活時代》百分之八十內容為翻譯，乃採擷英文報刊中值得介紹的片段所出，內容包羅萬象，涉及思想、科學、家庭、文學，如〈美國旗上的四十九顆星〉、〈蘇聯之謎〉、〈雞尾酒的來歷〉、〈戰後的戀愛觀〉等。這些文章多來自 *American, Harper's, True, Coronet*，及《紐約時報週刊》、《星期六晚郵集刊》，甚至包括了《第二次世界大戰間諜史話》等暢銷書。施蟄存的三篇文章，〈重要的政治活動正在德國展開〉是來自路透社的特稿、〈納粹法國特務魔王外傳〉則是 *True* 上的文章、〈齊亞諾日記抄〉則譯自 1945 年出版的《齊亞諾日記》（*The Ciano Diaries*，1939-1943），多與二戰秘辛或戰後政治情勢有關，他所參酌的多是英美各國盛行已久的雜誌，也是他長期閱讀的雜誌，[71]以提供讀者世界各國翻譯文字，增進修養、增廣見聞為主。施蟄存曾指出，他希望通過新鮮資訊的譯介，讓讀者「無法封閉在孤獨與庸愚的隅角裡，過一個古舊的生活」。[72]當然，這些雜誌中的新鮮資訊和其所呈現的「世界」，乃通過施蟄存的翻譯和選擇，方得以呈現在當時中國讀者面前。

從以上施蟄存談翻譯，以及對他翻譯實踐的回顧，可以發現施蟄存翻譯作品，除重視文學性的表達，情感的激揚，新鮮的文學元素及其對中國現代文學的意義外，一直以來更將翻譯視為與世界交流的一種形式。不論是將異國文學翻譯成中文，以之激勵中國文學作家生發創作火花，使中國文學與外國文壇「合轍」；或者通過作品的流通，讓中國作

---

71 李歐梵著，毛尖譯：《上海摩登──一種都市文化在中國》，頁 123-124。
72 施蟄存：〈《活時代》·發刊辭〉，《施蟄存序跋》，頁 19。

家、讀者吸收西洋文化，認識新鮮文類；「認識世界」，一直是他念茲在茲的目標，這也體現了現代中國文學的一大重要特色——中國現代作家文學譯寫實踐中民族主義、世界文學的交互辯證。[73]下文中，我將集中分析施蟄存戰時弱小民族文學翻譯特色，更要進一步分析其汲取英美「世界文學」資源的弱小民族文學翻譯背後之意涵。

五、施蟄存二戰前後弱小民族文學翻譯特色

弱小民族文學既一直是施蟄存異國文學翻譯的重點，戰爭時期，其弱小民族文學翻譯更是有增無減，然而其翻譯實踐究竟有何特色呢？

（一）謹實的翻譯態度

通過比對，可以發現施蟄存弱小民族文學作品翻譯相當完整，且幾乎沒有誤譯。施蟄存不但盡力譯出全文，還會在文末加上題詞、說明，或作者生平、簡介，態度認真。以短篇小說集《老古董俱樂部》為例，施蟄存不但在文末簡介作者生平，還會簡單評述該篇小說，如評論保加利亞作家因民族性所致，「好用民間傳說作情調憂鬱之小說也」，[74]故中國讀者常覺其小說與民間傳說不遠云云，便是從中國讀者的立場對保加利亞小說歸納性的總結，幫助讀者定位、理解來自遙遠異地的異國小說。

施蟄存譯書甚少增刪，有時若干字詞未譯，則因原文不是英文，可能無法確定意思所致。有時，施蟄存不譯出書中的外文，直接援引原文，不另行翻譯，卻又是為了小說主題表達的需要。比方說在描述在德國統治下波蘭農民悲慘生活的《勝利者巴爾代克》中，原作中用德文

73　請見黃子平、陳平原、錢理群：〈論「二十世紀中國文學」〉，《文學評論》
　　1985 年第 5 期（1985 年），頁 3-14。

74　施蟄存譯：《稱心如意》，頁 11。

處，施蟄存有的翻譯成中文，有的不譯，乃為了讓讀者讀後，對不諳德文的主角能有更為深刻同情的緣故。[75]而施蟄存翻譯《丈夫與情人》時則對原作有所刪節，只譯出其中的 14 篇，乃因其他 5 篇「比較的缺少戲劇的效果」。[76]據筆者比對，事實上施蟄存刪除的多為內容不與戀愛有關且涉及死亡的劇作。前文中已提及，施蟄存翻譯莫爾那此書，實因欣賞莫爾那作品中對男女心理分析的狡黠、犀利；他刪除其中不夠符合其旨趣的作品，也是出自文學喜好，而非全為政治意涵的考量。

　　前文已提及，施蟄存翻譯，追求的是忠實闡發作者的思想，這在他的譯詩中也可以發現。以《域外詩抄》中施蟄存翻譯的瑪莉亞・科諾普尼茨卡（Maria Konopnicka，1842-1910）〈大江〉一詩為例：

〈大江〉[77] 施蟄存譯	"The River",[78] Watson Kirkconnell trans.,
閃光的旋渦和微波衝激的津渡， 現在都凝結在可憎的冰下， 水花和活躍的潮汐 都掩藏在傲岸的霜凍底裡。	Gleaming pool and rippling ford Now are held in ice abhorr'd; Gone are foam and living tide, Hid in depths of frozen pride:
失去了他的春曉的 興奮， 失去了他的奔赴大海的 旅程。	Lost his spring-dawn's Ecstasy: Lost his journey Far to sea.

75　施蟄存譯：《勝利者巴爾代克》（上海：正言出版社，1948 年），頁 65。

76　施蟄存譯：《丈夫與情人》，頁 2。

77　施蟄存譯：《域外詩抄》（長沙：湖南人民出版社，1987 年），頁 158、159。

78　Maria Konopnicka, "The River," trans. Watson Kirkconnell. See https://foliofound. wordpress.com/2010/04/21/found-in-the-folio-maria-konopnicka/ 瀏覽日期：2022 年 6 月 2 日。

黑暗而嚴冷的大江，像國王一樣的冰 沒有給他帶來新的命運， 每年，嚴冬鎖住了你， 每年，大風雪使你苦痛，	Dark, cold river, ice as king Brings no new and fatal thing; Every year the winter chains thee, Every year the blizzard pains thee.
春天終於 輕盈而愉快地 幫助你遙遠地 衝向大海。	Spring at last In buxom glee Sends thee dashing Far to sea.
太陽不會永遠深藏， 大地不會永遠酣眠， 花兒不會永遠不開， 霜凍也不會永遠統治世界。	Not for aye the sun hides deep; Not for aye earth falls asleep; Not for aye the flowers are furl'd; Not for aye frost rules the world.
輕盈的春天 愉快地來了， 洪流奔注 到遙遠的大海！	Buxom spring arrives with glee; Streams go dashing Far to sea!

　　原詩為一四行詩（Quatrain），每兩行押相同的尾韻，描述冬天將盡、迎來春天，江河冰雪消融，流入大海的暢快景象。施蟄存翻譯此詩相當流暢忠實，詞語選用別緻，雖不注重押韻，更接近自由詩，然詩歌分行匠心獨運，不囿於詩歌原有的句式，將之譯成分行句子，製造音樂感。在詩歌呈現上，更將春天開始的兩段詩節特地移到頁面的右手邊，表現出江河滾滾而下的動感，體現出春天即將來臨時分，人的輕快心情。事實上當時正值中日戰爭甫結束時，施蟄存此時在科諾普尼茨卡諸多詩作中選譯此詩，考量其翻譯時的時空背景，可以嗅到譯者「青春作伴好還鄉」的情緒，一種「即從巴峽穿巫峽，便下襄陽向洛陽」的興奮心情。

（二）重現譯語特色，具譯者自主性

　　此外，前文已提及，施蟄存所據的東歐文學譯本多為美國雜誌、報刊，他曾說：「我是把英文作為橋梁，用英譯本來欣賞東歐文學的。」[79]因此，識者多會質疑，施蟄存的翻譯選擇其實某種程度受到英美報刊所選擇的歐洲諸國文學作品範疇的限制——亦即這些作家能進入施蟄存視野的作家作品，是經過英美世界的過濾和翻譯，再從美國報刊移植到中國現代文學版圖的。然儘管施蟄存的翻譯多據英譯本而來，但又不完全照搬英譯者，而有自己的見地。比方說在《丈夫與情人》一書中，施蟄存認為英譯者的翻譯風格較為自由，而為使譯書語言較為接近一般讀者口語，因此並不跟隨英譯本，而有所發揮。[80]比方說，他將「"As you wish"」翻譯成「遵命」，將西班牙語「"Basta!"」（夠了！）翻譯為「散場完結！」，將英譯本中直譯成中文較為拗口的句子以意思相去不遠，又不破壞文意的方式翻譯。[81]

　　另外，早期美國的波蘭短篇小說翻譯，尤其是傑里邁亞‧科廷（Jeremiah Curtin，1835-1906）翻譯的顯克微支小說（施蟄存所據源本），其翻譯雖尚稱忠實，但全照字面直譯，因此有生硬之憾，讀來頗有「翻譯小說」之感。[82]也有學者以顯克微支《燈台守》為例，考察科廷的英文翻譯為回應美國市場的需求，相較顯克微支原作頗多刪改。[83]

　　不過，施蟄存所譯的《燈台守》中文版雖據同一英文譯本而來，不可避免與原作有所差異，然其中譯可稱流暢優美。下面這段描述老人翻閱波蘭詩集，心旌神蕩，靈魂有如回歸故鄉的段落，英文版作：

---

[79] 施蟄存：〈致巴佐娃〉，《北山散文集（四）》，頁 1816。
[80] 施蟄存譯：《丈夫與情人》，頁 3。
[81] 施蟄存譯：《丈夫與情人》，頁 37。
[82] Edmund Ordon, "The Reception of the Polish Short Story in English: Reflections on a Bibliography," *The Polish Review* Vol. 2, No. 2/3 (Spring-Summer 1957): 125-132.
[83] 崔琦：〈顯克微支《燈臺卒》在美日中的譯介與流通〉，《中國比較文學》2019 年第 1 期（2019 年），頁 78-95。

The sun had gone already behind the gardens and the forest of Panama, and was going slowly beyond the isthmus to the other ocean; but the Atlantic was full of light yet; in the open air there was still perfect vision; therefore, he read further: "Now bear my longing soul to those forest slopes, to those green meadows." At last the dusk obliterates the letters on the white paper, –the dusk short as a twinkle. The old man rested his head on the rock, and closed his eyes. Then "She who defends bright Chenstohova" took his soul, and transported it to "those fields colored by various grain." On the sky were burning yet those long stripes, red and golden, and on those brightnesses he was flying to beloved regions. The pine-woods were sounding in his ears; the streams of his native place were murmuring.[84]

而施蟄存翻譯如下：

> 夕陽已經沉入巴拿馬園林之後，正在徐徐地向地峽外下降到別一個大洋上去；但是大西洋上還很光亮；室外尚能很清楚地看得出；於是他便讀下去：

> 現在請帶了我渴望的靈魂，
> 到那樹林中，到那綠野上去罷。

> 已而暮色下沉，疾如轉瞬，在白紙上遮隱了文字。老人便枕首於石，閉了雙目，於是那詩裏的聖母便將他底靈魂移置於其故鄉，田園之上，禾黍燦然。天上晚霞縷縷，作金紅色，他底魂夢，便乘此彩雲而歸。耳朵邊聽得松林呼嘯，故鄉的溪流也在

---

84 Henryk Sienkiewicz, *Yanko: The Musician and Other Stories,* trans. Jeremiah Curtin (Boston: Little, Brown, 1893), 64-65.

淙淙然如作私語。[85]

（以上底線為筆者所加）

從上段引文中可以見到施蟄存早期之翻譯，將小說段落以優雅而略似語體文的筆法，消化為不偏離原文意思的短句，具有他當時思考的「中國式白話文」風格，[86]流暢清晰，渾然不覺詰屈難讀，可見其文字功底和翻譯功力，而他貼近中文語言習慣的翻譯風格，也正展現了譯者的自主性。

（三）「強烈地表現著人生情緒」的翻譯喜好

因對書寫小人物的作品由衷的喜愛，《老古董俱樂部》中的作品方進入了他的眼簾，得以譯書出版。施蟄存這樣表示，因為「我懷念着巴爾幹半島上的那些忠厚而貧苦的農民，我懷念着斯乾狄那維亞的那些生活在神秘的傳說與凜冽的北風中的小市民及漁人。我覺得距離雖遠，而人情却宛然如一」。「在我們的農民中間，並不是沒有司徒元伯伯，而在我們的小城市中，也有很多同樣的『老古董』。所可惜的是我們的作家們却從來沒有能這樣經濟又深刻地把他們描寫出來，於是我們不能不從舊雜誌堆裏去尋覓他們了」。[87]施蟄存文中提到的司徒元伯伯，是保加利亞小說家沛林（Elin Pelin，1877-1949）〈客〉的主人公，身為一個被徵召的志願兵，在看守橋樑的一個夜晚見到了被人強拉上戰場，運輸貨物，支援前線的家中老牛。老牛喚起了司徒元伯伯所有思鄉的情感，他在清晨牛隻出發前趕上給牠梳梳毛，滿心悲哀地目送牠離去。儘管作者筆觸並不憂傷憤怒，但作者善寫人人多能體會的人生無助時分，更能喚起讀者的共感，如施蟄存在後記中說到，這篇小說描寫的「保加

85 施蟄存譯：《波蘭短篇小說集》（上海：商務印書館，1937 年），頁 174-175。

86 施蟄存：〈關於〈黃心大師〉〉，《北山散文集（三）》，頁 954。

87 施蟄存：《稱心如意·引言》，頁 2。

利亞農民陰暗的生活，往往會喚起你的同情」。[88]而所謂的「老古董」，來自南斯拉夫作家依索・維列卡諾維區（Iso Velikanovich，1869-1940）的作品〈老古董俱樂部〉，指的是四個每天在公園集會、閒話家常以為娛樂的退休老人——作者暱稱他們為「老古董」。一天，因目擊其中一人的姪女在公園幽會，四人發生爭吵、聚會從此星散解體。施蟄存在後記中援用英譯者的說法，稱道依索・維列卡諾維區擅長寫鄉村生活，尤其是描寫小城日常的人物素描，最為生動。

從前文所引之序文可以看出，施蟄存推崇這類作品，不僅僅是對此類作品中弱國小民遭列強欺壓，追求獨立自主的自強精神同情共感，更因對現實生活裡受壓迫而忍受不幸、悲哀的人們平常悲喜的同情，他尤其看重的恐怕還是，能在作品中傳遞人生各方面情緒的文字。此外，他更將關注眼光轉向「我們的農民」、「我們的小城市」，也就是從這些書寫「他者」的故事中，看見現代中國都市以外的底層以及弱小者，並期許通過翻譯，能讓中國現代作家受到啟發，進而更深刻地描寫身邊的小人物，可見施蟄存鍾愛「人情」的文學觀，同他的翻譯目的，都對其翻譯選擇發生影響。

以往研究者探討施蟄存對弱小民族文學翻譯的熱情，稱這類翻譯展現了其「政治上的左翼」之一貫關懷，[89]而本文更想進一步指出，施蟄存詮釋弱小民族文學作品時所展現的人道主義關懷，對人世普遍性的肯認，在以往譯者關注弱小民族文學中「亡國」的「叫喊」和「涕泗橫流」外，更進入了對所有弱小者付出關心的層次。甚至，施蟄存對作家在書寫人物情緒、心理的努力之肯定，更流露出他對以文學刻畫人物在現代社會的命運之思考，此與施蟄存的文學觀及其一向對左翼文學思潮若即若離的姿態是有所呼應的。[90]下文中，筆者將進一步闡釋。

88　施蟄存：《稱心如意》，頁25。
89　王宇平：《現代之後——施蟄存一九三五～一九四九年創作與思想初探》，頁70。
90　王宇平：《現代之後——施蟄存一九三五～一九四九年創作與思想初探》，頁

六、施蟄存二戰前後弱小民族文學翻譯之文化意涵

　　如前文所述，施蟄存戰爭時期弱小民族文學翻譯頗具多樣性——在革命、戰爭的吶喊以外，也看重文學作品的出色表現力，且欲以優秀異國文學作品譯介，刺激現代文學作家新生。如同前人所指出的，他此一「文藝上的自由主義」精神，的確貫串了他整個文學生涯。就算在國難當頭的戰爭時分，除救亡、奮鬥等價值傳遞以外，施蟄存同樣欣賞在文學上具有創新意義的獨到作品，尤其喜愛能深刻描寫人物心理、有諷刺意味的作品，體現他對文學本質的關注。

　　比方說施蟄存談到他為何喜歡《老古董俱樂部》（《稱心如意》）中的短篇小說，特別指出因這幾篇小說描寫「經濟又深刻」。[91]的確，這 10 篇小說都不長，大約 10 頁左右，小說發展通常圍繞著一個事件，以開始、延宕、解決懸念、結尾的模式發展，通過描寫一個人生中令人無言以對的困難或事件（貧窮而無法聚首的夫妻、一個不斷回到監獄的慣竊、曲高和寡的小提琴手），描寫敘事者面對一特定事件時的心路歷程。小說家調動敘事觀點，回憶過往，描寫當下，濃縮人物數十年的人生，並通過一個令人驚訝的結尾，使讀者產生感動或共鳴，進而思考人生，短小但精悍，有極強的感染力。施蟄存曾這樣評價艾林·沛林：「他作品中所創造的人物，沒有一個不是社會人。他們的生活，他們的思想行為，他們的情感，全都是保加利亞人民底靈魂之再現。他的小說往往在幻想中滲入了真實，愉快中泄漏了悲哀。」[92]

　　如同他評述艾林·沛林的小說，施蟄存的作品也時常洋溢著深沉的情感，幻想的真實，寫心中的故鄉、夢中的故土。[93]事實上施蟄存早期的創作如書寫江南的小說集《上元燈》，關注的便是在城鄉之間擺渡，

49。

91　施蟄存：《稱心如意·引言》，頁 2。

92　施蟄存：〈艾林·沛林還曆紀念〉，《北山散文集（一）》，頁 577。

93　楊迎平：《現代的施蟄存》，頁 65-67。

蕩漾的漁民、鄉人。[94]施蟄存在《梅雨之夕》等作品中，雖著重呈現都市人的情緒，一樣通過現代都市和鄉鎮的對照，表達對穿梭其中的小人物的同情、共鳴、幻想。

比方《小珍集》中的〈鷗〉，通過寫實的描寫與充滿想像力的筆觸，施蟄存既刻畫都市生活，也充滿象徵意味地書寫在都市中工作的鄉下人的思鄉情感，和《波蘭短篇小說集》中的〈你記得嗎？〉頗能對讀。

〈你記得嗎？〉是奧才式珂（Eliza Orzeszkowa，1841-1940）早期描寫都市生活的作品，[95]故事說的是一個功成名就的男子鎮日穿梭在城市的戲院豪宅中，卻悶悶不樂、精神不振，直到他重展來自家鄉姊姊的來信，因對故鄉風土、家人無止盡的懷念，最終落下眼淚，讀者方才明白他深感人生空虛，對故鄉與往日生活無比眷戀。小說中描述：「那些挺直的細長的松樹，還像從前一樣地參天入雲，連得那些鳳尾草長得像從前我們曾在那兒迷路過的時候一樣地高了。」而讀完了信，主人公「一顆粗大的眼淚掉下在接近的一個字上」，「他」終於了解一直在家鄉的姊姊實際上比他更加快樂，而動了回鄉的念頭。[96]

而在施蟄存的〈鷗〉中，主人公小陸也是一位從家鄉來到上海工作，努力不懈，升職不久的青年。原先因地位變化而快樂的他，很快不再這樣想了。

施蟄存寫道：

> 小陸已經有兩年沒回家了。那個村莊，那個村前的海，那個與他一同站在夕暮的海邊看白鷗展翅的女孩子，一時都呈顯在他眼前了。銀行職員的小陸就這樣地伏在他的大賬簿上害著沉重

94　葉祝弟：〈意象抒情與施蟄存「江南新感覺」〉，《當代文壇》2020 年第 5 期（2020 年），頁 117-125。

95　Czesław Miłosz, *The History of Polish Literature* (London: Collier-Macmillan, 1969), 303-307.

96　施蟄存譯：《波蘭短篇小說集》，頁 150、154。

的懷鄉病。這些鷗鳥，在從前是並不希罕的。清晨，朝霧初開
的時候，你走過港邊的小徑，咳嗽一聲，就會得有一羣驚起的
銀翅振響著飛去；傍晚，在紫色的煙靄裏，你會得看見遠處水
面上翻舞的白羽，誰會得住在村舍裏渴想着去看這些水鳥呢？
但是小陸現在却端坐在上海最繁盛市區裏的最大銀行中做着白
鷗之夢了。[97]

奧才式珂的小說主人公因姊姊的信引發鄉愁，回想家鄉景觀，自問自
答，表現思鄉情緒；〈鷗〉中的小陸則從窗外修女整潔白帽聯想起家鄉
中的白鷗，從計算數字回想家鄉的寧靜，更具象徵色彩。施蟄存在小說
中將敘事視角從「他」轉為「你」，巧妙地使用自由間接引語形式，將
小說主人公的自我詰問呈現給讀者，引起讀者更深層的共鳴。短短的篇
幅，很好地展現出作家形式上的嘗試，及對都市生活不斷更新、前進，
人只能不斷追逐時間、數字的反思，體現出現代主義色彩，可見此篇與
〈你記得嗎？〉兩者之間實有能心弦共振之處。

再者，前文已述及，施蟄存亦相當喜愛獨幕劇。戰爭期間，中國文
壇尤其偏愛戲劇，尤其以演出能振奮戰爭中軍民的士氣者為先。[98]然施
蟄存此時的戲劇翻譯卻著重在 19 世紀小劇場的獨幕劇，亦是因為欣賞
其篇幅短小，結構緊湊，在短時間內凝鍊地通過刻畫人生的一個側面、
人物心理，體現人性。而他翻譯的莫爾那的戲劇，收錄的作品也相當簡
煉，其劇作大多從頭到尾由戀愛中的男女對話組成，從中暴露了戀愛中
的男女心理，戲劇高潮在結尾處通過一個事件的真相大白完成。施蟄存
稱許莫爾那的這些作品對於人類戀愛心理的掌握相當犀利、諷刺，描寫
亦很機智幽默。[99]比方說《丈夫與情人》的開篇之作〈男人們的詭計〉

---

97 施蟄存：《小珍集》（上海：良友圖書公司，1936 年），頁 85-86。
98 孔令雲：〈救亡：抗戰時期翻譯文學的主流價值取向〉，《現代語文》2013 年
　　第 10 期（2013 年），頁 39-42。
99 施蟄存：《丈夫與情人・引言》，頁 1-3。

（ "A Matter of Husbands" ），描述少婦到女伶後臺休息室，與先生迷戀的女伶談判的故事。沒想到女伶既不承認，也沒辯解，反而將自己塑造成男人為重新喚回妻子注意、略施小技的犧牲品，以獲取妻子的信任，妻子終於從氣急敗壞轉而破涕為笑，告辭而出。故事眼看告一段落，卻又馬上急轉直下，妻子一離開，躲進休息室後頭的男子慌忙走出，不斷額手感謝女伶的機智，結局出人意料。以上情節全由對話組成，篇幅不長，僅以三言兩語，帶出讓人意料之外的驚喜，深刻諷刺了婚戀中男女百態。施蟄存此時期的作品〈聖誕節的豔遇〉，[100]篇幅亦不長，通篇幾乎以對話組成，描寫一個「獵豔高手」向朋友講述自己在聖誕節前夕獵豔時種種意想不到的遭遇。與此前施蟄存對話篇幅亦不少的〈薄暮的舞女〉相比，此篇幾乎完全沒有間接引語、自由間接引語的使用，僅以對話串聯成篇。故事雖然也以都市男女為背景，但兩篇作品的敘事手法相差甚多，反映出的，更是此時期施蟄存對寫小說是否一定得使用心理分析手法的思考。[101]

　　而稍晚施蟄存翻譯的《勝利者巴爾代克》，也是一部充滿了諷刺笑聲的小說，且被施蟄存認為是作家最精緻的作品。因為「巴爾代克這個參加過普法戰役的英雄，在作者極幽默的筆下，被描寫成這樣一個狼狽不堪的人物，使我們不期然而然的會連想到近年來我國一些與巴爾代克差不多的為虎作倀的人物」。[102]施蟄存說到他為何要翻譯此作，正因這篇作品「正好替我們揶揄了這一批中國的巴爾代克」。[103]可見施蟄存看重的是《勝利者巴爾代克》一書的諷刺意味，以及對於本地讀者的意義，此一詮釋亦相當帶有個人色彩。實際上，身處政治壓力日益高漲的三〇年代中後期，在《梅雨之夕》等結合心理分析手法書寫現代生活的

---

100 施蟄存：〈聖誕節的豔遇〉，收於蔣敏編選：《手套與乳罩》（上海：良友圖書公司，1945 年），頁 43-53。
101 施蟄存：〈小說中的對話〉，收於《北山散文集（二）》，頁 488-495。
102 施蟄存：《勝利者巴爾代克・譯者引言》，頁 1-2。
103 施蟄存：《勝利者巴爾代克・譯者引言》，頁 2。

作品出版，卻屢受左翼人士撻伐後，施蟄存漸漸轉變了創作路線。[104]此後，其創作相較之前的前衛，反洋溢著淡淡的哀愁，婉轉的諷刺。比方說在〈牛奶〉、〈失業〉、〈汽車路〉等作品中，他以生動的描寫、對話，刻畫城市工商業對鄉村的入侵和破壞；在〈獵虎記〉中，施蟄存嘗試用傳統小說的語言描寫獵戶的興衰；而在 1946 年於《文藝春秋》發表的短篇作品中，施蟄存描寫戰爭時期人民的生活，也多以對話結構故事，心理描寫的成分相對減弱。[105]夏志清曾評價後來施蟄存的作品：「他寫小說已少有新意，用哀愁筆調和譏刺的方法去描寫當代生活，而不再是個用佛洛伊德的學說，去探索潛意識領域的浪漫主義者了。」[106]的確，此時期施蟄存的創作正發生轉變，對話更多，諷刺意味也增強，這從他此時期的翻譯實踐中也可以見到端倪。

總的來說，施蟄存所翻譯的弱小民族文學作品，並不都具有主人公面對困難，聯合其他被壓迫者一同參加革命，打破強權等慣性的線性模式；也不預告天啟式的革命理想做為結尾；甚至，也不符合學者說的，中國文人翻譯弱小民族文學時鍾情的「反抗殖民、爭取獨立」思想主題，[107]也並不只涉及「叫喊」、「悲音」，甚至還包括了笑聲和諷刺，相當特殊。的確，從關懷中國的國族命運，到對普世人性的關照，以及對微妙人情的體貼，施蟄存的文學實踐一直展現了對「人」的重視，對文學的思考，對時代的回應，對世界的想像。從以上分析可以發現，自創作伊始，施蟄存對文學性、對人性、對現代人城鄉生活等主題的反覆探索，在他的譯書選擇中也可以見到；且在他日益放下創作之筆的時

---

104 「倘若全中國的文藝讀者只要求着一種文藝，那是我惟有擱筆不寫，否則，我只能寫我的」。施蟄存：〈我的創作生活之歷程〉，《燈下集》（北京：開明出版社，1994 年），頁 61-62。

105 施蟄存：〈在酒店裡〉，《文藝春秋》第 3 卷第 4 期（1946 年 10 月），頁 106-110。

106 夏志清：《中國現代小說史》（香港：香港中文大學出版社，2001 年），頁 112。

107 宋炳輝：《弱勢民族文學在現代中國（以東歐文學為中心）》，頁 177。

刻，翻譯，似乎更成為他表彰心聲的窗口。施蟄存曾說過：「我是一個文化工作者，我以為惟有在一個真正的文化交流中，才能使兩個民族獲得彼此之間真正的瞭解。」[108]而通過以上爬梳，我們可以發現施蟄存的首要關懷非但是民族間的理解，也是人與人之間的理解。施蟄存的弱小民族文學翻譯在這個面向上來說，不但繼承了魯迅、胡風等左翼作家關懷弱小的人道主義精神，也回應了晚清民初以來梁啟超、王國維（1877-1927）、黃人、鄭振鐸（1898-1958）等人思考世界文學與中國文學的關注視野。[109]因此，施蟄存的弱小民族文學翻譯不僅僅體現了中國現代文人譯介弱小民族文學時以他者酒杯，澆自己塊壘的文學興趣，更可以看出他欲通過文學敘說自我、與世界對話的心理願望，及現代文人創作與翻譯時同時具備的中國人、世界人之雙重認同。更重要的是，還展現了他對文學性念茲在茲的關切；其對弱小民族文學的興趣可說與他對創作主題、方法的思考一路同行。

　　前人指出，一直以來，施蟄存之文學創作生涯展現了相當強烈的「雙向的現代意識」，[110]延續此一觀點，本文認為，施蟄存的弱小民族文學譯寫，也可看成是站在「要瞭解全個世界」角度進行的文學交流，並同時參與了本地現代文學的建構，呈現了多面向、跨越邊界的色彩。施蟄存的弱小民族文學翻譯多根據英譯本而來，通過了英美文學譯者的篩選，反映了當時西方譯者、讀者對於東歐各國政治情勢的興趣，體現了文學作品的翻譯對異國他者文化身份塑造可能的影響。[111]但施蟄存秉

---

108 施蟄存：〈中國文藝工作者十四家對日感言〉，《文藝春秋》第 3 卷第 1 期（1946 年 7 月），頁 68。

109 隨著晚清以來中國人世界知識觀念的發展和普及，已有不少文人在確立近現代文學觀念時，開始為文學的價值評判樹立世界級的標準，並開啟了相關的話語實踐，請見張珂：《中國的「世界文學」觀念與實踐研究（1895-1949）》（北京：中央民族大學出版社，2016 年）。

110 金理：《現代記憶與實感經驗——現代中國文學散論集》（臺北：秀威資訊科技，2014 年），頁 45-60。

111 近年來也有研究者提出「轉譯」、「間接翻譯」一說，探討施蟄存從英美日報刊轉譯其他國家文學作品進入中國的文學貢獻，尤其著重關注施蟄存《現代》

持自己對文學的理解和對翻譯的認識，採取靈活、全面的翻譯策略，重視譯入語的文學特色，將弱小民族文學的多樣性面貌陸續譯介給中國現代讀者，相當好地展現了譯者的能動性。

　　並且，如同韋努蒂所言，翻譯基本上是一種從譯文的語言、文化出發，對原文本進行解讀的歷程，可稱為「譯讀」（interpretants）。且儘管主流文學與從流文學間的關係從來不是對等的，但從流文學的譯者仍具有自主性；在許多情況下，符合從流文學傳統或需要的文本才會被選中翻譯，而不同從流文學之間的翻譯，甚至可以從另一面向上回應主流文學傳統。[112]從此觀點出發，則施蟄存在民初中國的弱小民族文學翻譯，不但可以視為一種「譯讀」實踐，並且，身為中國譯者的施蟄存，延續其文壇前行者對弱小民族文學的偏愛，持續多元地翻譯東歐等小國文學作品，不但增廣了當時中國讀者的文學見聞，更可以說，其譯介會通中國與東歐，從而豐富了世界文學的交流、對話，拓展了世界文學的既有內涵，促成對此一理念進行更複雜之思考的可能性，實饒有深意。

　　此外，值得注意的是，施蟄存的弱小民族文學翻譯與其對文學的終極關懷和認識是分不開的，並且也在他自己的創作中有所呼應，展現出了施蟄存以文學體現、書寫現代人生活經驗的獨特思考。前人已經指出，通過辦刊、出版、創作，施蟄存帶領著讀者一起想像一個「世界主義式的現代都市共同體」，[113]本文在此基礎上強調，事實上施蟄存不間斷地與世界同行之文學譯寫，也一直引領著讀者通過閱讀、接受文學作品，凝聚對世界的想像以及身為現代人的身份認同，而這也正是其文學譯寫至今仍值得分析的原因。

　　時期的翻譯。史婷婷、劉敏一：〈譯介多元現代的世界文學——以《現代》的轉譯活動為中心〉，《外語研究》2022 年第 3 期（2022 年），頁 106-111。

112 韋努蒂著，王文華譯：〈翻譯研究與世界文學〉，收於達姆羅什、劉洪濤、尹星主編：《世界文學理論讀本》（北京：北京大學出版社，2013 年），頁 206、210。

113 郭詩詠：〈論施蟄存小說中的文學地景——一個文化地理學的閱讀〉，《現代中文學刊》2009 年第 3 期（2009 年 12 月），頁 25。

七、結論

　　本文指出，晚清民初以來，中國文人的弱小民族翻譯無不沾染著感時憂國的情懷，抵抗以外，更意在「動之以情」，[114]以召喚國民的參與，建構出中國現代文學中的啟蒙、抒情雙重奏。[115]從此面向上來說，中國現代作家的創作、翻譯等文學實踐，既蘊含著文學興國的壯志，但又與其看似矛盾的世界主義理想並不違背。以施蟄存為例，一直以來，其翻譯視野便非常多元，既翻譯西方現代主義文學作品，亦翻譯俄國小說，更關注弱小民族文學。他翻譯的範疇不限於小說，更涉及詩歌、戲劇、日記文、雜文、社論，意圖以世界文藝譯介引領新潮，使中國現代作家能創發更多樣的文學作品，同時又回應著現代中國作家關懷人道主義、思考中國文學之現代的文學潮流。其文學實踐在「文藝上的自由主義」、「政治上的左翼」的體現，及所謂因強勢文化的侵略而回歸傳統以外，[116]彰顯更多的是其文學生涯中如影隨形的，從世界文學視野出發的中國現代文學想像。

　　戰爭期間，救亡漸成文壇主流之聲，「抗日」也是文學創作的主導方針。1938 年，中華全國文藝界抗敵協會成立，呼籲翻譯界增多激勵、廣為宣傳，「把國外的介紹進來，或把國內的翻譯出去」。[117]雖因

---

114 陳世驤解讀魯迅的〈摩羅詩力說〉，對魯迅如何感應波蘭詩人密茨凱維奇（Adam Mickiewicz，1798-1855）詩歌中的人情及其抒情力量，提出不少分析。Shih-Hsiang Chen, "Polish Literature in China and Mickiewicz as 'Mara Poet'," in *Adam Mickiewicz in World Literature*, ed. Waclaw Lednicki (Berkeley: University of California Press, 1956), 569-588。陳國球：〈異域文學之光：陳世驤與魯迅及波蘭文學〉，《東亞觀念史集刊》第 15 期（2018 年 12 月），頁 269-280。

115 近年來不少學者探索抒情傳統在現代文學脈絡中的展現，建構中國現代文學抒情的面向，請見王德威：《現代「抒情傳統」四論》（臺北：國立臺灣大學出版中心，2011 年）；陳國球：《抒情傳統論與中國文學史》（臺北：時報出版，2021 年）。

116 史書美著，何恬譯：《現代的誘惑：書寫半殖民地中國的現代主義（1917-1937）》（南京：江蘇人民出版社，2007 年），頁 393。

117〈中華全國文藝界抗敵協會宣言〉，《文藝月刊》第 1 卷第 9 期（1938 年 4

時因地而有殊異，但總體來說，蘇聯文學作品、報告文學，成為當時中國譯者最熱衷翻譯的題材；此外，戲劇作品也因為具有宣傳效力，受到極大關注，還出現了大量的戲劇改譯本。[118]此時的施蟄存陸續翻譯了波蘭、匈牙利短篇小說集，又推出了包含了顯克微支、莫爾那的作品集。他的翻譯依然包含了各種文類，如短篇小說、中長篇小說、戲劇、詩歌等，不但有單行本、叢書的出版規劃，也有連載於報刊者；且其翻譯主題相當多樣化，不只以抗戰救亡為主要的關懷，也看重異國文藝作品中體現的普世價值以及文學性，可以看出不論戰前戰後，施蟄存之文學喜好十分寬廣，始終將世界文學素材視為本地文學的養分，及增廣國民見聞，提升國民精魂的觸媒，呈現出一致性很高的翻譯觀。而其翻譯選擇，與他的文學關懷相呼應，是理解施蟄存文學世界全景不可或缺的一環。

　　作為一個擁抱世界的文學家，施蟄存的弱小民族文學翻譯雖受限於時代、資源和條件，不見得能據源本完整譯出，然通過對其翻譯的細讀、比對可以發現，施蟄存的翻譯視野開放，翻譯詳實，通過其翻譯，弱小民族文學的跨國流通，東亞世界對東歐文學的接受，甚至可以從不同面向上對佔據了世界文學舞臺主流的英美文學形成補充或挑戰，從而豐富了世界文學花園的多元景觀。其域外文藝譯寫實踐也呼應了學者所言，譯者，不但在促進文學思想的交流方面功不可沒，亦是文學作品的傳遞者，更是文學價值的締造者，使一國文學在跨文化翻譯和接受中產生新的生命，創建出美好的世界文學殿堂。[119]更重要的是，弱小民族文學翻譯，其實可視為施蟄存另一種以文字對時代困境的超越和抵抗。戰後，逐漸放棄創作而以教書、治學為重的施蟄存，迎來了他所說的人生

　　月），頁 1-2。

118 孔令雲：〈救亡：抗戰時期翻譯文學的主流價值取向〉，《現代語文》2013 年第 10 期（2013 年），頁 39-42。

119 David Damrosch, *What Is World Literature?* (Princeton : Princeton University Press, 2003).

的「轉捩點」，然而，在諸多文學實踐中，他始終沒有放下翻譯。從施蟄存的翻譯選擇和實踐中，可以發現他對文學創新的期盼，對人類終能通過文學互通的信心，從另一個面向上呼應了現代中國知識份子民族復興的想像，而最終目標為走向世界的願望。施蟄存的弱小民族文學翻譯在吶喊、抵抗以外，也有陰鬱、笑聲和情懷，這些作品的主題和書寫方式，回應了他自己各時期對文學創作、文壇思潮的思考，相當好地展現了中國現代文人、譯者認識世界的好奇心，還體現了文學家對本地文學現代性的多樣化探索。也就是這層意義上，施蟄存的弱小民族文學翻譯，可謂為「不斷與世界互動中的中國現代文學」一言做了最好的註解，更使他成為反映中國文學現代性多元、複雜面向的最佳代言人。

第二章
譯述藝術：
傅雷與《藝術旬刊》中的現代文藝

一、前言

　　三〇年代是中國現代文學的黃金年代，也是上海藝壇蓬勃發展的時期。[1]由甫自歐、日留學歸國的文藝家傅雷、倪貽德（1901-1970）和龐薰琹（1906-1985）等創辦，提倡灌輸新一代青年域外文藝知識，旨在提升中國現代藝術水平，放眼世界藝壇，以傳播文化為己任的《藝術旬刊》，亦在此時期創立。

　　中國現代藝壇如何承繼既有傳統，並在與世界文藝思潮的交流中凝聚新貌，已是研究中國現代藝術史專家熱衷的課題。不論是探討域外藝術如何催生中國現代藝術發展，如蘇利文（Michael Sullivan，1916-2013）、高美慶的研究；[2]或如方聞、史密斯（Judith G. Smith，1941-）、李鑄晉等人對中國現代藝術流派、藝術家作品的探索；[3]或如李超、郎

1　1925 至 1936 年間，50 多個藝術學校和研究機構成立於上海，各種小團體、藝術刊物亦紛紛湧現，數量佔當時中國藝壇二分之一強。請見黃可：《上海美術史札記》（上海：上海人民美術出版社，2000 年），頁 253-257。

2　Michael Sullivan, *The Meeting of Eastern and Western Art* (Berkeley: University of California Press, 1989). Kao Meiching, *China's Responses to the West in Art, 1898-1937* (Ph. D. diss., Stanford University, 1972). 李鑄晉、萬青力：《中國現代繪畫史：晚清之部（1840-1911）》（臺北：石頭出版股份有限公司，1998 年）。

3　Wen C. Fong, *Between Two Culture: Late-Nineteenth- and Twentieth-Century Chinese*

紹君等考察西方藝術活動的傳播途徑、談論期刊與美展活動等，都已有
豐碩成果。[4]然而，「藝術」一詞含意為何？中國現代藝壇如何想像
「現代」藝術？域外現代文藝思潮又如何為當時文藝人士接受、詮釋？
以上種種課題，仍值得通過個案研究，一一考察，以描繪現代中國的文
藝想像圖景。本文以發出了「中國美術史上第一聲有現代意義的吶喊」
的藝術家籌組出版的《藝術旬刊》之域外文藝譯介為主要探討對象，[5]
作為相關研究之起點。

　　《藝術旬刊》主要編輯及撰稿人之一的傅雷曾留學法國，除了是著
名的作家、教育家、美術評論家，也是出名的譯者。除藝術情報、評論
外，傅雷還以小青、蕚、疾風等筆名，在《藝術旬刊》上發表域外文學
作品翻譯，從篇幅及份量上來說，可說是《藝術旬刊》的靈魂人物。前
人曾指出，《藝術旬刊》時期的傅雷堪稱追逐世界藝壇新潮的弄潮
兒，[6]本文在以往研究的基礎上，對傅雷於《藝術旬刊》上刊載之文
學、藝術譯介皆進行脈絡化閱讀，分析其現代藝術觀，並探析其文化意
涵。

Paintings from the Robert H. Ellsworth Collection in the Metropolitan Museum of Art
(New York: Metropolitan Museum of Art, 2001). Maxwell K. Hearn, Judith G. Smith
eds., *Chinese Art: Modern Expressions* (New York: Metropolitan Museum of Art,
2001).

4　相關研究甚多，都對 20 世紀初中西藝術思潮在中國的交會，以及中國現代與傳
　　統藝術的交鋒等議題提出分析，如郎紹君：《論中國現代美術》（南京：江蘇
　　美術出版社，1988 年）；李超：《中國現代油畫史》（上海：上海書畫出版
　　社，2007 年）；劉瑞寬：《中國美術的現代化：美術期刊與美展活動的分析
　　（1911-1937）》（北京：三聯書店，2008 年）；臧傑：《民國美術先鋒：決瀾
　　社藝術家群像》（北京：新星出版社，2011 年）；胡榮：《從〈新青年〉到決
　　瀾社——中國現代先鋒文藝研究（1919-1935）》（上海：復旦大學出版社，
　　2012 年）。

5　請見李超：《上海油畫史》（上海：人民美術出版社，1995 年），頁 59。

6　請見胡榮：〈傅雷與《藝術旬刊》〉，《貴州大學學報》第 29 卷第 3 期（2015
　　年 6 月），頁 32-37。這篇論文雖然也談傅雷與《藝術旬刊》，但著重討論傅雷
　　此時期對中國現代藝壇的評論，雖呈現了傅雷譯介新潮的貢獻，但對傅雷在刊
　　物中譯介的美術史、文學作品缺乏深入分析，這也是本文可著力之處。

本文分成四部分：首先考察「藝術」一詞於現代含意的演變，並將之放回以「文藝」來「復興」中國此一論述演變的脈絡中討論其特質。接著爬梳《藝術旬刊》創刊始末及同人文藝活動，再進一步分析《藝術旬刊》的編輯方針、欄目設計、評論與宣言，以勾勒出《藝術旬刊》中的現代文藝圖景。最後，藉由分析傅雷於《藝術旬刊》上發表之域外文藝譯介、評論，考察傅雷文藝實踐中之他者再現，如何折射本地文化想像，及放眼世界藝壇的眼光，展現出獨特的文藝現代性。

二、「藝術」考源

「藝術」一詞，古已有之。考察古籍，「藝術」一詞首見於《後漢書》，與五經、諸子百家並列：「藝謂書、數、射、御，術謂醫、方、卜、筮。」[7]指稱內涵相當廣泛。《魏書》中記載殷紹：「少聰敏，好陰陽術數，……，以藝術為恭宗所知。」[8]乃是擅長「天文數術，次載醫方伎巧」之人，此處「藝術」意涵依然相當駁雜。《清史稿》的藝術類列傳亦有云：「自司馬遷傳扁鵲、倉公及《日者》、《龜策》，史家因之，或曰《方技》，或曰《藝術》。大抵所收多醫、卜、陰陽、術數之流，間及工巧。夫藝之所賅，博矣眾矣，古以禮、樂、射、御、書、數為六藝，士所常肄，而百工所執，皆藝事也。近代方志，於書畫、技擊、工巧並入此類，實有合於古義。」[9]《四庫全書》則為「樂類別宮調絲竹譜、小學類別八法俱入子部藝術」。[10]可見古代中國長時間以來，人們並不嚴格區分所謂「藝術」與「技術」、「百工之事」，甚至

7　〔南朝宋〕范曄著，楊家駱主編：《新校本後漢書并復編十三種二》（臺北：鼎文書局，1981 年），頁 898。

8　〔北齊〕魏收：《魏書》（臺北：鼎文書局，1980 年），頁 1955。

9　〔清〕趙爾巽：《清史稿·藝術傳》（臺北：鼎文書局，1981 年），頁 13865。

10　〔清〕余金著，顧靜標校：《熙朝新語》（上海：上海書店，2009 年），頁 197。

占卜、醫術、陰陽術、石雕、書法等也都包含其中，統歸於「藝術」一詞下。

　　無獨有偶，雷蒙・威廉士考察 "art" 一詞起源時亦指出，"art" 在英語中原指的是技術，意同中文脈絡中的「百工」之事。然隨著「文化」、「美學」觀念在近代勃興，此詞漸包含了想像、創造的意涵，「工藝家」（artisan）和「藝術家」（artist）也逐漸被區分開來，後者特指創造性領域的工作者。威廉士進一步指出，「literature（文學）、art（藝術）、aesthetic（美學的）、creative（具創意的）與 imaginative（具想像力的）所交織成的現代複雜意涵，標示出社會、文化史的一項重大變化」。[11]而這個轉變與西歐自 17 世紀中開始流行的浪漫主義思潮有關，寓示人們對於創造力和自我表達的關注，以及美學思考的興起。簡之，現代意義上狹義的「藝術」觀念，與「文學」一詞相同，亦是在 18、19 世紀經歷了一連串的觀念變遷歷程方逐漸確立。而在中國，隨著西風東漸，「文學」、「藝術」等詞語的概念意涵，亦逐漸在歐風美雨的洗禮下碰撞、蛻變，發展出新的面貌。

　　前人考察「文學」一詞的意涵在近現代中國形塑歷程時已經指出，此詞概念的演變歷程相當曲折，乃在歐語、日語、現代與傳統漢語的流通中逐漸生成。「文學」一詞，從以往「典籍」、「學問」、「知識」等概念的指稱，漸漸滑動到現今狹義的「純文學」觀念，反映的是中國傳統文化與外來思潮融合、轉化的過程。[12]事實上，現代漢語中的「藝

11　雷蒙・威廉士著，劉建基譯：《關鍵詞：文化與社會的詞彙》（臺北：巨流出版社，2004 年），頁 218。

12　相關研究請見陳平原：〈晚清辭書與教科書視野中的「文學」——以黃人的編纂活動為中心〉，收於陳平原、米列娜（Milena Doležalová-Velingerová）主編：《近代中國的百科辭書》（北京：北京大學出版社，2007 年），頁 155-192；方維規：〈西方「文學」概念考略及訂誤〉，《讀書》2014 年第 5 期（2014年），頁 9-15；蔡祝青：〈文學觀念流通的現代化進程：以近代英華／華英辭典編纂 "literature" 詞條為中心〉，《東亞觀念史集刊》第 3 期（2012 年 12月），頁 316；蔡祝青：〈「文學」觀念的現代化進程：以晚清報刊的運用實例為中心〉，《清華中文學報》第 24 期（2020 年 12 月），頁 153-205；李爽

術」一詞亦如是，乃是在 20 世紀前後，在歐語、日本現代漢語詞的激盪下，逐漸發展出新的意涵，且為人熟悉的。而「藝術」或「美術」（art）一詞，指涉音樂、舞蹈、美術等概念，在日本於明治初期後逐漸普及，[13]且在 19 世紀末傳至中國，並逐漸凝成現在的語義內涵。如 1897 年，古城貞吉（1866-1949）在《時務報》刊譯之〈論社會〉一文中，便將「文藝」、「美術」並列，視為新社會必需要素；古城在「美術」一詞後面特地加上註解：「西人稱詩歌音樂雕刻繪畫曰美術」，[14]意義已接近而今吾人熟悉的「美術」、「藝術」意涵。[15]而「文學」、「藝術」的合稱：「文藝」一詞，指涉文學、美術、音樂、建築等面向，或指稱「文學的藝術」，或為兩者的合稱，亦在此時逐漸流行。事實上，「文藝」、「美術」、「藝術」等詞語意涵頗有重疊之處。蔣觀

　　學：〈八方風雨會「文學」〉，《東亞觀念史集刊》第 10 期（2016 年 6 月），頁 151-177。

13　鈴木貞美指出，早在 18 世紀，日本即有了「游藝」的觀點。「游藝」相對於「武藝」，包括和歌、漢詩文、茶道、國畫，甚至俳諧、歌舞伎、謠曲等，請見鈴木貞美著，王成譯：《文學的概念》（北京：中央編譯出版社，2011 年），頁 73。柳田泉在《明治初期的文學思想》中則指出，在明治初期，「美術」指的是音樂、舞蹈、詩歌，從此可見已涵涉「游藝」、「藝術」（art）之概念；鈴木貞美並指出此一現代意涵此後便逐漸普及。請見鈴木貞美著，王成譯：《文學的概念》，頁 163-165。

14　古城貞吉譯：〈論社會〉，《時務報》第 17 冊（1896 年 12 月），頁碼不詳。據沈國威教授研究，晚清民初中國的大規模日文報刊中譯潮流中，古城貞吉在《時務報》上的「東文報譯」欄（1896-1898）專為中國讀者提供日本報刊之翻譯，最具代表性。古城翻譯的文章，與其在日本報刊登出之時間差平均為三到四週；翻譯時，多直接使用日語新詞。在此兩年間，古城貞吉的總翻譯量約 40 萬字。古城的翻譯，在漢語新詞的創立、新名詞的導入中，扮演重要角色。請見沈國威：《近代中日詞匯交流研究：漢字新詞的創制、容受與共享》（北京：中華書局，2010 年），頁 363-402。

15　教育部辭典下「藝術」一條，釋義為：「對自然物及科學，凡人所製作之一切具有審美價值的事物。如詩詞歌賦、戲曲、樂譜、繪畫、雕刻、建築等，統稱為『藝術』。」請見國家教育研究院網址：「教育部重編國語辭典修訂本」，參見：https://dict.revised.moe.edu.tw/dictView.jsp?ID=151248&q=1&word=%E8%97%9D%E8%A1%93，瀏覽日期：2023 年 6 月 10 日。

雲在《新民叢報》上譯介法國美學論著，有云：「蓋凡屬文藝之物，若詩畫建築音樂等，莫不賴作者有一種所得於天之才。」[16]此處的「文藝」一詞，便是文學、藝術的合稱，包含許多藝術領域。更重要的是，蔣觀雲在文中更論證「文藝」乃源自人觀物後深感於心之所得，並指出文藝之天才，為感動人心之性；其所論之「文藝」，關注的尤其是文藝生發之經過與人類內心活動之關係，關心其創造意義，已接近其現代概念。[17]如同劉禾指出的，現代漢語從歐語、到日語、中文的旅行歷程，有如歷史變遷的喻說，是近現代中國最重要的跨語際實踐（translingual practice），[18]標示中國文學思潮的流動，反映了現代中國知識建構與思想演變。「文學」、「藝術」和「文藝」等詞的現代意涵之形塑，充分演示了上述中國近現代觀念，在與西方、日本文化思潮交流、激盪下發展、凝聚的歷程。

　　此外，在現代中文脈絡與「文藝」一詞共現的詞彙中，「文藝復興」的頻率一直很高。[19]的確，晚清民初許多文人、思想家，包括梁啟超、胡適、蔡元培、傅斯年、學衡派諸君，都曾論及此議題。蔡元培談「文藝的中興」；[20]1923 年胡適作〈中國的文藝復興時代〉，更將五四新文化運動與中國的文藝復興聯繫起來思考。[21]當時，北大學生創辦

16 蔣觀雲在〈維朗氏詩學論〉一文中提到此為：「是論本法國 Everon 氏所著 Esthetigue 書中之一篇……中江篤介氏譯其書為《維氏美學》。」經考察，此書應為法國維朗（Eugène Véron，1825-1889）著，日人中江篤介的《美學》（*L'Esthétique*, Paris: C. Reinwald, 1890）。請見觀雲：〈維朗氏詩學論〉，《新民叢報》第 22 號（1905 年 6 月），頁 45。

17 筆者曾經對「文藝」一詞的意涵流變進行考察，請見陳碩文：〈「文藝」如何「復興」？——「文藝」的一種現代化歷程〉，《東亞觀念史集刊》第 10 期（2016 年 6 月），頁 114-116、125-127。

18 劉禾著，宋偉杰等譯：《跨語際實踐——文學，民族文化與被譯介的現代性（中國，1900-1937）》（北京：三聯書店，2002 年），頁 44。

19 陳碩文：〈「文藝」如何「復興」？——「文藝」的一種現代化歷程〉，頁 132。

20 蔡元培：〈中國的文藝中興〉，《北京大學日刊》，1924 年 5 月 19、20 日。

21 胡適著，歐陽哲生、劉紅中彙編：〈中國的文藝復興時代〉，《中國的文藝復

《新潮》，英文刊名即命名為 *The Renaissance*，正是因為他們覺得「兩個名詞恰好可以互譯」。[22]魯迅也指出：「文藝是國民精神所發的火光，同時也是引導國民精神的前途的燈火。」[23]將「文藝」視為是民族精神形式之象徵；而中國積弱，因此需通過治療痼疾來恢復元氣，改良文藝，以文體振作國體，喚醒民族生命，是五四一代知識份子與文人提及文藝時最大的願望。他們的希望無非是「復興」、「更新」文藝，以「新文藝」強健國體。事實上，此類意見早在 1902 年梁啟超的〈新民說〉中已可見到，他說：「凡一國之能立於世界，必有其國民獨具之特質，上自道德、法律，下至風俗、習慣、文學、美術，皆有一種獨立之精神。」[24]在梁啟超的新民想像中，美術作為獨立的外物，擁有超然地位的藝術形式，乃構成新國民的重要面向。

　　也就是說，為了使中國能「復興」，「文藝」（文學和藝術）的改革自然是必要的，因此當時不少知識份子樂談文藝復興，關注「文藝的進化」，[25]其論述關懷實乃根源於對中國現況的關注。因此，他們期待通過借鑑、引介西方思潮，轉化中國舊有傳統，促進中國現代文藝的進展。莫怪周作人將晚清以來，中國文人對歐洲文藝復興的熱情、關注稱為「文藝復興之夢」。周更指出，時人大談「文藝復興」，每每對其概念、歷史了解有限，不過「大概個人心裏只有一個漠然的希望，但願中國的文藝能夠復興而已」。[26]

興》（北京：外語教學與研究出版社，2001 年），頁 149-225。

22　傅斯年：〈新潮之回顧與前瞻〉，《新潮》第 2 卷第 1 期（1919 年 10 月），頁 200。

23　魯迅：〈論睜了眼看〉，《魯迅全集》第 1 卷（北京：人民文學出版社，1981 年），頁 240。

24　梁啟超：〈新民說一〉，《新民叢報》第 1 號（1902 年 1 月），頁 8。

25　廚川白村著，朱希祖譯：〈文藝的進化〉，《新青年》第 6 卷第 6 期（1919 年 11 月），頁 581-584。

26　周作人：《苦口甘口・文藝復興之夢》（上海：太平書局，1944 年），頁 12-16。羅志田：〈中國文藝復興之夢：從清季的古學復興到民國的新潮〉，《漢學研究》第 20 卷第 1 期（2010 年 6 月），頁 298。

　　「文藝復興」演進歷程為何，並非本文的關注重點。本文想指出的是，誠如周作人所言，面對三千年未有之危局，為啟蒙革新，「復興文藝」乃當時不少文人念茲在茲的議題。而不讓作家、文人專美於前，三〇年代的上海藝壇，也出現了提倡改革的呼聲，他們認為：「20 世紀的中國藝壇，也應當現出一種新興的氣象了。」[27]然而，究竟何為「新興」氣象？此一呼聲可與上述晚清民初以來中國文人的文藝復興之夢相似？在下文中，筆者將通過對於這群立志掀起浪花、革新文藝的群體及其報刊實踐——《藝術旬刊》之關照，試圖回應以上議題。

三、從巴黎到上海：《藝術旬刊》始末

　　《藝術旬刊》誕生於 1932 年 9 月，出版了 12 期，1933 年起改名《藝術》，以月刊形式出版 2 期後停刊。[28]該刊一冊約 20 頁，銅版印刷，製作相當考究。《藝術旬刊》由摩社編輯，劉海粟（1896-1994）及上海美專贊助發行，而這份刊物的緣起，則要追溯到更早之前劉海粟的一次歐遊。

　　年輕時便在民初藝壇頗有聲名，並創立了上海美術學校的劉海粟，1929 年赴歐考察並舉辦畫展，[29]因而與留法的傅雷、梁宗岱（1903-1983）等人相識，共同發起了一個名為「華胥社」的社團。[30]此一社團雖然沒有可觀的活動成績，但卻醞釀出同人往後結社創刊的主張，也預告了劉、傅兩人回到中國後共同組織畫會的先聲。

27　倪貽德：《決瀾社宣言》，《藝術旬刊》第 1 卷第 5 期（1932 年 10 月），頁 8。

28　本文以《藝術旬刊》12 期為主要研究範疇。

29　劉海粟 1929 年在法國與傅雷相識，稱「乍見之後，便甚契合」。請參見劉海粟：〈從傅雷在法國說起〉，收於《存天閣談藝錄》（北京：中國青年出版社，1990 年），頁 208。

30　華胥社的出版活動並不多，僅可見《華胥社文藝論集》（上海：中華書局，1931 年）。

　　1931 年，傅雷回國後，便受聘於上海美術專科學校教授美術史及法文，於此同時，傅雷也積極展開美術活動，與劉海粟一起實踐推廣藝術的理想。[31]他們先組織起了「摩社」，成員包括了劉海粟、王濟遠（1893-1975）、傅雷、龐薰琹、張弦（1893-1936）和倪貽德等人。[32]而「摩社」取名的來源，既是希臘文謬思女神（Muse）的音譯，亦帶有「觀摩」之意。[33]創立小團體，彼此唱和，是上海當時文藝場域中常見的現象；也是青年文人結成風氣，使文藝意見廣而周知的方式。即便是在歐洲，標榜表現自我獨特色彩的現代主義藝術家也不自外於此。[34]

　　然除「摩社」外，《藝術旬刊》的幾位主要編輯者同時還是另一個上海現代文藝團體「決瀾社」的成員。「決瀾社」的主要發起人是龐薰琹，此社還包括了龐薰琹之前所創組，卻因思想激進而被查禁、停止活動的文藝小團體「苔蒙」成員。[35]

　　相較「摩社」的成立意在彼此觀摩、促進交流、創辦刊物，決瀾社則是龐薰琹抱持著前衛的現代主義藝術精神而創立的團體，其主要理念，從龐薰琹的《決瀾社小史》一文便可見端倪：

> 薰琹自××畫會會員星散沒，蟄居滬上年餘，觀夫今日中國藝
> 術界精神之頹廢，與中國文化之日趨墮落，輒深自痛心；但自

31　胡榮：〈傅雷與《藝術旬刊》〉，頁 32-37。

32　摩社成員除了上述的六名社章起草委員外，還包括了關良、王遠勃、吳莀之、張辰伯、周多、段平右、張若谷、潘玉良、周瘦鵑等。他們於 1932 年 8 月 1 日在中華學藝社舉行成立大會，通過社章，還確定了「發揚固有文化，表現時代精神」的宗旨。尼特（倪貽德）：〈編輯後記〉，《藝術旬刊》第 1 卷第 2 期（1932 年 9 月），頁 18。

33　張若谷：〈摩社考〉，《藝術旬刊》第 1 卷第 1 期（1932 年 9 月），頁 7。

34　蓋伊（Peter Gay）著，梁永安譯：《現代主義：異端的誘惑：從波特萊爾到貝克特及其他》（臺北：立緒文化事業公司，2009 年），頁 63。

35　決瀾社並沒有維持太長的時間，在舉辦了四次畫展後，社團在短短幾年間便宣告結束。因人員的重疊，《藝術旬刊》上曾多次報導決瀾社畫展，也刊登過決瀾社成員的作品。請見莊蕾：《〈藝術旬刊〉與決瀾社創辦的不解之緣》，《大眾文藝》第 1 期（2013 年 1 月），頁 278-279。

知識淺力薄，傾一己之力，不足以稍挽頹風，乃思集合數同
志，互相討究，一力求自我之進步，二集數人之力或能有所貢
獻於世人，此組織決瀾社之原由也。[36]

而在《決瀾社宣言》中，他更這樣說明創建理由以及目標：

我們厭惡一切舊的形式，舊的色彩，厭惡一切平凡的低級的技
巧。我們要用新的技法來表現新時代的精神。

二十世紀以來，歐洲的藝壇突現新興的氣象，野獸群的叫喊，
立體派的變形，Dadaism 的猛烈、超現實主義的憧憬……。

二十世紀的中國藝壇，也應當現出一種新興的氣象了。

讓我們起來吧！用了狂飆一般的激情，鐵一般的理智，來創造
我們色、線、形交錯的世界吧！[37]

從以上的宣言，我們可以發現決瀾社同人力圖打破當時中國藝壇的
陳舊風氣，提倡跟上世上最新文藝潮流的決心；他們並對當時中國藝壇
守舊因循，媚俗商業化的風氣有所不滿，期待以「新」氣象突破一切，
表現時代精神。中國現代藝壇倡言藝術改革，自高劍父（1879-1951）
談「折中」、「融合」西洋畫法創新國畫，至三〇年代仍持續發展中的
洋畫運動止，為時不短，[38]決瀾社不是首開風氣第一人。然而觀諸其所
謂的以「新技法」來展現的中國藝壇「新興」氣象之言論，所指的主要
是新形式的創造；並且他們所熱衷的現代藝術派別，乃是當時歐洲新興
藝術風潮，不論是野獸派、立體派，達達主義、超現實主義，乃至於後

---

36 龐薰琹：〈決瀾社小史〉，《藝術旬刊》第 1 卷第 5 期（1932 年 10 月），頁
9。

37 倪貽德：〈決瀾社宣言〉，《藝術旬刊》第 1 卷第 5 期（1932 年 10 月），頁
8。

38 相關研究請見方聞著，談晟廣編：《方聞的中國藝術史九講》（臺北：典藏藝
術家庭股份有限公司，2021 年）。

印象派時期的各種藝術形式，觀點前衛。決瀾社成員的理念還反映在他
們的社名上，他們倡議革新一切，自喻為大浪、風暴，決意要在當時藝
壇掀起浪花。他們不但要尋找表現中國現代藝術的嶄新技巧，還意圖在
作品中表現新時代的精神，展現出十分前進、革新的態度。

　　《藝術旬刊》便是上述藝術家所推出的代表刊物。而翻閱《藝術旬
刊》的發刊宣言，可以發現《藝術旬刊》編輯群將自己定位為傳遞新鮮
知識的薪傳者。他們認為在百廢俱待興的時代：「我們固然應提提科
學，但同時也不可忘記了藝術。」「我們不想視藝術為至上萬能的東
西，也不想宣傳以藝術為階級鬥爭的工具，更不欲高唱民族主義藝術的
高論。」「我們只想腳踏實地地，灌輸一點新鮮的，切實的知識於一般
愛好藝術的青年。」[39]從宣言中，我們也可以看出《藝術旬刊》的編輯
群已體認到三〇年代初中國文壇中意識形態兩極化的政治激情及其壓
力，更表達出欲超然其上的立場。儘管如此，這份宣言仍然體現了該刊
編輯團隊在面對難以迴避的家國有難之時代挑戰時，仍有其回應與關
懷。比方說，他們在宣言中也提到，世界各地都有優秀的藝術家在巴黎
活躍，如日本畫家藤田嗣治（1886-1968）於巴黎舉辦畫展，輸出文
化，影響深遠，因此，如何宣揚中國的繪畫藝術，參與世界藝壇，也成
為他們念茲在茲的議題。從此可見，《藝術旬刊》編輯同人新興藝術之
願景，與其國族文化想像和參與世界藝壇之理想實仍難以切割。

　　該刊編輯也在創刊號中說明，《藝術旬刊》將多刊登以下內容：
「一、現代藝術的介紹。二、古的藝術。三、國內藝術界的批判。四、
方法論。五、多載名作。」[40]刊物中雖也介紹古代文藝，但強調要以
「現代」的立場上去評斷其價值，還要多刊登「世界上」各時代的名作
以便觀摩學習。而綜觀整份刊物，《藝術旬刊》上的確刊登了相當篇幅
之現代藝術家的介紹，諸如劉海粟的〈梵谷的熱情〉、倪貽德的〈野獸

39　〈編輯者言〉，《藝術旬刊》第 1 卷第 1 期（1932 年 9 月），頁 16。
40　〈編輯者言〉，《藝術旬刊》第 1 卷第 1 期（1932 年 9 月），頁 16-17。

主義研究〉等；也有相對較「古」的文藝復興時期藝術家之評介，最主要的就是傅雷一系列的〈喬多與聖法朗梭阿大西士〉、〈陶拏丹羅之雕塑〉、〈鮑梯卻梨之嫵媚〉、〈萊沃那‧特‧文西彌蓋朗琪羅〉等美術史講座文章。世界文藝情報也是該刊重要內容，如陳之佛（1896-1962）的〈現代法蘭西的美術工藝〉、謝海燕（1910-2001）的〈丹麥美術的探討〉、唐雋（1896-1954）的〈法蘭西的藝術空氣〉；此外，對中國藝壇的評論也佔了不少版面，如李寶泉（?-?）的〈中國藝術界之清算〉、傅雷的〈現代中國藝術之恐慌〉等。《藝術旬刊》還出版過幾次特輯，如劉海粟特輯（第 1 卷第 6 期）、決瀾社第一次展覽會特載（第 1 卷第 5 期）、決瀾社展出品（第 1 卷第 12 期）特刊，可見該刊物同人刊物之性質，以及該刊與劉海粟、上海美術學校、決瀾社之密切聯繫。值得注意的是，傅雷在《藝術旬刊》上還發表了不少文學翻譯，包括〈卓別麟創造的英雄夏洛外傳〉（第 4 至 12 期連載），及〈拉洛條夫谷格言〉（第 4 期起連載，共刊登了 24 則）等，為這份刊物增添了不少文學氣息。而編者於宣言中標榜的方法論文章，刊登得則相對少。

以《藝術旬刊》第 1 期為例，該期封面即為具野獸派風格的人體素描；刊物中包含了 5 篇論文、1 篇藝評、龐薰琹的隨筆，以及摩社宣言〈摩社考〉。圖畫方面，則刊登了包括梵高（Vincent Willem van Gogh，1853-1890）等在內的 6 幅畫作，以 20 頁的篇幅來說，內容可說相當精實豐富。而該刊名為《藝術旬刊》，刊登內容卻包羅萬象，包括了藝評、隨筆、圖畫、音樂、戲劇、文學等內容，可見其對「藝術」的理解和上文述及的「藝術」觀念現代意涵接近，包含內容相當廣泛，涵蓋與文藝有關的各種領域，並且著重賞析，討論其創作技法、形式等，關心藝術性。然出至第 12 期，編者便宣告要因應讀者迴響，將之改版成月刊。這雖然反映了他們對讀者意見的重視，改版後的《藝術》份量也加重，還添加了國畫介紹的相關內容，但可惜的是，該新改版刊物也只出版了兩期，便宣告落幕。

在強調革新精神的藝術潮流及學院派理論之間；在強調新興氣象、不乏反叛氣息的美術主張與讀者考量等因素間，內容豐富、主張明確的《藝術旬刊》，其現代藝術之內容特色為何？該怎麼解讀？本文接下來將進一步考察。

四、傅雷《藝術旬刊》中的藝術譯寫

前文已提及，傅雷是《藝術旬刊》文藝譯介的主力，自第 5 期起，傅雷便開始在刊物上連載談文藝復興時期西方繪畫名家名作的美術史講義共十一講。傅雷在該書《序》中說：「是編參考書，有法國博爾德（Bordes）氏之美術史講話及晚近諸家之美術史。」[41]亦即此講座參考了當時著名的幾本美術史專著，尤其是博爾德（Léon François André Bordes，?-?）——傅雷在巴黎求學時的老師——之美術史講稿。已有學者指出博爾德於 1927 年出版的《美術史二十講》（*Vingt leçons d'histoire de l'art*）章節名與傅雷的講義頗為雷同。[42]經筆者考察、比對該書與傅雷的「美術史講座」發現，兩者章節安排幾乎一致，僅有兩章順序互換，內容也大同小異。此外，傅雷的美術史講座文章對原作有所刪減，且如傅雷所言，此作亦參酌了其他作品而成，因此有些段落並不完整對應博爾德講稿。比對傅雷的「美術史講座」第一講〈喬多與聖法朗梭阿大西士〉和博爾德的《美術史二十講》，可以確定傅雷此講乃改譯自博爾德書的第一章，在對畫家風格、畫作賞析等方面，內容幾乎與原書雷同，只是篇幅較短。比方說博爾德在文中說明喬多（Giotto di Bondone，1267-1337）畫作各特點時，舉出三、四幅代表作為例，一一

41　傅雷：《世界美術名作二十講》，《傅雷全集》第 18 卷（瀋陽：遼寧教育出版社，2002 年），頁 14。

42　Léon François André Bordes, *Vingt leçons d'histoire de l'art* (Paris: Gigord, 1927)。呂作用：《傅雷與視覺藝術》（杭州：中國美術學院博士學位論文，2011年），頁 102-111。

點評；傅雷的文章僅闡述其中兩幅，但觀點雷同。博爾德稱道喬多在義大利畫家中有如荷馬（Homer，？-？）般具有開創性地位的段落，則為他刪除。傅雷之作相較原書，除更為精簡外，亦有所補充，所增加者，乃如向中國讀者介紹何為「法朗梭阿」教派（Franciscans）等背景知識的說明。[43]

　　不過，傅雷此書究竟是創作或是翻譯，或許並不是重點；更重要的還是，博爾德在這本美術史講義中所呈現的重視正典的西方美術史觀如何為傅雷吸收，並通過報刊傳布給當時的中國讀者。博爾德在書中的序文提及，他出版此著重賞析文藝復興時期畫家畫作的講義，乃為培育青年學子美術欣賞之能力，[44]而這也與傅雷等人創辦《藝術旬刊》欲向國人推廣美術的旨趣接近。此外，博爾德此書分析西方藝術家，不脫離西方藝術史界承襲文藝復興以來談論畫家生平，論述「其人其畫」的傳統，在此框架下，評論者對於藝術家的介紹，乃根基於對其藝術天才的掌握，加以幾篇該人物之名作賞析而成。睽諸傅雷評論中國現代藝術，也不脫離此架構，比方其〈劉海粟論〉、〈薰琹的夢〉等文章。不過，在〈劉海粟論〉中，傅雷稱劉海粟為「為我們整個民族爭得一綫榮光的藝人」，[45]尤強調其對中國現代畫壇之貢獻，在於向世界展現中國現代文藝的成績，將其人其畫放回晚清民初以來中國歷史情境中加以詮釋，展現出了傅雷作為藝評家有異於老師的識見。

　　無論如何，傅雷此一教授、譯介法國高校美術史講義之舉，不但展現了西方美術經典知識通過留學生的傳遞在民初中國正典化的路徑；[46]

43　「所謂法朗梭阿教派者，乃是一二一五年時，基督教聖徒法朗梭阿大西士（一一八二—一二二六）創立的一個宗派。教義以克苦自卑，同情弱者為主」。不過，方濟各會並非基督教，而是天主教會中的一支。傅雷：〈第一講：喬多與聖法朗梭阿大西士〉，《藝術旬刊》第 1 卷第 5 期（1932 年 10 月），頁 12。

44　Léon François André Bordes, *Vingt leçons d'histoire de l'art*, II.

45　傅雷：〈劉海粟論〉，《藝術旬刊》第 1 卷第 3 期（1932 年 9 月），頁 5。

46　周芳美、吳方正：〈1920-1930 年代中國畫家赴巴黎習畫後對上海藝壇的影響〉，《區域與網絡近千年來中國美術史研究國際學術研討會論文集》（臺

更驗證了西方藝術史專著中對特定藝術家或流派、作品的分析，如何進入了當時中國現代藝術家看待「藝術」的視野，促成了中國現代藝壇的藝術話語形構的歷程，折射出中國現代藝壇的處境。[47]學者指出，在1920-1937 年間，以上海為中心，中國藝壇出現了數十種美術史的譯述之作，與中國的洋畫運動可謂同步，反映了當時中國藝壇西畫教育的發展、民眾對美術的認識、創作的普及等各環節之間的密切聯繫。[48]

亦即，甫留學歸國，在學校任教的傅雷積極在《藝術旬刊》上翻譯法國學院派的美術觀點，一方面展現出急於引領西方美術經典及其美學觀點來到上海的熱情，一方面還使我們體察到中國現代美術觀念的發展與美術教育的密切關係，[49]呼應上述傅雷等人對藝術教育的關注。實際上，《藝術旬刊》上亦常刊登上海美專的相關介紹，及關於美術教育的思考文字，如小原國芳（1887-1977）著，吳承均譯的〈藝術和教育的本質的關係〉（第 1 卷第 12 期）、[50]吳承均（？-？）節譯自日本文藝

北：臺灣大學藝術史研究所，2001 年），頁 629-668。

47 已有學者在其研究中分析以傅雷的《世界美術名作二十講》為代表的中文世界美術史講義中的美術觀，並指出，中文世界對於世界藝術潮流的認識與研究，顯然和中文世界對「西方藝術史」或「世界藝術史」研究與教學之整體發展息息相關，涉及如何看待「藝術」概念與價值的根本思維。請見謝佳娟：〈根茲巴羅風景畫研究的變遷及其意義——一個藝術史學史的考察〉，《新史學》第27 卷第 2 期（2016 年 6 月），頁 214-217。不過，該文並未論及民初中國的中文世界看待「藝術」的根本思維為何。

48 相關研究可見胡榮：〈1912-1949 年中國西洋美術史論著中的後印象派：以呂澂、豐子愷、魯迅和倪貽德之編（譯）著為例〉，《現代美術學報》第 30 期（2015 年 12 月），頁 103-128。可惜的是這篇論文對傅雷的美術史譯介討論甚少，美術史表格中也未將此作收入。其他相關研究還有孟艷：《民國時期西方美術史譯介概述》（金華：浙江師範大學美術史專業碩士學位論文，2014 年）。

49 「專門美術學校的興起，是中國美術史走向近現代的重要標誌。」請見盧輔聖、徐建融、谷文達：《中國畫的世紀之門》（上海：上海科技教育出版社，2002 年），頁 148。亦可參見胡光華：〈廿世紀前期中國的美術留（遊）學生與中國近現代美術教育的發展〉，《藝術家》第 47 卷第 2 期（1998 年 8 月），頁 258-269。

50 小原國芳著，吳承均譯：〈藝術和教育的本質的關係〉，《藝術旬刊》第 1 卷

家關衛（1889-1939）的〈關於教育之藝術的陶冶〉（第 1 卷第 5 期），[51]還有倪貽德的〈談談洋畫的鑑賞〉（第 1 卷第 7 期）等。[52]這類文章固然方向不同，但都著眼於指引讀者鑑賞西洋畫作，可以見到編者努力讓美術深入社會、接近大眾的期待。這份通過教育積極普及美術概念的熱情是該刊的宗旨，其努力也跟當時劉海粟致力於美術教育的呼聲相呼應。

　　除了翻譯歐、日學院派人士的美術評論外，《藝術旬刊》上也刊登了不少文藝情報，充分展現了對世界藝壇的好奇和關注，如傅雷的〈世界藝壇情報：法國秋季沙龍〉、〈世界藝壇情報：佛尼士現代國際藝術展覽會〉等，[53]便是代表。然值得注意的還有傅雷為了法國雜誌《活藝術》（*L'Art vivant*）的中國美術專號邀稿而寫作的〈現代中國藝術之恐慌〉（"La crise de l'art chinois modern"）。[54]《活藝術》是 1925 年起由拉魯斯（Larousse）出版社推出的藝術月刊，至 1939 年停刊。該刊如同《藝術旬刊》，內容相當廣泛，包括了戲劇、美術、建築、時尚等內容，是法國重要的美術雜誌。傅雷受法國新聞記者，作家、藝術評論者佛洛航・費爾（Florent Fels，1891-1977）的邀請，為雜誌的中國專號撰稿。在這期專號的開篇文章〈中國〉（"La Chine"）中，中國被描述為一個擁有古老文明，同時也正在和西方文明融合、現代化中的國度，並將成為世界中心。[55]這期專號中和傅雷的文章一起刊登的，包括了陶

第 12 期（1932 年 12 月），頁 16-19。

51　關衛著，吳承均譯：〈關於教育之藝術的陶冶〉，《藝術旬刊》第 1 卷第 5 期（1932 年 10 月），頁 15-19。

52　尼特：〈談談洋畫的鑑賞〉，《藝術旬刊》第 1 卷第 7 期（1932 年 11 月），頁 7-10。

53　蕚：〈世界藝壇情報：法國秋季沙龍〉、〈世界藝壇情報：佛尼士現代國際藝術展覽會〉，《藝術旬刊》第 1 卷第 11 期（1932 年 12 月），頁 8、18。

54　傅雷：〈現代中國藝術之恐慌〉，《藝術旬刊》第 1 卷第 4 期（1932 年 10 月），頁 3-5。Fou Nou-en, "La crise de l'art chinois modern," *L'Art vivant en Chine,* no 152 (1931.09)：467-468.

55　Scié-ton-fa, "La Chine," *L'Art vivant en Chine,* no 152 (1931.09): 439-440.

俑、雕塑、中國的建築、長城等景觀，以及中國的繪畫、服裝、書法等
簡介，甚至包括了慈禧太后與蔣介石的照片，呈現出多變，古今會通的
中國。而傅雷在這篇向西方讀者評論中國現代畫壇的文章中，首先評述
了他以「將中國繪畫從畫院派中解救出來」稱之的國畫大師吳昌碩
（1844-1927）、陳師曾（1876-1923）作品，接著又稱道中國現代藝術
的發展，乃受惠於留學生的努力以及劉海粟的貢獻。他更舉劉海粟上海
美專裸體模特兒事件為例，說明中國人接受西畫之不易，及中國傳統藝
術觀如何和西方藝術的美感追求衝撞，這涉及兩種完全不同的文化系統
間的對話。[56]他更感嘆走過了追求玄妙高遠藝術境界的往昔，中國現代
藝術家卻走著西方藝術家已棄絕的老路，甚至有些中國藝術家空學西方
的精神而沒有實質，反映出傅雷對當時中國畫壇的憂慮。從傅雷向法國
讀者介紹中國現代藝術的文章可以發現，中西融合、新舊轉型是傅雷此
時眼中的中國現代藝術面貌，而中國現代藝術如何在此碰撞中走出實在
的新路，是他最為關心的，而這也是他認識世界藝術潮流時的心態。

　　並且，傅雷對外譯寫的中國藝術，乃在與世界文藝潮流交流中追趕
新潮，屢經變化的，可以看出傅雷力求向法文讀者傳遞出一個不斷在維
持傳統、融會新鮮外來文化中尋求平衡、野心勃勃的年輕共和國身影，
而這也巧妙呼應了該法文刊物專題所呈現的中國形象──一個邁開現代
化腳步的古老文明，正全力駛向世界。

　　不久後，這篇文章便譯回中文在《藝術旬刊》發表，向中國讀者展
示傅雷如何對外形塑中國藝術面貌。仔細比對傅雷此篇介紹中國藝壇現
況文章的法文原文和中文譯作，可發現兩者基本上沒有差異。微小的不
同之處在於，當傅雷引用謝赫《六法論》第一條「氣韻生動」解釋中國

56　關於裸體模特兒的相關研究，請見安雅蘭（Julia Andrews）：〈裸體畫論爭及現
　　代中國美術史的建構〉，《海派繪畫研究文集》（上海：上海書畫出版社，
　　2001 年），頁 117-150；吳方正：〈裸的理由──二十世紀初期中國人體寫生問
　　題的討論〉，《新史學》第 15 卷第 2 期（2004 年 6 月），頁 55-114；孫麗瑩：
　　〈一九二〇年代上海的畫家、知識份子與裸體視覺文化──以張競生〈裸體研
　　究〉為中心〉，《清華中文學報》第 10 期（2013 年 12 月），頁 287-340。

藝術的境界時，特別在法文版中添加了註釋，說明他翻譯此句時遭遇的
困難，此一翻譯策略和他翻譯西方美術史教科書時的作法一致。此外，
在描述中國藝術青年時，他將之分為兩種：一為「前鋒的左派」
（ultra-moderne），一為「人道主義者」（humanistes），並認為前者
過分渴求於模仿新興西方，如立體派、未來派、達達派，太過前衛；後
者在提出口號之餘，則還需要提煉情緒、磨練技巧，增強作品的藝術
性。有趣的是，所謂的「超現代（ultra-moderne）」，在當時法文脈絡
通常指的是現代主義藝術家，比方說紀德在一篇 1920 年的文章中評論
現代主義作品缺乏構圖時，便如此稱呼之。[57]而傅雷以「前鋒的左派」
對譯「ultra-moderne」，頗值得玩味。眾所周知，施蟄存曾說過：「30
年代藝術上的 avant-garde 才是真正的左翼。不是寫實主義那些東西，
不是樓適夷他們所標榜的東西，其實那是落伍的。」[58]李歐梵進一步指
出，「avant-garde 才是真正的左翼」。[59]即所謂「avant-garde」指的是
當時歐洲廣泛的現代主義領域中各種以新穎、前進的形式來表達社會急
遽的變化，如超現實主義、達達主義、蘇聯小說等所謂文藝上的前鋒
者。傅雷此處所言之「前鋒的左派」，和施蟄存的說法有所呼應，反與
後來一般評論者指稱的「左翼」──指涉關懷現實，提倡革命者的內涵
不完全相同。

---

57 « La composition d'un livre, j'estime qu'elle est de première importance et j'estime
que c'est par l'absence de composition que pèchent la plupart des œuvres d'art
aujourd'hui. Certaines écoles ultra- modernes sont en protestation contre cela, mais
l'effort de composition dont elles font preuve ne pouvait souvent masquer une
résolution un peu factice. Je vais vous dire le fond de ma pensée là-dessus : le mieux
est de laisser l'œuvre se composer et s'ordonner elle-même, et surtout ne pas la
forcer. » André Gide, Feuillets, *Journal* (1921) : 716. See « Ultra-moderne, » La
langue francaise, https://www.lalanguefrancaise.com/dictionnaire/definition/ultra-
moderne。瀏覽日期：2023 年 6 月 10 日。
58 李歐梵：〈「怪誕」與「著魅」：重探施蟄存的小說世界〉，《現代性的想
像：從晚清到五四》（新北：聯經出版事業公司，2019 年），頁 362。
59 李歐梵：〈「怪誕」與「著魅」：重探施蟄存的小說世界〉，《現代性的想
像：從晚清到五四》，頁 362

　　傅雷的此番譯寫，力求溝通中西，既盡力向法國讀者說明中國舊有藝術觀念及新興現代藝術潮流在當時中國藝壇的衝撞、融合，同時也戮力為中國讀者導入從西方架構理解當時中國文壇新興藝術家的觀點，可以看出一心要「現代」中國文藝的傅雷，始終胸懷世界，重視兩造之間的溝通交流。此外，值得深思的還有，傅雷此篇譯寫文字，微妙地呈現了現代文人之譯寫，在再現自我與他者時所存在的微妙拉鋸與緊張感，不論是傅雷對異國他者期待視野的回應，以及向本地譯寫世界時不忘維護自身舊有文化的努力，都展現出一個既以中國藝術家自居，也以世界藝術家為同行者之中國現代文人欲調和中西，卻難免兩難的情境，極具思辨空間。

　　另外，前文已提及，「要用新的技法來表現新時代的精神」、「創造新興氣象」的決瀾社與《藝術旬刊》關係密切，而《藝術旬刊》上的確也刊登了不少與後期印象派、野獸派、超現實主義等現代主義藝術思潮（即傅雷所謂「前鋒的左派」）有關的文章，如倪貽德的〈野獸主義研究〉（第 1 卷第 10 期）、陳之佛的〈新興藝術之父〉（第 1 卷第 12 期）等文，分別介紹了梵高、塞尚（Paul Cézanne，1839-1906）、高更（Eugène Henri Paul Gauguin，1848-1903）畫作。影梅的〈Maurice Utrillo 的生涯及其藝術〉則專談尤特李羅（Maurice Utrillo，1883-1955）的風格。倪貽德尤致力於向大眾解釋現代主義藝術家「現代」繪畫的特殊性，他在〈現代繪畫的取材論〉中說：「繪畫始終是作家心上表現出來的寫實的表現。」[60]他認為，所謂畫家的寫實者，畫的是心和物的合一，就連風景畫都是個性的寫實化。在〈新寫實的要點〉一文中他又指出，新興藝術家乃「新寫實派」，其目標為創作有質感、有量感、有實在感的藝術，既能表現出觸覺感、空間感，還能表現出一種一體感。他認為，當一個畫家以上一切都具備了，便該追求「個性」，如

60　倪特：〈現代繪畫的取材論〉，《藝術旬刊》第 1 卷第 2 期（1932 年 9 月），
　　頁 16。

「塞尚所描寫的花，是不可解的花」、「梵高的花，是強烈的向日葵」，倪貽德稱塞尚、梵高完成的是劃時代的作品。[61]他更稱讚「野獸主義」派通過主觀的繪畫表現情感，有如偉大而強烈的暴力，體現著新時代的精神。倪貽德的觀察可謂抓住了 20 世紀現代藝術的終極旨趣——怎麼「構成」和表達人類內心對自然、萬事萬物的體會。

　　的確，表達自我個性、挑戰傳統，正是當時歐洲現代主義藝術家的核心關懷；[62]而透視法興起後，通過單一個人的固定視點去「再現」客觀外在風景和內在自我，及「內在」人看到的「現實」的表現方式更應運而生，此一表現形式亦被學者視為是現代文學興起的源頭與特質。[63]由此看來，現代文學與藝術兩者實乃有所互通。如同後來在〈文學對於外界現實底追求〉中，傅雷介紹法國藝術界近況時亦指出，非理性、荒誕、夢、直覺等，已引領當時歐陸文學與繪畫上的新變化、新潮流，他說：「一時代文化活動底方面往往在同一趨向內發展。今日科學底，文學底，藝術底，電影底理論，多少有若干共通性，只是牠們自己不知道罷了。」[64]事實上，現代文學與藝術潮流的同步發展，不僅在歐洲發生，在《藝術旬刊》向大眾譯介西方現代主義文藝潮流之時，現代派文學家在中國文壇亦隨之嶄露頭角，《無軌列車》（1928）、《新文藝》（1930）等現代派文人參與編輯、提倡「描寫新時代」文學的刊物早已於上海灘湧現；歐陸、日本的新感覺派作品亦在中國漸漸流通；劉吶鷗以現代手法描寫都會生活的《都會風景線》（1930）已躍上文壇，而施蟄存意圖尋找新法子書寫人的「內在」之「現實」的代表作《梅雨之

---

61 尼特：〈新寫實的要點〉，《藝術旬刊》第 1 卷第 9 期（1932 年 11 月），頁 18。

62 卡爾（Frederick R. Karl）著，陳永國、傅景川譯：《現代與現代主義：藝術家的主權 1885-1925》（北京：中國人民大學出版社，2004 年），頁 379。

63 柄谷行人著，林暉鈞譯：《日本近代文學的起源【典藏版】》（臺北：心靈工坊文化事業股份有限公司，2021 年），頁 43。

64 傅雷：〈文學對於外界現實底追求（下）〉，《藝術》第 2 期（1933 年 2 月），頁 2。

夕》將在 1933 年出版，[65]這是一個文藝創作者紛紛試著運用舶來資源「造新境」、「寫新聲」的時代，這點對形式、主題變革的關注，正是現代文藝的精神內核。倪貽德與決瀾社所發出的藝術改革呼聲，和當時上海文壇的現代主義潮流無疑是同聲相應的。而此一在中國文藝界萌芽、流動的現代主義文藝潮流，亦在當時世界各地流布傳衍，交織成一複雜的文化網路。《藝術旬刊》上的異國文藝譯介，可說見證了中國現代文藝的確立如何在與世界同行的框架下逐漸邁開步伐，大步向前。

不過，傅雷談及時興的先鋒文藝，在積極擁抱外似乎更著意謹慎思考。在刊登在第 8 期的〈我們的工作〉一文中，傅雷呼籲青年藝術家急於求變之餘，不如打開心扉，以懷疑的精神，好奇的目光去探索、觀察，他認為，「我們六十年來的工作，幾乎可說完全是抄襲模仿的工作」，只為了追趕西方文學、藝術的腳步；現在，是時候重新思考，因為「我們的工作，是研究，是介紹」，在各種「危機」（此處傅雷使用了「crise」一詞，前一篇法文文章中自譯為「恐慌」）中鍛鍊力量。[66]身為一個藝術評論家、學者與教師，傅雷評述文藝潮流，態度與視角較為獨立超然，並不令人意外。實際上，傅雷僅在決瀾社創建初期參與其中，後來便為維持藝術評論人的獨立性退出了。

另外，儘管傅雷秉持學者立場，在〈我們的工作〉中亦提到不唱「發揚民族文化」的高調，事實上，考察《藝術旬刊》，我們還是可以發現其中不乏為當時中國畫壇、文藝界的衰弱抱憾的相關文章。比如陳之佛在〈明治以後日本美術界之概況〉（第 1 卷第 6 期）談完日本現代

65　關於施蟄存小說中的「內在現實」相關討論，請見郭詩詠：〈建構潛意識的內在空間：論施蟄存《將軍底頭》的「內在性」問題〉，《中山人文學報》第 14 期（2002 年 4 月），頁 125-145；劉庭豪：《「摩登」之外與「內在現實」──施蟄存小說重探》（新竹：國立清華大學中國文學系碩士學位論文，2016 年）。關於中國現代先鋒文藝的議題，還可見胡榮：《從〈新青年〉到決瀾社──中國現代先鋒文藝研究（1919-1935）》。

66　傅雷：〈我們的工作〉，《藝術旬刊》第 1 卷第 8 期（1932 年 11 月），頁 3-5。

畫壇的進展後,更認為今中國人見東鄰興盛,中國畫壇豈能無愧色?因此大力倡議中國畫壇宜加以革新。[67]而〈首都藝術空氣的沈寂〉一文的作者,亦強調中國需要一次「文藝復興」。他更指出,現代歐洲藝術的主流乃風行一時的野獸群,他們作品中所表現的是「自我發展到物質文明高頂端」的現象,然與之相較,中國藝術界卻墮落庸俗,體現了民族精神已萎縮殆盡。[68]而刊登在第 3 期上的〈近代中國藝術上一個極有意義之展覽會〉一文,為作者觀賞了在柏林舉行的中國青年藝術家之展覽後撰寫的報導。他認為,今日中國國境中的作品,多為留居歐美多年的青年求得「藝術的靈感之泉源」而產生,乃「西洋藝術家之原始創作力的一點淡白的反映而已」,因此他希望「彼等求一展開新局面之法」,能在種族之藝術遺產和現下美學思想結合下復甦。[69]這與《藝術旬刊》第 11 期上王子雲(1897-1990)的投書通訊相呼應。這幾篇通信的作者指出,當時中國現代藝術家的作品只「空學西方的精神,而沒有實質」,[70]同樣表達了對現代文藝缺乏民族特色的憂慮,與傅雷在〈我們的工作〉中提倡的不無呼應之處。

　　以上這幾篇文章,不論是譯介異國文藝空氣,或評述自身文藝現狀,大致都呈現出相同的論述模式——以異國他者文藝的興盛對照中國藝術界的沈寂,或甚提倡參照當時世界上最時興的藝術潮流,結合傳統藝術,再創中國民族文藝再興,反映的無不是他們對當時中國藝壇更新的渴望,可見「文藝復興」的思考在現代中國藝壇不曾稍離。[71]而傅雷

67　陳之佛:〈明治以後日本美術界之概況〉,《藝術旬刊》第 1 卷第 6 期(1932 年 10 月),頁 13-14。

68　C. F.:〈首都藝術空氣的沈寂〉,《藝術旬刊》第 1 卷第 10 期(1932 年 12 月),頁 4。

69　威廉姆士(Hugh Williams):〈近代中國藝術上一個極有意義之展覽會〉,《藝術旬刊》第 1 卷第 3 期(1932 年 9 月),頁 14。

70　王子雲:〈通訊〉,《藝術旬刊》第 1 卷第 11 期(1932 年 12 月),頁 19。

71　晚清民初許多文人、思想家,包括梁啟超、胡適、蔡元培、國粹派、傅斯年、學衡派諸君,都談論過「文藝復興」(Renaissance)。儘管論點不一致,但當時的人對於詮釋及譯介西歐「文藝復興」思潮卻極有熱情,因為要使中國「復

對於藝界「空學精神，而沒有實質」的反省，也可看成其對於作品、實績產出的重視，亦即，其所反對的並非譯介域外文學藝術，但更在意如何在形式、技巧、創作實踐上，參酌異國元素，開創新局。

也就是說，前人談到《藝術旬刊》，總會提起這是一本現代主義藝術刊物，提倡新興藝術潮流。然綜觀《藝術旬刊》上所刊載的文藝潮流譯介與評述，我們可以發現其文藝意見並不單調。對新興文藝的關注、譯介固然是《藝術旬刊》主要內容，表現出要一新文化界的渴望；但中國現代藝術如何融合傳統，在實質上改變，亦是如傅雷者所重視的。從另一個角度來思考，我們或許可以質疑，《藝術旬刊》同人對中國現代藝術能脫胎換骨，走向新生的期待，仍隱含了一種進步的線性時間觀，暗示著中國藝壇仍然需要經過如異國藝壇的進化洗禮，方能追趕上西人或日人的腳步。正如馬奈（Édouard Manet，1832-1883）的名言：「與時俱進」（Il faut être de son temps et faire ce qu'on voit.）[72]反映的是現代藝術家對日新又新的期盼；此一「讓它新！」（Make it new!）的想像話語，正是現代性的重要特質之一。[73]於是，他們的新興文藝追求形成了一種弔詭，即這個將要到來的中國「新」興文藝，是域外藝壇的已發生，因此他們追求的與其說是「新」，不如說是一種對「新」的想像。誠如學者所言，他們對於西方時潮的追求，與其說是對西方美術的借鑑與思考，不如說是對自我再認識的言說。[74]

實際上，不論是野獸派也好、超現實主義也好，當時歐洲的新興文藝潮流，即傅雷所謂「前鋒的左派」，在藝術形式的追新尚異外，其精

興」，「文藝」的改革是必要的。相關研究請見羅志田：〈中國文藝復興之夢：從清季的古學復興到民國的新潮〉，《漢學研究》第 20 卷第 1 期（2010 年 6 月），頁 277-307。

72　Antonin Proust, *Edouard Manet, Souvenirs* (Paris：H Laurens, 1913[1897]), 7.

73　蓋伊（Peter Gay）著，梁永安譯：《現代主義：異端的誘惑：從波特萊爾到貝克特及其他人》，頁 22。

74　胡榮：〈1912-1949 年中國西洋美術史論著中的後印象派：以呂澂、豐子愷、魯迅和倪貽德之編（譯）著為例〉，頁 127。

神內涵還有進步的、抵抗的、解放的面向，他又怎麼理解之？筆者將通過考察傅雷在《藝術旬刊》連載的翻譯小說《夏洛外傳》——一個超現實主義詩人蘇波（Philippe Soupault，1897-1990）的作品，加以分析。

五、英雄的召喚：傅雷《夏洛外傳》中譯

　　傅雷是《藝術旬刊》上所刊載的文學作品之主要譯者，他所翻譯的〈卓別麟創造的英雄——夏洛外傳〉，在《藝術旬刊》第 4 到 12 期上連載，是傅雷第一部譯作，也是《藝術旬刊》上所佔份量最多、最重要的文學作品。1933 年，傅雷所譯《夏洛外傳》全書付印，冠有〈卷頭語〉及〈譯者序〉。因為沒有出版社對這本小書感興趣，9 月，傅雷以「自己出版社」名義自費出版。

　　《夏洛外傳》譯自法國超現實主義詩人蘇波的《夏洛》（*Charlot*，1931），是一部以卓別林（Charles Spencer "Charlie" Chaplin，1889-1977）電影主角夏洛（Charlot）的生活想像為主題的作品。蘇波是法國詩人、記者，曾經與布列東（André Breton，1896-1966）創辦《文學》雜誌，並與之合寫了《磁場》（*Les Champs magnétiques*，1920）一書，宣告超現實主義文學橫空出世。[75]

　　超現實主義文學和電影演員卓別林的連結，似乎令人難以想像，然實際上，識者多會指出，卓別林早期一系列帶有流浪漢、街頭頑童風格的短片，很早便在法國引起了關注，尤其是參與前衛藝術運動的文藝家，不論達達主義者或者超現實詩人，都深受夏洛這位底層小人物的漂泊命運所吸引。作為卓別林早期無聲電影時期最出名的角色，夏洛（或更有名的稱呼：The tramp，流浪漢）頭戴禮帽、穿著寬褲、大靴子、留著小鬍子、拿著手杖的經典造型，十分深入人心。其原因可能要歸功

75　Keith Aspley, *The Life and Works of Surrealist Philippe Soupault (1897– 1990)* (N.Y: Edwin Mellen, 2001).

於卓別林對夏洛此一角色之精采表演，搭配鏡頭剪輯、音樂、場面的調度，再現了一個都市小人物的心酸血淚，其有如詩篇的藝術魅力，被認為是以一種「超乎現實」的方式再現了現實，更激發了無數迴響。此外，當時巴黎的前衛藝術人士更認同夏洛的，恐怕還有其作品中隱含的革命內涵，[76]或可稱為其對夏洛在大都市中流浪的底層生活與卑微命運的同情。也就是在這樣的氛圍中，蘇波開始執筆重繪卓別林幾部以夏洛為主角的早期默片中的場景。他刻畫、想像夏洛的生活和種種心緒，創作出了這部「電影小說」（le ciné roman）。[77]

　　蘇波筆下的夏洛成長在村莊。幼小的他跨過荒野來到城市，他當過警員、扮過牧師、打過仗，孤身一人闖蕩的日子裡，飢餓是他最熟悉的朋友，流浪的寂寞卻給了他自由。最後他橫渡了大西洋，來到美國，入了監獄，挖到金礦，卻選擇繼續在天涯海角流浪。蘇波書寫的夏洛故事取材自以他為主角的幾部電影，作家靈活穿插全知的第三人稱旁觀敘事聲音與自由直接引語，再現電影情節，想像夏洛的生活面貌，細膩刻畫了人物心靈活動，詩意地呈現了一個穿梭在現代城市生活與自然鄉村間的人物面貌。蘇波這樣描述夏洛：「城市似乎也不願容納他，貧窮做了他的屏障，淡漠的心情與惡作劇的本領是他的武器，他總站在城市的漩渦之外。」「因為他熱愛自由，故他永遠不願停留，永遠要走。夏洛是

76　Noah Teichner, "A Poet in Tramp's Clothing: Surrealist Writers and Charlie Chaplin (1918-1953)." Paper delivered at "The Birth of the Tramp" conference held at the Cineteca di Bologna (June 26th-28th,2014).http://www.cinetecadibologna.it/files/festival/Sotto_le_stelle/2014/100charlot/atti/teichner.pdf.

77　法國的電影小說作者一開始改寫美國的黑白通俗劇電影長片，如《紐約的秘密》（*Les Mystères de New York*，1914），並在報刊上連載，收穫相當多的讀者。當時法國超現實主義詩人也很關注此一文類的進展，將文學的視覺化實驗視為文學現代化的象徵，蘇波的電影小說便是在此脈絡下誕生的，他後來也創作過電影腳本。相關研究請見 Alain et Odette Virmaux, *Le Ciné-roman, un genre nouveau* (Paris: Edilig, coll. Médiathèque, 1983), 16. 關於「電影小說」在現代中國的譯介，詳請見本書第六章。

一個現代的人。」[78]在這本小說中，蘇波歌頌的無疑是夏洛的自由，他的波希米亞靈魂，以及永遠站在邊緣的觀察者姿態。通過他的眼光，蘇波帶我們回顧了現代城市人的種種樣貌，高傲的男士女士、警察、浪遊的小孩子，做工的工人。夏洛來來回回，如同波特萊爾（Charles Baudelaire，1821-1867）描寫的漫遊者（flâneur），他是一個人群中的人，甘願裝扮成丑角，捕捉著現代都會生活的樣貌，並從中提煉出藝術的永恆。「現在此刻」雖相對永恆是那麼短暫，但美亦不吝嗇地蘊含在這份短暫中。如此，夏洛成為了一個波特萊爾所謂的「現代生活的英雄」，[79]一個穿梭都市的漫遊靈魂。尤有甚者，他的不羈和寧願孤獨，他的散盡金錢和不受束縛，暗示著一個解放的可能，一個對堅固強硬的拒絕和否認。他的無所畏懼挑戰著僵硬的結構，他的矛盾掙扎使他穿梭世俗社會跟高遠的精神世界中。因此蘇波說：「夏洛是我們時代的英雄，一個普世的英雄，一個是全世界發笑也使他們哭泣的人。」[80]他說，這本書不是傳記，而是一首詩，無疑地，他將夏洛看作是一個時代的隱喻。

然而傅雷是怎麼翻譯這本小書的呢？他的翻譯與原作有沒有差異？我們又可以怎麼加以詮釋？

首先，若將發表在《藝術》上的兩期包含進去，我們會發現傅雷只譯出了此書的三分之二（原書有十八章，傅譯出了十二章），並沒有譯完。而綜觀整本翻譯，傅雷的翻譯可謂相當忠實，並沒有對原書進行太大的更動。

值得注意的是此書的譯名。傅雷將 *Charlot* 譯成《卓別麟創造的英

---

78 菲列伯蘇卜著，疾風譯：〈卓別麟創造的英雄——夏洛外傳〉第三章，《藝術旬刊》第 1 卷第 7 期（1932 年 11 月），頁 11。

79 波特萊爾在這篇著名的文章中，推崇畫家居伊（Constantin Guys，1802-1892）是現代生活的英雄，因為他懂得描繪身處現代都市中的美。Charles Baudelaire, "De l'héroïsme de la vie moderne," in *Écrits sur l'art* (Paris: Livre de Poche, 1992), 151-154.

80 Philippe Soupault, "Dédicace," in *Charlot* (Paris: Gallimard, 2014), 9. 筆者自譯。

雄——夏洛外傳》。當然，傅雷若將此書直譯為《夏洛》，讀者或許會
滿頭霧水，狐疑夏洛何許人也？然譯者若在書名上標上了「卓別林」三
個字，讀者一望而知，亦有助於銷量——卓別林的電影在 20 世紀早期
的中國很受歡迎，有「滑稽大王」稱號的卓別林本人銀幕下的一舉一
動，也是讀者關心的焦點，常登上報紙版面，可以說是中國人最喜歡的
好萊塢電影明星。[81]此書不是電影本事，而是蘇波在電影以外刻畫的夏
洛故事，故傅雷以「外傳」稱之，如同古來就有的正史以外的其他記
載。不過，更引人深思的或許還是，傅雷為何要將夏洛詮釋成一個卓別
林創造的「英雄」。他怎麼引領當時的讀者理解這個人物？在〈序〉
中，傅雷這樣說：

> 夏洛是誰？
> 是卓別麟全部電影作品中的主人翁，是卓別麟幻想出來的人
> 物，是卓別麟自身的影子，是你，是我，是他，是一切弱者的
> 影子。
> ……
> 人們雖然待他不好，但夏洛並不憎恨他們，因為他不懂憎恨。
> 他祗知愛。
> ……
> 夏洛是誰？
> 夏洛是現代的鄧幾臬脫 Dou Quilhotte（筆者按：原文如此）。
> 夏洛是世間最微賤的生物，最高貴的英雄。[82]

　　面對世界無情的打擊，世人的冷遇和欺壓，傅雷認為夏洛雖是弱
者，卻從不屈服，溫暖寬容，足以以英雄稱之。而傅雷對小說主人公夏

---

81 請見胡克：〈卓別林喜劇電影對中國早期電影觀念的影響〉，《當代電影》第 5
　　期（2006 年 9 月），頁 109-113。
82 傅雷：〈「夏洛外傳」譯者序〉，《聯華畫報》第 6 卷第 4 期（1935 年 8
　　月），頁 17-19。

洛的詮釋和理解，和他在三〇年代的翻譯喜好和觀點實際上非常接近，反映出傅雷自己的翻譯立場（translation position）對他選擇翻譯作品的影響。[83]此時甫從法國回到上海的傅雷，在《夏洛外傳》這部處女譯作外，接著陸續翻譯了幾部經典文學作品，包括了《巨人三傳》。[84]談到這時的翻譯選擇時，他指出，乃因當時的中國民眾懵懂麻痺，「中庸，苟且，小智小慧，是我們的致命傷」，為人們需要「精神的支柱」，以「大勇主義」來「堅忍、奮鬥、敢於向神明挑戰」，所以侈譯偉人之書以廣傳恩澤。[85]所以他接著又翻譯了《約翰・克里斯朵夫》（Jean-Christophe），將其視為值得全人類借鑑、效法的人物：「真正的英雄決不是沒有卑下的情操，只是永不被卑下的情操所屈服罷了。」「戰士啊，當你知道世界上受苦的不止你一個時，你定會減少痛楚，而你的希望也將永遠在絕望中再生了！」[86]易言之，傅雷期勉他所翻譯的小說主角心中對生命的熱情，能鼓舞當時的中國讀者繼續前進。此英雄有如卡萊爾（Thomas Carlyle，1795-1881）筆下的偉人、[87]梁啟超所翻譯的史傳英雄，[88]與魯迅所談的英哲，[89]能以其奮發帶動、喚醒民眾。總之，

83　許鈞、宋學智、胡安江：《傅雷翻譯研究》（南京：譯林出版社，2016 年），頁 40-44。關於翻譯立場的相關討論，請見 Antoine Berman, *Toward a Translation Criticism: John Donne* trans. Françoise Massardier-Kenney (Kent: Kent State University Press, 2009), 58-59.

84　《巨人三傳》是法國作家羅曼羅蘭的傳記作品，包括《貝多芬傳》、《米開朗基羅傳》和《托爾斯泰傳》。前兩本傳記傅雷譯於 1934 年，1935 年由商務印書館出版；最後一本傳記翻譯於 1931 年春留法期間，重譯於 1942 年，1946 年由駱駝書店出版。

85　傅雷：〈《貝多芬傳》・譯者序〉，收於《傅雷譯文集》（合肥：安徽人民出版社，1981 年）第 11 卷，頁 7。

86　傅雷：〈譯者獻辭〉，《約翰・克利斯朵夫》（上海：商務印書館，1937 年），頁 1。

87　托馬斯・卡萊爾著，周祖達譯：《論英雄、英雄崇拜和歷史上的英雄業績》（北京：商務印書館，2005 年），頁 1。

88　關於梁啟超翻譯的義大利三傑英雄傳，相關研究請見崔文東：《〈意大利建國三傑傳〉化用明治日本政治小說考》，《東亞觀念史集刊》第 13 期（2017 年 12 月），頁 55-88。

89　「惟超人出，世乃太平。苟不能然，則在英哲。」魯迅：〈文化偏至論〉，收

當時傅雷熱衷於翻譯羅曼‧羅蘭（Romain Rolland，1866-1944）的作品，尤其喜歡其所稱道的英雄精神，[90]呼應著中國近現代文壇敘寫英雄、召喚啟蒙的風潮。而這或許也是傅雷翻譯這本「予我以真切的感動」的《夏洛外傳》時，所譯書名包含「英雄」二字之原因。他在〈序〉中將夏洛詮釋為一個英雄，一個所有弱者的象徵，儘管他的人生遭遇各種冷遇和不幸，但夏洛每每用愛與真心擁抱一切，誠如羅曼‧羅蘭所言：「我稱為英雄的，並非以思想或強力稱雄的人，而是靠心靈而偉大的人。」[91]對傅雷來說，夏洛便是一個他所謂的，能不被「消沈和墮落」束縛的人，不斷地「自拔和更新」，是一個不斷向上的「英雄」，更可說是中國百年命運的象徵，寄託、投射了他對家國命運的理想。

如前文所述，現代主義藝術家如法國的超現實主義運動的參與者，心中或多或少醞釀著一絲同情革命、謳歌自由的色彩；這也是超現實主義、達達派文藝家喜愛早期卓別林電影，尤其喜愛夏洛這個角色的原因。蘇波刻畫的「夏洛」，是對卓別林此一人物及其電影進行的再創作，凝聚、反映了法國超現實主義文學家對藝術、對社會的理想，此一電影小說的發想，也寄託了他接合文學與視覺藝術、探索文學表達新形式的期許。而飄洋過海來到上海的法國夏洛，通過傅雷的翻譯，被詮釋為中國民眾進取、奮鬥的理想標竿，甚至乃弱小者持續精進、奮鬥的精神上的同胞兄弟，展現出了和夏洛原作不一樣的詮釋可能，也體現了譯者在翻譯文本選擇及詮釋上的能動性，及傅雷對新興文藝潮流的理解、詮釋，如何受到自身文藝環境、文學傳統和翻譯動機的影響。

此外，在《藝術旬刊》中，除了超現實主義詩人蘇波的小說外，傅

於《魯迅全集》第 1 卷，頁 52。

90 李歐梵：〈羅曼羅蘭與世界主義〉，收於陳相因編著：《左翼文藝的世界主義與國際主義：跨文化實例研究》（臺北：中央研究院中國文哲研究所，2020年），頁 23-56。

91 羅曼‧羅蘭著，傅雷譯：《貝多芬傳‧序文》（上海：商務印書館，1937年），頁 11。

雷還翻譯了幾篇法國古典文學作品，包括了拉洛俟夫谷（François de La
Rochefoucauld，1613-1680）的《拉洛俟夫谷格言》（*Réflexions ou
sentences et maximes morales*）。[92]另外，還有法國詩人維庸（François
Villon，1431-1474）的散文詩五首。拉洛俟夫谷以簡潔、一針見血的格
言聞名於世，他充滿機智、坦率和獨到見解的作品，啟發了不少後來的
文學家、思想家。而維庸則是法國著名的中世紀詩人；他漂泊的一生，
充滿個性的詩歌，都使他收穫「現代性的標誌」之譽，在中國也被視為
法國的代表詩人。[93]而羅丹（Auguste Rodin，1840-1917）以維庸的詩歌
〈美麗的老宮女〉（"Bell Heaulmière"）為靈感創造的雕塑，更使他
聞名於世，而這兩個作品都在《藝術旬刊》中登出。羅丹談到這篇作品
時曾提到：「藝術所認為美的，只是有特性的事物。」即一切有「真實
性」的事物。[94]從此角度來看，不論是法國格言或古老詩歌，乃至於超
現實主義的文學作品，都成為傅雷的翻譯對象，現今看來似乎令人費
解，不過，對於意欲多方面譯介域外文藝，革新當時藝壇的傅雷來說，
不論是文藝復興時期的繪畫、法國超現實主義小說、美國卓別林的電
影，或者法國中世紀的格言、詩歌，只要表述了真實，展現了個性，便
是藝術。作為中國現代藝術的先鋒，傅雷的「新潮」文藝譯介內容豐
富，展現了中國現代文藝獨特的面貌。傅雷的現代中國藝術想像是在與
世界藝壇的互動、交流中生發凝聚的，除了「欲新一國之民」，必先
「新」其文藝的心理願望外，更包含了為「革新」中土，擁抱「過
去」、輸入「現代」，尋找「真實」，追求完美，不斷反思、追問、轉
化、跨界的實踐，展現出相當積極的能量。

---

92 自第 4 期起開始連載，共刊登了 24 則。

93 維庸的作品中譯相關研究請見楊振：〈從具有個性到具有代表性的詩人：弗朗
索瓦‧維庸在民國（1917-1937）的譯介〉，《跨文化對話》第 36 期（2016 年
10 月），頁 373-385。楊振：〈《震旦大學院雜誌》（1916-1929）中的知識分
子與政治威權——從法國中世紀詩人維庸（François Villon）的形象談起〉，
《中國比較文學》第 3 期（2018 年 9 月），頁 171-185。

94 羅丹著，傅雷譯：《羅丹藝術論》（臺中：好讀出版社，2003 年），頁 46。

六、結論

　　《藝術旬刊》在三〇年代的上海短短登場了不到一年的時間，只出版了 12 期，後來改版為月刊，僅出版兩期便黯然落幕。一方面與同人刊物本來便難以維繫有關，但這也展現了新興文藝刊物在上海三〇年代難以存活的現實。

　　《藝術旬刊》以甫自日法學習美術歸國的留學生為主要編輯團隊，在上海美術學校、決瀾社等同人的支持下展開編輯出版工作，力求推廣現代美術，其辦刊、出版，如同他們積極辦學講課，是一群有理想抱負的青年藝術家努力實現理想，以參與上海現代文藝建構的文化實踐。綜觀這份刊物，域外文藝思潮，歐洲野獸派、後期印象派等現代主義潮流、最新畫展訊息的譯介，及從教育觀點，對西方美術進行從古到今的回顧，都是其主要譯介內容，可見此時他們的藝術想像，乃在與各式域外藝術潮流互動中形塑、凝成。他們戮力求新之餘，也思考傳統如何承繼；一心譯介域外思潮外，也著意推廣美術，扶植本地的文藝之花，並向外輸出。

　　傅雷在《藝術旬刊》中扮演了重要角色，可說是該刊的靈魂人物。《藝術旬刊》曾多次連載了傅雷翻譯自法國的美術史講義，及法國超現實主義詩人蘇波以卓別林的電影人物夏洛為主角的小說。前者為傅雷實踐其教育廣大民眾賞析、熟悉經典美術作品而譯；而後者小說主人公夏洛屢仆屢起的精神與人道主義的胸懷，被傅雷譯為帶有「英雄」色彩的巨人，期待能以之喚醒民智，鼓舞精神，一併加以譯介，展現出《藝術旬刊》同人現代藝術想像的兼容並蓄。而傅雷對於中國現代藝術的對外闡釋，及對國內讀者建設現代文藝工作的呼告，都展現出了學者與批評家中肯持平的態度。他以經典美學的薪傳、傳統與域外藝術的融合為理念，為色彩斑斕的《藝術旬刊》抓住了定位。

　　三〇年代的上海文化場域，是各大意識形態陣營發展其文藝論述，積極交鋒、對話的園地。以傅雷為主要核心人物的《藝術旬刊》秉持文

藝的獨立，不向任何政治陣營傾斜，然而在戰雲逼近，社會動盪的危急時刻，其對文藝的獨立和超然地位的想像及文藝理想的追求卻無法使它長久維持。隨著戰爭的腳步愈趨逼近，尋找自我聲音、創新形式表達的現代文藝之音，還是不能避免地加入保家衛國的大合唱，而純文藝之花，也難以在艱鉅的出版環境中生存，這或許便是現代主義藝術在中國難以迴避的命運。

通過對《藝術旬刊》的考察，本文梳理了現代藝術在上海三〇年代流傳、發展圖景中的一角，並指出此場以傅雷為靈魂人物的中國青年藝術家的文藝實踐，在世界文化流動之框架下生發，反映的是現代主義文藝思潮如何穿梭在不同地域、文化之間，進行了一場又一場的跨境／跨界旅行，及其如何為中國譯者群體接受、詮釋，以回應其文化場域及時代焦慮的樣貌。傅雷的文藝譯寫彰顯了當時中國現代藝術家對中國現代「文藝復興」的理想，其「藝術」譯介與實驗，意在於舊有中展開新生，既擁抱新潮，也激活傳統，嚮往以精良的實質創作，參與世界藝壇。此一刊物壽命雖然短暫，但內容豐富，展現出中國藝術家多元的文藝關懷及其世界視野。其藝術實踐中，國族文藝理想與世界主義想像間的對話，具有劃時代的意義，而這或許也是《藝術旬刊》壽命雖短，仍值得吾人進一步考察探索的主要原因。

傅雷《藝術旬刊》著譯表

（一）作品

篇名	卷期	頁數
薰琴的夢	第 1 卷第 3 期	12-13
劉海粟論	第 1 卷第 3 期	3-5
現代中國藝術之恐慌	第 1 卷第 4 期	3-5
美術史講座第一講、喬多與聖法朗梭阿大西士	第 1 卷第 5 期	12-14
美術史講座第二講：陶挈丹羅之彫塑	第 1 卷第 6 期	15-18
美術史講座第三講：鮑梯卻梨之嫵媚	第 1 卷第 7 期	16-18
我們的工作	第 1 卷第 8 期	3-5
美術史講座第四講：萊渥那達文西（上）：瑤公特與最後之晚餐	第 1 卷第 8 期	11-14
美術史講座第五講、萊渥那達文西（下）：人品與學問	第 1 卷第 9 期	13-17
美術史講座第六講、彌蓋朗琪羅 （上）：西施庭教堂	第 1 卷第 10 期	12-17
世界藝壇情報：法國秋季沙龍	第 1 卷第 11 期	8
世界藝壇情報：佛尼士現代國際藝術展覽會	第 1 卷第 11 期	18
美術史講座第七講、彌蓋朗琪羅（中）：聖洛朗查教堂與梅迭西斯墓	第 1 卷第 11 期	9-11
美術史講座第八講：彌蓋朗琪羅（下）：教皇于勒二世的墳墓與摩西像	第 1 卷第 12 期	8-10

（二）翻譯

篇名	卷期	頁數
卓別麟創造的英雄——夏洛外傳	第 1 卷第 4 期	12-16
拉洛候夫谷格言：一、我們的德行，一大半不過是掩飾了的罪惡……	第 1 卷第 4 期	5
美麗的老宮女	第 1 卷第 5 期	7
拉洛候夫谷格言（續前）	第 1 卷第 5 期	14
卓別麟創造的英雄：夏洛外傳	第 1 卷第 6 期	10-12
拉洛候夫谷格言（續前）：十五、如果我們自己沒有缺點……	第 1 卷第 6 期	14
屠格涅夫散文詩：我哀憐、導向愛情的路	第 1 卷第 6 期	9
卓別麟創造的英雄——夏洛外傳	第 1 卷第 7 期	11-13
彌蓋朗琪羅的情詩	第 1 卷第 7 期	6
卓別麟創造的英雄——夏洛外傳	第 1 卷第 8 期	8-10
拉洛候夫谷格言（續前）：二十一、大半的人說愛公理，只因為怕強暴的侵凌……	第 1 卷第 8 期	10，14
卓別麟創造的英雄——夏洛外傳	第 1 卷第 9 期	9-12
卓別麟創造的英雄——夏洛外傳	第 1 卷第 10 期	8-11
卓別麟創造的英雄——夏洛外傳	第 1 卷第 11 期	15-18
卓別麟創造的英雄——夏洛外傳	第 1 卷第 12 期	15-16

第二編

前鋒左翼：

唯美派與異國新潮
文藝譯介

第三章
左翼與摩登之外：
葉靈鳳《現代小說》中的文藝譯介與小說創作

一、前言

　　二、三〇年代，成為中國出版中心的上海，聚集了來自各地的文藝人士；更交會著各式新興的文藝思潮，成為人文薈萃的文學之都。此時，一群「齒白脣紅」的青年，因其多才多藝、不畏衝撞，成為文藝報刊的生力軍，甚而得到「流氓才子」之稱號，[1]其中，便包括了「創造社小夥計」葉靈鳳。[2]

　　所謂「創造社的小伙計」源於潘漢年（1906-1977）等創造社青年的自稱，指稱在上海創造社出版部的一批青年作家。二〇年代初期，甫20歲的青年葉靈鳳便開始參與創造社活動，負責《洪水》編輯事務，又接連參與了《現代小說》等一系列兼容唯美敘事與具社會變革意識作品之文藝刊物的出版。編輯之外，葉靈鳳能寫擅畫，還多有譯作，其此

1　魯迅：「革命文學家，要年青貌美，齒白脣紅，如潘漢年葉靈鳳輩，這才是天生的文豪，樂園的材料。」請見魯迅：〈革命咖啡店〉，《三閒集》，《魯迅全集》第 4 卷（北京：人民文學出版社，1981 年），頁 117。此文最初刊於《語絲》第 4 卷第 33 期（1928 年 8 月）郁達夫的《革命廣告》之後，題作《魯迅附記》。

2　「創造社的小伙計」雖源於潘漢年等創造社青年的自稱，後來創造社同仁也以此稱呼他們。請見樓適夷：〈從三德里談起〉，《新文學史料》1982 年第 4 期（1982 年），頁 196。

時期的文學活動，可說是見證了上海文壇一段百花爭妍的璀璨時刻。然
一直以來，或因葉靈鳳政治傾向、戰時附逆疑雲，與魯迅糾紛等種種牽
連所致，[3]學界對這位「同操先鋒文學和通俗文學」、「不乏才情的海
派作家」，[4]尤其對他文藝思想、翻譯觀，乃至創作、編輯等文學實踐
之文化意涵的挖掘，尚有待深入。[5]而葉靈鳳編輯《現代小說》雜誌，
頗有建樹，研究者卻相對少，李歐梵也指出，葉靈鳳主編《現代小說》
時譯介歐美文壇新潮，當為其最大貢獻，他在這方面扮演的角色，卻沒
有引起文學史家的注意，[6]的確殊為可惜。本文便在前人研究的基礎
上，以葉靈鳳及其《現代小說》中的文藝譯介與小說創作為觀察重點，
探析此時期葉靈鳳如何想像、轉化世界文藝思潮，發揮創作能量，演繹
「現代小說」，並分析《現代小說》此一雜誌，其「現代」文學展演是

3　魯迅曾提及葉靈鳳「當時曾投機加入創造社，不久即轉向國民黨方面去，抗日
　　時期成為漢奸文人」。不過 1981 年版的《魯迅全集》，已刪去「投機」、「轉
　　向」、「漢奸」等字眼。請見魯迅：〈文壇的掌故〉，《三閒集》，《魯迅全
　　集》第 4 卷，頁 96、509；魯迅：〈革命咖啡店〉，《三閒集》，《魯迅全集》
　　第 4 卷，頁 118。魯迅和葉靈鳳的過節，可見於葉靈鳳的自述，請見葉靈鳳：
　　〈獻給魯迅先生〉，《論語》第 96 期（1936 年 9 月），頁 1164-1166。至於葉
　　靈鳳戰時附逆問題，可追溯到葉靈鳳與潘漢年早年在上海與國共兩黨間關係，
　　但因資料缺乏，梳理不清，學界多認為幾乎可稱懸案，相關研究請見梁永（鍾
　　朋）：〈葉靈鳳的前半生〉，載《葉靈鳳卷》（香港：三聯書店，1995 年），
　　頁 338-345；絲韋（羅孚）：〈葉靈鳳的後半生〉，《葉靈鳳卷》（香港：天地
　　圖書公司，2017 年），頁 442-450；柳蘇（羅孚）：〈鳳兮鳳兮葉靈鳳〉，
　　《讀書》1988 年第 6 期（1988 年），頁 22-28；羅孚：〈葉靈鳳的地下工作和
　　坐牢〉，收於盧瑋鑾、鄭樹森主編，熊志琴編校：《淪陷時期香港文學作品
　　選：葉靈鳳、戴望舒合集》（香港：天地圖書有限公司，2013 年），頁 308-
　　318。近年來葉靈鳳日記的出版，則可以梳理他後半生在香港的生平思想與經
　　歷。請見葉靈鳳：《葉靈鳳日記》（香港：三聯書店，2020 年）。
4　錢理群、溫儒敏、吳福輝：《中國現代文學三十年》（臺北：五南圖書出版
　　社，2002 年），頁 351。
5　鄺可怡：〈跨越歐亞戰爭語境的左翼國際主義：論巴比塞《火線》及葉靈鳳的
　　中文翻譯〉，收於陳相因主編：《戰爭、傳統與現代性：跨文化流派爭鳴》
　　（臺北：中央研究院中國文哲研究所，2020 年），頁 170-232。
6　李歐梵：《現代性的想像：從晚清到五四》（新北：聯經出版事業公司，2019
　　年），頁 322。

何面貌。

二、嗜「新」的一代：葉靈鳳其人

葉靈鳳，原名葉蘊璞，江蘇南京人，筆名包括葉林豐、佐木華、秋生、霜崖等。曾於上海美術專門學校學習，21 歲起開始接觸創造社出版工作，參與《洪水》編務，1926 年又和潘漢年創辦《幻洲》，1928年又編《戈壁》，年底再推出《現代小說》。[7]1929 年創造社被禁，葉靈鳳一度被捕。[8]三〇年代，葉靈鳳雖曾短暫加入了左聯，但不久後又被開除會籍，[9]其後他成為《現代》雜誌主要編輯者之一。此時期的葉靈鳳也創作，此外，也積極譯介各地新興文學思潮。中日戰爭期間，葉靈鳳編輯《救亡日報》，上海淪陷後，隨之遷往廣州。1938 年，葉靈鳳移居香港，先後為香港《新晚報》、《文彙報》等多種報刊雜誌撰寫專欄，後又陸續出版了《北窗讀書錄》、《文藝隨筆》、《晚晴雜記》等書話。1947 年起，葉靈鳳又在《星島日報》專欄書寫香港史地，其香港史地著作《香港的失落》、《香海浮沈錄》和《香島滄桑錄》，後由絲韋（羅孚）整理出版，合稱「葉靈鳳香港史系列」，為了解香港歷史變化的重要參考文獻。1975 年，葉靈鳳在香港病逝。[10]

7　當早期創造社成員四散各地時，周全平、倪貽德、葉靈鳳、潘漢年等人加入創造社，1925 年成立了創造社出版部，出版了《洪水》半月刊。這段時間的回憶，可見於葉靈鳳的回憶性質散文，如：〈我的藏書的長成〉、〈A11〉、〈記《洪水》和創造社出版部的誕生〉等，請見葉靈鳳：《晚晴雜記》，現收於《讀書隨筆（三）》（香港：三聯書店，2019 年），頁 6-8、12-25。另，兩人和創造社的關係，還可參考咸立強：《尋找歸宿的流浪者——創造社研究》（上海：東方出版中心，2006 年），頁 183-199。

8　葉靈鳳的散文〈獄中五日記〉便記述此事，請見葉靈鳳：〈獄中五日記〉，《靈鳳小品集》（上海：現代書局，1933 年），頁 302-309。

9　〈開除周全平，葉靈鳳，周毓英通告〉，《文學報導》第 1 卷第 2 期（1931 年8 月），頁 16。

10　李廣宇：《葉靈鳳傳》（石家莊：河北教育出版社，2003 年）。

　　作為一個創作生涯貫串戰前戰後，曾涉足重要文學社團，同時身兼編輯、作者、譯者、畫家、藏書家、文史專家於一身的文人，葉靈鳳的文學實踐可說是相當多元，而他不設限的文學嘗試，終其一生未曾改變。而葉靈鳳廣泛的文學愛好，當來自他多方汲取的文學營養。他曾如此自敘其文學養成時期所受的影響：鴛蝴派、《新青年》作家、冰心（1900-1999）和創造社的郭沫若（1892-1978）、郁達夫（1896-1945）等人，都是他幼年時文學養分的來源；而他更將對冰心、郁達夫作品的模仿，視為是寫作之始。[11]此外，葉靈鳳也喜好異國文藝，戮力翻譯，不但譯過唯美作家王爾德（Oscar Wilde，1854-1900）的《格雷的畫像》（*The Picture of Dorian Gray*）序言，以「象牙之塔裡的浪漫文字」來描述自己的作品，[12]在樓適夷（1905-2001）的回憶中，也稱他「藍雪花紋的大褂，外加上紅雪花紋馬甲，真想冒充王爾德」。[13]此外，葉靈鳳早年也嗜讀新俄小說，翻譯了高爾基（Maxim Gorky，1868-1936）等俄國作家的作品，後又推出《新俄短篇小說集》。[14]文學以外，葉靈鳳更雅好美術，他不但推崇比亞茲萊（Aubrey Beardsley，1972-1898）和日本蕗谷虹兒（1898-1979）的畫風，而後又大力譯介西洋木刻畫家，包括具有抗爭性的蘇聯版畫家，或者講究美感的麥綏萊勒（Frans

---

11　請見葉靈鳳：〈讀少作〉，收於《讀書隨筆（三）》，頁 8-9。

12　請見葉靈鳳譯：〈藝術家〉，《天竹》（上海：現代書局，1928 年），頁 82-85。

13　樓適夷：〈從三德里談起〉，頁 196。

14　葉靈鳳晚年這樣回憶：「《新俄短篇小說集》是一本三十二開，一百八十六面的小冊子，其中一共包括了五位作家的作品：迦撒詢的《飛將軍》，愛羅索夫的《領袖》，比涅克的《皮的短衫》，伊凡諾夫的《軌道上》，西孚寧娜的《犯法的人》。……除了譯文之外，卷前還有一篇介紹文：《新俄的短篇小說》，共有四千多字。」葉靈鳳：〈《新俄短篇小說集》〉，《讀書隨筆（二）》（香港：三聯書店，2019 年），頁 11。他並指出這些作品是據英文譯本重譯的；書前的介紹文字，也是根據書中資料寫成的，並裝飾以他所畫的插圖。此英文本是 L. S. Friedland and J. R. Piroshnikoff trans., *Flying Osip; Stories of new Russia* (New York: Freeport, 1925). 相關研究請見鄺可怡：〈跨越歐亞戰爭語境的左翼國際主義：論巴比塞《火線》及葉靈鳳的中文翻譯〉，頁 213。

Masereel，1889-1972）。從上可知，如同葉靈鳳幼時同時嗜讀《新青年》和鴛蝴派一般，無論是唯美作家王爾德、比亞茲萊，或者新俄小說家與積極傳達抵抗社會意識的木刻版畫家，都曾帶給他的文藝心靈無數滋養。

　　作為一個在上海都市文化場域中成長起來的青年，葉靈鳳此一兼容並蓄的文藝愛好，顯示出其開放的心態與多元的世界想像。如施蟄存所描述，他們這一世代：「我們是租界裏追求新、追求時髦的青年人。」[15]這群青年作家對當時世界「新興文學」潮流皆十分關注，不論是新感覺派小說、象徵主義詩歌、左翼理論、木刻版畫，皆為他們所關心。如同學者指出，施蟄存對於「前衛」（avant-garde）的理解，[16]頗具代表性地反映出當時一群青年作家在「大革命」前後，對於藝術上的先鋒性和政治意識形態上的先鋒性並行探索的歷程。[17]而曾經參與過創造社革命文學活動，又積極擁抱現代主義文藝的葉靈鳳，亦分享相似的欲以新意衝破舊有桎梏的衝勁，此一文化心態無疑是理解葉靈鳳此時期多樣化文學活動，包括其翻譯、創作的重要背景。

15　張芙鳴：〈執著的中間派──施蟄存訪談〉，《新文學史料》2006 年第 4 期（2006 年），頁 28。

16　「他說 20 世紀三〇年代藝術上的 avant-garde 才是真正的左翼。不是寫實主義那些東西，不是樓適夷他們所標榜的東西，其實那是落伍的」。李歐梵：〈「怪誕」與「著魅」：重探施蟄存的小說世界〉，《現代性的想像：從晚清到五四》，頁 357-376。

17　鄺可怡以「雙重的先鋒性」來指稱《無軌列車》、《新文藝》雜誌中兩種文學觀念或作品並置的現象。請見鄺可怡：《黑暗中的明燈──中國現代派與歐洲左翼文藝》（香港：商務印書館，2017 年），頁 232-243。

三、「avant-garde」，真正的左翼：
從《無軌列車》到《現代小說》

　　學者已指出，上海二、三〇年代現代派雜誌中不乏前衛藝術與左翼文學潮流並陳者，[18]《無軌列車》乃引領當時此潮流者之一。

　　《無軌列車》乃劉吶鷗離日抵滬，創辦第一線書店、水沫書店時期推出的刊物。此時，劉吶鷗先後翻譯出版了不少思想進步的前衛書籍，[19]又集結了一群對於現代文藝感興趣的青年作家，如施蟄存、戴望舒等籌辦雜誌，先推出了《文學工場》，又創立了《無軌列車》。《無軌列車》編輯團隊標榜該刊沒有一定的軌道，意欲擺脫限制與陳舊，追求文藝自由，但不久便遭查禁停刊。

　　《無軌列車》沒有特定的路線，因此編者既刊登新感覺派小說的創作、翻譯，也刊載原訂要發表於《文學工場》上的較具有革命味道的文稿。在這份刊物上刊登的作品，不論是翻譯或者創作，很明顯地帶有兩種傾向，一是著重對現代都會生活與其所帶來的新感覺之刻畫，二為對左翼革命思潮的關注與試寫。前者如劉吶鷗所作，後來收錄於《都會風景線》中的〈遊戲〉、〈風景〉、〈流〉等小說，翻譯方面，則有法國現代都會作家保羅・穆杭（Paul Morand，1888-1976）的創作與評論，

18　相關研究可見廖可怡：〈兩種先鋒性理念的並置與矛盾——論《新文藝》雜誌的文藝傾向〉，《中國文化研究所學報》第 51 期（2010 年 7 月），頁 285-316。廖可怡：《黑暗中的明燈——中國現代派與歐洲左翼文藝》。另，史書美已經觀察到《無軌列車》系列的小刊物中左翼關懷與現代主義文藝形式「正處於協商中」的現象，不過沒有進一步探索其中的複雜向度。請見 Shu-mei Shih, *The Lure of the Modern: Writing Modernism in Semicolonial China, 1917-1937* (Berkeley: University of California Press, 2001), 244. 參照以往研究，可以發現相較於《無軌列車》、《新文藝》得到的關注，學界對《現代小說》的討論較少，這也是筆者可進一步發揮的地方。

19　水沫書店在短時間內便出版了四十種書刊，包括了施蟄存的《追》、《上元燈》，也有胡也頻的《往何處去？》、柔石的《三姐妹》。同人文藝創作方面，則推出過「水沫文藝叢書」，外國文學方面，則有「現代作家小集」、「新文學叢書」，馬克思的著作以及一些左翼文藝書籍。

包括了劉吶鷗自己翻譯的〈保羅穆杭論〉，[20]以及戴望舒翻譯穆杭的〈懶惰病〉（"Vague de paresses"）、〈新朋友們〉（"Les Amis nouveaux"）。左翼文藝方面，《無軌列車》第 3 期上便刊登了高爾基像，以及巴比塞（Henri Barbusse，1873-1935）的〈高爾基訪問記〉，其後更連載了施蟄存帶有革命意識的小說《追》。除了文學作品以外，《無軌列車》第 4 期更刊載了電影評論數篇，標題為「影戲漫想」，談電影作為一種藝術，電影和詩的關係，以及女明星與電影產業等，並將電影稱為「新興的機械藝術」，[21]可見《無軌列車》題材之多元，關懷範疇之寬廣。

　　《無軌列車》頗具先鋒特質，同劉吶鷗在宣言中所說，「新聞報說伯林、北平、上海間將有航空路了，地球的一切是從有軌變無軌的時間中。」[22]處在世界航路創建中，國與國之距離日漸縮短的新時代，他認為文學也已開展出新的風貌，而《無軌列車》便是呈現新時代文學的嶄新刊物，展現出具有「世界性」的目光。

　　近來有學者陸續從劉吶鷗與日本文壇的關係入手，分析當時日本文壇流行的新興文藝潮流對曾留日的劉吶鷗的文藝喜好及其編輯《無軌列車》之方針所造成的影響；[23]也有學者從《無軌列車》上所刊登的穆杭小說及評論譯介出發，探討法國歐戰後文藝圈內瀰漫的世界主義政治氛圍，如何在穆杭小說中反映，而上海三〇年代的現代派作家如何視之為「第一線」、「先驅」加以接受。[24]的確，從《無軌列車》豐富的內容

20　原文為法國評論家 Benjamin Crmieux（1888-1944）撰寫的，請見 Benjamin Crmieux, "Paul Morand," *XXe siècle* (Paris: Gallimard, 2010[1924]), 213-223.

21　〈列車餐室〉，《無軌列車》第 4 期（1928 年 10 月），頁 210。

22　〈列車餐室〉，《無軌列車》第 3 期（1928 年 10 月），頁 146。

23　楊之華於 1940 年就明言「新感覺派這一文藝新思潮之由日本輸入於我國，實有賴於劉吶鷗的介紹。」楊之華：〈穆時英論〉，《中央導報》（南京）第 1 卷第 5 期（1940 年 8 月），頁 26；彭小妍的研究也指出日本文學的影響。彭小妍：〈浪蕩子美學與越界——新感覺派作品中的性別、語言與漫遊〉，《中國文哲研究集刊》第 28 期（2006 年 3 月），頁 121-148。

24　請見鄺可怡：《黑暗中的明燈——中國現代派與歐洲左翼文藝》，頁 126-169。

可以看出，劉吶鷗、施蟄存等人當時對於世界文壇極具熱情和興趣，對各種文藝思潮兼容並包。事實上，如同施蟄存所言，當時文藝人士並行不悖地接受現代主義文藝與左翼思潮，是因為最早他們所理解的左翼文學，並不等同於當時左聯所提倡者，且他們對於左翼文藝和蘇聯文學都「不是用政治的觀點看。而是把它當一種新的流派看。」[25]將之都視為「新」文藝，[26]而這一追逐新潮的文學喜好，正是《無軌列車》同人共有的偏好。

　　而施蟄存所言的左翼文學時興思潮，所指應為當時歐陸知識份子指謫偏狹的愛國主義促成戰爭，提倡反戰意識之風潮。其時先有羅曼・羅蘭在報端發表〈精神獨立宣言〉（"La Déclaration de l'indépendance de l'esprit"），號召全球知識份子團結友愛，主張自由精神。[27]爾後，此一世界主義（cosmopolitanism）的文化想像，逐漸與列寧所提出的「國際主義」（internationalism）遙相呼應，從蘇聯的「第三國際」到日本的「普羅」陣線，勾勒出一幅串連世界各地文化人，從歐陸到東亞的「左翼國際主義」想像圖景。而此一世界文學潮流亦航行至中國，與現代文人的新中國想像連結，其影響更從政治層面至文學層面，主導了一個世代的文藝價值觀與愛好。[28]

　　《無軌列車》雖有行駛至未來世界的雄心，刊物卻很快地因被國民

25　施蟄存：〈為中國文壇擦亮「現代」的火花——答新加坡作家劉慧娟問〉，《沙上的腳跡》（瀋陽：遼寧教育出版社，1995 年），頁 179。

26　「第一次世界大戰之後，否定了十九世紀的文學，另外開闢新的路……所以左翼的蘇聯小說，也是現代派。」施蟄存：〈為中國文壇擦亮「現代」的火花——答新加坡作家劉慧娟問〉，《沙上的腳跡》，頁 180。

27　此一文章很快就有了中文翻譯，請見張崧年譯：〈精神獨立宣言〉，《新青年》第 7 卷第 1 期（1919 年 12 月），頁 30-48。

28　此一世界主義與國際主義在現代中國的流布傳衍之相關研究，學界近年來多有關注，相關學術成果可見於陳相因主編：《左翼文藝的世界主義與國際主義：跨文化實例研究》（臺北：中央研究院中國文哲研究所，2020 年）；陳相因主編：《戰爭、傳統與現代性：跨文化流派爭鳴》（臺北：中央研究院中國文哲研究所，2020 年）。

政府視為左傾遭禁。之後，同人等又另起爐灶，推出了《新文藝》，標榜要成為最新穎的中國現代文藝月刊，繼續以前衛精神及開放視野同步譯介文藝新潮，可惜仍因資金困難、稿源短缺等種種原因，於 1930 年宣告熄燈。

　　實際上，早在《現代小說》之前，葉靈鳳和潘漢年兩人在 1926 年曾創辦《幻洲》，分為專門刊登社論、政論的「十字街頭」，及刊登文學作品的「象牙之塔」兩部分。前者專門刊登嬉笑怒罵的雜文，後者則以小說為主，因風格獨特，在當時頗受年輕讀者歡迎，[29]惜於出版了 20 期後遭查禁。[30]1928 年，葉潘兩人再接再厲推出《現代小說》。創立現代書局的張靜廬（1898-1969）如是回憶，當時在上海，「……商務除曾於十二三四年（1923-1925 年）間出版過『文學研究會叢書』等外，後來很久不注重這條路線。只有一本有悠久歷史的《小說月報》，自有它廣大的讀者群。當然，這時期也同樣停止了。同時，上海方面也沒有比較像樣的文藝刊物。」「應該立刻出版一種純文藝刊物。」[31]依此可見，現代書局支持葉、潘兩人推出《現代小說》的初衷，許是想打造一本有代表性、內容豐富的純文藝刊物，且有意使之成為當時文壇的中流砥柱；而事實上《現代小說》的口碑和銷量皆不錯，甚至引起當時文壇中人仿效，紛紛推出類似的文學刊物。[32]也就是說，若將《現代小說》的前身包含進去，則《現代小說》和《無軌列車》一樣，算是此類刊物中開風氣之先者，而其受矚目的程度也並未落於下風。然從《無軌列車》、《新文藝》再到《現代》一系列展演此一文藝新潮的雜誌譜系中，與《現代》同為現代書局推出的《現代小說》，卻始終缺乏足夠的

29　可見魯迅與韋素園通信：「聞創造社中人說，《莽原》每期約可銷四十本。最風行的是《幻洲》，每期可銷六百餘。」魯迅：〈致韋素園·1927 年 1 月 26 日〉，《魯迅全集》第 11 卷（北京：人民文學出版社，1981 年），頁 527。

30　葉靈鳳：〈回憶幻洲及其他〉，收於《讀書隨筆（一）》（香港：三聯書店，2019 年），頁 110-111。

31　張靜廬：《在出版界二十年》（上海：上海書店，1989 年），頁 149、150。

32　張靜廬：《在出版界二十年》，頁 149、150。

討論，誠為憾事。[33]

　　《現代小說》創刊於 1928 年，停刊於 1930 年，近「中國左翼作家聯盟」成立時期。《現代小說》可分為前後兩個階段，前兩卷多刊登小說，注重文學創作及翻譯；第 3 卷起，隨著潘漢年自 1929 年下半年參與了「左聯」的籌建，[34] 及同時期的太陽社推出了《太陽月刊》，郭沫若也在《創造月刊》提出「革命文學」的口號，文壇政治氣氛日益高漲，為響應、因應當時文壇氣氛與需要，編輯者更多地刊登「站在馬克思主義文藝理論的立場，介紹國內和世界的一切戰鬥的文藝作品」，並提倡「普羅文學」。[35]雜誌內容的轉變，正好反映了當時現代文人既關心世界文藝潮流，又關注政治社會變革的面貌，也提供我們觀察當時文人接受左翼國際主義思潮時的偏重情況，以及後期逐漸日趨激進之歷程的最好範例。

　　翻閱《現代小說》，我們可以發現該刊名實相符，是一本主要刊登小說創作的文藝雜誌，而翻譯文學也是這份刊物的重要內容。以第 1、2 卷來說，《現代小說》每一期大約會刊登 7、8 篇小說，當中兩篇是翻譯作品。在第 3 卷改版後，雜誌份量變大，除小說外，「各國文壇消息」、「新書情報」的譯介及插畫所佔篇幅大幅增加，佔該刊三分之一

33　鄺可怡在其研究中雖然提到了葉靈鳳早期具先鋒性的文藝翻譯特色，然並未對葉靈鳳與《現代小說》及葉靈鳳本人的「現代小說」提出深入討論。請見鄺可怡：〈跨越歐亞戰爭語境的左翼國際主義：論巴比塞《火線》及葉靈鳳的中文翻譯〉，頁 211-219。

34　1929 年起，潘漢年任共產黨中央宣傳部幹事，1930 年起，還兼任文化工作委員會書記，直接參與了革命文藝運動的組織和領導工作以及「左聯」的籌建，成為三〇年代左翼文藝運動的重要組織者和領導者。請見張廣海：《政治與文學的變奏：中國左翼作家聯盟組織史考論》（香港：三聯書店，2017 年），頁 56。而在 1930 年左聯成立後，立即成立了馬克思主義文藝理論研究會，有計畫地從俄文翻譯馬克思主義文學理論，使中國左翼文學理論的介紹進入了新的階段，請見陳建華主編：《中國外國文學研究的學術歷程・第 7 卷・俄蘇文學研究的學術歷程》（重慶：重慶出版社，2016 年），頁 92-93。

35　潘漢年：〈文藝通信：普羅文學題材問題〉，《現代小說》第 3 卷第 1 期（1929 年 10 月），頁 327-332。

強，可見其對異國文藝、文壇消息的重視。同時，也有學者指出，《現代小說》身上帶有參照當時世界文藝報刊的痕跡，比方說《倫敦信使》（*The London Mercury*）；施蟄存也曾回憶，當時上海外文書店相當多，可直接訂閱、瀏覽當時歐美文藝刊物，如 *Vanity Fair*、*Harper's*、*The Dial*、*The Bookman*、*The Living Age*、*London Times*、*Lettre Francais* 和 *Le Monde* 等國外報刊，[36] 故可推想，《現代小說》中不少最新文藝情報、書訊、圖像，也應多來自上述報刊。

由此可知，《現代小說》上刊載的內容實際上與世界文學全球流動的脈絡息息相關。葉靈鳳在譯介時興世界文學潮流方面的敏銳和貢獻，也能讓我們反思，任何一種我們認為孤立的文學現象，實際上如何與一組文學作品、文藝潮流關連交錯，分享著複雜的網路，如同莫瑞提談到小說文類在各地的成形，可看成是在外來的、本地的等各種關係中不斷「協商」（compromise）的結果。[37] 然，除小說外，許多文學實踐或文藝思潮在不同文化脈絡中的落地、轉化，也無不可從此角度延伸，將之看成是在不斷對話與交涉中凝成的行動與實踐，而這也是《現代小說》值得探討的原因。

在下文中，我將集中分析《現代小說》中的文藝譯介，尤其著重刊物前後期編輯者關注方向的異同，並展開相關討論。

四、革命路上打先鋒：《現代小說》的世界文藝景觀

上文已經提及，《現代小說》延續了葉、潘兩人編輯《幻洲》時的風格，兼具唯美色彩與革命情懷。而查考前期《現代小說》，其翻譯作品面貌已經相當多元，刊有英法唯美文學家如戈蒂耶（Théophile Gautier，1811-1872）的《木乃伊戀史》（*Le roman de la momie*）、道

36　馬鳴謙：〈施蟄存外文藏書摭談（下）〉，《澎湃新聞》，參見：https://www. thepaper.cn/newsDetail_forward_9492964，瀏覽日期：2023 年 6 月 22 日。

37　Franco Moretti, "Conjectures on World Literature," *New Left Review* 1 (2000): 58.

生（Ernest Dowson，1867-1900）的《驕傲的眼睛》（*The Eyes of Pride*）、愛倫坡（Edgar Allan Poe，1809-1849）的《紅死的面具》（*The Masque of the Red Death*），還有奧地利小說家顯尼志勒的心理分析小說，也有俄國作家布寧（Ivan Bunin，1870-1953）、高爾基強調社會寫實的創作，以及日本普羅作家葉山嘉樹（1894-1945）的作品。而《現代小說》改版後，符合普羅文學精神的翻譯小說，如高爾基、巴比塞、屠格涅夫（Ivan Sergeyevich Turgenev，1818-1883）的作品則更占據版面。

以比例來說，就算在《現代小說》未轉向前，唯美、浪漫小說在其中所佔的比重並不特別多，且編輯團隊、譯者已對新俄文學特別關注；[38]轉向後，馬克思主義文學理論和作品則更成為翻譯重點，表現出編輯團隊對國際左翼主義文學思潮的全面關照。從一開始對世界各地新興文藝（包括唯美書寫、心理分析小說、左翼文學）抱持開放的心態，都當作「文學流派」來接受、關注，到更激進地倡導普羅文學運動，並且以此為指導方針，臧否人物、評價作品，《現代小說》文學譯介的面貌，的確於 1930 年前後有所轉變。

《現代小說》上所刊登的文學評介，亦體現出了刊物轉向前後殊異的風貌。在《現代小說》改版前，編譯團隊文學評介多見於編譯者在翻譯作品後所添加的評論文字，通常為對小說家文學風格及生平的介紹，帶有「純文藝」刊物的特點，比如介紹顯尼志勒的短篇小說集，推崇他修辭「精美」。[39]而轉向後的《現代小說》增加了許多欄目，包括了文學批評、文藝情報、文壇回顧等，偏重四個面向：「介紹世界新興文學及一般弱小民族的文藝」、「努力國內新興文學運動」、「扶持鼓勵國

38　總的來說，《現代小說》所刊登的翻譯小說中，從數量上來看，俄國小說有 14 篇，法國小說居次共 8 篇，美國、日本小說各 3 篇，奧國、朝鮮小說各 2 篇，西班牙、英國、德國、亞美尼亞小說各 1 篇。

39　「顯尼志勒的文章是以精美的修辭而又帶著一種淒涼的情調見稱」。請見犖：〈現代文壇：五、奧國顯尼志勒的短篇集〉，《現代小說》第 3 卷第 2 期（1929 年 11 月），頁 221。

內被壓迫的無名作家」、「介紹批評國內出版的書報」。[40]第 3 卷第 1期的《現代小說》便刊登了德國、法國、義大利、俄國、西班牙、美國、英國的文壇現況介紹，還配有圖片。日本的新興文學可說是後期《現代小說》編譯者的關注焦點之一，[41]引之為同伴者、先行者，欲向其借鑒。

　　而在作家的介紹方面，自第 3 卷第 1 期起，德國的新興作家群、美國的無名作家更引起了《現代小說》編輯群的關注。此外，法國的法朗士（Anatole France，1844-1924）、德國的雷馬克（Erich Maria Remarque，1898-1970）、霍甫特曼（Gerhart Johann Robert Hauptmann，1862-1946）、蘇聯的柴霍甫（Anton Pavlovich Chekhov，1860-1904）、西班牙的伊本納茲（Vicente Blasco Ibáñez，1867-1928），英國的蕭伯納（George Bernard Shaw，1856-1950）、挪威的哈姆生（Knut Hamsun，1859-1950）、日本的林房雄（1903-1975）與江馬修（1889-1975）等作者，都曾一一被論及。《現代小說》編輯群對當時世界各地左翼文化人提出的「反戰」思潮頗為關注，尤其重視法朗士、雷馬克等人的作品在當時引起的迴響。從此我們不但可見當時全球文化人彼此之間串連、交換文藝情報的迅速，亦可發現前文所述之世界主義文學情懷流衍至中國的樣貌。

　　《現代小說》編輯對左翼文學理論的譯介，體現出當時中國文壇對於蘇聯早期文學思想的熱衷，尤其關注各國活躍的左翼文藝理論家對相

40　編者：〈編者隨筆〉，《現代小說》第 3 卷第 1 期（1929 年 10 月），頁 2。

41　在評價沈端先（夏衍）所譯的《初春的風》一書時，《現代小說》編譯者特別強調「日本新興作家的作品雖然也不儘是成熟的，但是關於題材描寫和立場的轉變，確是值得我們借來參考的。」華：〈初春的風〉，《現代小說》第 3 卷第 2 期（1929 年 11 月），頁 210。在報導日本新興作家江馬修被捕的文章中也提到：「日本的藝運，鄰國的兄弟們的艱苦的鬥爭，是值得我們同情和敬禮的。」竹坡：〈江馬修的被捕〉，《現代小說》第 3 卷第 4 期（1930 年 1月），頁 345。小林多喜二的《蟹工船》直接暴露現實的黑暗，被評論者稱讚屬於等級最好的普羅文學，王任叔：〈小林多喜二底「蟹工船」〉，《現代小說》第 3 卷第 4 期（1930 年 1 月），頁 167。

關觀念的闡釋性著作；[42]而編譯者更對文學與社會的關係此一議題特別關注，欲以之指導中國文人的創作和批評。[43]

　　比方說，《現代小說》第 3 卷第 4 期上所刊登的易可維茨（Marc Ickowicz，？-？）《唯物史觀光下之文學》（*La Littérature à la lumière du matérialisme historique*）[44]中的部分章節，便是一個很好的例證。在

42　當時中國文壇因應國共兩黨鬥爭的政治情勢，掀起了一波革命文學熱潮，尤其關注蘇聯的「科學底文學論」，1929 年，共有一百多種社會科學譯作出版，而有翻譯年之稱。請見陳建華主編：《中國外國文學研究的學術歷程・第 7 卷・俄蘇文學研究的學術歷程》，頁 92。關於蘇聯文學對中國左翼文學之影響相關研究成果繁多，還可見於陳建華：《20 世紀中俄文學關係》（上海：學林出版社，1998 年）；汪介之：《回望與沈思：俄蘇文論在 20 世紀中國文壇》（北京：北京大學出版社，2005 年）；李今：《三四十年代蘇俄漢譯文學論》（北京：人民文學出版社，2006 年）；陳建華主編：《俄羅斯人文思想與中國》（重慶：重慶出版社，2011 年）；Mark Gamsa, *The Reading of Russian Literature in China. A Moral Example and Manual of Practice* (New York: Palgrave Macmillan, 2010)。

43　比方說波里耶思基（不詳）著，朱鏡我譯：〈文學批評底觀點〉，刊登於《現代小說》第 3 卷第 1 期（1929 年 10 月），頁 259-281。文中有言道：「藝術是生活的照相，務須表示出生活底生長，發展，病患及推進生活。」「藝術家將社會的發展個別的生活發展等的內部的彈機暴露而呈示之時，又以此去堅強其作品底總括的意義之時，方可說達到了最高的藝術性美和力。」（頁 271）這篇文章中所呈現的文學撰寫指導原則，強調的是作家必須描寫生活，並關注藝術和社會的連結，以新鮮的主意去刺激、展示現實中值得關注的面向。

44　Marc Ickowicz, *La Littérature à la lumière du matérialisme historique* (Paris: Edition Marcel Rivière, 1929)。這本書在現代中國有 3 個知名的譯本，一為樊仲雲根據日本譯者石村湧的日譯本而來的《唯物史觀的文學論》（上海：新生命書局，1930 年），還有戴望舒從法文直譯的《唯物史觀的文學論》（上海：水沫書店，1930 年）及沈起予再次翻譯的《藝術科學論》（上海：現代書局，1931 年）。而《現代小說》第 3 卷第 4 期上陸續刊出的包括了江思（戴望舒）所譯的〈文藝創作的機構〉，以及沈起予所譯的〈唯物史觀光下之文學：一、現代法國文壇上的思想的對立（譯者的序文）〉、〈唯物史觀光下之文學：二、文學上之唯物史觀的應用——小說（未完）〉、〈唯物史觀下之文學（續）〉等文章。沈起予在譯者序中說這本書：「在法國左翼文壇上」是「破天荒的一部理論書」，「站在唯物史觀的觀點上，有體系地研究文學。」強調這本書是前所未有的，並把它看成劃時代（epoch-making）的作品（頁 16-17）。關於戴望舒此書中譯的相關研究，可見鄺可怡：《黑暗中的明燈——中國現代派與歐洲

〈唯物史觀光下之文學：二、文學上之唯物史觀的應用——小說（未完）〉中，作者易可維茨強調小說「反映了我們的時代的全生活」，[45]更指出，在現代，小說家更占有一個重要的作用：「以其強力的工具來操縱公眾，以影響及公眾的情感與觀念，而在另一面，他又反映出公眾的希望及傾向來。」[46]明白表現出了他對小說在現今社會肩負的社會責任的看法——文學與藝術，不只是要重新介入社會，還必須改變社會。接著，在戴望舒翻譯的〈文藝創作的機構〉一文中，易可維茨則又強調要理解文學作品，不能忽略了作家生活的時代、社會環境，但除此之外，還要能正確理解文學家的個人心靈呈現，並指出以上幾點共同形成了文藝創作運作的機制。[47]

　　易可維茨的文學批評，關注的是文學（藝術）創作者如何建立起文藝與社會的連結；也提醒一般讀者運用此方法進行文藝賞析時應該留意的面向。[48]易可維茨的作品雖強調文藝作為反映社會、時代的工具之重要性，並提倡要以唯物史觀、社會功用的角度出發去評判文學作品的好壞優劣，然更不忘關注文藝家自身的內在氣質。儘管《現代小說》編輯者強調寫作者應首先關心文學、社會間的連結，也不忘關懷藝術家個人特色的重要性；[49]然在同時期該刊其他文章中，仍可見編輯者對文學作

　　左翼文藝》一書第一章。

45　易可維茨（Marc Ickowicz）著，沈起予譯：〈唯物史觀光下之文學：二、文學上之唯物史觀的應用——小說（未完）〉，《現代小說》第 3 卷第 4 期（1930 年 1 月），頁 19。

46　易可維茨（Marc Ickowicz）著，沈起予譯：〈唯物史觀光下之文學：二、文學上之唯物史觀的應用——小說（未完）〉，頁 28。

47　易可維茨（Marc Ickowicz）著，江思（戴望舒）譯：〈文藝創作的機構〉，《現代小說》第 3 卷第 4 期（1930 年 1 月），頁 43。

48　請參見鄺可怡：《黑暗中的明燈——中國現代派與歐洲左翼文藝》，頁 66-67。

49　戴望舒翻譯此書，意圖在於以之為戒，警醒中國文壇避免過分誇張馬克思主義理論作為文學批評標準，請見戴望舒譯：〈譯者附記〉，《唯物史觀的文學論》（上海：水沫書店，1930 年），頁 332。相關研究請見鄺可怡：《黑暗中的明燈——中國現代派與歐洲左翼文藝》，頁 68。

品中應具有社會性，並需作為階級鬥爭武器的呼聲頻頻不絕，[50]可以看出中國現代文人早期對馬克思主義文藝思潮求知若渴、多方探索的樣貌，及編輯者對於當時中國文壇運用左翼文藝理論指導現今中國現代文學發展的熱切期待。

在新興文藝思潮譯介方面，《現代小說》編譯團隊之論述卻展露更為複雜的面貌。前期《現代小說》上曾刊登具有唯美色彩的作品或心理小說，在第 3 卷第 1 期〈法國文學的新傾向〉一文中，還特別介紹了超現實主義文學作家蘇波，並稱對一切資產階級和馴服在文明之下的事物的憎惡是現時法國文壇的流行，並沒有特別對超現實主義進行批評。[51]然而到了第 3 卷第 5、6 期，在〈日本文壇雜訊：迴光反照的所謂新興藝術派〉一文中，作者卻提到在日本，普羅藝運已經壓倒一切，並宣布新興藝術派即將死滅，全面提倡普羅塔列亞的文藝大眾化精神。[52]在〈蘇聯文壇的近況〉一文中，作者也提到現在文壇已經沒有人贊成「為藝術而藝術（l'art pour l'art）」的唯美宣言，並指出「文藝應該是革命的女侍」，不只唯美文學，且連「未來主義在蘇維埃聯邦已經沒有未來了」。[53]可以看出編輯團隊愈發決絕的政治立場，以及對文藝應該且只能反映現實此一審查標準之認同。

這一點，也是《現代小說》與其他此時期的同一系列刊物（如《無軌列車》、《新文藝》）的不同之處。也就是說，在《現代小說》多元的異國文藝譯介中所體現的，不只是看來矛盾的，唯美與革命兩種文藝

---

50 如潘漢年：〈文藝通信：普羅文學題材問題〉，《現代小說》第 3 卷第 1 期（1929 年 10 月），頁 327-332。

51 馬：〈法國文學的新傾向〉，《現代小說》第 3 卷第 1 期（1929 年 10 月），頁 351。

52 竹坡：〈日本文壇雜訊：迴光反照的所謂新興藝術派〉，《現代小說》第 3 卷第 5／6 期（1930 年 2 月），頁 377。

53 Louis Fisher 著，沈浩譯：〈文藝通信——蘇聯文壇的近狀〉，《現代小說》第 3 卷第 2 期（1929 年 11 月），頁 187-191。

傾向「奇特的融合」，或「雙重的先鋒性」而已，[54]我們更可以從中發現現代中國革命文學發展的階段性和複雜性。學者指出，中國文壇對「革命文學」論述思考更為深入的時期，當為 1927-1928 年間，留日歸國的後期創造社成員借鑑舶來理論資源，帶起許多討論，也引發紛爭，從此將「革命文學」從一朦朧的想像符號，帶入大眾視野，一舉成為中國現代文學的重要口號。[55]這些作家如蔣光慈（1901-1931）、成仿吾（1897-1984）、李初梨（1900-1994）、馮乃超（1901-1983）等，在二〇年代末，廣泛接受各國左翼文藝理論家的普羅文學、無產階級文學、唯物史觀等論述，並開始以此評價文學作品，[56]《現代小說》背後映照著的，便是此時期後期創造社同人從浪漫、頹廢的文學表現轉向激進、革命的歷程，及其對「革命文學」進行思考的各種嘗試和想像。[57]換句話說，《現代小說》出現於現代文學發展一承上啟下的時刻，其內容的豐富複雜，展現了參與刊物編輯、翻譯的編譯者各異的心路歷程，更折射出在當時詭譎多變的出版環境與政治場域內活動的青年作者之多元的文藝實驗。

---

54 請見廖可怡：《黑暗中的明燈——中國現代派與歐洲左翼文藝》，頁 232-243。

55 請見馬曉璐：〈跨語境下的協商與創新：俄蘇、日本和中國對話中的「革命文學」概念〉，收於陳相因主編：《戰爭、傳統與現代性：跨文化流派爭鳴》，頁 164。

56 也有學者指出，此時期蔣光慈、成仿吾、李初梨、馮乃超等人的文學意見多大力強調文藝的階級性，並呼籲人們將文藝作品當成武器，以求改良社會。這主要受的是波格丹諾夫（Alexander Bogdanov，1873-1928）的理論影響，反映了當時中國現代文人對於建設革命文學理論基礎的熱切和探索，及正在開展中的馬克思文藝經典的系統性譯介。請見陳建華主編：《中國外國文學研究的學術歷程・第 7 卷・俄蘇文學研究的學術歷程》，頁 88-89。

57 如同馬曉璐指出的，「革命文學」是一組在俄國、日本、中國跨語際實踐下發展、形成的話語概念。革命文學一詞實際上在蘇聯並不常見，日本多以「普羅文學」稱之，而革命文學在中國雖是一個舶來的概念，然其概念意涵乃中國知識份子大量填充了自己的想像而成，比方說，當時中國現代文人多認為革命文學並非在革命後才發生，也可以誕生於革命之前，為革命發聲。請見馬曉璐：〈跨語境下的協商與創新：俄蘇、日本和中國對話中的「革命文學」概念〉，頁 163。

　　然而，葉靈鳳在《現代小說》中的異國文藝翻譯又是什麼樣貌呢？
下文將集中討論之。

五、「時代終是不容你等候的」： 葉靈鳳《現代小說》中的世界文藝譯介

　　葉靈鳳在《現代小說》中所譯介的異國文藝作品約有十餘篇，一半
以上是俄國作家作品，且是在刊物一開始推出便翻譯了的，這些作品中
有不少後來收入了他所出版的《世界短篇傑作選》，[58]包括了布寧的
〈溫雅的呼吸〉、高爾基的〈跋佐夫的哲學〉、〈我的童年〉、庫布林
（Aleksandr Ivanovich Kuprin，1870-1938）的〈象〉、〈春節〉等；此
外，他還譯有 4 篇法國作家的作品，包括了葉靈鳳在《現代小說》上連
載了 5 期的唯美文學作家戈蒂耶之《木乃伊戀史》。

　　《木乃伊戀史》是葉靈鳳在《現代小說》中刊登的最長的一篇譯
作，因此值得進一步分析，以一窺葉靈鳳此時期的翻譯特色。《木乃伊
戀史》描述歐洲貴族艾凡德王爵和羅弗歐斯博士的埃及探險。他們挖掘
出了一具女王的木乃伊，並通過翻譯棺中所藏的草紙，娓娓道出了她生
前戀愛故事。王爵對這具木乃伊一見鍾情，將之帶回了歐洲宅中，一往
情深，從此終身未娶。

　　比對葉靈鳳的翻譯和戈蒂耶的原作，我們會發現，葉靈鳳的翻譯並
不完整，他將原文譯成四部分刊登，第一、二部分是原書前言，章節分
段隨原文。儘管故事大致頭尾不差的譯出，但許多細節跳過未譯，比如
戈蒂耶對人物的長相、穿著、建築器物的外觀等較為細膩的描述，或者
有關希臘、拉丁格言、莎士比亞劇作之引文。[59]我們還可以發現，越到

58　葉靈鳳譯：《世界短篇傑作選》（上海：光華書局，1930 年）。

59　比方說原作第 35 頁，戈蒂耶描述王爵進入密室時的心情：« En y entrant,
　　l'impassible Evandable éprouva une impression singulière. Il lui sembla, d'après
　　l'expression de Shakespeare, « que la route du temps était sortie de son ornière » la

書末，葉靈鳳關於原作中器物、景觀的描述也越來越見省略。但葉靈鳳也有增補處，比方說在中文讀者可能不熟悉的人物背後加上括弧說明，如稱「摩西」是「生在埃及的基督教聖人」，法老是「埃及王」等。[60]

　　葉靈鳳的翻譯的確力求貼近原作，對於故事並無大規模的刪減或增補，且也盡力說明原作恐對中文讀者來說難以理解的脈絡，以求準確表現。只是戈蒂耶的寫作風格唯美精細，葉靈鳳翻譯時，或限於篇幅、時間，只好有所省略，偶也會有錯譯之處，但總體來說瑕不掩瑜。以葉靈鳳對俄國作家庫布林〈象〉的中文翻譯為對照，也可以發現葉靈鳳的翻譯基本上完全忠實，並沒有無謂的添加、刪減，[61]用字遣詞方面，也頗能展現此篇小說特有的童趣，可見不論譯的是法國唯美文學作品，抑或俄文小說，葉靈鳳的翻譯風格基本上相當一致。

　　葉靈鳳曾經提到他年輕時期為何如此投入翻譯：「只是憑了一股熱情，大膽的嘗試了這工作，用來填補了當時出版界的這一類空虛，同時

---

notion de la vie moderne s'effaça chez lui, il oublia et la Grand-Bretange, et son nom inscrit sur le livre d'or de la noblesse, et ses châteaux de Lincolnshire, et ses hôtels de West-End, et Hyde-Park, et Piccadilly, et les drawing rooms de la reine, et le club des Yachets, et tous ce qui constituait son existence anglaise. Une main invisible avait retourné le sablier de l'éternité, et les siècles, tombés grain à grain comme de heures dans la solitude et la nuit, recommençaient leur chute.» Théophile Gautier, *Le roman de la momie* (Paris : L. Hachette, 1858), 35。「他們這樣向密室前進著的時候，一陣古怪的情感襲上了愛凡德王爵的身上，近代生活與其他與他有關的一切，都似乎離開他了，超出了他的視覺，思想和觸覺之外。」葉刪去了戈蒂耶引用莎士比亞的話語。請見葉靈鳳：〈木乃伊戀史（未完）〉，《現代小說》第 2 卷第 1 期（1929 年 2 月），頁 125。英文版與法文版同。請見 Théophile Gautier, *The Romance of a Mummy*, trans F. C. de Sumichrast (Cambridge: University Press, 1901), 42。

60　請見葉靈鳳：〈木乃伊戀史（未完）〉，頁 125。

61　根據筆者考察，庫布林在葉靈鳳翻譯此作之前的英文譯本只有 Alexander Kuprin, Stephen Graham, Rosa Savary Graham trans., *A Slav Soul and Other Stories* (London: Constable & Co., 1916). See Christina Thompson, "Kuprin in English: A Bibliography of Works by and about Him," *Russian Language Journal*, Vol. 30, No. 105 (Winter 1976): 99-108. 而以此英文本與葉靈鳳的中文翻譯對照，可以發現兩者差別不大，可推斷此文即葉靈鳳翻譯的底本。

也暫時滿足了我自己以及當時同我自己一樣的許多文藝青年對蘇聯文藝的飢渴。」[62]此一翻譯觀——將當時一般人不熟悉的新鮮文學作品介紹給讀者——的確很好地通過他精確的翻譯策略，體現在以上的翻譯實踐中。

　　小說外，葉靈鳳也在《現代小說》上刊登異國文學評介，在〈現代文藝名著介紹：辛克萊的「油」〉一文中，他說：「環顧現代世界聞名的幾位帶著一點反抗精神的作家，蘇聯的除外，德國的 Wassermann，法國的 Romain Rolland，和 Barbusse，英國的 Galsworthy，雖然肯說幾句一般作家所不肯說的話，寫幾段一般作家所不屑的事實，但是終脫不了他們的『文明氣』。」[63]他推崇有美國「社會醜事揭發派」（muckraker）之稱，小說多以揭發社會黑幕、不公義現象的小說家辛克萊（Upton Sinclair Jr，1878-1968）最能暴露現實，展現批判精神。[64]從葉靈鳳對辛克萊的評語，可以看出他頗認同文學作品應具有反映現實的功能。並且，對亦關注支持人道主義與正義、關注戰爭與人類處境的歐洲反戰作家如羅曼·羅蘭、法朗士等人的葉靈鳳來說，[65]美國作家辛克萊揭露社會黑暗面的作品似乎更能直接反映底層人民實際的生活困

62　葉靈鳳：〈《新俄短篇小說集》〉，收於《讀書隨筆（二）》，頁 10。
63　葉靈鳳：〈現代文藝名著介紹：辛克萊的「油」〉，《現代小說》第 3 卷第 1 期（1929 年 10 月），頁 317。
64　事實上，《現代小說》第 3 卷第 1 期（1929 年 10 月）上還刊登了與辛克萊作品相關的文章，包括了葉靈鳳以筆名佐木華發表的〈波士頓之行——關於「油」的被禁〉，並不只此一處。
65　葉靈鳳在《現代小說》第 1 卷第 2 期上刊出了他譯的法朗士〈露瑞夫人〉，還寫過〈法朗士誕生百年紀念〉文章紀念法朗士（《華僑日報·文藝週刊》，1944 年 4 月 16 日）。葉靈鳳自稱曾嗜讀法朗士的作品：「有一時期，我頗愛讀阿拉托爾·法朗士的小說。我盡可能的蒐集所能買到的他的小說，貪婪的一本一本讀下去。」葉靈鳳：〈法朗士的小說〉，《讀書隨筆（一）》，頁 43。葉靈鳳也喜讀羅曼·羅蘭的作品，稱他作品不朽，本人更是「人生的戰士，正義與和平的戰士」。葉靈鳳：〈羅曼羅蘭的傑作〉，《霜紅室隨筆》，收於《讀書隨筆（二）》，頁 189。羅曼·羅蘭過世，葉靈鳳亦有文章悼念。請見靈鳳（葉靈鳳）：〈悼羅曼羅蘭〉，《大眾週報》第 2 卷第 5 號（1943 年 10 月 30 日）。

境，且具有新聞報導性質，更為新鮮，可以看出葉靈鳳對於當時世界文
壇新銳作家的偏愛。

　　除異國文藝思潮、作品外，葉靈鳳《現代小說》中的視覺圖像譯
介，也值得一談。葉靈鳳早年特別喜歡比亞茲萊，所繪插圖也因具有比
亞茲萊風格，而有「中國的比亞茲萊」之稱。[66]《現代小說》的裝幀與
圖像編排同具唯美、前衛風格，在前兩卷中，葉靈鳳為小說創作的插畫
便相當有特色，比方說為潘漢年小說〈情人〉，及為自創小說〈浴〉所
繪的刊頭插圖等，以黑白構圖，色塊對比呈現質樸、凝重感，又不失線
條美。[67]轉向後《現代小說》中的圖像表現更為多樣，作家相片外，[68]
還多了具普羅色彩圖片的版面，包括日本普羅美展的圖片、抗爭活動的
照片、日本普羅文藝中心人物柳瀨正夢（1900-1945）的漫畫等等，自
然也包括了木刻版畫。

　　受當時不少進步青年喜愛的木刻版畫是葉靈鳳最感興趣的藝術形式
之一。[69]葉靈鳳曾在《現代小說》第 3 卷第 2 期上刊出美國木刻畫家米

66　請見葉靈鳳：〈比亞斯萊的畫〉，《讀書隨筆（二）》，頁 291。 葉靈鳳還曾
　　被魯迅譏為「生吞琵亞詞侶，活剝蓊谷虹兒」。請見魯迅：〈《奔流》編校後
　　記〉，《魯迅全集》第 7 卷（北京：人民文學出版社，1981 年），頁 160。

67　潘漢年：〈情人〉，《現代小說》第 1 卷第 2 期（1928 年 2 月），頁 15。葉靈
　　鳳：〈浴〉，《現代小說》第 1 卷第 2 期（1928 年 2 月），頁 68。

68　介紹凡爾哈倫（Émile Verhaeren，1855-1919）小說集《善終旅店》（*The Good
　　Death Inn*）時，內文所用的作家插圖，便是葉靈鳳從麥綏萊勒為該書所繪的插
　　圖中選出。見葉靈鳳：〈新書一瞥〉，《現代小說》第 3 卷第 2 期（1929 年
　　11 月），頁 209。事實上早於 1928 年，葉靈鳳便開始關心麥綏萊勒，他翻譯過
　　羅曼‧羅蘭的小說《白利與露西》（*Pierre et Luce*），內有麥綏萊勒繪製的插
　　圖。葉靈鳳關注西方木刻畫的時間點應至少並不晚於魯迅。羅曼‧羅蘭著，葉
　　靈鳳譯：《白利與露西》（上海：現代書局，1928 年）。

69　事實上，識者多會指出，1929-1930 年間，魯迅已經多方面提倡木刻畫，認為木
　　刻畫本就是一種大眾美術形式，製作簡易，能充分地表現現實生活，又具有很
　　強的感染力，這是正適合現代中國的一種藝術。1931 年 8 月，魯迅在上海舉辦
　　了木刻講習會，更被視為是中國現代木刻藝術的開端。不過，葉靈鳳在版畫於
　　中國的譯介、流行方面，也有相當大的貢獻，比方 1933 年，良友書局出版了麥
　　綏萊勒的連環木刻《一個人的受難》、《光明的追求》、《我的懺悔》和《沒

勒（Benjamin Miller，1877-1964）的版畫 6 幅；在第 3 卷第 3 期上則刊
出了美國反法西斯、左翼畫家肯特（Rockwell Kent，1882-1971）的版
畫兩幅，更宣告將在第 4 卷刊登更多木刻作品。[70]在《現代小說》中亦
不乏將中國現代作家的畫像以木刻方式呈現者。[71]同上文所述，從比亞
茲萊到線條硬朗的木刻畫，如同《現代小說》文學上的雙重面貌，葉靈
鳳的視覺圖像譯介也展現著對各式前衛藝術的關懷。[72]而葉靈鳳自己創
作的插畫，融合了比亞茲萊夢幻的構圖，蔣谷虹兒幽深細膩的線條，以
黑白對比堆疊色塊、線條，呈現出質樸、凝重感，也可見木刻版畫的痕
跡（請見圖一）。魯迅曾如此評價葉靈鳳的插畫：「有一個時期他也畫
過普羅列塔利亞，不過所畫的工人也還是斜視眼，伸著特別大的拳頭。
但我以為畫普羅列塔利亞應該是寫實的，照工人原來的面貌，并不須畫
得拳頭比腦袋還要大。」[73]實際上魯迅所謂的不和諧，正可能是葉靈鳳
此時期多元文藝興趣的反映及嘗試。

　　另外，前人在談到創造社後期的刊物如《洪水》時，提到編者、作
者及插畫家（葉靈鳳）在文藝的創造或譯介的品味上，既追求藝術上的

有字的故事》，便是由於葉靈鳳的推薦。葉靈鳳與木刻版畫的關係，最近也為
研究者所關注。請見賴榮幸：〈被遺忘的版畫引路人——葉靈鳳與 1930 年代的
新興版畫運動〉，《美術學報》2016 年第 5 期（2016年），頁 83-92。Paul
Bevan, *"Intoxicating Shanghai"–An Urban Montage: Art and Literature in Pictorial
Magazines during Shanghai's Jazz Age* (Leiden and Boston: Brill, 2020), 69-81, 151-
166。葉靈鳳自己的回憶可見於葉靈鳳：〈獻給魯迅先生〉，頁 1164-1166。

70 學者認為，葉靈鳳早年關注美國木刻版畫的來源主要應該是美國雜誌 *New
Masses*。Rockwell Kent 則是當時出名的左派畫家，有時作品也可見於 *Vanity
Fair*，應也是葉靈鳳引用 Kent 畫作的資料來源。請見 Paul Bevan, *"Intoxicating
Shanghai"–An Urban Montage: Art and Literature in Pictorial Magazines during
Shanghai's Jazz Age,* 161.

71 《現代小說》中所刊的中國現代作家圖片多是以黑白兩色類版畫的形式繪出，
比方說第 3 卷第 2 期中所收的「白薇」畫像。

72 相關研究可參見金筱凡：《外來藝術與書刊插圖設計——以葉靈鳳的藝術創作
為例》（臺南：國立成功大學藝術研究所碩士論文，2017 年）。

73 魯迅：〈上海文藝之一瞥〉，最初發表於 1931 年 7 月 27 日和 8 月 3 日上海
《文藝新聞》第 20 期和第 21 期。

先鋒色彩，如比亞茲萊的畫，但又同時具有政治意識形態上的激情，如
對未來主義、共產主義插圖的喜愛。以上兩種藝術喜好乍看下截然不
同，但實際上都為一種對國家形式化工程的「內在驅力」所驅動，「翻
譯」著當時中國人面對「現代」的感受，展現了中國文藝人士對「現
代」的獨特想像與實踐。[74]延伸此一觀點，我們也可以說，葉靈鳳欣賞
文藝，亦為其一心求「新」所驅動，有一己之見，政治實踐、意識形態
的正確與否並非其唯一考量。

　　前文已述，早期的葉靈鳳翻譯新俄文學的動機，乃源於一股對稀
有、新進文藝的熱情。[75]在《新俄短篇小說集》的翻譯前言中，葉靈鳳
這樣說：

> 是的，在後的將要在前，老的以前的黃金時代雖值得使人追
> 憶，新進的粗淺的未成熟的雖不能止住你的鄙視，但好的終是
> 已經老了的，終是過去的陳蹟，新的雖未完美，但她終是時代
> 的驕子，終是眼前與未來的時代的主人。……於蘇維埃聯邦的
> 新文藝是這樣，於我們文壇上這新進的文藝也是這樣。……我
> 怕我們此刻不僅產不出革命的文學，恐怕張開眼來，可憐的我
> 們是看不見革命，也看不見文學。但是，時代終是不容你等候
> 的。Right or Left，這要看你自己的定奪。[76]

而在談到比亞茲萊時，葉靈鳳提到他屬於英國的 19 世紀末的文藝圈，
卻不談論這群英法唯美詩人對庸俗現代社會的反思，反而特別推崇他們
作品中的世紀末意義，即「告別了舊時代」、象徵了「新時代的開

74　劉紀蕙：《心的變異：現代性的精神形式》（臺北：麥田出版社，2004 年），
　　頁 159-200。
75　同註 62。我們可以假設，若是「許多」文藝青年都有這個熱情，那麼這也反映
　　出了當時的確有一個喜愛新俄文學的群體和市場，保障了翻譯這類文藝作品的
　　銷路。
76　葉靈鳳：〈新俄的短篇小說〉，葉靈鳳譯：《新俄短篇小說集》（上海：光華
　　書局，1928 年），頁 1-2、13-14。

始」；[77]在談到蔣光慈的小說時，稱他的作品象徵了當時年輕人少年漂泊者的精神，[78]強調的都是當時「年輕」讀者對「新鮮」、「解放」的渴望心理，而這種心理和葉靈鳳自己無疑也是接近的。也就是說，葉靈鳳在《現代小說》中並陳看似矛盾的唯美翻譯小說與左翼文學思潮，乃至於視覺圖像，皆根基於他對「新」文藝的憧憬，而他的譯介實踐也表現了此點。

若參酌黑威特（Andrew Hewitt，？-）的論點，[79]進一步分析葉靈鳳《現代小說》時期的異國文藝譯介，則可以發現，此時期葉靈鳳的文藝實踐，相當好地展現出了當時青年試圖將人生美學化或政治化，尋找「革新」的心理願望。因此，不論唯美世紀末、性心理描寫、左翼先鋒，以及當時青年人因想「衝破一切」而偏愛的革命小說，其文藝愛好看似紛雜，其實都屬於趨「新」的一種；而購買、閱讀比亞茲萊插畫，或木刻版畫作品，也同屬於對「新」的消費，進而得以建立起自我認同和想像，完成一種自我實踐。而這譯西書以異一國之文學的想像，承襲的可說是晚清以來中國譯者、讀者之共同渴望，其中體現的多少還是當時中國文人「實不過想借 decadent，來表現他的反抗時代的精神」[80]的思想傾向，以及成為「時代驕子」的心理願望。

而葉靈鳳不但編輯，還是《現代小說》的創作主力，為《現代小說》貢獻了 17 篇小說，此時期葉靈鳳的小說創作面貌如何？下文將繼續進行分析。

77　葉靈鳳：〈比亞斯萊的畫〉，收於《讀書隨筆（二）》，頁 292。

78　葉靈鳳：〈從一幅畫像想起的事〉，收於《讀書隨筆（三）》，頁 44-45。

79　在此書中，作者研究了歐洲法西斯政權出於政治目的挪用和操縱現代主義美學的方式，尤其是前衛運動和藝術表現如何被吸收轉化，以服務其意識形態，揭示了前衛藝術、文化和政治權力追求之間共享的驅動力，及錯綜複雜的關連。Andrew Hewitt, *Fascist Modernism: Aesthetics, Politics, and the Avant-Garde* (California: Stanford University Press, 1993). 相關研究還可見於劉紀蕙：《心的變異：現代性的精神形式》，頁 159-200。

80　鶴逸：〈〈一條狗〉附記〉，《晨報副刊》，1925 年 9 月 17 日。

六、談場「新」戀愛：葉靈鳳《現代小說》中的「現代小說」

　　上文提及，翻閱前期的《現代小說》，我們可以發現編輯團隊表現出對各種新鮮文學潮流的關注，而葉靈鳳此時在《現代小說》上所刊登的小說創作，也呈現出上述多元的特色（請見表二）。其中，既有浪漫唯美的創作，包含了〈鳩綠媚〉、〈落雁〉和〈摩伽的試探〉這三篇著重刻畫人物心理，描寫穿梭古今時空的愛情故事；也包括了像〈浴〉這樣著意書寫女體，格調一般的作品；在《現代小說》轉向前後，葉靈鳳接著發表了〈神蹟〉、〈紅的天使〉、〈窮愁的自傳〉、〈梁實秋〉、〈太陽夜記：為新興階級的孩子們而寫〉這樣帶有革命意識的創作，而前兩篇以革命青年犧牲戀愛為主要情節，頗讓人想起一度流行文壇的「革命加戀愛」小說。[81]儘管此時期葉靈鳳小說創作的主題、風格大不相同，然整體來說，兩性戀愛仍是貫串葉靈鳳作品一貫的主題。

　　此時葉靈鳳的作品雖然多以戀愛（多為三角戀愛、不倫之戀）為主題，有的篇章描寫女體有些煽情、聳動，被評為帶有「才子流氓氣」、思想上「空幻神秘、偏狹黯淡」，[82]但他善於刻畫「戀愛心理」，重視情節，文字瑰麗，[83]風格可謂獨特。

　　而葉靈鳳在《現代小說》上刊登的唯美故事中，有一篇在敘事、情節及小說氣氛的營造上，可看到同時期由葉靈鳳翻譯，在《現代小說》上刊登的戈蒂耶〈木乃伊戀史〉的影子，即為〈鳩綠媚〉。

　　〈鳩綠媚〉主人公春野的朋友自巴黎帶回了一個來自博物館的頭骨仿品送給他。該頭骨藏在巴黎的博物館，原屬一遠古時代波斯國的公主。收到頭骨複製品的當晚，春野便夢回遙遠的異國古代，與該公主經

81　前人研究已經指出，葉靈鳳此時期的小說可謂是「革命加戀愛」小說的「上海變奏」，請見劉劍梅著，郭冰茹譯：《革命與情愛：二十世紀中國小說史中的女性身體與主題重述》（臺北：釀出版，2014 年），頁 239-245。

82　楊義：《中國現代小說史（第一冊）》（北京：人民文學出版社，2011 年），頁 657。

83　楊義：〈葉靈鳳和他的浪漫抒情小說〉，收於《葉靈鳳卷》，頁 316-323。

歷了一場禁忌的異族師生戀，該戀愛以悲劇收場，醒來的春野有如自己真正與頭骨主人談了一場戀愛一般，久久難以釋懷。

〈鳩綠媚〉與《木乃伊戀史》的開頭頗為類似，都是由回溯的方式展開情節；小說都涉及公主和異族禁忌之戀，且發生在古代宮廷，整體瀰漫著神秘、哀傷、唯美的氛圍。葉靈鳳在〈鳩綠媚〉中也如戈蒂耶在《木乃伊戀史》中描繪女王的木乃伊那般（卻沒有那麼精細華美）描述了公主頭骨的形狀：「經了時代剝削的灰黃的斑紋，幾點破碎的小孔，都極天然。」「他望著這裂痕縱橫的腦殼，這額下慘黑的兩個圓洞，陷下去的鼻孔，和這崢嶸的牙床，……他運用著自己純熟的想像，他彷彿覺得這當前的已經是一個多情的美麗的公主了。」[84]葉靈鳳在小說中刻畫主角對屍體、頭骨的迷戀，與《木乃伊戀史》主人公的戀屍可說是不遑多讓。不過，〈鳩綠媚〉主角春野並不像《木乃伊戀史》中的王爵，僅僅是對帶回莊園的木乃伊著了魔，春野甚至夢回波斯，在夢中與公主鳩綠媚兩情繾綣，醒來後進而懷疑自己乃是鳩綠媚戀人白靈斯的後身。

前人研究已經指出，19世紀末的唯美作家如戈蒂耶，特別喜歡描寫時間或空間上的遙遠或奇異之事，甚至喜愛歌頌「古代」的文藝思潮，對古典時代各種「緬懷」，如貝爾維達（Gene H. Bell-Villada，1941-）所言，目的在於反抗現實，抵抗現代社會對純文藝、詩歌的壓迫。[85]此外，通過描寫遙遠異時空的禁忌之戀，或者刻畫異教徒的愛情，其目標不外乎為衝撞當時的中產社會主流、保守的價值觀。實則，在這篇戈蒂耶小說中，亦可見到他通過描寫古遠神秘的時代、描摹其中唯美的場景，寄託自己對近代文明的喟嘆。他更通過小說人物之口，這樣評論近代文明：「與古埃及人比較下，我們才是真的野蠻人，為一種粗魯的生活所把持，對於死的尊嚴和美麗毫沒有一點優美的感覺。」「或者，我們今日的文明不過是一種衰落。我們僅是可笑的誇耀著近日

84　葉靈鳳：〈鳩綠媚〉，《現代小說》第1卷第2期（1928年2月），頁93。

85　維拉達（Gene H. Bell-Villada）著，陳大道譯：《唯美主義二百年：為藝術而藝術與文學生命》（臺北：Portico出版社，2006年），頁235。

的一些新發明，一點不去想到古埃及的那種龐大的光華，我們雖然發明了蒸氣，但是這種較之埃及人建金字塔，將整個山岩掘空，將石山雕成斯芬克斯和石柱，能防禦脆弱的屍身避免時間的摧殘，比起來實在渺小得很。這班人都有遠大的眼光，而且能在生活上和藝術上將他們表現出來。」[86]由此可見，戈蒂耶描繪古遠的埃及，是通過召喚過去、書寫古代想像，以寄託理想，從而抒發自己在所身處的「現代」的種種省思，進而在與異國他者的對望中回望自身，思索自我與世界形象的方式。[87]

　　然而，葉靈鳳的〈鳩綠媚〉故事，發生在遙遠的古代，背景則是相當異國情調的「波斯」，小說主人公春野並不像戈蒂耶小說主角對女王木乃伊魂牽夢縈、珍之重之，寸步不離，他手中的頭骨不過是複製品，最終還落在地上，成了碎片。又比如在另一篇〈摩伽的試探〉中，葉靈鳳刻畫在不知名的遼遠時代，修道七年的僧人，難逃心魔情慾糾纏，雖拼命抵抗，最終仍是無力招架，徹底淪陷，甚至引刀自宮。在葉靈鳳小說中，古代彷彿夢魘般令人不安，然現代對於主人公來說，卻似乎總象徵試探與沈溺，而最終結局總是以殘敗、破碎收場。

　　在葉靈鳳此時期刊於《現代小說》的作品中，〈落雁〉意味深長，亦值得咀嚼。小說中那彷彿從古代穿越到摩登上海的美女落雁，被葉靈鳳描寫得鬼氣森森；而她那傳統名士般，能吟詩作對的「父親」，竟是專找年輕男子下手的怪物。這個脫胎自傳統志怪，《聊齋誌異》式的現代鬼話，嫁接了葉靈鳳喜愛的西歐唯美古異故事元素，成為葉靈鳳另一篇得意的現代小說。

　　小說首先是這樣開頭的，一名在都會生活裡感到寂寞無聊的詩人「我」來到電影院，打算看場「茶花女」排遣寂寞，小說這樣描述電影

---

86 請見葉靈鳳：〈木乃伊戀史（一續）〉，《現代小說》第 2 卷第 2 期（1929 年 3 月），頁 150-151。

87 筆者在以前一篇分析林微音翻譯戈蒂耶《馬斑小姐》（*Mademoiselle de Maupin*）的論文中亦曾討論類似的議題。請見陳碩文：〈「演繹／譯」唯美：論林微音之譯作《馬斑小姐》與創作《花廳夫人》〉，《編譯論叢》第 5 卷第 2 期（2012 年 9 月），頁 61-81。

院：「很像一座近代建築的祭堂或僧院。」[88]

　　落雁登場，她乘著一輛彷彿來自過去的馬車，出現「在物質文明極端侵略之下的上海，馬車的地位是完全給摩托車攘奪去了」。[89]葉靈鳳如是略微花費筆墨書寫有如古典象徵的馬車外觀：「馬車裝修得很精緻。黃色的車身，鬆漆得像蠟一樣的有要熔去了的光潤，灰綠色的窗幔在擦得瑩潔的玻璃裡面深深的垂著，車上零星的裝飾，到處都是擦得耀人眼睛的白銅，車夫莊嚴的黑色的制服，從種種上面一望就知道這決不是沿路兜攬生意的街車，這正是那一家故家的私車。」[90]落雁從車上下來，自稱來自滿人家庭，謙稱對新文學一無所知。有了幽靜的古典美人作伴，銀幕上的西方美人成了「眼睛上浮著的一些景象」。[91]電影結束後，落雁熱情邀請「我」到家中和曾在前朝為官的父親一敘。兩人遂來到她以中西參半風格裝飾的家中拜訪，三人吟詠陸游（1125-1210）的詩歌，從「此身合是詩人未？細雨騎驢入劍門」，吟到「王師北定中原日，家祭無忘告乃翁」。然而這美好而懷舊的相聚並沒有維繫太久，「我」便在落雁冒險提醒自己已落入圈套中時悚然逃去。

　　葉靈鳳曾這樣回憶〈摩伽的試探〉、〈落雁〉、〈鳩綠媚〉：「這三篇，都是以異怪反常，不科學的事作題材──頗類於近日流行的以歷史或舊小說中的人物來重行描寫的小說──但是卻加以現代背景的交織，使它發生精神綜錯的效果，這是我覺得很可以自滿的一點。這幾篇小說，除了它的修辭的精煉、場面的美麗之外，僅是這一類的故事和這一種手法的運用，我覺得已經是值得向讀者推薦。」[92]從葉靈鳳的夫子自道中，可以看出葉靈鳳此時有意識地在嘗試引用心理分析元素，重新訴說發生在其他時空的故事，並且著重小說人物與現代背景的關係。他

88　葉靈鳳：〈落雁〉，《現代小說》第2卷第4期（1929年5月），頁2。
89　葉靈鳳：〈落雁〉，頁2。
90　葉靈鳳：〈落雁〉，頁3。
91　葉靈鳳：〈落雁〉，頁7。
92　請見葉靈鳳：《靈鳳小說集・前記》，《靈鳳小說集》（上海：現代書局，1934年），無頁碼。

的唯美書寫不總是像西方唯美作家那樣體現世紀末的哀傷與消頹，書寫古遠，展現對現代的批判。在葉靈鳳以新手法書寫懷舊的唯美小說中，過去，似乎並不美好。不論是博物館中陳列的老舊過往，異域荒郊的修道場，電影院、古宅、已然消逝的前朝，都有如「異質空間」（Heterotopia），[93]漂浮在新舊中外之間，對小說主人公來說猶如夢境、鬼域；而即便是「現代」都市，也總令現代人恐懼即將被生吞活剝，因而懷著極大的畏懼意欲逃之大吉。也就是說，葉靈鳳小說中的異質時空背景，彷彿脫離主流現實軌道的列車，展現著現代人面對都市生活的陌生和彆扭，體現出一定程度的現代性意義。

　　葉靈鳳在《現代小說》中所發表的這幾篇現代古事小說，主人公身影雖帶有傳奇色彩，小說背景的設定卻又並不十分寫實，相較於施蟄存一樣以心理分析概念寫古事的作品，葉靈鳳的小說引起的迴響卻相對小，可能原因，如同陳子善曾指出，當時便曾有《現代》讀者投書，稱道施蟄存：「《將軍底頭》之所以能成為純粹的古事小說，完全是在不把它的人物來現在化：他們意識裡沒有現代人所有的思想，他們嘴裡沒有現代人所有的言語，縱然作者自己的觀察和手法卻都是現代的。」[94]很可以和葉靈鳳的作品對照。葉靈鳳的小說雖意圖在小說中呈現現代人精神的錯綜，但他的小說時空背景更不現實，小說主角也並不完全是過去時代的人物，是故他欲傳遞的藝術效果較難使讀者馬上掌握，容易給人他的創作並未完成的印象，即便如此，葉靈鳳這類小說中仍令人難以忽視的，沾染著現代主義氣息。

　　而在《現代小說》後期，葉靈鳳也陸續發表了帶有革命傾向的作品。〈神蹟〉、〈紅的天使〉等篇，描述的都是革命青年如何投入社會改革。前者刻畫了以美貌欺敵，最後從天空灑下傳單的勇敢城市進步女

93　Michel Foucault, "Of Other Spaces," trans. Jay Miskowiec, *Diacritics* 16 no.1 (Spring 1986): 22-27.

94　陳子善：〈關於施蟄存的「古事小說」〉，《書城》2017 年 10 月號（2017 年），頁 60。

性，她以一種表演式的英雄浪漫舉動帶來了小說結尾處令讀者難忘的高潮結局；後者則講的是青春女性因為羨慕、嫉妒姊姊和進步青年姊夫的婚姻，她玩弄手段，利用兩人對情慾的迷惘，拆散良緣，並害姊夫被捕，又因後悔自尋死路的故事。[95]

然當時的左翼文藝陣營卻如此評價葉靈鳳的革命文學創作——馮乃超認為葉靈鳳的〈神蹟〉所描繪的是「嬌美的小資產階級的英雄」，[96]描述的不是革命艱苦、實際的那一面，還指出作者的作品有俄國的馬拉殊金（Sergei Malashkin，1888-1906）的傾向，期許作者依其靈敏的才智，可以找到未來的方向。馬拉殊金，又譯為瑪拉式庚、馬拉什金，魯迅曾經翻譯過他的小說。馬拉殊金 1926 年發表的《月亮從右邊出來》（*Moon on the Right Side, or Unusual Love*），描述一個少女在革命中墮落的故事，曾引起激烈的爭論。此處馮乃超當是認為葉靈鳳描寫女性戀愛與革命的故事風格與此作類似，故並不認同。周毓英（1900-1945）則認為這篇小說的描寫特色僅有集團而無主義，沒有靈魂，潘漢年則指出，葉靈鳳這篇作品或許錯把小資產階級的浪漫英雄主義當成了偉大的革命行動，但並不至於沒有靈魂。[97]從馮、周兩人的評價可以看出，當時部分左翼文藝陣營強調的是現實的追求，以及文學階級性的思考，展現出當時文人在從提倡革命文學，到大力提倡普羅文學的過渡時期，對何為好的「革命文學」的思考，及對「革命文學」概念論述的回應。這樣的思考，還體現在《現代小說》改版後，一度出現的「新書一瞥」欄目中。[98]

---

95 葉靈鳳的〈紅的天使〉在《現代小說》從第 2 卷第 1 期（1929 年 2 月）連載到第 2 卷第 6 期（1929 年 7 月）；〈神蹟〉則刊於《現代小說》第 3 卷第 1 期（1929 年 10 月），頁 127-146。

96 馮乃超：〈本誌作品批評〉，《現代小說》第 3 卷第 4 期（1930 年 1 月），頁 190-191。

97 潘漢年：〈內奸與周毓英〉，《現代小說》第 3 卷第 4 期（1930 年 1 月），頁 337-338。

98 在《現代小說》編輯者所選刊的中國文壇新作評點中，值得注意的是對茅盾的

　　其實，不只不受當時左翼文學評論者的重視，現今學者也直指葉靈
鳳這些所謂的革命文學之作，僅僅複製了當時暢銷的革命加戀愛小說公
式，不帶有批判社會的功能，純粹以新元素包裹舊的戀愛敘事，以討好
讀者、跟隨時尚。[99]但若把這時期葉靈鳳的上述書寫革命的作品放回其
創作脈絡來理解，則可以發現此類作品和葉靈鳳此時期《現代小說》中
的戀愛傳奇分享著同樣的軌跡，即葉靈鳳將自己汲取的新鮮、異國文藝
潮流，帶入他的小說創作中，並用以刻畫他一向（或此時期）最關心的
議題：兩性戀愛。[100]

　　也就是說，比起討論葉靈鳳此時期的作品如何從唯美轉向了革命，
象徵了文藝青年的覺醒；或探討他自覺地對藝術、政治上的雙重先鋒性
有所體現、追求、實踐，或許都不如說葉靈鳳是一個不斷在文學創作上
「追新求異」的文藝青年，更接近原貌。他書寫革命，如同描繪唯美愛
情，乃因他在意的無非只有「新」，不論是形式上的，或者是主題呈現
上的。

　　比方說，在談到何謂現代短篇小說最理想的樣貌時，葉靈鳳曾稱道

《野薔薇》與葉紹鈞的《倪煥之》這兩部現代文學名作的分析。《野薔薇》被
評論為「不健全」、「很平淡」，也沒有新技巧，請見克：〈新書一瞥〉，
《現代小說》第 3 卷第 1 期（1929 年 10 月），頁 334；而《倪煥之》這部二〇
年代末中國現代文壇重要的長篇小說，雖旨在揭發教育界的現實，也沒有得到
好評，評論者說這是「小布爾喬亞文戰營壘中的一幕悲劇」。請見華：〈新書
一瞥〉，《現代小說》第 3 卷第 3 期（1929 年 12 月），頁 173。此時期他們推
崇的文學作品，誠如在第 3 卷第 1 期，潘漢年在其所發表的〈普羅文學題材問
題〉一文中所指出，得為「普羅文學」，「反抗壓迫階級的兇殘，暴露資產階
級與封建地主階級的醜惡，反對帝國主義的陰謀侵略。」要以「普羅列塔利亞
（proletarian）的觀點觀察事物，筆之於書。」潘漢年：〈文藝通信：普羅文學
題材問題〉，《現代小說》第 3 卷第 1 期（1929 年 10 月），頁 330、331。

99 如同劉劍梅的觀察，葉靈鳳無疑是一個懂得讀者需要，能在雅俗市場間穿梭的
　作者。請見劉劍梅著，郭冰茹譯：《革命與情愛：二十世紀中國小說史中的女
　性身體與主題重述》，頁 239。

100 事實上，考察此時期葉靈鳳的個人生活，當時葉靈鳳正經歷一段苦戀，或許此
　段經歷對他的創作主題產生了很大的影響。柳蘇（羅孚）：〈鳳兮鳳兮葉靈
　鳳〉，頁 22-28。

沙洛揚：「用著奔放的筆調，將自己的生活經驗，將自己的想像，人物，故事，和他自己都融合為一的寫著」，他認為，「現代短篇小說，已經不需要一個完美的故事，一個有首有尾的結構。而是立腳於現實的基礎上，抓住人生的一個斷片，革命也好，戀愛也好，爽快的一刀切下去，將所要顯示的清晰的顯示出來。」[101]他也曾經推崇法國作家保羅‧穆杭談短篇小說的觀點：「原來短篇小說是一種從現實世界迅速地切下來的一個剖面；它不能把一個人從出世的時候敘起，從根本上來說明，再陪著他到生長的時代；對於人，它只是一個特性或者一個情勢的全力化為行動的最後那一分鐘，變而顯出流動的性質 ……」[102]比方如葉靈鳳的〈神蹟〉，以「霧，霧，潮濕的灰白色的濃密的霧。稀有的霧氣包圍了全上海；這一天早上，上海市的一切便在這一面灰白模糊的屍衣包圍之下顫動著」開頭，[103]通過一天內發生的一個事件之描寫，刻畫小說主人公寧娜和同志的地下運動，書寫革命題材，可以看作是葉靈鳳此一文學理念的反射。他還這樣評價中國短篇小說：「『短篇小說』在中國文壇上已成為一個落伍的名詞，……，但目前在這名詞之下的中國創作，已經變成一些千篇一律的刻板文字，不僅沒有『藝術』，而且早已不是『小說』。所描寫的雖是『現實』，但實際早已與人生游離，成為『超現實』，都是一些捏造的公式化的故事而已。」[104]從中，我們可以看出葉靈鳳對何為現代小說創作實有一己之體會——革命也好，戀愛也好——現代小說的重點當為以片段文字展現何為「現代」本質——「新的感受和思考方式」——的藝術呈現；[105]而文學心靈的投射，以及文學

---

101 葉靈鳳：〈談現代的短篇小說〉，《六藝》第 1 卷第 3 期（1936 年 4 月），頁 37。

102 葉靈鳳：〈關於短篇小說〉，收於《讀書隨筆（一）》，頁 29。

103 葉靈鳳：〈神蹟〉，頁 127。

104 葉靈鳳：〈關於短篇小說〉，收入《讀書隨筆（一）》，頁 29。

105 誠如學者所言，現代性首先是一種新的時間意識，一種新的感受和思考時間價值的方式。伊夫‧瓦岱（Yves Vade）著，田慶生譯：《文學與現代性》（北京：北京大學出版社，2001 年），頁 42-43。

本質的展現，依舊也是他關注的首要之務，這也是其小說「現代」的原因和意義。[106]

　　職是之故，葉靈鳳的文學活動，展現出了他作為一個成長在上海的現代作家，如何在蓬勃發展的報刊出版市場悠遊探索，穿越在藝術追求與辦刊出版間的面貌。他的創作、翻譯和文學實踐，反映了一個青年作家追索、援用域外、傳統等各種文學資源，表達自己的生命處境和當時自我的情感追求，並將之化為文字、繪畫創作，用以表現其所身處的時代之痕跡。因此，這些創作，反映的是葉靈鳳在譯寫之間摸索、打磨其「現代小說」的探索。儘管，葉靈鳳或許並沒有將身處此複雜局面中的青年處境，刻畫、提煉至新的境界；又或許，如同前人指出，葉靈鳳的「現代小說」和其比亞茲萊風插畫，不及批判反思，僅是布爾喬亞現代性的體現。[107]然這可能正是因為當時中國現代文人所期許的現代啟蒙嶄新世界，現實上來說仍是遠景與幻想；又可能如上所述，葉靈鳳的創作緊貼時代風尚，在中西新舊之間展現出某種混雜性強的特色，實驗性質濃厚，其欲傳達的主題情懷難以傳遞。儘管葉靈鳳力求在他的作品中表現新的時代，關心文學性的表現，但當普羅文學的號角聲吹起，要把革新付諸實踐，且戰雲持續逼近，考驗著青年，葉靈鳳只能黯然退場，最終遠走香港，遠離革命的中心。

---

106 陳俊啟亦指出，相對來說，尋找新的敘事手法，以表現對「現代性」的反向思考，是域外現代小說的重要內容，然這卻是中國晚清民初文人譯者初期譯介異國文學時不及細想的挑戰。陳俊啟：〈魯迅、現代性與中國小說現代化的考察〉，《中央大學人文學報》第 67 期（2019 年春季號），頁 37-38。

107 李歐梵認為，「現代性」包括兩種對立的層面，一個是肯定現代化的理性精神，一個是對現代化的批判，體現這種批判意識的，便是「審美現代性」。請見李歐梵：〈現代性與中國現代文學〉，收於胡曉真編：《中國現代文學國際研討會論文集：民族國家論述──從晚清、五四到日據時代臺灣新文學》（臺北：中央研究院中國文哲研究所籌備處，1995 年），頁 9-23。

七、結論

　　從 1928 年到 1930 年為止，《現代小說》共出版有 3 卷 18 期，前兩卷以刊登創作小說、翻譯小說為主，第 3 卷後更提倡普羅文學，並增加世界文藝情報、新書資訊等欄目，展現了多元複雜的風貌。左聯成立後沒有多久，《現代小說》停刊，潘漢年後來主持左聯，而葉靈鳳加入現代書局，與施蟄存一同繼續探索書寫「現代」的可能性，宣告了兩種文學主張的分道揚鑣。

　　在《現代小說》中，唯美文學及普羅文學的創作及譯介並陳；刊物轉向後的第 3 卷中，關於革命文學主題、作品的各種討論，更為蓬勃。《現代小說》中多樣的對話、交鋒，展現出了上海二、三〇年代現代文人想像現代、「追新求異」時複雜各異的心態；也映現了後期創造社轉向革命文學，到左聯成立的期間，部分中國現代文藝家對於早期蘇聯文學思潮的接受，以及對文學和社會、革命的關係所進行的各種思考與逐漸轉變的軌跡。

　　《現代小說》推出的同時期，文壇中還有《太陽月刊》等刊物，積極提倡革命文學；劉吶鷗的《無軌列車》以譯介「新興文學」為使命，《新文藝》及緊接在後的《現代》，由施蟄存領軍，繼續探索現代主義文學、藝術跟政治先鋒的可能性。《現代小說》在這一系列刊物中扮演著獨特的角色，其譯介和創作所映照出的是二〇年代末，革命文學發展階段的複雜文化政治脈絡，以及商業、革命、純文藝、世界新興文學思潮等，如何在上海都市文化環境中糾葛纏繞，而也就是這份糾結複雜，成為如今我們重探葉靈鳳與《現代小說》文化意涵的主要原因。

　　更值得關注的是，該刊靈魂人物葉靈鳳在《現代小說》中的文學譯寫、圖像與創作，不論是他所謂的生吞活剝異國唯美插畫家，或翻譯新興（左翼、唯美）文藝思潮，並在關注世界新銳作家的同時譯寫「現代小說」，其文藝實踐中本地文藝影響、域外元素與其文學創發交織，共同凝聚出葉靈鳳此階段獨特的書寫風貌，反映出其不論左右、欲作「新

人」的願望。實際上，如同 Benjamin Kohlmann（1981-）在其對上個世
紀三〇年代英國現代主義作家作品的研究中所指出的，[108]當時英國現代
主義作家的文學追求與其政治關懷間充斥一種張力，而葉靈鳳此時期的
文藝實踐，更相當有代表性地揭露了中國現代文人此一時期書寫新時代
時兩者並存的步伐，呼應著世界文學潮流之足音。也就是在這層意義
上，從翻譯與世界文學流動的視角，探討葉靈鳳《現代小說》中的文藝
實踐，定位葉靈鳳在現代文壇的位置，鉤深極奧，無疑仍相當耐人尋
味。

---

108 Benjamin Kohlmann, *Committed Styles. Modernism, Politics, and Left-Wing Literature in the 1930s* (Oxford: Oxford University Press, 2014).

表一：葉靈鳳《現代小說》小說翻譯目錄

篇名	作者	年卷期	頁數
溫雅的呼吸	〔俄〕布寧	1928 年第 1 卷第 1 期	52-60
領袖	〔俄〕愛羅索夫	1928 年第 1 卷第 2 期	28-39
露瑞夫人	〔法〕法郎士	1928 年第 1 卷第 2 期	65-72
塞比安的夜	〔西〕伊本	1928 年第 1 卷第 3 期	39-48
深夜的一吻	〔法〕雷佳遂	1928 年第 1 卷第 4 期	53-64
嫉妬	〔法〕波地	1928 年第 1 卷第 4 期	99-111
春節	〔俄〕庫布林	1928 年第 1 卷第 5 期	75-90
象	〔俄〕庫布林	1928 年第 1 卷第 6 期	37-52
跋佐夫的哲學	〔俄〕高爾基	1928 年第 1 卷第 6 期	83-93
木乃伊戀史（未完）	〔法〕戈恬	1929 年第 2 卷第 1 期	113-128
花	〔德〕舍里斯勒	1929 年第 2 卷第 1 期	77-88
木乃伊戀史（一續）	〔法〕戈恬	1929 年第 2 卷第 2 期	147-153
木乃伊戀史（二續）	〔法〕戈恬	1929 年第 2 卷第 3 期	135-152
木乃伊戀史（三續）	〔法〕戈恬	1929 年第 2 卷第 4 期	135-146
木乃伊戀史（四續）	〔法〕戈恬	1929 年第 2 卷第 5 期	97-131
胃癌	〔蘇〕比涅克	1929 年第 3 卷第 3 期	105-115
意外相逢	〔蘇〕亞寇洛夫	1930 年第 3 卷第 5 / 6 期	298-326

表二：葉靈鳳《現代小說》小說創作目錄

篇名	年卷期	頁數
肺病初期患者	1928 年第 1 卷第 1 期	1-17
浴	1928 年第 1 卷第 1 期	68-78
明天	1928 年第 1 卷第 2 期	1-12
鳩綠媚	1928 年第 1 卷第 2 期	87-100
罪狀	1928 年第 1 卷第 3 期	73-83
愛的講座	1928 年第 1 卷第 3 期	1-8
妻的恩惠	1928 年第 1 卷第 4 期	1-16

篇名	年卷期	頁數
摩伽的試探	1928 年第 1 卷第 5 期	1-12
國仇	1929 年第 2 卷第 1 期	101-112
紅的天使	1929 年第 2 卷第 1 期	1-16
紅的天使（一續）	1929 年第 2 卷第 2 期	137-146
紅的天使（二續）	1929 年第 2 卷第 3 期	117-134
落雁	1929 年第 2 卷第 4 期	1-16
紅的天使（三續）	1929 年第 2 卷第 4 期	147-154
紅的天使（四續）	1929 年第 2 卷第 6 期	111-152
神蹟	1929 年第 3 卷第 1 期	127-146
太陽夜記：為新興階級的孩子們而寫	1929 年第 3 卷第 1 期	241-248
窮愁的自傳（待續）	1929 年第 3 卷第 2 期	65-75
太陽夜記	1929 年第 3 卷第 2 期	129-133
梁實秋	1929 年第 3 卷第 3 期	3-12
初雪紀事	1930 年第 3 卷第 4 期	241-247

圖一：葉靈鳳《現代小說》第 1 卷第 2 期插圖。

第四章

唯美者的戰歌：
朱維基、芳信二戰前後的異國詩歌翻譯

一、前言

　　朱維基、芳信，詩人、譯者，上海現代唯美文學社團「綠社」成員，籌辦過《綠》、《聲色》、《詩篇》等詩刊，譯過《水仙》譯詩集，翻譯了波特萊爾、王爾德的作品。而他們自己此時期的創作，不論是朱維基的《花香街詩集》，或者芳信的小說集《春蔓》、《秋之夢》，多致力書寫耽美、異域與死亡，風格獨特。

　　然而，隨著戰雲逼近，朱維基和芳信放下了唯美之筆，積極參與蔣錫金（1915-2003）成立的「上海詩歌座談會」和行列社，編輯了《行列》詩歌半月刊和《上海詩歌叢刊》，又成立「詩歌書店」，出版白莽（即殷夫，1909-1931）的《孩兒塔》外，還有奧登（W. H. Auden，1907-1973）的《在戰時》（*In Time of the War: A Sonnet Sequence*）、西班牙反法西斯內戰歌謠集《……而西班牙歌唱了》（*...and Spain Sings: Fifty Loyalist Ballads Adapted by American Poets*）等譯詩集。然而，相較其唯美詩人頹廢不羈的形象，兩人戰時此一經歷卻少為人知。

　　吾人至今對朱維基、芳信戰時文藝經歷的陌生，是上海現代文人在時代變局中，多元刊登、編譯各式新興文藝思潮與作品的現象沒有得到全面觀照的結果；也與這些文人在戰時嚴峻的文藝空氣中，選擇以翻譯

表達心曲、有所寄託之實，尚未得到應有的關注有關。本文便要先從爬
梳、細讀朱維基、芳信兩人二戰前後的詩文翻譯出發，探討從大力提倡
唯美文學，到參與反法西斯戰爭文學作品的翻譯出版，朱維基、芳信的
文藝實踐經歷了何種轉變？而從歌唱情與美，到參與雄渾的家國大合
唱，他們兩人文學風格轉變，是一脈相承，或者前後斷裂？其文化意涵
可能為何？本文更參酌現今研究者從情感史（the history of emotions）
的角度探討現代中國思想、歷史變遷的研究成果，[1]也受王德威援用漢
娜・鄂蘭（Hannah Arendt，1906-1975）在《人的條件》（*The Human
Condition*）中提及的「新生／起始」（natality）概念探討中國現代敘事
與政治之關係的啟發，[2]對朱維基、芳信文學翻譯等文學實踐進行考
察，勾勒他們從「美」的信徒，成為「行列」中一員的文學軌跡，及其
不斷「創造」、「新生」的心靈圖景，如何與其文學譯寫相伴相生，展
現了中國文學現代性的複雜面向；更要呈現他們不論書寫唯美，或思索
戰爭，皆有所體現的，對世界文壇的關注和回應。

1　近年來，人情感的歷史性，以及情感如何在歷史事件裡發揮作用的研究，即情
　感史（the history of emotions）議題，已經成為史學界關注的焦點，而以此視角
　分析 20 世紀中國革命中的情感調動、情感與中國現代文化的轉型、中國現代知
　識份子的情感結構等議題的研究成果亦不少。如裴宜理（Elizabeth J. Perry，
　1948-）指出，中國共產黨對「情感」的成功調動是它最終能戰勝國民黨的關鍵
　性因素。請見 Elizabeth J. Perry, "Moving the masses: Emotion work in the Chinese
　revolution", *Mobilization: An International Journal* 7 no.2 (2002): 111-128。李志毓
　則考察國民革命時期國民黨圍繞「沙基慘案」所進行的群眾群眾運動，探討其
　所採取的民族主義情感動員策略如何奏效，請見李志毓：〈情感史視野與二十
　世紀中國革命史研究〉，《史學月刊》2018 年第 4 期（2018 年），頁 14-17。
　本文參酌以上研究者對當時中國青年個人的精神苦悶激盪心靈，使其迫切地追
　求變革的視角，關懷上海唯美派文學家的著譯活動與其「淒寂、悲憤、或是激
　昂的情感」。
2　王德威：〈小說作為「革命」──重讀梁啟超《新中國未來記》〉，《中國現
　代文學》第 26 期（2014 年 12 月），頁 1-22。王德威在這篇論文中援用了鄂蘭
　探討「創新的感召力」與敘事動能間的關係，及她探索說故事與城邦政治之關
　係的觀點，思索中國的政治革命與文學革命在現代轉向進程裡如何相伴相生。

二、綠社始末

　　朱維基，亦常署名朱維琪、維琪，上海人，上海滬江大學畢業，主修西洋文學，曾任教師、編輯，亦寫詩。1920 年代末，他創辦了綠社，並自行出版了詩集《花香街詩集》，以唯美詩人的形象留名文壇。戰爭期間，朱維基積極參與文藝抗日活動，並曾因此入獄。[3]1941 年，朱維基抵蘇北，於中國藝術學院等校教授英國文學。1949 年後，他陸續在上海華東文化局、出版社任職，並於 1971 年病逝。[4]

　　朱維基與芳信相識於上海，因文藝愛好相近而熟識，曾經當過演員的芳信是江西人，原名蔡方信，曾就讀北京人藝戲劇專門學校，在上海民新和藝華影片公司演戲。1927 年赴日留學，入東亞外國語專門學校學習英文。[5]回國後的芳信積極投身文藝界活動，為籌建小劇場，還辦過跳舞學院。朱維基如是描述能跳舞、會演戲的芳信：

> 他有時會穿上做好了長久而沒有心機去穿它的黑色的晚禮服，
> 到舞廳去跳他厭惡而又無可奈何地溺愛的 Blues，像春潮上的
> 花香，像秋空下的流星，像暮色中的蝙蝠的飛舞，像湖水中游
> 魚的翻躍……於是乎他窒息在美裡，在香裡，在色裡，在愛
> 裡。[6]

可見芳信給人所留下的印象於一斑，也可以想像當時此一包含朱維基、芳信在內的唯美文學小團體之行事風格；而在文學史上，此一印象便與他們的唯美創作，共同停留在現代文學史的扉頁裡。[7]

3　錫金：〈芳信和詩歌書店〉，《新文學史料》1980 年第 4 期（1980 年），頁 128-132。

4　湯定：〈翁婿二代譯家〉，《解放日報・朝花》，2017 年 4 月 29 日。

5　同註3。

6　朱維基：〈芳信與他的散文〉，《詩篇》第 1 卷第 1 期（1933 年 11 月），頁 74。

7　趙鵬：《海上唯美風：上海唯美主義思潮研究》（上海：上海文化出版社，

朱維基、芳信於 1920 年代末起和文藝同好徐葆炎（生卒年不詳）、林微音（1904-1955）等人組成了綠社，展開活動。[8]他們所共同推崇的是「為藝術而人生」的信條，認為人生就是藝術本身，更要積極在生活及創作中追尋美。[9]其宗旨如朱維基在《詩篇》開卷的序篇中所言：「美呀，我們看到你時，我們會心跳，會驚悸，會呆木，會癡狂，會歡欣，會憂鬱，會平靜，會沉默，會願意死。」「我們還有什麼可歌頌的，除了你，全在的美。」[10]展現出以美為尚的文學風貌。《詩篇》以前，他們曾推出了《綠》、《聲色》等刊物，惜發行時間都不長；1933 年，方再接再厲推出《詩篇》，不過也沒有引起太大的迴響，出刊四期後便宣告結束。瞿秋白曾評價他們的刊物「原來這聲是歌聲，這色是色情」，批評他們耽溺於聲色之美，是為「貓樣的詩人」。[11]儘管如此，朱維基在《詩篇》的發刊詞中這樣談及他們仍要堅持其文學理念：「在一個偉大的激盪裡，四周有無數支的急流無定地，相反地或交叉地流動著」，「我們要懷抱著淒寂、悲憤、或是激昂的情感的微妙唱出我們無可奈何的歌曲，為情或是為美。」「殉道地為藝術而砥著這引導到萬劫不復的境界去的狂潮。」[12]頗可見他們在上海二、三〇年代多音齊響的文學場域中所追求的文學理想，乃源自「淒寂、悲憤、或是激昂的情感」，稱之為「無可奈何的歌曲」，然為了堅持理念，他們甚至樂於「殉道」，頗可見其千萬人吾往矣的浪漫心態。

儘管綠社的活動時間相對短暫，但此時期的朱維基、芳信仍留下了一些著譯與創作。下文中，筆者先集中討論朱維基、芳信在二、三〇年

2013 年），頁 127、132。

8　趙鵬：《海上唯美風：上海唯美主義思潮研究》，頁 127。

9　林微音：〈為藝術而人生〉，《綠》第 2 卷第 1 期（1932 年 10 月），頁 18-19。

10　朱維基：〈第三次說話〉，《詩篇》第 3 期（1934 年 1 月），頁 2。

11　瞿秋白：〈貓樣的詩人〉，《瞿秋白論文學》（北京：人民文學出版社，1959 年），頁 62。

12　朱維基：〈第一次說話〉，《詩篇》第 1 期（1933 年 11 月），頁 1-2。

代的唯美詩歌譯介，除探討其翻譯特色外，也分析他們此時期的文藝實踐中所反映的精神心態。

三、翻譯「唯」美：
朱維基、芳信二、三〇年代的異國詩歌譯介

（一）美麗的謊言：《水仙》詩文集

《水仙》是朱維基、芳信於 1928 年合譯的詩文集，共 8 個篇目，包括了不少歐美名家的作品，由光華書局推出。[13]《水仙》此一書名，很難不讓人聯想起希臘神話裡名為「水仙」的俊美少年——愛戀自己美妙身姿而傾倒於水邊的納西瑟斯（Narcissus），這名因為迷戀於美不惜獻上生命的少年，一直以來因體現了唯美主義者為美不惜付出一切的極致追求，因此被視為是唯美主義的象徵。譯詩集以此為名，不但體現了全書的唯美色彩，也展現了他們此時期的文藝理想。

《水仙》開卷頭一篇是王爾德 1891 年發表的〈謊語的頹敗〉（"The Decay of Lying – An Observation"）一文。這篇文章一般被認為是王爾德浪漫主義文學觀點的宣言，以及他「為藝術而藝術」理念的捍衛詞。文章由兩個人物 Vivian 和 Cyril 的對話組成，作家通過此番對話揭示了唯美主義的四個原則，其中，「謊言，關於美麗不真實之物的敘述，是藝術自身之目的」（"Lying, the telling of beautiful untrue things, is the proper aim of Art."）一句，[14]被認為最具代表性地闡釋了王爾德

---

13 光華書局由張靜廬、沈松泉和盧芳主持，在 1925-1935 年間推出了不少新興文藝思潮叢書、創作等，以新思想、新文化的宣揚為重。請見張靜廬：《在出版界二十年》（南京：江蘇教育出版社，2005 年），頁 76；沈松泉：〈關於光華書局的回憶〉，收於宋原放主編，陳江輯注：《中國出版史料（現代部分）》第 1 卷上冊（濟南：山東教育出版社，2001 年），頁 342-344。

14 Oscar Wilde, "The Decay of Lying-An Observation", in *Intentions* (New York: Brentano's, 1905[1889]), 55.

的藝術觀——偉大藝術家眼中的事物向來必非其原貌。在王爾德眼裡，藝術是最高明的謊言，讓人看到最富想像力的真實，而現實生活在藝術面前卻鄙陋殘缺。藝術並不來自生活，反而是傑出的藝術家創造出讓生活模仿的典型。

　　與綠社同人熟識的邵洵美曾指出，這篇譯文是讓讀者理解整本《水仙》中心思想的作品，亦即，他認為朱維基和芳信翻譯了〈謊語的頹敗〉，乃意圖通過翻譯王爾德的學說，向當時的讀者宣告自身的文學理念——藝術並非一定是真實的。他們接下來選譯的篇目，都與述說「美麗而不真實的事物」有關，並具有濃厚的唯美、感傷色彩。[15]

　　在這些「美麗的謊言」中，打頭陣的是「英國詩選」，兩人首先翻譯了蘇格蘭詩人伯恩斯（Robert Burns，1759-1796）的短詩〈紅，紅的玫瑰〉（"A red, red rose"）。這首浪漫抒情的詩歌雖然短小，但被公認是英國浪漫主義文學的開山之作，甚至啟發了拜倫（George Gordon Byron，1788-1824）、雪萊（Percy Bysshe Shelley，1792-1822）等浪漫詩人。《水仙》英詩選開篇即是此作，奠下整本書的浪漫基調。以下是這首詩歌原作與兩人翻譯的對照：

"A red, red rose" [16]	〈紅，紅的玫瑰〉[17]
OH, my luve's like a red, red rose, That's newly sprung in June: Oh, my luve's like the melody, That's sweetly play'd in tune.	我的愛人像一枝紅，紅的玫瑰， 在六月裏華萼初放。 哦，我的愛人像一曲韻律， 諧和而悠揚。
As fair art thou, my bonnie lass, So deep in luve am I: And I will luve thee still, my dear, Till a' the seas gang dry.	我的愛呀，你是萬般美麗。 所以我這樣深深愛你。 我將長愛你，我愛， 直至海枯乾。

15 邵洵美：〈介紹批評與討論〉，《獅吼》第 9 期（1928 年 11 月），頁 31-32。

16 Robert Burns, "A Red, Red Rose," in *The Poems and Songs of Robert Burns* (New York: Cassell and Company; Reprint edition, 1908), 306.

17 請見朱維基、芳信合譯：《水仙・英國詩選》（上海：光華書局，1928 年），頁 1。

伯恩斯這首著名的經典作品採用了抑揚格（classical forms），靈活使用了古典英文、蘇格蘭方言，保留了民謠的自然風格，相當有韻律感，亦與表達自然、質樸情感的詩歌內容相得益彰。對照原文，可以發現朱維基、芳信的翻譯在傳遞語意外，亦試著模擬韻律，使語氣悠揚，然而可惜仍不如原詩自然。

我們可以參考袁可嘉（1921-2008）同一首詩的翻譯：

"A red, red rose"	〈一朵紅紅的玫瑰〉[18]
OH, my luve's like a red, red rose, That's newly sprung in June: Oh, my luve's like the melody, That's sweetly play'd in tune.	啊，我愛人像紅紅的玫瑰， 它在六月裡初開， 啊，我愛人像一支樂曲， 美妙地演奏起來。
As fair art thou, my bonnie lass, So deep in luve am I: And I will luve thee still, my dear, Till a' the seas gang dry.	你是那麼美，漂亮的姑娘， 我愛你那麼深切； 我要愛你下去，親愛的， 一直到四海枯竭。

相比之下，朱維基、芳信的翻譯，儘管亦相當貼近原詩詩意，但在韻律的拿捏上，卻顯得不如袁譯婉轉似歌謠。

另外，在「英國詩選」中，兩人翻譯最多的是英國詩人史文朋（Algernon Charles Swinburne，1837-1909）的詩歌。史文朋詩歌唯美、頹廢，多歌詠愛情、死亡，他詩歌中的人物吶喊愛情，不畏死難，他們選擇翻譯的三首詩〈別辭〉（"A Leave-Taking"）、〈Erotion〉、〈果園中〉（"In the Orchard"）歌詠的，也正都是類似主題。

以下是其中一首〈果園中〉（"In the Orchard"）翻譯與原文的對照：

---

18 請見袁可嘉譯：《彭斯詩鈔》（上海：上海譯文出版社，1981 年），頁 192。

"In the Orchard"[19]	〈果園中〉[20]
Nay, slay me now; nay, for I will be slain; Pluck thy red pleasure from the teeth of pain, Break down thy vine ere yet grape-gatherers prune, Slay me ere day can slay desire again; Ah God, ah God, that day should be so soon. Yea, with thy sweet lips, with thy sweet sword; yea, Take life and all, for I will die, I say; Love, I gave love, is life a better boon? For sweet night's sake I will not live till day; Ah God, ah God, that day should be so soon. Nay, I will sleep then only; nay, but go. Ah sweet, too sweet to me, my sweet, I know Love, sleep, and death go to the sweet same tune; Hold my hair fast, and kiss me through it so. Ah God, ah God, that day should be so soon.	唉，如今把我殺戮；因為我願被殺戮呀； 從痛苦的牙裏摘取你那紅色的快樂， 逞採葡萄者未來修剪之前，把你的蔓藤砍倒， 逞白日未能殺掉慾望之前，把我殺戮。 神喲，神喲，白日應將不遠了。 唉，用你甜蜜的嘴唇，用你甜蜜的利刃， 取去生命和一切，因為我就要死了呀； 愛呀，我賜與了愛，生命是否是更好的賜物？ 我不願活到白日，夜是這般可愛。 神喲，神喲，白日應將不遠了。 不，那麼只有我睡去；不，但是去罷。 唉，甜蜜，在我是太甜蜜了，我的愛人，我知道 愛情，睡眠，和死滅是異曲而同調； 請快些緊握我的頭髮，從頭髮裏這樣的吻我。 神喲，神喲，白日應將不遠了。

　　對照原詩，我們可以發現其中文翻譯在傳達內容上相當精確，史文朋勾勒出了一個熱情大膽的誘惑者，詩歌中充滿了「死滅」、「血」、「慾望」等史文朋喜愛使用的詞彙，表現愛慾的洶湧強大，而兩位中譯者的翻譯也沒有落下。較為可惜的亦是，兩位沒有完整傳遞原詩的韻律感，包括了史文朋向來喜在詩行開頭、結尾重複使用的語氣詞，製造節

---

19 Algernon Charles Swinburne, "In the Orchard," in *Poems and Ballads* (London: John Camden Hotten, Piccadilly,1866), 116-118.
20 請見朱維基、芳信合譯：《水仙・英國詩選》，頁 30-31。

奏感，傳遞出詩歌的風格，雖然他們也採取了一些辦法使詩歌顯得更為輕盈，然原詩中呢喃挑逗的感覺相對少了些。

伯恩斯、史文朋這兩首詩歌分別流露自然的情感以及對情欲的追求，朱維基、芳信在其詩文集中選譯此詩，頗能展露其「我們要懷抱著淒寂、悲憤、或是激昂的情感的微妙唱出我們無可奈何的歌曲，為情或是為美」之文學觀；[21] 亦驗證了他們的理念，詩歌為來自「淒寂、悲憤、或是激昂的情感」的藝術結晶。不過，宣稱藝術創造了生活，且更為美好地表達了生活的王爾德也曾經說過，藝術是以想像力重塑真實的謊言——這又不禁使我們想問，欲以詩歌為情與美歌唱的朱維基、芳信所理解與嚮往納西瑟斯的，究竟是納西瑟斯為美死不足惜的執著，又或者是其寧死不屈的叛逆形象呢？是文學作為再現生活的精巧藝術形式，又或是文學家歌詠情感時的浪漫、驚世姿態，引起了他們的共感呢？如果以上的答案皆是後者，或許可以推測，對綠社同人朱維基、芳信來說，他們在這些詩歌中所體會與受到感召的，無非是其中激昂的情感，是詩人歌詠愛情的絕美、決絕態度。因此，相對詩歌韻律的貼切呈現，準確地翻譯出詩歌的抒情內容乃其首要翻譯追求；詩人的浪漫形象、縱脫情懷或人生觀，更是他們所意圖通過翻譯傳遞給當時讀者的。

詩以外，此集中也收入兩人所譯小說，如愛倫坡於 1834 年發表的〈幽會〉（"The Assignation"）。[22] 此篇小說敘事背景在一個義大利的夏夜，故事發生在座落運河邊的華麗建築間，頗富南國情調。小說描述敘述者無意間於夜晚撞見一場孩童落水的意外，漸漸發現了孩童的母親——美豔絕倫的侯爵夫人與愛慕她的富有青年間無望的戀愛，而故事最終以敘事者親見兩人共赴黃泉結束。這部作品神秘浪漫，結局意蘊悠長，很能象徵愛倫坡小說一貫的風格。小說結尾處，侯爵夫人口含毒藥撒手人間，原文作「poisoned」，然作者指的究竟是夫人「服毒了」，

21　朱維基：〈第一次說話〉，頁 1。

22　Edgar Allan Poe, "The Assignation," in *Lady's Book* (Philadelphia, PA) vol. VIII, no. 1 (January 1834): 40-43.

或是夫人「被毒死了」，不得而知。此一結局因此使讀者讀完小說後低迴不已——因不同的詮釋方向，將使小說意義大為不同。朱維基、芳信將此處譯為夫人「受毒了」，[23]介於兩者之間，不多做其他詮釋，頗有想像空間，不失原作精髓。小說男主人公俊美無雙、富可敵國，能賦詩寫詞又兼具極佳的品味，搜羅了許多藝術品，日常生活以精緻為上。他並宣稱堅持一切要合宜的想法，正是阻礙人進行莊嚴沉思的妖魔鬼怪；而他做人並不在意越軌，為了追求不可能在現世中實現的愛情，更不惜與情人一同踏上不歸路，殉情而死，前往那真正的夢幻之國，是一個典型的唯美文學作品主角。然兩人則將主人公形容自己為人並不墨守成規的自白，直譯為男主人公自稱是一個「裝飾家」，[24]相比之下，更加強了小說主人公紈絝、時髦的形象。

朱維基、芳信選譯這篇小說，再次體現了朱維基在《詩篇》序言中所言，綠社成員當時對情、美極致的追求有如殉道般在所不辭的理念；此篇小說主題也呼應了《水仙》開篇王爾德〈謊語的頹敗〉一文的宗旨——現實生活總是鄙陋不堪，唯有藝術才展現了值得活的真實。唯美主義者欲以精緻美學衝撞合宜、保守的維多利亞資產階級社會價值觀之意圖呼之欲出。然而，通過比對，可以發現朱、芳兩人之翻譯雖頗能掌握原作內容，然似乎更為強調小說主人公時髦的形象，而非作家對庸俗、慎微社會文化的反省，此點也與上文所述他們的詩歌翻譯重視呈現作家反叛、浪漫精神的翻譯特色相去不遠。

書寫禁忌愛戀的愛倫坡並不是朱維基、芳信唯一翻譯的悖德作家，在民初中國有「惡魔詩人」之稱的波特萊爾也沒有在他們的翻譯版圖中缺席，下文將集中討論之。

23　朱維基、芳信合譯：《水仙・幽會》，頁 23。

24　原文作"Once I was myself a decorist ; but that sublimation of folly has palled upon my soul. "兩人譯為：「從前我自己也是一個裝飾家」，實則對照前後文，翻譯成「從前我循規蹈矩」或許較為合適。朱維基、芳信合譯：《水仙・幽會》，頁 22。

（二）反抗與新生：朱維基譯波特萊爾

　　《巴黎的憂鬱》（*Le Spleen de Paris*）是「惡魔詩人」波特萊爾的散文詩集，承繼了《惡之華》（*Les Fleurs du mal*）頹美大膽的文學色彩，被認為是 19 世紀法國唯美、現代主義文學的經典。《水仙》中收錄了波特萊爾散文詩集《巴黎的憂鬱》中的部分作品，此書其他作品的中譯，朱維基則在其他報刊園地發表。對照譯詩風格，可以推測是朱維基主導了《水仙》所收錄的波特萊爾詩歌翻譯，[25]且乃通過英文譯本翻譯的。[26]經過比對後，可以發現其翻譯基本上相當忠實，沒有太多的增刪或者創造性的翻譯，不過仍有些令人遺憾的不甚完整之處。

　　首先，波特萊爾的散文詩雖是自由詩體，並不講究完美的韻律和格式，然而仍有精巧的音樂感存在其中，據詩人的本意，他創作的是「一種詩意的散文，沒有節奏和韻腳的音樂」。[27]不過，朱維基雖試圖通過在句末運用腳韻的方式，嘗試譯出波特萊爾詩歌中的音樂感，但並不是總是如此，此一對詩歌音律上不特別雕琢的翻譯特色，倒是與上文的觀察雷同。

　　另一個不甚完整之處，或跟詞語、文法、典故冷僻有關。

---

25 朱維基的波特萊爾翻譯集中在 1926、1927 年，也是朱維基參與唯美文學社團「綠社」及刊物創辦的初期，他所譯的是波特萊爾的散文詩《巴黎的憂鬱》中的篇章，陸續發表在《汎報》、《火山月刊》，以及他和芳信合譯的《水仙》譯詩集中。相關研究請見陳碩文：〈異域的花香：朱維基波特萊爾譯詩研究〉，收於楊振主編：《波特萊爾與中國》（上海：華東師範大學出版社，2021 年），頁 307-336。

26 朱維基在〈流星〉翻譯前言中表示（《汎報》，第 1 卷第 2 期〔1927 年 1月〕，頁 4），此文乃據英譯本翻譯，故筆者推測，朱維基的波特萊爾詩歌翻譯，大多是通過英文譯本轉譯的。根據查找，該英譯本是史密斯（T. R. Smith）編輯、集合多位譯者的翻譯，於 1919 年在紐約出版的《波特萊爾：他的散文和詩》（*Baudelaire: His Prose and Poetry*）一書。T. R. Smith ed., *Baudelaire: His Prose and Poetry* (New York: Modern Library, 1919)。

27 Charles Baudelaire, *Petits Poèmes en prose (Le Spleen de Paris)*, (Paris: Michel Lévy frères, 1869), 1.

在〈誘惑：或 eros, Plutus, 和 glory〉中，朱維基將「我來世上並不是為了娶某些我不願指名道姓的情婦為妻的」（« Va-t'en ! Je ne suis pas fait pour épouser la maîtresse de certains que je ne veux pas nommer. »），[28] 翻譯為：「我不願說出他們的名字來的愛之光的而不去和這種光結合」，[29] 此句錯譯，恐怕乃是誤解、直譯了英譯本中的「輕浮女子（light o'love）」為「愛之光」而未考察原文之故。

另外，文句顯得有些晦澀，可以說是朱維基翻譯的波特萊爾散文詩的特色之一。

比方說朱維基譯波特萊爾〈請去旅行〉一詩：

> 有一個奇妙的地方，他們說是珂開尼的地方，我曾夢想和一個舊友去遊歷。這是一處奇異的地方，迷失在我們北方的霧靄裏。……從一切的東西裏，從每一個角裏，從抽屜的隙縫裏，從帷幔的縐紋裏，發出一種奇異的香氣，一種蘇蔓脫拉（Sumatra）的莫忘我花，這就是這間居室的靈魂，像牠本來是這樣的。[30]

我們可以發現，朱維基譯詩中「霧靄」、「從每一個角裏」、「從帷幔的縐紋裏」、「蘇蔓脫拉（Sumatra）」等詞語的運用都顯得較為拗口，句法也較為跳躍、斷裂。

朱維基在他談彌爾頓（John Milton，1608-1674）《失樂園》（Paradise Lost）翻譯的文字中，曾提到他對選用語體文翻譯彌爾頓此無韻詩鉅作的看法。他認為，為了引進西方文學的新鮮能量，以新的字

28　Charles Baudelaire, "Les Tentations ou Éros, Plutus et la Gloire," *Petits Poèmes en prose (Le Spleen de Paris)*, 63. 英文譯本作：「So I replied, with all disdain: "Get thee hence! I know better than wed the light o'love of them that I will not name."」see *Baudelaire: His Prose and Poetry*, 134.

29　朱維基譯：〈誘惑：或 eros, plutus, 和 glory〉，《水仙‧波特萊爾散文詩選》，頁 22。

30　朱維基譯：〈請去旅行〉，《水仙‧波特萊爾散文詩選》，頁 1、3。

詞、句子的組合，新的表現形式，刺激中國現代白話文學的發展，則以語體文譯無韻詩又有何不可。[31]若從此翻譯觀檢驗上述朱維基的波特萊爾詩歌翻譯，或許不難理解為何其翻譯相對來說更帶有一些陌生的「異國感」，尤其體現在字詞的選用、特殊的句子排列組合形式上。亦即，或許呈現詩歌中新鮮的字句組合，被他認為能發揮刺激中國文學新生的效果，因此故意為之。在中國現代詩人紛紛藉著研究異國詩歌，思考何為中國現代詩特質的二〇年代末，朱維基有意以譯詩促進中國現代詩歌發展的翻譯立場，亦呼應了當時風氣。而以此揣度朱維基自己的創作，比方說他此時期推出，詩風感傷、頹美的《花香街詩集》，其詩歌創作亦形式自由，頻繁使用象徵、比喻，意想不到的字詞組合、斷句來傳達纖細、感傷的情緒。他在與詩集同名的〈花香街〉一詩，描繪了這樣一個花香洋溢的他方：

> 奇異的房屋，似乎非人住的，
> 好像黃昏的陰影一般沉重地
> 停在一條街的兩邊。
> 輕浮，暗動，像晚潮般無聲，
> 細長的人影，鬼影，
> 閒蕩，傾擠，出，進；
> 永遠的落日的黯光
> 把一切罩得更為迷濛。[32]

詩人所描繪的地方瀰漫著霧霾、迷濛的暗光，飄散著令人迷醉的花香。那花香，對波特萊爾來說來自「妳」，對朱維基來說，來自不知名的女

---

31 朱維基：〈評傅譯半部「失樂園」〉，《詩篇》第 1 卷第 1 期（1933 年 11 月），頁 80-85；朱維基：〈談彌爾頓「失樂園」的翻譯〉，《十日談》第 11 期（1933 年 11 月），頁 6-7。

32 朱維基：〈花香街〉，《花香街詩集》（上海：作者自印，1933 年），頁 10-11。

性，象徵任何一個離開現實世界的夢幻國度，漂浮著浮動的暗香。此處，朱維基使用了一傳統詩詞常見的意象——「暗動」的香氣，但此「暗香」並不召喚「閒記憶，舊江皋」，[33]最後指向的卻是一個「神秘，恍惚，模糊，顛倒，不能辨明，不能思索」的幻想樂園，體現了舊體詩詞和西方象徵派詩歌的巧妙嫁接。[34]

另外，前人已指出，波特萊爾詩歌傳入現代中國之初，波特萊爾及其作品多被譯者詮釋成特定的文學形象——象徵了反抗與愛情。[35]而考察朱維基所譯之波特萊爾，不論是歌頌詩人的〈老江湖〉（"Le Vieux Saltimbanque"）、〈誘惑：或 eros, Plutus, 和 glory〉（"Les Tentations ou Eros, Plutus et la Gloire"）、〈一個英雄般的死〉（"Une mort héroïque"），亦特別突出他的詩人性格。朱維基譯筆下的波特萊爾，更為自矜和不屈，詩人的形象顯得更為剛強。因而，我們可以推測，波特萊爾與他的詩，對朱維基來說，除了象徵反抗跟愛情外，亦如同納西瑟斯，更是寧死不放棄美的化身，[36]代表了綠社「為藝術而藝術」，「為情或是為美歌唱」的理想，是一面以藝術反抗現實、以新異參與文壇的旗幟；還是能刺激中國現代文人創作展新作品的靈感來源。即，在多音齊鳴，競爭激烈的上海二、三〇年代文學場域，強調自己執著於美

---

33 〔北宋〕晏幾道：〈訴衷情（小梅風韻最妖嬈）〉，收於世界書局編輯部主編：《全宋詞》第 1 冊（臺北：世界書局，1976 年），頁 245。

34 已經有學者觀察到波特萊爾在中國現代詩壇受到關注的原因，與波特萊爾詩歌中的比喻、意象和暗示性，與中國傳統詩詞頗能對話有關。請見 Gloria Bien, *Baudelaire in China: A Study in Literary Reception* (Newark: Delaware University Press, 2013), 27.

35 Gloria Bien, *Baudelaire in China: A Study in Literary Reception*, 225.

36 *Baudelaire: His Prose and Poetry* 一書的編者史密斯在前言中提到，波特萊爾的唯美文學風格是一種新的文學感知方式，給英美文學帶來深遠影響，因此特意編譯其文學作品出版，偏重的是波特萊爾作為唯美文學家的面向，此點與朱維基相同。我們或許不應排除朱維基翻譯波特萊爾詩歌時所據英譯本的譯者詮釋，也對朱維基理解波特萊爾詩歌產生了影響。See T. R. Smith, "preface," in *Baudelaire: His Prose and Poetry*, 9-10.

的追求，文學上的或者生活上的，[37]對年輕文藝愛好者朱維基、芳信和其同伴來說，不但表達著他們以「異」為「新」，欲「現代」中國文學的心理願望，也闡釋著他們為理想堅持到底的決心。

　　總的來說，《水仙》中的譯文選擇相當好地折射出兩人此時期「無美不歡」的文學信念，流露著對情感、對美的極致追求。雖盡力傳譯，但兩人翻譯時偶爾不拘小節，還是會給人一種印象——即不論是王爾德、愛倫坡或英國浪漫詩人，對朱維基、芳信來說，在精雕細琢翻譯其「詩藝」外，最重要的還是強調其人其作傳遞出的氛圍、形象。而與他們的唯美文藝追求一路並駕齊驅的「淒寂、悲憤、或是激昂的情感」，更是從中躍然紙上。然而，這「苦悶」與「情感」究竟從何而來？又如何和他們的唯美追求產生關聯？下文中，筆者通過對芳信生平、創作的探查，進一步闡釋之。

（三）「我要走遍世界哭訴」：芳信創作中的異國詩歌

　　在推出《水仙》譯詩集同時，芳信的中篇小說《春蔓》和短篇小說集《秋之夢》分別於 1928、1929 年由光華書局出版，屬於《水仙叢書》系列。《秋之夢》收有〈秋〉、〈夢到沙漠旅行〉、〈一個對話〉三個短篇小說，和中篇小說〈出國〉，風格大膽，書籍的裝幀也都很精美。值得注意的是，這幾部作品多少帶有一些自敘傳的影子，且芳信也時不時在其創作中大段落的引用自己翻譯的異國詩歌，有時為烘托情緒，有時呼應主題。

　　《春蔓》乃以第一人稱「我」向分手的戀人春蔓傾訴衷腸，哀悼離

37　綠社同人的言行、服裝如同他們的唯美文學宣言一樣多為人所記憶，尤其是具獨特風格的個人儀表。比方夏萊蒂「赤身裸體」、「學郁達夫的頹廢」；林微音經常穿黑紡綢的衫褲，左胸裡插一個白手帕；芳信愛穿黑色的晚禮服到舞廳去跳舞等。請見施蟄存：〈林微音其人〉，《北山散文集（一）》（上海：華東師範大學出版社，2001 年），頁 387-389；朱維基：〈芳信與他的散文〉，頁 74-77。

別的作品。「我」早已奉父母之命成婚，但與妻子關係疏遠，離家外出讀書，和春蔓陷入熱戀；然疑因不堪父亡壓力，春蔓提出分手。面對海誓山盟即將破滅，現實生活亦不如意，貧困，孤獨，失戀的「我」，通過回憶，將兩人戀曲始末娓娓道來。

芳信在小說開卷便引用了德國浪漫主義詩人海涅（Christian Johann Heinrich Heine，1797-1856）收錄在《歌集》（*Book of Songs*）的《回鄉集》（*The Homeward Journey*）中的幾句詩，表達「我」的心境：

> 你真的要恨我麼，
> 你真的這樣忍心地變了麼？
> 我要走遍世界哭訴
> 你待我這樣凶惡。
>
> 哦你這兩片嘴唇，變得這樣無情，
> 你怎能說我的壞話，
> 在美麗的當年你愛我時
> 我曾親熱地接吻過你的呀！[38]

芳信此處引用了德國浪漫主義詩人海涅的作品，為小說帶來一種抒情的效果，頗能讓人聯想起郁達夫。然這並不是芳信唯一一次在這篇小說中援用西方文學典故。講到「我」和春蔓因社會壓力無法比翼而飛，「我」以「羅密歐與茱麗葉」自比。[39] 雖然知其不可為，然而「我」卻無意放下對愛人的眷戀，愛人的擁抱，雖如薔薇一般有刺，「我」也願做催花早開而被刺死的黃鶯，明知這擁抱像是「羅歇斯」一般在水中可望而不可親的幻影，「我」卻不惜將身軀投下以和「它」合抱。[40] 水仙的意象在此再次出現，作為為愛不惜犧牲生命的象徵存在。

38　芳信：《春蔓》（上海：光華書局，1928年）。
39　芳信：《春蔓》，頁39、40。
40　芳信：《春蔓》，頁72。

此外，在《春蔓》中，「我」還這樣說：

啊，家庭，家庭已是冤家。啊，親戚，親戚已畏我如蛇蠍。
啊，朋友，朋友都是一樣的窮困。誰能幫助我們呢？偷，沒有
本領；搶，又無勇氣。真是缺路呀，啊，真是缺路！……而人
家罵我做浪漫派，做名士，做不懂人事的人，就在這個當兒
呀！我也明知說天才就是瘋狂之類的話是在譏嘲我，在挖苦
我；但我自己除了裝瘋作癡以求掩飾外，我是沒有辦法。內心
的苦悶與外界的壓迫重重地落到我的身上，我真快要沒有力量
生活呢！[41]

這沒有力量生活的壓迫和苦悶，使「我」憂傷難解，整篇小說在一種怨
懟、消極的情緒中結束。

　　然而「我」何以如此苦悶、寂寞？識者多會指出，民初以來，受
「我是我自己的，他們誰也沒有干涉我的權利」之觀念薰陶的青年日益
增多，[42]然而時局動盪，匝地煙塵，紛擾世事糾纏著追求獨立自由的青
年，尤其到了二〇年代末，面對如麻國事、紛亂政局，青年們非但革命
志業未成，戀愛方面亦有志難伸，為一種說不出的「苦悶」籠罩，這層
苦悶，似乎成了一代青年人共同的心理背景，也成為諸多此時期文學創
作的主題。[43]

---

41 芳信：《春蔓》，頁 16-17。
42 魯迅：〈傷逝——涓生的手記〉，收於王世家、止庵編：《魯迅著譯編年全集
　　（陸）》（北京：人民出版社，2009 年），頁 382-383。
43 王汎森：〈煩悶的本質是什麼——「主義」與中國近代私人領域的政治化〉，
　　《思想史》創刊號（2013 年 10 月），頁 85-137。相關研究還可見於楊聯芬：
　　〈女性與革命——以 1927 年國民革命及其文學為背景〉，《政大中文學報》第
　　8 期（2007 年 12 月），頁 121-149；王德威：〈革命加戀愛〉，《歷史與怪
　　獸：歷史・暴力・敘事》（臺北：麥田出版社，2004 年），頁 19-95；劉劍
　　梅：《革命與情愛：二十世紀中國小說史中的女性身體與主題重述》（臺北：
　　釀出版，2014 年）。李歐梵也在其專著中討論過郭沫若從浪漫主義追求轉向呼
　　告革命背後暗藏、同享的浪漫主義面孔，請見李歐梵：《中國現代作家的浪漫

　　《春蔓》中的「我」和春蔓，可說是代表了這一代的年輕人，遠離家族、悖離傳統，脫離了鄉村社會，卻又在城市生活中找不到出路。他們孤獨、感傷、虛無，於是不得不佯裝浪漫、瘋癲，作為掩飾。於是希臘神話裡的水仙少年，莎翁名劇中的「羅密歐與茱麗葉」都成了他們投射心曲的象徵。如朱維基在《詩篇》宣言中所說，他們要「殉道地為藝術而砥著這引導到萬劫不復的境界去的狂潮」。[44]西方唯美、浪漫詩人及他們筆下為理想不惜犧牲生命的主人公，此時便成為其知己兄弟及追求理想的代言人。

　　這個決心，在小說集《秋之夢》中的〈秋〉依稀可見。〈秋〉描寫的是「我」在日本留學時，和一位「可愛」的 S 君間相知相惜的淡淡情愫。常感嘆於花朵不能常開，生命總有缺憾的 S 君，在與一名女學生的戀情告吹後，決定離開學校，不告而別，他說，這「依然是為了要去找甜蜜的東西去的」，倘使在這個世界找不著，「那我就要進到另一個世界去找」，[45]這另一個世界，無非是死亡，是波特萊爾所謂的「這個世界上之外的任何地方」（ "Anywhere out of the world" ）。[46]波特萊爾「你」（靈魂）的旅行，以厭世、頹廢地航向死亡結束，事實上更為苦澀，遠不是為了追尋甜蜜愛情。

　　小說集中另一篇故事〈一個對話〉，乃以許久不見的「你」和「我」之對話構成，兩人彼此詰問、思索「戀愛」的真義——「愛到底是苦痛，還是苦痛和幸福都有的東西」。這位妻子生了重病，躺在醫院，卻愛上了一個舞女的友人，向「我」傾訴自己對舞女的情感，尤其沈溺於她的外貌，並勸說「我」遵從真實的情感，活在當下，不畏人言地去擁抱、忍受苦痛和悲哀，享受「新感覺」。[47]此作以兩人對話方式

一代》（北京：新星出版社，2005 年），頁 179-204。

44　朱維基：〈第一次說話〉，頁 1。

45　芳信：〈秋〉，《秋之夢》（上海：光華書局，1929 年），頁 16、17。

46　Charles Baudelaire, « Anywhere out of the world. - N'importe où hors du monde, » *Petits Poèmes en prose (Le Spleen de Paris)*, 140-141.

47　芳信：〈一個對話〉，《秋之夢》，頁 20。

串成，頗能令人聯想起《水仙》中兩人所合譯的〈謊語的頹敗〉。只不過，在〈謊語的頹敗〉中，兩位主角所爭論的是藝術的本質究竟為何，並得出了藝術乃美麗的謊言之結論，思考的也並非道德和情慾究竟孰輕孰重的議題。

芳信以上三篇小說雖然體裁、情節並不相同，但卻一樣的悖德、勇於挑戰世俗，描述的是禁忌的愛情，或者愛慾的耽溺。而結合了以上作品情節，描寫背離世俗的禁忌之戀，最為集大成的，該屬《秋之夢》的壓卷之作〈出國〉。〈出國〉寫的是和剛被愛人拋棄，又和自己的師母安妮墮入不倫愛情的青年最終為情自殺的故事。小說中刻畫兩人享受激情的場面相當大膽，描述青年愁苦的心境十分細膩，「他」的戀人甚至在夢境中變身魔鬼，誘惑卻又傷害青年。小說家刻畫鮮血淋漓的場面，充分彰顯愛慾的（不能）完成帶給青年的是無比的苦痛，致使青年以犧牲生命為代價，至死方休。小說結尾處甚至讓安妮將金十字架視為表示兩人情愛的神聖的信物，[48]將兩人為愛犧牲的精神與耶穌相提並論。

此外，在〈出國〉中，芳信也不時引用歐洲文學名作烘托、表述小說人物的心境，比方說安妮時時閱讀著名的法國浪漫小說《曼儂姑娘》（*Manon Lescaut*），熟悉該小說的讀者馬上便能聯想，作者或者正暗示安妮如該小說女主人公曼儂善變，而戀曲也一樣曲折。[49]芳信更引用英國唯美詩人道生的詩歌〈流放〉（"exile"），[50]及道生翻譯的魏爾崙（Paul Verlaine，1844-1896）名作〈秋之雨〉（"Il pleut doucement sur la ville"），[51]來表達青年離愁心緒，烘托小說氣氛。

〈秋之雨〉出現在小說主人公在雨聲霏霏的夜晚，夢到自己竟要被愛人殺死、為愛發狂時。

48　芳信：〈出國〉，《秋之夢》，頁 126、127。
49　芳信：〈出國〉，《秋之夢》，頁 52。
50　芳信：〈出國〉，《秋之夢》，頁 113。
51　芳信：〈出國〉，《秋之夢》，頁 91。

我們可以比對芳信的翻譯與原文、英文譯本：

Paul Verlaine, "Il pleut doucement sur la ville" (Arthur Rimbaud.) [52]	Ernest Dowson, "After Paul Verlaine I— *Il pleut doucement sur la ville.* RIMBAUD. " [53]	〈秋之雨〉 芳信譯 [54]
Il pleure dans mon coeur Comme il pleut sur la ville ; Quelle est cette langueur Qui pénètre mon coeur ?	Tears fall within mine heart, As rain upon the town: Whence does this languor start, Possessing all mine heart?	淚兒落在我的心上， 如雨珠落在地上； 何來這種怠倦， 佔據我的心頭？
Ô bruit doux de la pluie Par terre et sur les toits! Pour un coeur qui s'ennuie, Ô le chant de la pluie!	O sweet fall of the rain Upon the earth and roofs! Unto an heart in pain, O music of the rain!	哦，淒涼的雨點呀， 灑遍地面與屋頂。 打來我慘痛的心， 哦，雨之樂音！
Il pleure sans raison Dans ce coeur qui s'écoeure. Quoi! nulle trahison? Ce deuil est sans raison. C'est bien la pire peine De ne savoir pourquoi, Sans amour et sans haine, Mon coeur a tant de peine!	Tears that have no reason Fall in my sorry heart: What! there was no treason? This grief hath no reason. Nay! the more desolate, Because, I know not why, (Neither for love nor hate) Mine heart is desolate.	沒來由的眼淚， 灑進在我的愁懷； 唉！這段沒來由的悲愁， 是否不合情理？ 否！愈覺得寂寞， 因為，（我不知為何）， 我的心兒寂寞， 不為愛，也不為恨。

　　我們可以發現芳信的翻譯基本上忠實翻譯了道生的英譯，不過芳信以「秋之雨」為名，省略了原詩中魏爾崙題獻給韓波（Arthur

---

52　Paul Verlaine, « Il pleut doucement sur la ville, » *Romances sans Paroles* (Paris : Léon Vanier, libraire-éditeur, 1891), 6-7.

53　Ernest Dowson, *The Poems and Prose of Ernest Dowson* (New York: The Modern Library, 1919), 107.

54　芳信：〈出國〉，《秋之夢》，頁 93、94。

Rimbaud，1854-1891）——他的愛人——的詩名。魏爾崙的詩歌以音樂性見長，這首詩更是其中代表，每節的首句、尾句押韻詞重疊，巧妙地將法文「pleuvoir」（下雨）和「pleurer」（哭泣）聯繫起來，形成一種音樂感。通過詩歌韻律的重疊複杳，雨中世界、淚水串連起了外在環境和內心感情，情景相生，傳遞無限的哀愁。對照英文翻譯，我們可以發現道生也盡量運用了同樣的方法，形成了一種詩歌的節奏感。然而，芳信的翻譯卻沒有特別琢磨一種最能表現這種音樂感的形式；[55]最後一段的翻譯也與原作不太相同，導致詩歌迴旋、複杳吟誦時形成的渲染力差了一些。當然，小說主人公此時從噩夢中驚醒的心境，似乎也不接近「不為愛也不為恨」之無端愁緒的魏爾崙。芳信在此整段引用法國象徵詩人魏爾崙的詩歌，除了烘托小說氣氛外，似乎更因此詩寫「秋雨」，故結合傳統詩詞秋雨的意象，將其想像為離愁的象徵，與主人公內心的悲愁互相激盪。

　　也就是說，在芳信的小說中常見的西方文學典故的引用，既發揮著烘托氣氛、反襯人物、暗示結局等作用，但這些文學作品，似乎已經脫離原意或原來的脈絡，而被轉化為另一層意涵——如前所述，不論是波特萊爾、道生、魏爾崙的作品，在他們的譯筆下，已經不只代表了美的化身、文藝的理想，同時更象徵著反抗的勇氣和對自由愛情的追求，甚至是對愛慾的癡迷。此外，芳信此處西方詩歌的引用，更多的是具營造小說氣氛的功用。李歐梵談到郁達夫的文學風格時，曾引用美國學者拉爾夫·費里德曼（Ralph Freedman，1920-2016）的觀點指出，郁達夫敘事寫景，情境交融，詩文共現，情緒滿溢，使小說達到詩歌之境界；而小說更主觀、抒情、內心化，正是 20 世紀現代小說的共同趨勢。[56]芳

---

55 1926 年，戴望舒也翻譯了魏爾倫此詩，譯為〈淚珠飄落縈心曲〉，採用詞體的形式，凸顯詩作的音樂性。芳信顯然和此時的戴望舒，以及新月派等著重思考詩歌韻律、形式關係的詩歌譯者不同，一直傾向以語體翻譯詩歌。請見戴望舒：〈淚珠飄落縈心曲〉，《戴望舒譯詩集》（長沙：湖南人民出版社，1983年），頁7。

56 李歐梵：〈引來的浪漫主義——重讀郁達夫《沈淪》中的三篇小說〉，《現代

信此時期的小說可以說相當好地呼應了此一觀察。更值得注意的是,此時芳信的小說皆帶有些自傳性質,小說人物的經歷,如離開鄉村赴省城唸書、上臺演戲、留學日本、教書,與舞女戀愛等等,和他本人經歷頗為類似。[57]小說中的內心獨白,第一人稱視角等敘事手法的運用,都使小說主人公的內心世界大量地呈現在讀者眼前。這一「內面」的書寫,亦相當好地展現了現代小說色彩。

　　此外,如果小說中所體現的是芳信的真實經歷,及他擁抱、倡導唯美文藝時之真實的生命處境,我們是否可以想像,熱情擁抱歐洲唯美詩歌的現代中國青年文人如芳信,在接受西方唯美、浪漫文學思潮時,究竟其中於他而言深有共鳴者為何?是什麼引發了那悲苦、孤獨、感傷的心靈,勾連了他憤懣和空虛的情緒,方將西歐唯美文學作品的主人公視為生命的同行者,要效法他們追求理想至死方休?是什麼吸引了以芳信為代表、在五四新文化運動中成長、啟蒙,卻存在著積鬱的情感、深沈的苦悶的青年?當實現個人的理想受到了現實的阻礙,心中充滿了空虛和迷惘的時候,西歐唯美主義作家和他們筆下主人公的遭遇,是否提供了青年苦惱根源一個解答,讓這群中國的唯美信徒著重呈現其為美、為情不惜犧牲、抵抗的精神——因為沒有愛也沒有美的世界,是不值得活的?也就是說,反面說來,若人的天性便是不斷發想,創新事物(natality),也唯有不斷創造新生,才是活著的真義。那麼,身處風雲變幻的時代,既感世事難料,心中充滿了空虛和迷惘,為理想奮不顧身,嚮往愛與自由的青年,在新異探索中安頓了心緒,很快地卻得面對來自時代更為嚴峻的挑戰——戰火的考驗,此時,青年如「我」又將怎麼安頓自己?更決絕地迎向新生?下文中,通過對芳信戰爭時期文學譯介活動的探查,筆者將進一步分析之。

　　性的想像:從晚清到五四》(新北:聯經出版事業公司,2019年),頁346。
57 錫金:〈芳信和詩歌書店〉,頁128-132。

四、「行列」中的歌唱：朱維基、芳信與詩歌翻譯叢書

　　二、三〇年代積極進行唯美文學實踐的朱維基、芳信，在戰爭時期的上海，面對孤島一般的情勢，轉而積極參與著蔣錫金與「行列社」的文藝救國活動。而兩人和行列社的結緣經過，多可見於蔣錫金的回憶。1938 年，文藝人士積極參與救亡抗日活動，身為共產黨地下黨員，同時也參加中華全國文藝界抗敵協會的蔣錫金正組建詩歌講習會，[58]四處尋覓開會地點，在舊識朱維基平安里家中舉行過幾次，住家不遠的芳信也出席。熱心詩歌創作的他們一拍即合，打算籌備刊物，發表創作，成立了「詩歌書店」，推出《詩歌小叢書》系列，同時請有經營經驗的芳信擔任經理。詩歌書店原計畫推出「一、詩歌創作叢書。二、詩歌翻譯叢書。三、詩歌古典叢書。四、詩歌理論叢書」。[59]但實際上，因為烽火連天，時局艱難，朱維基遭到逮捕，只出版了白莽的《孩兒塔》；和《在戰時》、《……而西班牙歌唱了》兩本譯詩集（1941），其他計畫都宣告失敗。

　　據蔣錫金回憶，朱維基和芳信這兩本譯詩集，乃根據《在戰時》的英文原版，以及《……而西班牙歌唱了》的英文譯本翻譯而成，而兩本英文書都是蔣錫金自葉君健（1914-1999）處取得，[60]再將兩本書的翻譯工作交給朱維基、芳信兩人的。

58　蔣錫金青年時期在上海求學，就參與過「左聯」發起的愛國運動，並曾在《申報·自由談》、《人世間》上發表過詩歌。1938 年他在漢口加入中國共產黨。當時國共合作抗戰，蔣錫金在郭沫若領導下的國民政府軍事委員會政治部第三廳工作，擔任《抗戰文藝》的副刊主編。後來蔣錫金受派遣回「孤島」上海進行文藝抗敵活動。蔣錫金到上海後，先後組織了詩歌座談會、行列社，以詩歌朗誦會、交流會的形式做掩護，傳播抗日思想。請見吳景明：《蔣錫金與中國現代文藝運動》（長春：東北師範大學出版社，2015 年）。

59　錫金：〈芳信和詩歌書店〉，頁 128-132。

60　葉君健早年熱衷世界語，曾以世界語完成了《被遺忘的人們》等小說，他亦曾留學英國，可能因此關注了這個詩歌選集。錫金：〈芳信和詩歌書店〉，頁 128-132。

　　朱維基、芳信已經是異國文學翻譯的老手，他們這次的翻譯經過、成績和特色如何？從唯美文學的提倡者搖身一變成為關懷現實的吹號人，其心路歷程又可以怎麼解讀？在下文中，筆者分別加以分析。

（一）朱維基與《在戰時》

　　1938 年，中國正處於戰火紛飛的動亂時期，硝煙四起、形勢嚴峻，不少外國記者、作家親赴戰地，採訪報導，其中，便包括了有 20 世紀最偉大英語詩人之稱的奧登。他和摯友——共同創作了不少作品的衣修伍德（Christopher Isherwood，1904-1986），為兩人第四本創作踏上中國，立志要書寫戰爭。在此之前，奧登曾經到訪西班牙，期待為了對抗法西斯戰爭盡一份心力，卻失望而歸。[61]

　　奧登在中國待了四個月，穿梭於不少城市中，包括了漢口、西安、上海等。[62]回國後，他將這次旅行見聞醞釀成了 1939 年出版的《戰地行》（Journey to a War）一書，其中包括了《在戰時》十四行組詩，以優美的語言、絕妙的意象書寫人群面對戰爭的哀傷和奮鬥，反思人類文明。[63]這本詩集很快地便被譯為了中文，並對四〇年代的中國詩人產生很大的影響。[64]而朱維基的《在戰時》是目前可見該十四行組詩最早的完整中文翻譯。[65]全書收錄了序詩 6 首，十四行詩 27 首，和一首作為

61　Humphrey Carpenter, *W. H. Auden: A Biography* (Oxford: Oxford University Press, 1992 [Original publication 1981.]).

62　請見李爽學：〈烽火行——中國抗日戰爭裡的奧登與伊舍伍德〉，《中外文學關係論稿》（新北：聯經出版事業公司，2015 年），頁 393-406。

63　W. H. Auden and Christopher Isherwood, *Journey to a War* (London: Faber and Faber Limited, 1939).

64　卞之琳、穆旦、王佐良都翻譯過奧登此作。

65　奧登詩歌譯介在中國開始於三〇年代末，首現身於燕卜蓀（William Empson，1906-1984）在西南聯大的英詩課，吸引了王佐良等一批學生。此外，邵洵美、徐遲也有一些奧登詩歌翻譯。請見余生：〈英國詩：1932-1937〉，《新詩》第 2 卷第 2 期（1937 年 5 月），頁 222-229；徐遲譯：〈前線訪問記〉，《星島日報》第 14 版（星座），1938 年 8 月 2 日；徐遲：〈中國詩〉，《星島日報》第

補充的詩解釋，朱維基撰寫了引言、注釋，並對十四行詩的每一首都寫了詩解，用心可見。

　　徐曦指出，朱維基此詩的翻譯在藝術方面並不出色，尤其與後來的詩人兼譯者穆旦（1918-1977）、卞之琳（1910-2000）等人的作品相比，只能說大致忠實、流暢。[66]我們可以對照奧登原作，探索朱維基的翻譯之所以給人留下「並不突出、中規中矩」之印象的關鍵，

　　以最為出名的第 18 首為例：

XVIII[67]	朱維基譯[68]	卞之琳譯[69]
Far from the heart of culture he was used: Abandoned by his general and his lice, Under a padded quilt he closed his eyes And vanished. He will not be introduced.	他在遠離文化中心的地方被用過了，為他的將軍和他的蝨子所拋棄，他在一條破棉被底下閉起他的眼睛而消逝了。他不會被提起	他用命在遠離文化中心的場所：為他的將軍和他的蝨子所拋棄，他給撩上了一條被，闔上了眼皮，從此消失了。他不再被人提說，
When this campaign is tidied into books: No vital knowledge perished in his skull; His jokes were stale; like wartime, he was dull; His name is lost forever like his looks.	當這次的戰事整理成書的時候，沒有重要的知識在他頭顱中滅亡；他講的笑話是陳腐的；如同戰時那樣，他遲鈍；他的名字像他的顏容一樣永遠消逝。	儘管這一場戰爭編成了書卷：他沒有從頭腦丟失了緊要的知識；他開的玩笑是陳舊的；他沈悶，像戰時；他的名字跟他的面貌都永遠消散。

---

　　8 版（星座），1939 年 7 月 2 日。

66　徐曦：〈對奧登的另一種翻譯——論朱維基譯《在戰時》〉，《中國現代文學研究叢刊》2018 年第 4 期（2018 年），頁 210-223。

67　W. H. Auden and Christopher Isherwood, *Journey to a War*, 276.

68　朱維基譯：《在戰時》（上海：詩歌書店，1941 年），頁 54。

69　卞之琳編：《我們當時相愛而實在無知：英國詩選（英漢對照）》（上海：上海人民出版社，2021 年），頁 297-298。

He neither knew nor chose the Good, but taught us, And added meaning like a comma, when He turned to dust in China that our daughters	他既不知道也不選取「善」，但是當他在中國變成塵土的時候，他教訓我們並像逗點一樣加上意義：我們的女兒們要配愛這個世界，	他不知也不曾自選「善」，卻教了大家，給我們增加了意義如一個逗點：他變泥在中國，為了叫我們的女娃
Be fit to love the earth, and not again Disgraced before the dogs; that, where are waters, Mountains and houses, may be also men.	不要再在狗前面覺得羞愧；在有山有水有屋的地方，也會有人。	好熱愛大地而不再被委諸狗群，無端受盡了凌辱，為了叫有山，有水，有房子的地方也可以有人。

　　通過對比，我們可以發現，朱維基的翻譯的確較為平實，語言簡潔，較少針對奧登的詩意和詩藝琢磨文字，汲取更貼近的表達方式，比方說朱維基將奧登詩中最後一段，翻譯成「我們的女兒們要配愛這個世界，／不要再在狗前面覺得羞愧；／在有山有水有屋的地方，也會有人」。相較於卞之琳的翻譯，朱維基的翻譯雖確實（卞之琳加上了「無端受盡了凌辱」一句），但相較於卞之琳將此一每行以抑揚格五音步組成的詩歌，譯以每句五頓相應的形式，十分流暢，朱維基的譯詩韻律感似乎少了那麼幾分。朱維基譯詩時並不注重音韻的翻譯，而更重視內容的傳達，如同他曾翻譯的考德威爾（Christopher Caudwell，1907-1937）詩論所言——所謂詩，是不能翻譯的——想要得到一點外國詩的風味，散文般的直譯，比韻文譯令人滿意。[70]

　　朱維基此翻譯詩，不只譯出了詩歌全文，還執筆完成了詩解、引言

70　考德威爾原作，朱維基譯：〈詩歌的本質〉，《中國建設（上海 1945）》第 1 卷第 3 期（1945 年 12 月），頁 51。

和註釋。若我們也將對作家或其作品的詮釋、譯介等副文本（paratext）
也看成翻譯實踐，[71]那麼，這些文字對我們理解朱維基怎麼詮釋奧登及
選擇翻譯策略相當有幫助。

比方說，朱維基在他的詩解中如是分析上述的詩第 18 首：

> 在慘無人道的戰爭中，多少無知的善良的人是犧牲了。像他們
> 生前一樣，他們在死後也是沒沒無聞，雖然他們不自覺地盡了
> 為正義的一份力量。詩人看到了這樣的一個無名的戰士死在一
> 個冷落的地方時，他就感到我們怎樣地應該要作出有意義的事
> 業來，使我們配去愛這個世界。在末後一行裏，我們感到詩人
> 有著怎樣一種沈痛的低抑的情緒在他心中迴蕩著：「在有山有
> 水有屋的地方，也會有人。」[72]

上文述及，比對原詩可以發現，朱維基為此詩下的註解：「他就感到我
們怎樣地應該要作出有意義的事業來，使我們配去愛這個世界」，似乎
並非奧登原來深具人性關懷思索的詩意，[73]包含較多朱維基本人的詮
釋。且看卞之琳的翻譯：「他變泥在中國，為了叫我們的女娃，／好熱
愛大地而不再被委諸狗群，／無端受盡了凌辱，／為了叫有山，／有
水，／有房子的地方也可以有人」。卞譯以兩個「為了」統整詩句，接

---

71 熱奈特（Gérald Genette，1930-2018）指出，所謂的副文本（paratext）乃作品文本外圍的文字，包括序、跋、標題、題詞、插圖、圖畫、封面等。譯本中的副文本信息量豐富，是分析翻譯者的翻譯思想或者翻譯觀的重要材料。Gérard Genette, "Introduction to the Paratext," trans. Marie Maclean, *New Literary History*, vol.22 no.2 (1991): 261-62.

72 朱維基譯：《在戰時》，頁 28。

73 伊格爾頓分析奧登詩歌時，稱他為「現代」詩人，因為他的詩歌對宏大敘事表現出懷疑。親身和 20 世紀初期的全球人民一起經歷戰爭磨難的他，雖以詩歌對人類的苦難致敬，卻不僅僅是描寫感傷，反通過高深的詩歌技藝，詩句錯落堆疊的講究，形成機智的反諷、理智風格，表現出對人性深刻的寫實。請見特里·伊格爾頓（Terry Eagleton）著，陳太勝譯：《如何讀詩》（北京：北京大學出版社，2016 年），頁 3-4。感謝鄭文惠教授提點，惠賜高見。

上「好熱愛大地而不再被委諸狗群」，以「也可以有人」收束全詩，充分翻譯出奧登詩歌通過精巧的語句排列所產生的反諷效果，而奧登引領讀者思索、喟嘆的意圖，也於是躍然紙上。於是吾人不禁好奇，究竟朱維基強調的「有意義的事業」是什麼呢？他又為何要如此翻譯呢？

事實上，朱維基在《在戰時・引言》裡簡介奧登創作時的主要關懷、思想背景時這麼說：

> 從一九三〇年起，資本主義已經到了牠的最後的危機，而社會主義在一個國家的成功，尤其使資本主義的矛盾尖銳化了。……而在詩歌上表現出來的，則是資產階級的思想家或是「技藝家」跟無產階級聯盟起來，對於資產階級的狀況作一個真正的反抗。詩人們企圖把社會價值重新給與由前一個時期的運動所發展的那種技巧的源泉。在這個時期中，我們可以看到詩的整個內容的完全的改變。……形式問題有退到第二位的趨勢，直到社會關係的問題獲到了詩的解決的時候為止。在英國，這些詩人中我們可以提起的就是奧鄧、魯威斯（C. Day-Lewis）和史班特（Stephen Spender）。[74]

魯威斯（C. Day-Lewis，又譯戴路易斯，1904-1972）和史班特（Stephen Spender，1909-1995）都畢業自牛津大學，如同奧登，此時期他們的作品也特別關注平等正義、社會階級議題；他們寫詩，不但承繼艾略特（T.S. Eliot，1888-1965）現代主義詩歌關注現代社會、都市生活的流風遺緒，也以具寫實主義色彩的目光，刻畫現實，又著重嘗試詩歌語言、技巧的實驗，展現新的詩風，因此有「奧登一代」（Auden Generation）、「三十年代詩人」（The Thirties Poets）之稱。[75]朱維基

74　朱維基譯：《在戰時》，頁 9-10。

75　目前有關「奧登一代」、「三十年代詩人」相關研究相當多，如 Samuel Lynn Hynes, *The Auden Generation: Literature and Politics in England in the 1930s* (London: Bodley Head, 1976); Valentine Cunningham, *British Writers of the Thirties*

在此文中介紹奧登的文學關懷時，強調的便是此時期這群年輕詩人在苦難之中仍樂觀盼望的信心，以及其左翼的理想主義色彩。亦即，在上述文章中，朱維基將奧登視作以詩解決社會問題——也就是資本主義的矛盾、危機——的詩人代表，並從左翼文藝視野，體察奧登書寫此作的用心，這的確是朱維基詮釋奧登詩歌時，不同其他中國詩人、譯者的一點。[76]而這或許亦解釋了朱維基何以將《在戰時・詩十八》的最後一段翻譯成「我們的女兒們要配愛這個世界」的原因。因為朱維基認為，對奧登來說，唯有當我們（和她們）都投身且完成了「有意義的事業」——而這個事業顯然地是改變世界、創造新社會——方能「配得上」去「愛」世界。

　　序言後段，朱維基還特別向中國讀者說明了奧登的政治傾向和行動。他總結奧登詩歌風格為以下三點：一、強烈的諷刺，並指出第18首尤其顯出奧登的諷刺才能。二、他的政治觀念和情感的融合——朱維基認為奧登在這本詩集裡很顯著地表現出了其政治傾向。三、以愛為出發點。朱維基指出，要瞭解奧登，以及其他英國近代詩人的詩，先要確實地認識到他們是憎恨著人剝削人的資本主義社會，並且從「愛」出發而懇訴著一個新社會的創造的。從此觀點出發，朱維基如此分析《在戰時》第13到20首詩，他評論道：「從這裏起，詩人直接看到戰爭了。

(Oxford: Oxford University Press, 1988); Jem Poster, *The Thirties Poets* (Buckingham: Open University Press, 1993)。其中，關於他們與政治的關係，還可以參考 Stephen Spender, *The Thirties and After: Poetry, Politics, People 1933-1970* (New York: Random House, 1978); Robert Manteiga, "Politics and Poetics: England's Thirties Poets and the Spanish Civil War," *Modern Language Studies* 19 no. 3 (Summer 1989): 3-14。陳國球也在論文中引用 Adrian Caesar（1955-）所言指出，對當時三十年代英國詩人來說，共產主義可以說是一種文學現象。請見陳國球：〈放逐抒情：從徐遲的抒情論說起〉，《清華中文學報》第 8 期（2012年 12 月），頁 237。

76 當時其他詩人、譯者如卞之琳翻譯奧登詩歌時，便特別重視形式上、藝術上的特點，請見梁秉鈞：〈中國三、四〇年代抗戰詩與現代性〉，《現代中文文學學報》第 6 卷第 2 期及第 7 卷第 1 期（2005 年 6 月），頁 165-166。

作為一個共產主義者的他，國界對於他是不存在的。我們所身受的痛苦好像他身受的一樣；我們的敵人也就是他的敵人。」[77]更直接將上述奧登詩歌風格中的「政治觀念」、「政治傾向」定調為「共產主義」，而他所說的「有意義的事業」究竟是什麼也就呼之欲出，不言自明。儘管識者多會指出，奧登雖然曾經傾向左翼，在思想上受到相當的啟發，[78]他作品中的左翼觀點一度很鮮明，但他從未正式成為共產黨員，因此，此處朱維基稱奧登為「共產主義者」，顯然有些過度推論的嫌疑，更遑論稱他意欲完成「有意義的事業」了。

　　當然，我們可以推想，朱維基之所以如此解讀奧登，並強調《在戰時》具有呼籲民眾進行社會變革的意涵，乃因在國難當頭之際，曾經翻譯〈謊語的頹敗〉，將藝術視為比生活更為真實，以唯美精神來反抗文藝主潮的朱維基，面對兵荒馬亂、遍地干戈的非常時期，承襲從蔣錫金處接觸的馬克思主義文藝理論，逐漸傾向支持以文藝抗爭，以書寫承擔時代變局的文藝觀。而此一文學觀，顯然也對他的翻譯策略、詮釋產生了影響。

　　此外，如同徐曦指出，朱維基對奧登詩歌的解釋，深受他曾翻譯過的英國馬克思主義文學批評家考德威爾的影響，[79]故能將之放回馬克思主義文藝潮流的脈絡中把握，因而特別深刻地體現奧登詩歌中隱而不顯的左翼思想。[80]徐曦特別對照朱維基的序文與考德威爾《幻像與真實》

77　朱維基譯：《在戰時》，頁 26。

78　Justin Replogle, "Auden's Marxism," *PMLA* 80 no.5 (December 1965): 585-586.

79　請見徐曦：〈馬克思主義文論視域下的奧登譯介：以朱維基譯《在戰時》為例〉，《英語文學研究》2019 年第 1 期（2019 年），頁 109-118。朱維基還曾翻譯過考德威爾的書《幻象與真實》中的部分章節。請見考德威爾原作，朱維基譯：〈英國詩歌發展的三個階段〉，《求真雜誌》第 1 卷第 1 期（1946 年 5 月），頁 51-56、第 1 卷第 2 期（1946 年 6 月），頁 57-61、第 1 卷第 3 期（1946 年 7 月），頁 68-76。Christopher Caudwell, *Illusion and Reality: A Study of the Sources of Poetry* (New York: International Publishers, 1937)。

80　徐曦：〈對奧登的另一種翻譯——論朱維基譯《在戰時》〉，頁 216。史班特也曾在他的文章中指出，奧登乃以佛洛依德及馬克思主義解析當時西方社會的疾

（*Illusion and Reality: A Study of the Sources of Poetry*，1937）一書若干章節，發現兩處頗為雷同，朱序基本上是對考書的改寫，論點精到。

不過，經筆者考察，此序文談及英國共產主義詩歌潮流的出現，奧登詩歌所受到近代三個詩人的影響，以及奧登詩歌的特色等段落，和朱維基曾經翻譯過的戴路易斯（Cecil Day-Lewis，即朱譯魯威斯）的《詩的希望》（*A Hope for Poetry*，1934）基本上也大同小異。[81]《詩的希望》一書是戴路易斯闡釋三十年代詩人詩論的一部重要作品，他在書中討論奧登等一批戰後詩人與詩歌傳統的聯繫，及他們如何拓展詩歌的表現領域，並談論詩歌和當代，和宣傳、抒情的關係，以及詩歌的本質，尤其關注詩和政治的聯繫。朱維基在《在戰時》序文中，談蘇格蘭詩人麥克狄爾密特（Hugh Macdiarmid，1892-1978）歌頌列寧詩歌為英國人以馬克思主義觀點寫詩之始的觀點，[82]便來自該書第八章。談奧登詩藝與霍波金斯（Gerard Manley Hopkins，1844-1889）、烏溫（Wilfred Owen，1893-1918）、艾略特的關係處，[83]則大段引用了該書第二到四章。寫奧登的諷刺詩犀利如解剖刀，亦是戴路易斯在第七章中的說法。總的來說，朱維基此詩譯介，除了十四行詩解是他較為個人化的賞析外，基本上乃是朱維基將考德威爾、戴路易斯的詩歌評論翻譯改寫融合而成。

不過，我們還是能發現朱維基亦對考德威爾、戴路易斯的詩論做出了一己之詮釋。首先，考德威爾在此作中分析的是當代詩歌的整體發

患，請見史班特著，袁可嘉譯：〈釋現代詩中底現代性〉，《文學雜誌》第 3 卷第 6 期（1948 年 6 月），頁 27-35。

81　C. Day-Lewis 原作，朱維基譯：〈一個對於詩的希望〉，《文藝新潮》第 2 卷第 1-6 期（1939 年 11 月-1940 年 4 月）；C. Day-Lewis 原作，朱維基譯：〈近代抒情詩產生的困難：一個對於詩的希望（第十章）〉，《文學新潮》第 2 卷第 9 期（1940 年 9 月），頁 346-348；C. Day-Lewis 原作，朱維基譯：〈近代詩中的詞藻問題：一個對於詩的希望第九章〉，《詩創作》第 7 期（1942 年 1 月），頁 48-51。

82　朱維基譯：《在戰時》，頁 10-12。

83　朱維基譯：《在戰時》，頁 13。

展，但朱維基將之改寫為專對英國當代詩歌的歷史發展進行的分析，省略了考德威爾提到法國、義大利、西班牙、俄國詩歌的段落。並且，考德威爾評論奧登為「資產階級詩人」，頂多視之為左翼同路人，並沒有稱他為共產主義詩人。與考德威爾相同，戴路易斯雖然提到奧登對於社會變革議題的關注，並將一戰後詩人面對新舊時代變革的矛盾衝突視為這一代詩人的挑戰，卻也並沒有強調奧登共產黨員的身份。然這並未被朱維基接受、吸收，如上文所述，朱維基反將奧登視為共產詩人的代表。

此外，不論考德威爾、戴路易斯論詩，都對何為詩的本質下了定義。考德威爾提出了有節奏的、非理性的、非象徵的、具體的，以及凝練的情感，作為詩在美學特質方面的特色；[84]戴路易斯也提出了在新時代書寫「抒情詩」的困難，思索當代詩人該如何反覆錘煉詩藝，並推崇奧登在新時代寫詩的創造力，尤其是語言和技術及關懷上的新穎嘗試。也就是說，他們兩人雖然都展現了對馬克思主義文藝潮流的關注，但也同時關心情感、節奏等形式在詩歌創作上的實踐等問題，並將之視為詩之所以為詩的特質，而這點卻並非朱維基的首要關注。

實際上，除了大學課堂外，奧登到訪中國的消息，曾一度引起各界矚目，尤其是早已十分關注英國當代左翼詩人的中國詩壇。奧登一代的詩人在歐戰後、法西斯主義逼近下思考詩的意義，與正值戰爭期間，關心中國詩壇需要什麼樣的新詩，文學的未來又該如何表現的中國詩人可說是一拍即合，而中國詩人可能更為激進。比方說，朱維基以外，徐遲（1914-1996）在1939年亦引用了戴路易斯的《詩的希望》，提出了在戰爭時代，詩人創作應該「放逐抒情」一說，呼籲建立新的傳統之必要，[85]引來了陳殘雲（1914-2002）、胡風、穆旦等作家圍繞著詩歌的本質、詩歌與抒情等議題進行討論。[86]如同徐遲「誤讀」戴路易斯，無獨

84　考德威爾原作，朱維基譯：〈詩歌的本質〉，頁50-55。

85　徐遲：〈抒情的放逐〉，《星島日報》第8版（星座），1939年5月13日。

86　相關討論可參考劉繼業：《新詩的大眾化和純詩化》（北京：北京大學出版

有偶，朱維基在詮釋奧登的詩歌及文學觀點時，強調他是新時代詩人的代表，一位能以詩解決社會問題的共產黨詩人，亦對奧登進行了更為政治性的理解。

此外，研究文學與戰爭的學者也曾談到，讀者總是以自己熟悉的情感語言回應以前的戰爭書寫，人們對於過去戰爭文學的情感理解，以及身處現在此地的感受，共同構成了其對當下戰爭的接受。[87]也就是說，朱維基對奧登詩歌「我們所身受的痛苦好像他身受的一樣；我們的敵人也就是他的敵人」之詮釋，顯然出自他將自身的閱讀經驗、感觸與當下對於戰爭的感受相互連結的結果。奧登所描寫的景況使朱維基感同身受，這自然來自於他對戰爭慘況的親身體驗，而更值得留意的是，朱維基的詮釋，還更與其理想有所聯繫——激勵當時的作家、讀者關心現實，批判帶來社會動盪和罪惡的資本主義。也就是說，在反法西斯戰爭的異國文學詩歌閱讀和翻譯中，朱維基不僅讀寫戰亂，因而情感激盪，他號召變革的情感訴求亦受到了鼓舞，因此在唏噓嗟嘆之餘，更欲奮發革新，這也影響了他的翻譯策略。

另外，朱維基《在戰時》第13到20首詩的評論中所言「詩人直接看到戰爭了」一句，則不禁讓我們想起「目擊成詩」的杜甫（712-770）。亦即，朱維基對奧登詩歌的詮釋，不僅有來自西方詩人的靈感，更連結起「獨立蒼茫自詠詩」的詩史傳統——詩人將目擊所見，化為詩歌呈現，這份承擔世變的同情共感，被認為是詩歌反映現實、見證

社，2008年），頁74-88；張松建：《抒情主義與中國現代詩學》（北京：北京大學出版社，2012年），頁23-32。

[87] "Literature seems to provide both rich form and exceptionality to the 'story' of war. Literary texts record, remember, and recreate war's emotions in a number of different forms." "The clear evidence from studies in this volume and elsewhere is that readers of all kinds respond to war literature of the past in their own emotional idioms: their reading of past literature both forms, and is formed by, their contemporary emotional understandings of war – how they 'feel' about it in the here and now." See S. Downes, A. Lynch and K. O'Loughlin eds., *Emotions and War: Medieval to Romantic Literature* (Basingstoke: Palgrave Macmillan, 2015), 2, 6.

時代的象徵，也是抒情的極致形式。[88]實際上，後來朱維基也發表了好幾首書寫戰時現實的詩歌，收錄在詩集《世紀的孩子》中，[89]而在其中一首詩中，朱維基一開篇便引用了杜甫的〈自京赴奉先縣詠懷五百字〉。[90]

繼艾略特之後席捲文壇的青年奧登，象徵的是英國詩歌史上的新世代，他的作品不只具有文學性，同時也承載著他的左翼理想，並在詩歌藝術性的探索上大步前行。曾經不畏懼湍湍急流，也要為美、情而歌唱，表現前衛、頹蕩，挑戰世人的朱維基，此時當然也不吝於將眼光轉向此呼喊發聲的強力之音，與那衝破苦難、無畏的呼喚有所共鳴。不論是在二、三〇年代或四〇年代，朱維基譯詩，那衝破一切的勇氣，可說倒是一脈相承的。

事實上，所謂作詩，乃心有所感，發而為詩，既然如此，詩歌便很難脫離抒情的可能。儘管國仇家恨逼近詩人門前，書寫義憤與現實成為優先之事，然誠如陳國球所言，「戰爭詩學」雖自有其時代需要，然書寫戰事，又何必又如何能「放逐抒情」呢？[91]我們甚至還可以進一步追問，詩人書寫革命、抵抗與戰鬥，喚起對抗的強力與心潮，其所恰恰欲動員的，難道不是所謂「情感」的能量嗎？在下文中，我們將通過對芳信詩歌翻譯的討論來進一步分析。

---

88 如陳國球曾談到「抒情」在中國詩歌傳統中不只是個人情感的抒發，更追求通過詩的流傳，將情的效應，連結在公眾領域之中。陳國球：〈「抒情」的傳統與現代〉，收於高嘉謙、鄭毓瑜主編：《從摩羅到諾貝爾：文學經典·現代意識》（臺北：麥田出版社，2015 年），頁 192-208。

89 朱維基於戰後出版的詩集一改前作唯美浪漫風格，以寫實為主，然相對於奧登詩歌所表現的對人類命運的關注、思考，朱維基的戰爭詩歌頌的是奮戰不懈，如〈遙寄雪地上的朋友〉、〈給青年〉；嚮往的是黎明再起，如〈春的在望〉、〈黎明前放歌〉。請見朱維基：《世紀的孩子》（上海：永祥印書館，1946 年）。

90 請見朱維基：〈路倒屍〉，《世紀的孩子》，頁 7。

91 陳國球：〈放逐抒情：從徐遲的抒情論說起〉，頁 229-261。

（二）芳信與《……而西班牙歌唱了》

一戰之後，歐陸各地關注人類命運的知識份子紛紛對這場毀滅了無數生命和文明成果的戰爭進行反思，熱烈擁抱一種跨國境的，關注人類命運的，世界主義式的思考與行動，掀起了反戰思潮。然而，戰爭及其帶來的血淚傷痛仍迴盪空中之際，二戰的煙硝已經又冉冉升起。1936年，被視為二戰前哨戰的西班牙內戰開打。隨著西班牙內戰中的暴行和慘案，人民的不屈、抵抗，成為許多文化人、文學作家、記者書寫的素材，也通過越來越多報導、回憶錄、攝影的流傳而為人所知，全世界對這場戰爭皆投以廣泛的關注。不但如此，西班牙詩人的戰時書寫更引起了熱烈迴響，據統計，此時共誕生了 8500 多首的戰地詩歌，使得西班牙內戰還有「詩人之戰」之名。[92]

當時各國文人——尤其是反法西斯的左翼文人——不但相當關注西班牙的戰事，更熱衷編選西班牙詩集，《……而西班牙歌唱了》（ ... and Spain Sings: Fifty Loyalist Ballads Adapted by American Poets）便是一本由二十多位美國詩人編譯的西班牙戰爭詩歌集，於 1937 年在紐約出版，共收錄了 50 首詩，選自《藍色工衣》（El Mono Azul）的前四期。[93]推動此書出版的美國學者貝納德特（Maír José Benardete，1895-1989）在序中表示，他是在美國詩人、西班牙與拉美文學專家，也是當時由美共（CPUSA）組織的「美國作家聯盟」（League of American Writers）主席沃爾多・法蘭克（Waldo Frank，1889-1967）處讀到這本刊物的，因為受到感動，他立即邀請詩人羅夫・亨弗里斯（Rolfe Humphries，1894-1969）主持，將其中五十首詩翻譯出來，而亨弗里斯一口答應的原因，則是因為他已經通過《公社》（Commune）——法

92 Jo Labanyi, *Spanish Literature: A Very Short Introduction* (Oxford: Oxford University Press, 2010), 116.

93 Maír Jos Benardete, Rolfe Humphries eds., *...and Spain Sings*: *Fifty Loyalist Ballads Adapted by American Poets* (New York: The Vanguard Press, 1937).

國革命作家藝術家協會（AEAR）機關刊物，[94]讀到了這些詩歌的法文版，並且深受吸引。

　　《藍色工衣》是由西班牙「27 一代」（The Generation of '27）詩人，[95]也是著名的〈保衛馬德里〉（"Defense of Madrid"）一詩的作者阿爾貝蒂（Rafael Alberti，1902-1999）夫妻在 1936 年創辦。如同英國當代詩人，西班牙「27 一代」詩人也多在歐戰後的時代困局中對於詩人如何連結政治參與和詩藝追求反覆思量。[96]阿爾貝蒂在 1931 年便加入了共產黨，並曾到蘇聯訪問，他和夫人瑪麗亞・特蕾莎・萊昂（Maria Teresa Leon，1903-1988）當時是西班牙反法西斯作家聯盟（Alliance of Antifascist Intellectuals for the Defense of Culture）的秘書。同於美國作家聯盟、法國革命作家藝術家協會，西班牙反法西斯作家聯盟也和共產運動有相當密切的關係。他們和當時世界各地的左翼知識份子一樣堅持反法西斯主義、反帝國戰爭的立場，並串聯全世界有同樣思考的知識份子介入政治行動。而該雜誌的起名靈感，來自西班牙勞工階層參戰時穿著的藍色連身褲裝，是當時前線流行的「戰衣」。雜誌以此為名，可看成象徵了知識份子欲以筆桿為武器，換上作戰服裝，和群眾一起共同抵禦敵人的決心。

　　《藍色工衣》是一份綜合性的文化雜誌，《……而西班牙歌唱了》所收錄的詩歌多來自其中的專欄「內戰歌謠」（Romancero de la Guerra Civil）。所謂歌謠（romancero），指的是一般西班牙人民熟悉，能以吉他伴奏吟唱的歌謠體（ballad form），因其傳承歷史悠久，能吟能

94　這是巴比塞、紀德、羅曼・羅蘭和瓦揚–古久列（Paul Vaillant-Couturier，1892-1937）等主編的革命文藝家協會（AEAR）機關刊物，1933 年創刊，1939 年停刊。該刊主要的訴求是反對帝國主義與法西斯主義，並支持無產階級革命。

95　關於 20 世紀西班牙詩歌的研究，請見 Andrew P. Debicki, *Spanish Poetry of the Twentieth Century: Modernity and Beyond* (Lexington: The University of Kentucky Press, 1994).

96　Robert C. Manteiga, "Politics and Poetics: England's Thirties Poets and the Spanish Civil War," *Modern Language Studies* 19 no.3 (Summer 1989): 3-4.

唱，婦孺皆知，受到群眾廣泛的喜愛，也人人都能創作，故在戰時成為最主要也最有感染力的創作形式。故在《……而西班牙歌唱了》的導言中，詩人羅倫佐・維雷拉（Lorenzo Varela，1917-1978）便強調這本詩集是群眾以他們熟悉的體裁寫成的詩歌，擁有悠久的傳統。維雷拉還從左翼文化人的視野指出這作品來自底層人民，展現了革命的力量，它也證明了真正的藝術家必須和人民站在一起，作為人民的代表而書寫。[97]

芳信翻譯的《……而西班牙歌唱了》並不是中國詩人第一次譯介西班牙詩歌。自三〇年代末起，中國文人便對西班牙的詩歌動向多有關心；深受軍閥混戰、國共內戰之痛的中國知識份子，在日本侵華戰爭全面開打後，更積極投身反戰文學的創作和翻譯，西班牙內戰時期的詩歌翻譯更一度形成熱潮，而有「滿天吹起了西班牙的風」一說。[98]上文中已經提到，芳信翻譯此書的原因，乃受到蔣錫金的鼓勵，而在談到翻譯此書的動機時，芳信也這麼說：

> 一方面固然為了想給青年詩歌工作者做一些奠基的工作，同時
> 自己也可以從這些西班牙人民為他們的祖國唱出的沉痛的歌唱
> 中，學習怎樣為自己的受難的祖國而歌唱——即使自己學習不
> 到，至少這些從西班牙全民族裡面產生出來的歌謠已喊出了一

97　Lorenzo Varela, "Introduction: Ballads of the Spanish People," in Maír Jos Benardete, Rolfe Humphries eds., ...and Spain Sings: Fifty Loyalist Ballads Adapted by American Poets, VIII.

98　已經有學者注意到了中國與西班牙 20 世紀初期流連在戰爭與革命間之歷史處境的相似，而此一共鳴感更是當時許多中國現代詩人對西班牙詩歌情有獨鍾的重要背景。Gregory Lee, Dai Wangshu: The Life and Poetry of a Chinese Modernist (Hong Kong: The Chinese University of Hong Kong Press, 1989), 99-120。曲楠：〈「滿天吹著西班牙的風」：抗戰時期的中國詩壇與西班牙內戰〉，《中國現代文學研究叢刊》2018 年第 1 期（2018 年），頁 71-88。西班牙內戰不但被戰時中國文人視為激勵國人勇於抗敵、青年作家團結「抗戰」的政治宣傳，更被左翼文人運用成鼓吹民眾反「內戰」的情緒以對抗國民黨的武器，相關研究請見羅執廷：〈雷馬克的《西線無戰事》與民國時期的非戰／尚戰話語〉，《中國現代文學研究叢刊》2014 年第 10 期（2014 年），頁 140-151。

個跟我們受到同樣厄運的偉大民族的最高的呼喊。[99]

可見芳信欲通過翻譯《……而西班牙歌唱了》激勵中國讀者面對民族苦難時刻勇往直前，以及催生中國現代詩歌創新的願望。事實上，這個願望更分享著晚清以來中國知識份子欲求新聲於異邦，以其他國度受厄者之呼喊激勵中國人民振作精神、作家書寫新作的傳統。[100]

更重要的是，回顧《……而西班牙歌唱了》一書從歐洲旅行到中國的旅程，從中可以發現一條跨越國境，從歐洲、美國到中國，串連起西班牙反法西斯作家聯盟、美國作家聯盟、法國革命作家藝術家協會的一條國際左翼陣線路徑；也得以窺見當時歐美反戰作家的世界主義理想，如何漸漸和蘇聯的國際主義與無產階級革命思潮連結，以及在蘇聯主導的國際革命作家聯盟成立，力求聯合世界上所有具有共同理想的同路人後，左翼文人、知識份子通過各地的無產階級革命作家組織快速、立即地進行跨文化交流及本地實踐的歷程。[101]因此儘管芳信此詩集是據英文

---

99 芳信：《西班牙人民軍戰歌……而西班牙歌唱了‧後記》（大連：光華書店，1948 年再版），頁 170-171。

100 自晚清起，中國知識份子、文人便對同受帝國、強勢文化侵略、壓迫的民族與國度特別關心，如東歐若干近代歷史上命運乖舛的弱小國家，波蘭、匈牙利等，此後，此類弱小民族國度的文學作品更因多書寫奮起抵抗的主題，而深受中國文學譯者、讀者青睞。關於弱小民族文學的相關研究不少，重要代表如宋炳輝：《弱勢民族文學在中國》（南京：南京大學出版社，2007 年）；宋炳輝：《弱勢民族文學在現代中國（以東歐文學為中心）》（北京：北京大學出版社，2017 年）；尹輝：《五四前後「弱小民族文學」譯介研究》（青島：山東大學中國現當代文學博士論文，2019 年）。詳請見本書第一章。

101 如前章所提及，一戰後的歐洲滿目瘡痍，不少知識份子積極宣揚和平思想，以作家為主的反戰知識同盟也相應成立。其後，在蘇聯提出包容同路人共同為革命奮鬥的口號後，這一股跨國界的和平主義思潮又與左翼國際主義陣營結盟，吸引不少文人互通聲氣。其中一位有代表性的人物即為羅曼‧羅蘭。詳請見 David James Fisher, *Romain Rolland and the Politics of Intellectual Engagement* (Berkeley and Los Angeles: University of California Press, 1988)；李歐梵：〈羅曼羅蘭與世界主義〉，收於陳相因編著：《左翼文藝的世界主義與國際主義：跨文化實例研究》（臺北：中央研究院中國文哲研究所，2020 年），頁 23-56。1932 年，羅曼‧羅蘭致力聯合世界各地反戰、反帝國主義、反法西斯的運動，

譯本譯出，[102]識者多會質疑英譯本與西班牙原作的差異——此一強勢文化、國度的譯者所進行的翻譯，是否不夠詳實，或是否通過歸化異質，使異國文本更符合需要等考量，進而影響了中國譯者、讀者對於西班牙詩歌不確實的接受和理解。但根據英譯本的譯者自敘，他們翻譯此書乃為將西班牙人民在戰爭中可歌可泣的英勇表現和不屈精神介紹給更多讀者而作，展現了相當開放、包容的意志；芳信的翻譯目的也相當明確，承繼前行譯者翻譯興國的願望，欲使讀者「學習怎樣為自己的受難的祖國而歌唱」，翻譯態度也相當真摯，不但完整地譯出了其中的五十首作品，還包括了編者序、導言。因此，與其憂慮芳信詩集翻譯忠實與否的問題，不如關注他此一文藝實踐背後，所隱伏著的一條逐漸成形的，跨越國境，從歐洲、美國到中國的國際左翼陣線文化流動路徑，及其中左翼世界主義的開放視野，無疑別有學術意義。

　　不過，《……而西班牙歌唱了》一書中的詩歌本來多是西班牙歌謠體，英文編譯者在序中也坦承了將這本西班牙歌謠體詩歌翻譯成英文詩形式上的困難。[103]以著名的〈保衛馬德里〉一詩為例，我們可以發現英譯者米倫‧布蘭登（Millen Brand，1906-1980）將這首詩翻譯成了抑揚格詩體（Iambus），某種程度維持了詩歌的音樂性。然而對照芳信的中文版，卻並沒有將之譯成格律詩，使它有如分行散文。

甚至計畫訪華，引起中國知識界的關注，比方說魯迅。請見魯迅、茅盾、田漢：〈歡迎反戰大會國際代表團的宣言〉，《長風》第 1 卷第 2 期（1933 年 9月），頁 60-61。相關研究還可見於廓可怡：〈跨越歐亞戰爭語境的左翼國際主義：論巴比塞《火線》及葉靈鳳的中文翻譯〉，收於陳相因主編：《戰爭、傳統與現代性：跨文化流派爭鳴》（臺北：中央研究院中國文哲研究所，2020年），頁 198-205。

102 據蔣錫金回憶，芳信這本譯詩集，乃據英文譯成，可以推測所據源本即為上文所述之英譯版本，而書是蔣錫金自葉君健處取得，請見錫金：〈芳信和詩歌書店〉，頁 128-132。

103 Maír Jos Benardete, Rolfe Humphries eds., *...and Spain Sings: Fifty Loyalist Ballads Adapted by American Poets*, VII.

以詩的第一節為例：

英文翻譯[104]	芳信翻譯[105]	現今翻譯[106]
Madrid, heart of Spain, Lays fire against its pulse— heat yesterday unknown today seethes in its blood. Never can it sleep, For if Madrid should sleep, a time will come to wake And find an absent dawn.	馬德里，西班牙的心臟，火把它的脈搏燒著了——昨天還不知道的熱力今兒在它的血液中沸騰。馬德里決不能睡去，因為如果它睡去的話，它醒來的時候，就再也看不見黎明。	馬德里，西班牙的心臟，它灼熱的脈搏在跳動，如果說昨天它的血已經沸騰，那麼今天就沸騰得更熱烈。它永遠不會睡著，因為如果馬德里睡著了，在它想醒過來的那一天，黎明就不會來和他相見。

對比後我們可以發現，芳信的翻譯乃緊貼英文譯詩的，且較現今的翻譯版本顯得較為口語，翻譯整體氛圍更為活潑。此外，經過比對，還可以發現他的翻譯，更加突出馬德里堅持不懈，勇於抗敵的形象。同於芳信前幾年唯美詩歌的翻譯，比起對形式字斟句酌，芳信顯然更重視詩意內容的傳達，將詩歌的澎湃情感傳遞視為詩歌翻譯的首要目標，並視之為能引領、帶動我輩前行的同伴。

這本詩集名為「……而西班牙歌唱了」，其歌唱的意象可能來自於阿爾貝蒂另一首著名的描寫西班牙內戰的詩歌〈你們並沒有倒下〉（"You Have Not Fallen"），我們可以比對詩歌後段，再次考察芳信的翻譯特色：

---

104 Millen Brand trans., "Defense of Madrid," Maír Jos Benardete, Rolfe Humphries eds., *...and Spain Sings*: *Fifty Loyalist Ballads Adapted by American Poets*, 22-23.

105 芳信譯：〈保衛馬德里〉，《西班牙人民軍戰歌……而西班牙歌唱了》，頁 27-28。

106 請見拓生、蕭月譯：〈保衛馬德里〉，《阿爾貝蒂詩選》（北京：人民文學出版社，1959 年），頁 47-49。

英文翻譯[107]	芳信翻譯[108]	現今翻譯[109]
Who says that you are dead? Above the high sharp whistle That marks the bullet's path, above the roar of guns, Louder than rattle of the firing squad, the dirge of funerals, Spain hears a chant of glory from her fallen sons.	誰說你們是死了？超過槍砲的吼聲，超過子彈通過空中發出的尖銳的嘯聲，比開槍的隊伍的葬歌似的槍聲更高，西班牙從她倒斃的兒子聽到光榮的頌歌。	誰說你是死了呢？——不管彈丸在空中飛鳴，大炮在遠方狂吼，不管槍聲在急響，人馬在紛騰，葬禮的輓歌壓倒了這些聲響，西班牙在傾聽著對戰死者的光榮的稱讚。
Brothers, you are the living, and the living are not forgotten. Sing with us now, facing life, facing the free wind, the sea; Sing with our multitudes, from the hills, from the waving wheat fields, You are not death, you are the new youth that shall make us free!	弟兄們喲，你們才是活人，活人絕不會被忘卻，現在跟我們一塊歌唱吧。對著生命，對著自由的風，對著海；跟我們的大眾一塊歌唱吧，從山丘上，從成浪的麥田裡。你們不是死，而是要使我們自由的新的青春！	兄弟喲，你在永生，生命永不會被遺忘。同我們一道唱罷，面向著生命，面向著自由的風，自由的海，用我們的集體的喉嚨來唱罷，從這無盡的麥田，無盡的山崗，你並沒有死，你是我們自由的新的青春！

107 Katherine Garrison Chapin trans., "You Have Not Fallen," Maír Jos Benardete, Rolfe Humphries eds., ...and Spain Sings: Fifty Loyalist Ballads Adapted by American Poets, 66-67.

108 芳信譯：〈你們並沒有倒下去〉，《西班牙人民軍戰歌……而西班牙歌唱了》，頁 87-88。

109 請見黃藥眠譯：〈你沒有死〉，收於《西班牙革命詩選》（北京：中外出版社，1960 年）。參見：https://www.marxists.org/chinese/reference-books/spanish-ballad/06.htm，瀏覽日期：2023 年 8 月 1 日。

　　比對後我們可以發現，芳信的翻譯與英文譯文仍相當貼合，比方說他與英譯者相同，將「戰死者」譯為「倒斃的兒子」，強化了西班牙母親、母國的形象，並將用「集體的喉嚨」歌唱，譯成和「大眾」一起歌唱，突出了詩人站在人民中的面貌。嚴格來說，芳信的譯詩風格相當口語，整體來說並沒有對原作（英譯本）進行修改或錯漏譯，可說相當詳實。[110]考量其欲以此詩歌翻譯激勵國人英勇對抗外敵侵略的翻譯立場，可以想像其翻譯態度之嚴謹其來有自。此外，同於芳信此前唯美詩歌的翻譯，比起形式的斟酌，芳信顯然更重視詩意內容的傳達，將詩歌的澎湃情感視為詩歌翻譯的首要目標。

　　事實上，譯詩集出版的時刻，中國的抗戰詩歌也正如火如荼地展開。戰爭初期，短詩、街頭詩、能朗誦的詩歌因能鼓動情緒，特別受到重視，如同西班牙內戰時期，許多青年作家，從未寫過詩的人，也受到鼓舞，開始執筆創作，詩歌朗誦會在當時也特別活躍。[111]馮乃超在《時調》創刊號上發表《宣言》，提出要「讓詩歌的觸手伸到街頭，伸到窮鄉」，「用活的語言作民族解放的歌唱」，[112]提倡人人以民眾熟悉的語言描寫戰爭的偉大。的確，當時不論是街頭詩或者詩歌朗誦，都訴求以清新樸素的語言，表達抵抗的激情，此乃抗戰詩歌創作的主潮，也是芳信翻譯的背景。[113]因此，考慮其翻譯時的時代脈絡，再結合其翻譯動機來思考，可以理解芳信何以選擇以自然、明快、純樸的語體文翻譯了滿載戰爭時期西班牙人民的情感的詩歌——如此譯法，顯然方能讓更多讀者親近詩歌，並從此思考戰爭的意義、提起戰鬥的勇氣。

　　翻譯《……而西班牙歌唱了》的前後幾年時光中，在停下創作的筆

---

110 在後記中芳信提到此譯詩集經過多次修改。芳信：《西班牙人民軍戰歌……而西班牙歌唱了·後記》，頁 167-175。

111 王瑤：〈本時期的詩歌為祖國而歌：一、戰聲的傳播〉，《中國新文學史稿（下冊）》（上海：上海文藝出版社，1982 年重印），頁 392。

112 馮乃超：〈宣言〉，《時調》創刊號，1937 年 11 月 1 日。

113 梁秉鈞：〈中國三、四〇年代抗戰詩與現代性〉，頁 159-175。

相當長的時間後，芳信還陸續譯出了十數本俄國劇作及詩文集。[114]從早年的唯美文學譯寫，到此時的左翼文學翻譯，芳信的文學生涯面臨了思考和轉折。若我們說詩人乃有動於衷方發而為詩，而文學翻譯亦可被看作是作家表情達意、抒情言志的一種方式，那麼，翻譯，此時似乎已經成為芳信展現自己文藝理念的一種形式——尤其當我們考量到因孤島上海嚴苛的審查制度以及戰時動盪的環境，寫作大為不易，翻譯，可能更能傳達詩人心聲。

的確，文學所為何事？文學不只是自然的再現或模擬，更可能是生命不斷為歲月銘刻，尋求各種彰顯形式的歷程。而不論是言志或述情，詩，發於內心，尤其是呈現人類心曲的極致形式；而譯詩，可能也分享著類似的情懷？君不見五四前夕，魯迅翻譯拜倫詩歌，歌頌中有新力的摩羅詩人，曰「凡人之心，無不有詩」，「……令有情皆舉其首，如睹曉日，益為之美偉強力高尚發揚。」[115]已經將詩歌視為啟動有情人、發揚美偉強力，更可能毀壞舊有，創造新生的藝術形式。在此脈絡下，戰爭期間，則有如朱維基、芳信等人，翻譯奧登、西班牙戰爭詩歌，謳歌其作品呈現的勇敢與理想情懷。不論親臨戰場，立志目擊成詩的奧登，或執筆如槍，書寫所見的西班牙內戰詩人，面對戰爭的威脅和艱難，他們書寫生存和死亡，不只涉及戰爭所帶來的人生經驗和生命處境的反思，他們的創作，即是此一生命處境本身，是生命對外的彰顯。更重要的是，詩人以血淚為詩，不只記錄了人類苦難現場，更凝聚了真實的情感，遂成為抒情的極致。[116]

西班牙內戰詩歌大多創作自戰場上的士兵、戰士，以平實的文字、親和的歌謠傳達了第一手的激動情感；而奧登的詩，不只記錄戰爭造成

---

114 芳信翻譯之俄國劇作及詩文集大約有十數本，介於 1940-1944 年，由上海世界書局出版，包含了高爾基、契柯夫等人的創作。

115 魯迅：〈摩羅詩力說〉，《墳》，收於《魯迅全集》第 1 卷（北京：人民文學出版社，1981 年），第 1 卷，頁 68。

116 王德威：〈現代中國文論芻議：以「詩」、「興」、「詩史」為題〉，《中國文化研究所學報》第 65 期（2017 年 7 月），頁 285-309。

的滿目瘡痍與天崩地裂，更關注了人類命運和歷史反思，展現了在史料的記載以外，對戰爭所進行的更為深刻的人類命運的詰問、思考，更展現了詩的終極價值。在朱維基、芳信所譯之奧登、西班牙戰爭詩歌中，可以看見其感同身受的理解和心有所想的詮釋。他們非但從其翻譯和閱讀中操練了所謂描述戰爭的情感形式，[117]成為史事世變的闡述者，傳遞弦外之音，更意圖以此安頓自己，[118]寄託了他們對時代變革、政治革新的願望，也激活讀詩者的情感。朱維基、芳信對異國戰爭詩歌的翻譯，由此或也可視為踏足了「詩史」的領地——由詩歌反映現實、記錄時政。歷史可以記錄時代巨變，然唯有詩歌，能喚醒強大的感情，展現多面向的能量。以往我們論詩史，多談論創作與評論，[119]而如今，朱維基、芳信的跨文化文學實踐無疑提醒了我們，民國文人在戰時的詩歌翻譯，亦可能是詩史精神的重新闡發。

朱維基、芳信兩人雖同屬一文藝社團，意氣相通，然而兩者之域外文藝譯寫，風貌同中也有異。如前文所述，朱維基對反抗、解放精神的

---

117 See S. Downes, A. Lynch and K. O'Loughlin eds., *Emotions and War: Medieval to Romantic Literature*, 3。孫毓棠在〈談抗戰詩〉一文中提出了「時代的詩情」一說，也談到了怎麼用語言表現情感的問題。他認為，「好的抗戰詩，當產生於真實地表現時代。產生於忍住情感過分激動，去實踐、注視、觀察、感受、深思，產生於新形式新技巧新詞藻的練習、試驗、研究、冒險、創造；產生於不怕失敗，繼續嘗試；產生於詩人們大家努力求進步」。請見孫毓棠：〈談抗戰詩（續）〉，《大公報》，1939 年 6 月 15 日。而芳信也在此詩集的翻譯序中提到「學習怎樣為自己的受難的祖國而歌唱」，此一「學習」的概念，即彰顯了詩人如何通過對戰爭詩歌的閱讀和翻譯，鍛鍊表達戰爭的意圖。

118 嚴志雄認為，明清之際的詩人時常通過寫詩「存身存史」，展現出如傅柯（Michel Foucault，1926-1984）「自我技藝」（techniques of the self）的系譜。他指出，詩歌於詩人不只是表情達意的載體，更是經營、安頓生命的重要場所。嚴志雄：〈詩書可卜中興事，天地還留不死人——牧齋的詩學工夫論與「自我技藝」觀〉，《錢謙益〈病榻消寒雜咏〉論釋》（臺北：聯經出版公司，2012 年），頁 37-66。

119 學者研究 19 世紀 20 世紀之交以文學反映歷史的著作，思考「詩而為史，史而詩為」的書寫傳統，仍以創作為主，未及翻譯評介，請見邱怡瑄：《史識與詩心：近現代戰爭視域下的「詩史」傳統》（臺北：新文豐出版社，2022 年）。

追求，及對現代文學語言革新的關注，在在影響了其翻譯策略，在朱維基的文學譯寫、戰後的創作實踐中，都可以一以貫之地見到這份主動性與能量。相對來說，芳信的文藝譯寫表現得更為抒情，域外詩人或詩歌，在其創作中更可以被視為其情感流露的代言人，為作者本身的生命體驗呼喊與歌唱。朱維基關注詩論，尤注意英國詩壇；芳信更多有俄國劇作的翻譯，與他曾投身戲劇舞臺或不無相關。重要的是，兩人同樣都是孜孜不倦的文藝譯者、作家，在其出版、創作中，其眼光總不忘朝向世界，其翻譯、寫作與世界文藝時勢、潮流多有共鳴、呼應。朱維基對奧登詩歌的詮釋，更展現出強烈的共產革命理想。如同研究情感史與國民革命主體動員力量的學者指出，左翼政治洗禮使得「青年身上的個人主義思想，悲苦、孤獨、感傷的情緒，疲憊、散漫的心靈，統統被改造了」。「無數『小資產階級流浪人的知識青年』，變成了堅強的『布爾什維克』。這個過程是赤裸裸的組織對於個人的收編？還是亦有主體超越個人主義苦悶、重塑自我的內在要求？」[120]而通過對考察朱維基、芳信多元的文藝實踐，可說從不同面向上回應了此一觀察，無疑具有獨特的意義。

五、結論

　　如同波特萊爾的《惡之華》在出版當時便出現了敗壞道德、有傷風化的批評，朱維基、芳信的唯美文學實踐在當時也曾引來了斥之為色情作品的攻擊；現今的批評家也如此評價其作品：「詩歌本身的意義和目的已經完全被華麗的辭藻以及熾熱的肉慾所遮蔽。」[121]學者多批評中國現代文壇的唯美頹廢書寫，無法呈現卡林內斯庫所言，現代性的另一張

---

120 李志毓：〈情感史視野與二十世紀中國革命史研究〉，《史學月刊》2018 年第 4 期（2018 年），頁 16。
121 趙鵬：《海上唯美風：上海唯美主義思潮研究》，頁 131。

面容；[122]即在自我耽溺與商業考量外，其文學實踐沒有展現現代性書寫反思現狀的複雜張力。然而，通過回顧朱維基、芳信的生平、創作思想，以及梳理朱維基、芳信二、三〇年代翻譯、創作、出版等各式文學實踐，我們可以發現隱藏在其作品華麗的唯美風格、大膽的肉慾書寫之下的苦悶。他們當時的文學呈現如此頹美，不但可歸因於其「標新立異」的需要，更多的卻可能出於「裝瘋作癡」的苦衷，呈現出對域外唯美文學的移植和轉化。而當戰雲來襲，其唯美嘗試有如短暫綻放的惡之花，終究失去了適宜的土壤。然此時遊蕩在城市裡的脆弱、浪漫青年，[123]仍然在詩歌中寄託了不顧一切的吶喊、嚮往愛與自由的心靈呼號，同時翻譯反法西斯戰爭之左翼詩人的絕唱，闡述情懷。

從 19 世紀的英法唯美主義作品，到 20 世紀歐陸文化人富含世界主義精神與人道關懷的詩歌，朱維基、芳信的民國時期的異國文藝翻譯看似相當斷裂——從成長在五四以後、追求自我解放的青年，以反抗、叛逆的姿態，書寫唯美、為情為愛歌唱，搖身一變成為對抗不義，甚至不惜犧牲生命，要大聲地「為自己的受難的祖國而歌唱」的戰士。朱維基、芳信似乎在獻身於愛和美後，又從奉獻集體、捍衛家國中找到死得其所的原由。然不僅是譯介，其創作實踐亦一直與世界文壇相連繫，不但寄託了其婉曲的心曲，呈現了中國現代青年文人思想的複雜面貌，也折射了現代詩歌、文學思潮與政治思考的糾纏共生，作為一種世界文學型態與現象，與各地青年同步前行的心靈旅程。

更重要的是，作為新舊時代夾縫中的苦悶「薄海民」青年，面對社會、家庭的動盪和挑戰，又遭臨戰爭與大亂，人生無數艱難時刻，他們不斷發揮「創新」動能，並始終將「詩」進行到底——發文心而成詩，最後又煉詩成史——而朱維基、芳信的詩與史，不僅以創作的形式呈

122 Matei Calinescu, *Five Faces of modernity: Modernism, Avant-garde, Decadence, Kitsch, Postmodernism* (Durham: Duke University Press, 1987), 41-46.
123 他們被瞿秋白稱為「薄海民」、「小資產階級流浪人的知識青年」。何凝（瞿秋白）：《魯迅雜感選集・序言》（上海：青光書局，1933 年），頁 19。

現，[124]在受限時刻，更以翻譯等文學形式，折射心聲，織就了中國現代文學的豐富版圖。這既是所謂「詩」的本質和「詩」的珍貴意義，也是本文對其文學實踐進一步進行探索之目的。

---

124 朱維基於戰後出版的詩集一改前作唯美浪漫風格，以寫實為主，請見朱維基：《世紀的孩子》（上海：永祥印書館，1946 年）。

第三編
亦是摩登：

通俗文人文藝譯介與跨域
實踐中的現代圖景

第五章

紳士怪盜的跨文化行旅：
孫了紅的「東方亞森羅蘋」魯平奇案

一、前言

　　民初上海文壇多元紛呈，豐富多彩，通俗文學作家亦是其中一支活躍的生力軍，[1]深受讀者歡迎。較不為人知者，乃其亦致力於翻譯。惜五四以來，受以五四現代性論述為正統的文學史觀影響，其編譯事業及多元文藝參與多受忽略；進入政治激情高漲的三〇年代，更受到左右翼文藝陣營漠視。[2]近年來，學界重繪現代文學史圖景的呼聲不絕，乃陸

1　有關 20 世紀之交中國大量湧現的「通俗文學」及圍繞此一概念形成的諸多問題，近年來引發了學界許多討論。一般來說，通俗文學通常被認為是以傳統敘事方式寫作，重視故事性、娛樂性，受到讀者歡迎，因其滿足了一般人的心理需要的作品，且多以小說為主。請見范伯群：〈緒論〉，《中國現代通俗文學史》（北京：北京大學出版社，2007 年），頁 9。然識者多會指出，「通俗文學」與「純文學」之分殊開始為人所指認，並視之為相對「新文學」的另一面，乃自五四世代提倡帶有啟蒙意義的「現代文學」始，此後形成了一解釋中國現代文學史的詮釋社群。近年來，亦有學者對何為「通俗文學」？通俗文學是否還有其他辨識方式？通俗文學、純文學的稱呼何以曾隱含了高下立判的價值取向？是否也有界限融合、消弭的可能性等議題進行探討。請見胡志德（Theodore Huters）著，趙家琦譯：〈清末民初「純」和「通俗」文學的大分歧〉，《清華中文學報》第 10 期（2013 年 12 月），頁 219-251。

2　如鄭振鐸指出：「以遊戲文章視文學，不惟污辱了文學，並且也污辱了自己。」沈雁冰：「把人生當做遊戲、玩弄、笑謔……。」成仿吾稱《禮拜六》為「卑鄙寄生蟲拿來騙錢的齷齪雜誌」。請見魏紹昌編：《鴛鴦蝴蝶派研究資

續有學者從不同角度重審通俗文學家的文學活動，探討其刊物出版、文學翻譯、影戲評論，分析其傳譯異國世界之「另類」啟蒙意義，足以發人深省。[3]

　　孫了紅便是上述作家隊伍中之佼佼者。孫了紅既是作家、譯者，亦以「影癡」、「偵探迷」的形象留存在讀者的記憶中，而「東方羅蘋」魯平探案系列作品是他的代表作。羅蘋，是法國小說家勒布朗（Maurice Leblanc，1864-1941）筆下的「紳士怪盜」（gentleman cambrioleur）亞森羅蘋（Arsène Lupin），以他為主人公的小說，20世紀初期便被譯介入中國；[4]而亞森羅蘋故事更繼之成為不少上海小說家創作偵探小說的靈感。羅蘋化身為魯平外，還有羅平、魯賓等，在上海灘頭紛紛登場，[5]其中，尤以孫了紅的魯平探案最受歡迎，與程小青（1893-1976）筆下的霍桑一時瑜亮，[6]互相輝映，共同構築了精彩的上海偵探世界。

　　料》（上卷）（上海：上海文藝出版社，1984年），頁61、44、72。

3　趙孝萱：〈開放、多元與另類啟蒙：《禮拜六》雜誌的西方圖像與接受群體〉，收於《鴛鴦蝴蝶派新論》（宜蘭：佛光人文社會學院，2002年），頁147-194。

4　目前學界多認為亞森羅蘋故事的第一篇中文翻譯，乃是由心一翻譯的〈福爾摩斯之勁敵〉，講的是福爾摩斯和亞森羅蘋鬥智卻落敗的故事。心一譯：〈福爾摩斯之勁敵〉，《小說時報》第15期（1912年3月），頁1-10。

5　何樸齋在〈亞森羅蘋與福爾摩斯〉一文中稱：「我國社會上近來產生了三個劇盜：一個是魯賓，一個是羅平，還有一個魯平。你想，法國有了一個亞森羅蘋已經鬧得馬仰人翻，我國卻同時產生了三個。」魯賓，是1926年何樸齋所著《東方亞森羅蘋奇案》（〈草屋〉、〈鸚鵡綠〉、〈玉獅〉和〈假山石畔〉）的主角。羅平則是張碧梧〈龍虎鬥〉、《雙雄鬥智記》兩部描述有「東方亞森羅蘋」之稱的黑幫首領羅平和「東方福爾摩斯」霍桑鬥法故事的主角。請見何樸齋：〈亞森羅蘋與福爾摩斯〉，《偵探世界（上海）》第22期（1924年3月），頁12。

6　1916年，上海《新聞報》副刊《快活林》進行徵文比賽，程小青以「霍桑」——從福爾摩斯（Sherlock Holmes）故事得到靈感——為主角的小說《燈光人影》獲選，此後，他相繼創作了以霍桑為主角的作品74篇，還仿照福爾摩斯的助手約翰・華生，塑造了霍桑的助手包朗。小青：《燈光人影》，《新聞報》1916年12月31日、1917年1月1日和1月3日。

　　然而，相對於程小青及霍桑探案所獲得的青睞，[7]孫了紅的魯平系列故事卻較少受到研究者的關注。以往的研究，多著重論述孫了紅小說人物形象塑造、敘事方面的特色，[8]或定義孫了紅的魯平探案為「反偵探」書寫，[9]較少分析其創作如何得益於域外譯作、影像敘事，及其書寫都市、形塑新人物的意涵。[10]近年來，雖有學者考察亞森羅蘋民初中

7　譚景輝在其研究中探討福爾摩斯和他的中國模仿者，別開生面。李歐梵在〈福爾摩斯在中國〉一文中亦對福爾摩斯及程小青筆下的「霍桑」──「中國的福爾摩斯」故事進行了深入精闢的分析。魏艷的《福爾摩斯來中國：偵探小說在中國的跨文化傳播》勾勒福爾摩斯故事在中國的翻譯及改寫，觀察偵探小說在全球不同地區生產、流通、翻譯與重塑。吳正毅的〈從福爾摩斯到霍桑──中國現代偵探小說的本土化過程及其特徵〉亦具有參考價值。請見 King-fai Tam, "The Traditional Hero as Modern Detective: Huo Sang in Early Twentieth-Century Shanghai," in Ed Christian ed., *The Post-Colonial Detective* (Basingstoke: Palgrave MacMillan, 2001), 140-158。李歐梵：〈福爾摩斯在中國〉，《當代作家評論》第 2 期（2004 年 3 月），頁 8-15。魏艷：《福爾摩斯來中國：偵探小說在中國的跨文化傳播》（北京：北京大學出版社，2019 年）。吳正毅：〈從福爾摩斯到霍桑──中國現代偵探小說的本土化過程及其特徵〉，《蘇州教育學院學報》第 25 卷第 2 期（2008 年 6 月），頁 48-51。而關於程小青的研究，首推范伯群：《中國偵探小說宗匠程小青》（南京：南京出版社，1994 年）、姜維楓：《近現代偵探小說家程小青研究》（北京：中國社會科學出版社，2007 年）。

8　盧潤祥：《神秘的偵探世界──程小青孫小紅小說藝術談》（上海：學林出版社，1996 年）。

9　1946 年，程小青在《新偵探》創刊號上刊登〈論偵探小說〉一文論道：「其他反偵探的還有孫了紅的東方俠盜魯平，和何樸齋、俞慕古合著的東方魯平奇案。」將孫了紅定調為反偵探小說家。請見程小青：〈論偵探小說〉，《新偵探》創刊號（1946 年 1 月），頁 5。後來的代表研究如彭丹：〈本土與現代的融合──論孫了紅的反偵探小說創作〉，《安康學院學報》第 23 卷第 5 期（2011 年 10 月），頁 63-66。

10　李歐梵在〈福爾摩斯在中國〉中，從「模擬」（mimicry）的視角分析了程小青所創造的「霍桑」──中國的福爾摩斯──此一人物形象在當時中國出現所反映的文化意涵，及其偵探故事中的都市想像，在文末他更指出，當時另一位和程小青齊名的偵探小說譯者與作者孫了紅，也創作了一個近似亞森羅蘋的人物「魯平」。且因孫了紅是影癡，因此他從電影中吸收了不少新的敘事技巧，故魯平的探案故事比霍桑探案系列更為「好玩」，請見李歐梵：〈福爾摩斯在中國〉，頁 8-15。

國的翻譯，[11]然以孫了紅的魯平書寫為主之深入探討較少，[12]且未充分參酌海內外研究成果對亞森羅蘋故事及其中譯進行雙重脈絡化的對照考察，也並未追查孫了紅翻譯羅蘋故事的源流和經過，更未分析其譯與寫怎麼彰顯了偵探小說作為一種世界文學類型之跨界流動，及如今我們該怎麼解讀其所開創的新文化與現代性想像。通過比對文本、梳理史料，本文在前人的研究基礎上，針對以上議題，一一爬梳論析，以深化相關研究。

二、孫了紅生平與其羅蘋小說翻譯

（一）孫了紅其人

孫了紅，浙江人，原名孫詠雪，成名在上海，二〇年代開始創作，

---

11 過往已有學者分析羅蘋故事在中國的接受，可惜論文篇幅較短，深入的比較、分析也不足。請見石娟：〈從「劇賊」、「俠盜」到「義俠」——亞森羅蘋在中國的接受〉，《蘇州教育學院學報》第 31 卷第 4 期（2014 年 8 月），頁 22-26。近年來陸續有研究者接續探索此議題，筆者之前亦進行過相關討論，請見陳碩文：〈「這奇異的旅程！」：周瘦鵑的亞森羅蘋小說翻譯與民初上海〉，《政大中文學報》第 32 期（2019 年 12 月），頁 39-86。此文以民初時期翻譯亞森羅蘋故事最多的譯者周瘦鵑為主要研究對象，將其翻譯放回民初上海的文化脈絡中，探討周瘦鵑的翻譯觀及翻譯目的，如何影響他對亞森羅蘋故事的翻譯策略及詮釋，著重探討當時中國譯者，以「俠盜」視角接受、重塑羅蘋「紳士怪盜」形象的翻譯特色及其文化意涵。更多研究成果還可見姜巍：〈重釋「俠盜」：周瘦鵑與亞森羅蘋案翻譯（1914-1933）〉（香港：香港中文大學翻譯系碩士學位論文，2021 年）。

12 亞森羅蘋翻譯小說、孫了紅的魯平探案之間的聯繫，及孫了紅的轉化實踐之意涵相當豐富，學界已有相關研究，請見戰玉冰：〈正義，俠義，民族大義？——以亞森・羅蘋系列小說的翻譯，模仿與本土化創作為中心〉，《中國比較文學》2022 年第 3 期（2022 年），頁 123-138。然，戰文雖考察羅蘋故事之翻譯，然僅對中文文本提出觀察，文獻研討、細膩比對分析都不足。將上海本地偵探作家對羅蘋小說的轉化以模仿稱之，思辨性也不充分。事實上，此一議題更值得從偵探小說作為世界文學類型，從跨文化流動之脈絡進行探討，並對照譯本、原本加以梳理，深究其文化意涵，這也是筆者可深入發揮之處。

亦擅繪畫，1923 年與周瘦鵑等翻譯亞森羅蘋小說時，開始寫作偵探故
事。首篇創作「東方亞森羅蘋案」刊登於《半月》，從此打造出「東方
亞森羅蘋：魯平」系列作，直至四〇年代，數十篇以魯平為主人公的故
事輪番登場，包括了《東方亞森羅蘋案》（與何樸齋合著，1926）、
《俠盜魯平奇案》（1943）、《藍色響尾蛇》（1948）等，使魯平成為
當時上海偵探小說讀者耳熟能詳的人物。此外，孫了紅並曾主編《大偵
探》、《藍皮書》。1949 年後，孫了紅投身越劇創作，晚年也寫諜報
小說，於 1958 年離世。[13]

　　范伯群指出，早年與孫了紅接觸過的編輯都難忘孫了紅的「怪」，
據說自號「野貓」的他行蹤不定，身體欠佳，日日伏案嗑血寫作，[14]自
嘲自己放稿件的信封為「討飯袋」，[15]還曾想與朋友組織「歇（斯底
里）社」，[16]可見其性格的獨樹一格。他曾自云寫作魯平故事的原因：
「因為我感覺到現代的社會實在太卑劣太齷齪，許多弱者忍受着社會的
種種壓迫，竟有不能立足之勢，我想在這種不平的情形之下，倘然能跳
出幾個而盜而俠的人物來，時時用出奇的手段去儆戒那些不良的社會組
織者，那末社會上或者倒能放些新的色彩也未可知咧。」[17]可見其創作

13　關於孫了紅的生平，請見范伯群：〈獨領風騷的俠盜文怪──孫了紅〉，《俠
　　盜文怪──孫了紅》（臺北：業強出版社，2017 年再版），頁 2-11。盧潤祥：
　　〈關於孫了紅生平的發現〉，《神秘的偵探世界──程小青孫了紅小說藝術
　　談》，頁 188-193。

14　范伯群：〈獨領風騷的俠盜文怪──孫了紅〉，《俠盜文怪──孫了紅》，頁
　　2-3。陳蝶衣：〈俠盜魯平的塑造者──孫了紅〉，《萬象》（香港）第 3 期
　　（1975 年 9 月），頁 36-38。孫了紅：〈病後隨筆：生活在同情中〉，《萬
　　象》第 3 卷第 2 期（1943 年 8 月），頁 201-205。

15　沈寂：〈孫了紅這個人〉，《幸福世界》第 1 卷第 6 期（1947 年 2 月），頁
　　49。

16　孫了紅：〈孫了紅日記〉，《幸福世界》第 2 卷第 2 期（1948 年 1 月），頁
　　20。

17　孫了紅：〈恐怖而有興味的一夜〉，《紅玫瑰》第 2 卷第 11 期（1925 年 10
　　月），頁 10。

東方亞森羅蘋故事時，頗有「咸與維新」之志。[18]

　　孫了紅的魯平系列故事始於 1923 年，早年標示為「東方亞森羅蘋案」出版，1925 年後改為「俠盜魯平奇案」，多刊登於當時暢銷的通俗雜誌如《紅玫瑰》、《紫羅蘭》、《偵探世界》、《萬象》等，後又有單行本出版。孫了紅作品有「詭秘緊張，冷峻諷刺」之譽，時人亦稱他筆下的魯平「就與法蘭西那位胠篋大王同處一堂，對之也無愧色咧！」[19]孫作一出，更與當時以創作「東方福爾摩斯」故事聞名的程小青齊名。如同程小青翻譯了不少福爾摩斯故事，孫了紅也譯過亞森羅蘋小說，然，孫了紅亞森羅蘋小說翻譯有何特色？與其小說創作的關係為何？下文中，筆者將先從分析孫了紅翻譯亞森羅蘋故事特色開始談起。

（二）孫了紅譯羅蘋故事

　　1925 年，周瘦鵑應大東書局之邀，主編《亞森羅蘋案全集》，邀請了包天笑（1876-1973）、孫了紅等人參與翻譯工作，多次再版。孫了紅翻譯的〈繡幕〉，原名「天鵝頸伊蒂絲」（"Édith au cou de cygnet"），收於勒布朗於 1913 年出版的《羅蘋的告白》（Les Confidences d'Arsène Lupin），這是勒布朗羅蘋探案的第二本短篇小說集。孫了紅此作很可能同周瘦鵑、包天笑，乃據英譯本譯出。[20]

　　〈繡幕〉是一篇羅蘋預告竊盜的典型之作。繡幕指的是一系列作工

18　關於孫了紅貧病交迫的生活境遇及其寫作的關係，請見戰玉冰：〈亭子間、咯血症與「俠盜」想像──以 1940 年代孫了紅的居室及「俠盜魯平奇案」系列小說為中心〉，《現代中文學刊》2022 年第 2 期（2022 年），頁 37-46。

19　莒狂：〈編餘瑣話〉，《偵探世界（上海）》第 19 期（1924 年 3 月），頁 1。

20　對照原文，可以發現原文中沒有上校在遺書中提及想賣掉掛毯填補投機事業虧損一段，此乃英文譯者所加，孫了紅的中譯本卻譯出此段，可見其翻譯所據為英本。孫了紅譯：〈繡幕〉，收於《亞森羅蘋案全集》（第 11 冊）（上海：大東書局，1929 年再版），頁 12。Maurice Leblanc, *The Confessions of Arsène Lupin*, trans. Alexander Teixeira de Matto (New York: W.R. Caldwell & co. 1913), 303. Alexander Teixeira de Mattos 是當時羅蘋系列故事最主要的英文譯者。

精細的中世紀掛毯，小說中稱這十二幅掛毯靈感來源是拜約掛毯
（Bayeux Tapestry），一樣以黑斯庭戰役（Battle of Hastings）為靈感，
其中一幅描繪以擁有天鵝般美麗頸項知名的王后伊蒂絲在戰場尋找哈洛
德王屍體的情狀，栩栩如生。一名來自巴西的上校購得了這些掛毯，因
為自己的夫人恰巧名叫伊蒂絲，且也有著一樣美麗的脖頸，故特別鍾愛
此幅掛毯。然而亞森羅蘋卻用計在其固若金湯的家中盜走珍寶，上校因
而絕望自殺，獨留哀傷的夫人等領鉅額保險賠償金。羅蘋究竟如何盜走
了名作？專和羅蘋鬥智鬥勇的警探葛尼瑪住進了上校家中，立志要收集
各種蛛絲馬跡，破解這道難題。

　　通過比對，我們可以發現孫了紅的翻譯可以說大致忠實，偶有增
刪，但不妨礙讀者對整個故事的理解。比方說孫了紅在小說中屢稱羅蘋
為「劇賊」、好棋手，此乃原文所無；[21]而他刪除的則多為對於人物外
貌、掛毯細節的描述。[22]比如勒布朗描述羅蘋專找刁獪的銀行家、來路
不明的外國闊佬、金融公司、股份公司麻煩，因而得到一般人好感的段
落，孫了紅稱此舉可警戒「不良份子」，簡單帶過；[23]勒布朗對「天鵝
頸伊蒂絲」此一人物形象具有觸動人心魅力的描述，也為孫了紅在翻譯

---

21 孫了紅譯：〈繡幕〉，頁 2、4、7、23。然對照法文原作、英文譯本，皆不見此
　　「劇賊」之稱。
22 比方說原文中描述上校「肩寬體壯、頭髮烏黑，面色黝黑，穿著樸素而考
　　究」，請見徐柳芳譯：〈天鵝頸伊蒂絲〉，《羅蘋的告白》（臺中：好讀出
　　版，2011 年），頁 183。此段孫了紅未翻譯，然英譯本中有，故可見乃孫了紅
　　省略之。Maurice Leblanc, *The Confessions of Arsène Lupin*, trans. Alexander
　　Teixeira de Mattos, 295。
23 孫了紅譯：〈繡幕〉，頁 13。英譯本作："It would not take many exploits of this
　　kind for him to forfeit the popularity which has not been grudged him hitherto. We
　　have no use for Lupin, except when his rogueries are perpetrated at the expense of
　　shady company-promoters, foreign adventurers, German barons, banks and financial
　　companies." Maurice Leblanc, *The Confessions of Arsène Lupin*, trans. Alexander
　　Teixeira de Mattos, 305。法文版作：« Lupin n'est acceptable que si ses coquineries
　　sont commises au préjudice de banquiers véreux, de barons allemands, de
　　rastaquouères équivoques, de sociétés financières et anonymes. » Maurice Leblanc,
　　Les Confidences d'Arsène Lupin (Paris: Pierre Lafitte et Cie, 1913), 265。

時省略了；孫了紅並連帶改變了原作題名，譯之為「繡幕」。小說末段勒布朗通過兩名警探的對話帶出案情經過——即羅蘋假扮為上校，率領黨羽、情人、奶媽騙取高額保險金——也被孫了紅改寫得較為精簡。

　　究其原因，推理故事乃以情節高潮迭起，意想不到見長，孫了紅的翻譯著重呈現故事的重要情節發展，對於人物外表、景物的敘事、不重要的對話或中國讀者不熟悉的情節等興趣不大，故多省略之，以配合中國讀者的閱讀興趣。此外，孫了紅的翻譯凸顯的是羅蘋思考細膩，謹慎佈局的本領，時常添加筆墨稱之為「劇賊」、「英雄」，賦予他傳奇色彩；與此相比，孫了紅對於其他人物，如化身上校夫人的羅蘋情人莎尼亞，及對兩人感情關係的描述，翻譯得便相對簡易。

　　總的來說，孫了紅翻譯、詮釋的亞森羅蘋，較原著顯得更似豪俠人物，更具英雄作風，這和孫了紅自己對於當時社會不平現象頗為義憤，故投注滿腔熱情於小說人物身上有關。孫了紅曾這樣描述自己的作品風格：「孫了紅知道那些闊客們雖擁有窮人們所夢想不到的財產，而他們的財產也就是窮人的血汗……他在作品中痛罵貪官污吏，諷刺富翁闊客，強盜與官吏之分，祇在權勢之差，有了權便是官吏，沒有便勢是（原文如此）強盜！」[24]可見其心態於一斑，然，其詮釋如此，恐怕也有受傳統英雄俠義小說影響，故傾向以此接受、理解羅蘋故事的因素，而這也是當時其他中文譯者翻譯亞森羅蘋故事時的特色。[25]

　　如同勒布朗在〈繡幕〉及其他作品中所刻畫的羅蘋，善於變裝，能化身不同人物犯案，孫了紅創造的魯平也有類似的本領，面目千變萬化，並且足智多謀，專和警探鬥智較勁，可以看出孫了紅從原作汲取靈感的痕跡。然而，孫了紅的魯平傳奇仍有和勒布朗的怪盜冒險不同之處。在下文中，通過細讀孫了紅的作品，筆者將進一步分析孫了紅如何

24　沈寂：〈孫了紅這個人〉，《幸福世界》第 1 卷第 6 期（1947 年 2 月），頁 48-49。

25　詳請見拙作。陳碩文：〈「這奇異的旅程！」：周瘦鵑的亞森羅蘋小說翻譯與民初上海〉，頁 39-86。

創造性地轉化了羅蘋故事，打造自己的魯平傳奇，並分析其意涵。

三、從「東方羅蘋」到「俠盜魯平」：孫了紅的俠盜小說創作

（一）出入中西之間的千面俠盜：「東方亞森羅蘋案」（1921-1925）

　　孫了紅第一篇以「東方亞森羅蘋案」為名號創作的「魯平」故事，名為〈傀儡劇〉，刊登於 1923 年的《偵探世界（上海）》；[26]直至 1925 年，孫了紅欲罷不能地創作了不少以「東方亞森羅蘋」為名的系列作，這是孫了紅魯平傳奇的前期階段。在不少孫了紅此時期的魯平故事（如〈白熊〉）中，孫了紅創造了一位說故事的人，徐震，一名記者，以第一人稱「我」的角度訪問魯平，將魯平的冒險記錄下來，敘事上帶有一絲福爾摩斯故事的影子。

　　孫了紅在第一篇魯平故事〈傀儡劇〉中塑造了一個神出鬼沒、平素不露真面目的「劇賊」魯平。和亞森羅蘋一樣，此作中的魯平乃一「雅賊」，下手偷盜名畫前，先寫信警告失主，並署名「東方羅蘋：魯平」。孫了紅在小說中還塑造了一個有「東方福爾摩斯」之稱的偵探盧倫以及助手方昆阻止魯平犯案——當時，名偵探福爾摩斯與怪盜羅蘋的對決，不論海內外，都是作家、讀者相當喜歡的主題。[27]然而魯平技高一籌，他乘著電梯上上下下，和警察捉迷藏，並巧妙地調虎離山，偷走了畫作。盧倫雖然找到了他藏身之處，然魯平卻用兩副電話分頭與外界聯絡，要脅盧倫，最終還是將了盧倫一軍，得以脫身。在這篇小說中，孫了紅筆下的魯平有妻有子，住在洋房中，家裡有鋼琴，還掛著各式漂

26　孫了紅：〈傀儡劇〉，《偵探世界（上海）》第 6 期（1923 年 9 月），頁 1-24。

27　勒布朗在 1908 年開始便把福爾摩斯寫進他的小說中，成為羅蘋的對手，後因柯南道爾抗議，遂把小說主角福爾摩斯的名字改成 Herlock Sholmès，勒布朗 1908 年出版的《怪盜與名偵探》（*Arsène Lupin contre Herlock Sholmès*）收錄的便是名偵探福爾摩斯與怪盜羅蘋對壘的故事。

亮的古董、字畫；兒子名叫小平，年紀雖小，卻將偵探盧倫騙得團團轉。此時的魯平，儼然是一個神秘的上海雅士。

魯平既打著「東方羅蘋」名號登場，他的形象、作為，容易使人聯想起羅蘋，自然不令人意外。他們同樣具紳士派頭，講究穿著。孫了紅描述魯平時常穿著一身黑，身段非常靈活，眉宇間透著一股英爽氣概，眼珠有使人畏懼的威稜。[28]他們一樣有千面人的封號，孫了紅描述他「我的面貌本是天天改變的」；[29]他還能化妝成不同的人物，在〈東方亞森羅蘋案：眼鏡會〉中，魯平混進宴會，冒充主人，在眾目睽睽下偷走了珠寶。如同羅蘋專門偷盜為富不仁的鉅富商賈，孫了紅也在〈半個羽黨〉中描述魯平劫富濟貧，反的是奸商惡賈貪官酷吏以及種種抄小路弄錢的人，而貧民會得到他每月十萬的餽贈。他們一樣不喜殺戮，羅蘋從不殺人，而魯平則被孫了紅描寫成一個從來不用手槍威嚇別人的人。當然，和羅蘋一樣，魯平也有一些玩世不恭，目無法紀，孫了紅讓魯平這麼說：「現時代所謂法律也無聊之至，儘可不必把他當作一個問題。」[30]「唯有做強盜是豪俠爽利的生活。」[31]民國作家偵探小說中的偵探，如霍桑，儘管不一定和警方合作，但基本上並不挑釁執法者，而孫了紅筆下的魯平卻如是遊走在法律邊緣，甚至直言官吏與俠盜其實並無分別。儘管魯平令人聯想起羅蘋，但同時更帶有傳統小說裡揭竿而起之江湖好漢的氣味。

在孫了紅此時期的東方亞森羅蘋案中，我們也可以發現一些和羅蘋故事頗為相像的篇章。比方說在〈東方亞森羅蘋案：眼鏡會〉中，魯平化身聚會主人，騙走眾人的珠寶，令人想起不少羅蘋喬裝偷盜的故事，

---

28 孫了紅：〈東方亞森羅蘋近案：玫瑰之影（上）〉，《紅玫瑰》第 1 卷第 14 期（1924 年 11 月），頁 8。

29 孫了紅：〈東方亞森羅蘋近案：玫瑰之影（下）〉，《紅玫瑰》第 1 卷第 15 期（1924 年 11 月），頁 1-2。

30 孫了紅：〈東方亞森羅蘋近案：玫瑰之影（下）〉，頁 2。

31 孫了紅：〈半個羽黨〉，《偵探世界（上海）》第 19 期（1924 年 3 月），頁 11。

如羅蘋喬裝成警察偷走錢財的〈地獄陷阱〉（"Le Piège infernal"）。
〈東方亞森羅蘋近案：玫瑰之影〉裡的魯平幫著家道中落的子孫，憑著
一張圖畫尋找父親埋藏在花園裡的遺產，也讓人想起勒布朗的〈影子標
記〉（"Le Signe de l'ombre"），兩篇小說主人公憑藉影子搜尋寶物
的情節設置頗為雷同。而〈傀儡劇〉中的魯平身手矯健，搭著電梯脫
逃，又因家中裝了兩副電話，得以先與外界聯繫，威脅警方不得大意，
就讓人想起孫了紅自己翻譯的〈繡幕〉結局。在孫了紅和陶寒翠合寫的
〈黑騎士〉中，魯平化名「祖國之魂」，和手下柳青偷盜密約，阻止了
退休的外交總長和日本軍人簽署喪權辱國的條約，此處魯平的愛國情操
較羅蘋不遑多讓，更讓人想起《羅蘋大作戰》（*L'Eclat d'obus*）、
《813》（*813*）中在法軍戰場中現身襄助的羅蘋。而如同前人指出，勒
布朗筆下的亞森羅蘋是一個專門對付為富不仁者，有品味、深具幽默感
的角色；[32]他活躍在 20 世紀初期的巴黎，總是乘坐汽車、電梯；使用
電話、無線電聯繫。孫了紅筆下的魯平此點亦與羅蘋頗為相像，具速度
感、正義感和人情味。此時期孫了紅的「東方亞森羅蘋案」，免不了處
處帶有可與羅蘋故事參照的痕跡。

　　總的來說，考察孫了紅此時期的「東方亞森羅蘋案」，可以看出羅
蘋故事帶來的靈感刺激。孫了紅的東方亞森羅蘋案中的魯平，雅好文
藝，令人聯想起羅蘋，但魯平呼朋引伴、稱兄道弟，亦帶有傳統小說裡
江湖英雄的身影。魯平活躍在摩登都市中，而不是蒼莽江湖間，他的冒
險顯然較以往的綠林豪傑更現代。孫了紅的東方亞森羅蘋案，像是兩種
不同文學傳統的嫁接，[33]可以見到作者在西方小說的啟發下，在原有的
敘事類型上拼貼了新的元素——讓以往於山林結夥、劫富濟貧的綠林好

32　André-François Ruaud, *Les nombreuses vies d'Arsène Lupin* (Lyon：Les Moutons
　　électriques, 2005), 175.

33　如同李歐梵在他的研究中所談到的「接枝學」，一類文學作品移植於另一文學
　　系統，其枝葉與嫁接之樹幹間的張力，便是他關注的重點。李歐梵：〈見林又
　　見樹——晚清小說翻譯研究方法的初步探討〉，《現代性的想像：從晚清到五
　　四》（新北：聯經出版事業公司，2019 年），頁 153。

漢喬裝打扮，開著汽車馳騁於都市中；他既偵查，也冒險，還有時髦、風雅、俏皮的西式作風——以上總總讓風靡中國讀者的偵探故事有了新鮮感，可以想像必定能令當時讀者手不釋卷，廢寢忘食。

（二）事實上的魯平：「俠盜魯平奇案」（1925-1949）

儘管小說深受歡迎，孫了紅仍於 1925 年寫作了〈恐怖而有興味的一夜（一名事實上之魯平）〉一文，宣告中斷其「東方亞森羅蘋案」書寫。孫了紅自敘自己一開始創作偵探故事，乃為了「消遣」，故在小說中假託徐震，以第三者視角記錄魯平的冒險。而今，他欲「放棄理想中的魯平而專注事實上的魯平便了」，「使人家知道理想已成為事實了」；且因「不願用這種拾人唾餘的名字」，[34]故欲使用真名孫了紅講述魯平故事取而代之。可以得見，孫了紅此時對創作偵探小說的想法已經發生變化，從以往視之為筆墨消遣文字，轉為戮力以之描寫社會現實，並刻意強調小說的「事實性」，以證明他筆下的「俠盜」真實存在。他還假託魯平之口提起創作理想：「使那些不良分子知道，現今社會上有我這麼一個管閒事抱不平的人在着，說不定也可稍加斂迹。」[35]

識者多會指出，勒布朗打造亞森羅蘋「怪盜紳士」的靈感，或來自真實人物——如曾為盜賊後成為警探的維克多（Eugene François Vidocq，1775-1857），以及法國無政府主義者賈克柏（Alexandre 'Marius' Jacob，1879-1954）等，但勒布朗並不強調筆下人物亞森羅蘋冒險的真實性。[36]此外，雖然在羅蘋系列小說《八大奇案》（*Les Huit*

---

34 孫了紅：〈恐怖而有興味的一夜（一名事實上之魯平）〉，頁 12。
35 孫了紅：〈恐怖而有興味的一夜（一名事實上之魯平）〉，頁 11。
36 雖然讀者喜愛猜測怪盜羅蘋的人物形象靈感來源是否意有所指，影射的是真人真事。不過事實上，出沒於歐洲「美好年代」的怪盜人物形象並不只有羅蘋，是各地作家在羅賓漢傳說、騎士文學和福爾摩斯小說的基礎上的創新嘗試，本身是一個跨文化文學轉化的最佳例證。請見陳碩文：〈「這奇異的旅程！」：周瘦鵑的亞森羅蘋小說翻譯與民初上海〉，頁 46。

Coups de l'horloge）的開頭，勒布朗也曾寫道：「這八樁冒險經歷是從前亞森羅蘋講給我聽的」；[37]在短篇小說〈閃光之謎〉（"Les Jeux du soleil"）中，勒布朗也以友人「我」的視角，記下亞森羅蘋推理故事的方式敘事。不過，勒布朗並不像孫了紅，他並不在自己所創造的羅蘋故事中化身為其他人物講述羅蘋的所作所為，也不像孫了紅翻譯過的艾勒里‧昆恩（Ellery Queen）偵探故事一樣，將自己設定為小說中的偵探敘事。[38]孫了紅卻再三強調筆下的魯平其人為真，而自己僅僅是紀錄魯平歷險記的執筆人，箇中原因，頗令人玩味。

此外，考察孫了紅 1925 年後的作品，的確可以看見其魯平故事有了不同。相較前期的「東方亞森羅蘋案」，在後期的俠盜魯平奇案中，孫了紅的魯平人物形象也更為細膩、形象化。他筆下的魯平耳有紅痣，愛戴紅色領結，總抽土耳其雪茄，開跑車，裝扮入時，孫了紅描寫他頗像好萊塢明星，但也說他如一個「上海浪子」；[39]他犯案前後喜歡留下大名的習慣沒變，且會留下一張畫有魚、太陽和花瓶的淡紅色名片。此外，孫了紅在〈一〇二〉中，通過回憶魯平的初戀，交代了魯平的身世，使得這個人物更有血肉。魯平原來自一個殷實家庭，是五金富商的兒子。因魯平的父親幫助被誣賴陷害的朋友而散盡家財，朋友死後因憤懣不平，亦隨之過世，母親也撒手人寰，只得依靠偷走他的財產，把他當豬狗養大的叔父。魯平從乳母處聽說身世，決定要為社會伸張正義，

37 勒布朗著，宣征宇譯：《八大奇案》（臺中：好讀出版，2010 年），頁 1。

38 四〇年代，孫了紅曾陸續翻譯英國作家愛特茄‧華萊斯（Edgar Wallace，1875-1932）、美國偵探專欄作家奧斯丁‧雷普利（Austin Ripley，1896-1974）等當時相當受歡迎的偵探作家作品，多刊登於他所主編的《大偵探》。比方說 Edgar Wallace 著，孫了紅譯：〈李德爾：詩人警察〉（"The Poetical Policeman"），《萬象》第 2 卷第 10 期（1943 年 10 月），頁 69-78。Randall Crane 著，孫了紅譯：〈煤油燈〉，《大偵探》第 1 期（1946 年 4 月），頁 74-85。Austin Ripley 著，孫了紅譯：〈新婚血案〉，《大偵探》第 2 期（1946 年 5 月），位在頁 41-42 間。Ellery Queen 著，孫了紅譯：〈七隻黑貓〉（"The Adventure of the Seven Black Cats"），《西點》第 1 卷第 9 期（1946 年 9 月），頁 79-89。

39 孫了紅：〈烏鴉之畫（上）〉，《大眾》第 10 期（1943 年 8 月），頁 46。

立志洗劫卑劣的斂財富商，遂從未滿二十歲起便成為盜賊。[40]魯平的身
世，不但近似他的人物原型亞森羅蘋，也易使人聯想到《二十年目睹之
怪現狀》的主角「九死一生」。然而魯平面對魑魅魍魎密佈的鬼蜮世
界，不再瞠目結舌、膽喪魂驚，而是尋求法外正義，主動復仇。在後期
的俠盜魯平奇案中，孫了紅還更常論及社會現狀，尤其是誕生於四〇年
代的創作，而這恰恰也是魯平奇案最受歡迎的時期。此時孫了紅時常改
寫前作，將「東方亞森羅蘋案」翻寫成「俠盜魯平奇案」。比方說〈俠
盜魯平奇案：木偶的戲劇〉由第一篇魯平故事〈傀儡劇〉擴充而成，結
尾處較前作〈傀儡劇〉冗長，孫了紅安排魯平大發了一篇議論，發表他
的強盜哲學：「總之，那些可愛的人們，做了竊盜，却還沒有竊盜的勇
氣！而我呢，因為有勇氣，所以不妨大張曉諭，當眾承認我是一個不足
齒數的竊盜！」[41]而〈俠盜魯平奇案：囤魚肝油者〉，乃是由〈燕尾
鬚〉改寫而成，與〈燕尾鬚〉相較，後作更為強調被綁架的富翁之為富
不仁，諷刺他為「囤積界的天才者」。[42]孫了紅將故事改寫得諷刺性十
足，批判奸商權貴的力道更強勁，看得出來孫了紅對當時社會情況與一
般人生活處境的不滿和同情隨著時代演進，日益加劇，而這或許便是他
宣告不再撰寫「東方亞森羅蘋案」而要以「事實」報導與記錄取而代之
的原因。

　　晚清譴責小說作者——不論是梁啟超、周桂笙（1873-1936）——
都時常強調自己的故事乃源自真實事件，[43]或親眼所見，旨在揭發罪

40 孫了紅、丁之：〈俠盜魯平奇案之五：一〇二（六）〉，《萬象》第 2 卷第 12
　　期（1943 年 6 月），頁 158。
41 孫了紅：〈俠盜魯平奇案：木偶的戲劇（三）〉，《春秋（上海 1943）》第 1
　　卷第 3 期（1943 年 10 月），頁 125。
42 孫了紅、柴本達：〈俠盜魯平奇案：囤魚肝油者（下）〉，《春秋（上海
　　1943）》第 1 卷第 6 期（1944 年 3 月），頁 129。
43 請見梁啟超：《新中國未來記》第四回，作者述及主角於旅順所見不平之事，
　　強調「皆從日本各報紙中搜來，無一字杜撰」。請見梁啟超：《新中國未來
　　記》（臺北：廣雅出版社，1984 年），頁 55。

衍、書寫惡行以鏟奸除惡。此時孫了紅也再三強調他的俠盜作品真有所本，意或也在匡扶正義。孫了紅後來時常強調小說中所寫為真，其故事的敘事者「我」有時又稱自己「記者」，以全知第三人稱的觀點向讀者喊話，比方說〈雀語〉是這樣開頭的：「記者此刻所要說的故事恰巧發生在這囂煩的地點，因此記者有個要求，希望讀者先生們掩住一個耳朵別聽那些嘈雜的聲浪，而用另一隻耳單聽記者的報告。」[44]在〈俠盜魯平奇案之四：三十三號屋〉中，孫了紅宣稱在空屋中有一本記事本，記下了案情經過，可稱之為「劇盜魯平的身邊文學」，「我想請求讀者，放棄了文學上的欣賞，而單看這小冊子裡所記的事實吧！」[45]此一帶有間離效果的敘事策略，也正是他的小說有「反偵探」小說之稱的來由。然考察其目的仍在保證故事的真實性，筆者以為，孫了紅此一敘事特色不僅僅形似反偵探小說，更使人聯想起志人志怪小說中的實錄傳統，或晚清譴責小說的寫實色彩。

　　而在小說〈血紙人〉中，孫了紅更以「殺害人家的，結果難逃被人殺害的慘報！」為主題，描寫在「囤積民食的偉大事業上」卓有成就的主角，[46]最終因為十二年前的罪惡付出血債血償的代價，將受羅蘋故事啟發而誕生的俠盜小說，結合了傳統的果報思想，塑造出更為本地化的推理故事。此果報一說，晚清譴責小說中亦常見得，或意在為主人公的「惡行」開脫，或為其小說主角較為出格的言行思想辯護（如《孽海花》中，曾樸描述金雯青與傅彩雲的致命相遇，乃因金殉情的前情人梁新燕前來索命），可視為小說家書寫新潮時為讀者所設置的安全閥，讓讀者易於接受不同流俗的主人公或思潮的同時，也一邊滿足了其對身處亂世，道既不行，願有俠義之士代辨忠奸的心理期待。

44　孫了紅：〈雀語（一）〉，《紅玫瑰》第 4 卷第 5 期（1928 年 2 月），頁 2。

45　孫了紅：〈俠盜魯平奇案之四：三十三號屋（下）〉，《萬象》第 2 卷第 4 期（1942 年 10 月），頁 108。

46　孫了紅：〈俠盜魯平奇案之三：血紙人（上）〉，《萬象》第 1 卷第 11 期（1942 年 5 月），頁 86。

因此，整體說來，孫了紅魯平奇案書寫可說雜揉著中西新舊文學文化的痕跡。作家一方面大力揮灑對世道的憤懣，嚮往新時代的英雄到來；一方面又敘寫善惡有報的詩學正義，以俠稱之。尤其在書寫「俠盜魯平奇案」的階段，孫了紅改稱魯平為「俠盜」，不再稱之為「劇賊」，以俠義作風來詮釋其劫富濟貧的行動或非法正義之舉，並再三強調此為真人真事，實際上，都是為了對當時社會上「竊鉤者誅，竊國者侯」的現象提出針砭。

儘管孫了紅在他的小說中刻畫魯平的俠骨熱腸，撻伐世間為富不仁者，並關懷底層窮苦人群，然而，孫了紅也不忘形塑魯平我行我素的行事作風：「他雖竭力為弱者方面予以援助，但是，他却有一個毛病，就是：他從不曾純粹幹過『義務』工作，白當過差；他必須從中獲得一些利益，雖然這『利益』是完全從弱者的對方攫取到的。」[47]如同周瘦鵑指出，羅蘋故事有一特點，即他「既擁偵探之美名，復收劇盜之實利。是誠神乎其技矣」。[48]孫了紅筆下的魯平，形象如同羅蘋，並不總是正義的代言人，反而有些桀驁不馴，因此顯得較總是正襟危坐的偵探更有吸引力。不過，我們從孫了紅的改寫中，還是可以發現他既一方面強調魯平「他必須從中獲得一些利益」，如同羅蘋，但孫了紅刻意強調「這『利益』是完全從弱者的對方攫取到的」，卻又不如羅蘋狡黠，某種程度地刻意維護魯平「正義俠客」的形象。

由上可見，孫了紅雖然借鑑了羅蘋小說中亦正亦邪、具有魅力的人物設定元素創造魯平傳奇，但另一方面也通過強調魯平的正義不阿，不從弱者身上竊取分文，呼應本地讀者對魯平「俠客」一面的期待，以及維護俠義公案小說中，「俠盜之辨」自始涇渭分明的傳統——劫殺貪官污吏、土豪劣紳，為朝廷效命奔走，則為俠；始終不走上正途的，則只能稱盜。總的來說，此時期的孫了紅魯平故事，較他之前的作品更為本

---

47 孫了紅、丁之：〈俠盜魯平奇案之五：一〇二（六）〉，頁 147。

48 周瘦鵑、張碧梧：〈亞森羅蘋最新奇案：珍珠項圈．探案者譯者附誌〉，《紫羅蘭》第 3 卷第 1 期（1928 年 4 月），頁 2。

地化，也更貼近讀者的閱讀心理；更重要的是，還反映出在國破家亡、戰亂頻仍的民初中國，孫了紅其將滿腹理想、希望寄情於小說主人公魯平，視其為中國新時代人物象徵的精神心態，亦日漸鮮明。

四、孫了紅魯平奇案的文化意涵

（一）雙面上海：「銀灰色都市」中的兩個世界

　　承上所言，在後期的「俠盜魯平奇案」中，不只魯平的形象和身世的描寫更為細緻，孫了紅對於探案發生所在地——上海，也有了更精彩的描述。孫了紅曾說：「我是一個生長於這個都市中的人。」而他理想中的家「仍舊建立在這個銀灰色的都市中」。[49]孫了紅對上海的依戀，充分可見於他的魯平故事中。魯平活躍的地點，從洋房到弄堂，從百貨公司、電影院、游泳池、博物館、公園到舞廳，無一不有，如同勒布朗書寫羅蘋，美好年代的巴黎乃故事的重要背景，[50]孫了紅也可以說通過筆端，帶領讀者遊遍了上海各種都市景觀，在他的小說中凝聚了上海的都市形象。[51]

　　而孫了紅描寫尤力的應是租界內的洋房庭園，在這些看似寧靜、優

49　孫了紅：〈這不過是幻想：蜂屋隨筆之一〉，《幸福世界》第 1 卷第 5 期（1946 年 12 月），頁 12。

50　勒布朗筆下的亞森羅蘋冒險多發生在美好時代的巴黎。當時新型交通工具開始湧現，電話、電燈、電梯等電力設施此時亦開始普及，都市成為人口雲集、生活便利之處。François Busnel et Philippe Delaroche, Jacques Derouard, "Comment est né le vrai, l'unique Arsène Lupin," *L'espress*, 2004.01.09.。偵探有如班雅明（Walter Benjamin，1892-1940）筆下的漫遊者（flâneur），也曾為李歐梵指出。請見李歐梵：〈福爾摩斯在中國〉，頁 12。

51　魏艷在其研究中也提到了光怪陸離的上海都市摩登是魯平奇案最大特色，然其實孫了紅小說中多刻畫都市西化空間，也寫城市庶民生活空間，魏書卻未進一步分析孫了紅創作中兩種空間並置的張力，及其所反映出來的都市現代性複雜面向與意涵，請見魏艷：《福爾摩斯來中國：偵探小說在中國的跨文化傳播》，頁 214-234。

美的房屋中，卻總有使人意想不到的奇案發生。比方說在〈三十三號屋〉中，孫了紅描寫了一棟華美的空屋，座落在囂煩的都市中最詩意的貝當路，然它卻是一棟神秘案件頻傳、「吃人」的「鬼屋」。在〈虎詭〉中，案件發生在「飛霞路」的一棟民宅中，孫了紅描述這棟房子像上海化的新女子，「是半中半西互相參合的」，[52] 裡面居住著一個囤積致富、拋棄糟糠之妻的富翁，擔憂他的保險櫃遭竊。最具代表性的應該還是〈真假魯平〉中的俄國總會，數十年來矗立街頭，見證了民國以來上海這座城市的歷史。這些中西風格兼具的洋房，如同孫了紅所言，既如同上海的新女子，也如同上海本身——此一最能代表現代中國的新舊、華洋文化雜處與撞擊的都市——迷人、時髦、新奇，但卻又纏繞在一連串的迷霧中，象徵著慾望、貪婪、血案，招惹各式衝突。

孫了紅筆下的上海是一個華洋雜處、帶有殖民色彩的都市；而相對於其他上海現代派作家，孫了紅筆下的上海摩登，更帶有一層鬼氣森森、血腥幽暗的色彩。施蟄存也寫陰森魅惑的上海，不過故事主人翁為居住在上海的西方人；施蟄存筆下的上海人不寧靜的情緒，更體現在主人公遠赴上海以外江南城鎮的旅行中。[53] 孫了紅筆下的上海，與犯罪或神秘案件息息相關，充滿誘惑力，卻又危險致命，通過魯平的探勘，揭發不為人知的光亮背後的陰影；如小說中對這些屋子的描述：「魔屋」、「問題的房子」，孫了紅筆下的魯平奇案多集中於都市，暗示著都會新穎、閃亮，卻又帶有一層灰白，隱隱浮現著慾望和醜惡。

羅蘋是法國偵探小說家勒布朗筆下的主人公，孫了紅書中的魯平亦活躍於上海法租界。識者可能指出，法租界的存在本身，象徵著法蘭西帝國勢力侵入東亞的夢魘，而孫了紅在羅蘋故事的啟發下，塑造出一個行俠仗義的「東方羅蘋：魯平」出入其間，易容變裝、偷盜行竊、劫富濟貧，可看成是對法國文學作品的學舌模擬（mimicry）。然，本文以

52 孫了紅：〈虎詭（二）〉，《紅玫瑰》第 3 卷第 31 期（1927 年 8 月），頁 1。

53 請見李歐梵：〈「怪誕」與「著魅」——重探施蟄存的小說世界〉，《現代性的想像：從晚清到五四》，頁 357-376。

為，更重要的是，孫了紅的魯平探案所靈感得益於法國偵探小說的啟發，然其下筆，雜揉中西，有如法租界不銀非灰、陰森恐怖，分明是一曖昧模糊的場域，孫了紅重寫羅蘋，形成了對原作人物的另類詮釋，從而反拆解、反諷了法租界背後帝國強勢文化的暗影。

孫了紅書寫上海，並不只寫摩登、洋派的都市空間，也寫升斗小民的生活場域，如他所言，「在同一個銀灰色的都市中，有著兩個不同的世界」。[54]如〈雀語〉中的錫壽里：

> 這一條錫壽里二衖，是個著名的囂煩的地點，里中雜處着幾十家中下階級的住戶。衖內自早至暮，找不到一點宵靜的時刻，各種小販帶着他們小小的店舖，川流不息，高唱而入，長腔短調，一應俱全。這些聲浪，和屋子中的牌聲劈拍，以及小孩子們的大哭小喊，常常攪作一片。有時不幸而逢到不利的日辰，還有些娘娘們為了沙粒般的大事，一言不合，便假座這露天會場，各各開動天然的留聲機，互相比賽起來。其間許多含有藝術化的絕妙好調，大足使舞台上的探親相罵，相形見絀。這在別的衖堂中，未必常有這種現象，而在這錫壽里內，差不多已司空見慣。[55]

小說中的錫壽里是一夥小人物圖謀綁架富翁之子，騙取贖金的地方，孫了紅花了相當篇幅刻畫生活在此處的幾個不法之徒如何招搖撞騙、各懷鬼胎。此處與〈虎詭〉中富翁居住的「半中半西互相參合」的洋房截然不同，彷彿是「上海本地」的象徵，孫了紅讓小說主人公們說著滿口街頭黑話，呈現出多音、嘈雜的里弄風情。在〈一〇二〉中，孫了紅也花了不少筆墨描寫一群漂流到上海討生活的北方戲班子，仔細刻畫他們說

54　孫了紅：〈真假魯平（上）〉，《生活（上海1947）》第 4 期（1947 年 11 月），頁 40。

55　孫了紅：〈雀語（一）〉，《紅玫瑰》第 4 卷第 5 期（1928 年 2 月），頁 1-2。

話的腔調、每日的行當、演出的戲曲。孫了紅筆下「另一個銀灰色都市中的世界」生活圖景十分「中國」，更與上述幽靜陰森的租界洋房不同，總是熙攘吵雜，更有活力。而他筆下的魯平便穿梭在兩種不同的都市叢林中，如同導遊，為讀者描畫出一幅精彩的上海浮世繪。

眾所皆知，上海現代派作家書寫都市，不忘刻畫美麗、時髦的女性，這些女性人物身上，凝聚承載了都市摩登風情，而男性主人公的凝視、糾纏，象徵了他們對都市現代性的無法抗拒和欲拒還迎。[56]而勒布朗筆下羅蘋的冒險更不乏女性的點綴，其羅曼史更是羅蘋故事引人入勝之處。孫了紅的上海魯平奇案中也寫女性，她們不僅僅是摩登女郎，亦是女店員、名門少奶奶或者舞小姐，來自各種不同的階層，是都市眾生相中的一環。而當魯平涉入了情感糾葛，卻總是與相對更為純潔的本地女性。她們總令他難以釋懷，又時常感到自慚形穢，不論是魯平捧讀描寫社會底層小說的初戀情人，或者在〈一○二〉中為之擋子彈的京劇女伶，她們都有著平凡的出身、耿直的性格，有著理想和勇氣，是純潔的化身，在都市中載浮載沉，像是魯平的另一面自我。魯平戀慕的女主角總是先一步離開世界，致使魯平對她們的愛戀永不能成真，彷彿也象徵著魯平欲在亂世之都裡保有真我，竟如此難以企及。

在小說〈血紙人〉中，孫了紅描述魯平：「他的一生，抱有一種絕對錯誤的思想：他以為不論那一個人，在某種熱戀狀態之下所造成的罪惡，都應該加以寬恕的。」[57]魯平在孫了紅的筆下既是英雄俠盜，卻也崇尚戀愛，更願意為了戀情犧牲生命。這樣一個浪漫、謳歌戀愛的俠義

56 請見李歐梵著，毛尖譯：《上海摩登：一種新都市文化在中國 1930-1945》（香港：牛津大學出版社，2000 年），頁 193；史書美著，何恬譯：《現代的誘惑：書寫半殖民地中國的現代主義（1917-1937）》（南京：江蘇人民出版社，2007 年），頁 312-313；請見梁慕靈：《視覺、性別與權力：從劉吶鷗、穆時英到張愛玲的小說想像》（新北：聯經出版事業公司，2018 年），頁 184-222。
57 孫了紅：〈俠盜魯平奇案之三：血紙人（下）〉，《萬象》第 2 卷第 1 期（1942 年 7 月），頁 110。

人物，在以往傳統的俠義敘事中，是少見的；而相較於福爾摩斯或霍桑和女性的疏離，魯平的情聖形象，更顯得別出心裁。孫了紅這「既英雄又兒女」的魯平傳奇，在「俠情敘事」此文學類型在民初的發展過程中，無疑相當有代表性。然而更重要的是，這些女性，如同都會繁華洋場生活的另一面貌——她們更為「純潔」、更為「中國」，寄託了活躍在都市叢林中的英雄無限嚮往，那是一個回不去的世界，正義、理想、美好，儘管這個世界或許其實根本不曾存在，而女性／過去的面貌當然總不如此單一，符合他的期待。

　　孫了紅魯平奇案中的都市面貌多重，中與洋、傳統與現代、富者與貧民、洋房與里弄並存。魯平遊走在這包羅萬象的現代都會中，彷彿不斷越界的旅行者，通過他的眼光，為廣大讀者呈現出上海現代性華洋雜處、新舊交織的多重維度與複雜樣貌。

（二）電光傳奇：視覺化敘事策略

　　孫了紅自創作「東方亞森羅蘋案」起，說故事便十分具有畫面感。前人多指出，亞森羅蘋人物形象的成形，是在不同的藝術類型（戲劇、連載小說、電影）中輾轉再生的，[58]深深影響了而今我們對羅蘋的想像。且亞森羅蘋故事面世後，其接受歷程和其戲劇、電影的改編幾乎同

58　關於亞森羅蘋戲劇演出的相關研究，請見 Caroline Renouard, «Arsène Lupin à l'Athénée (1908) : un spectacle populaire entre répétitions et innovations, » dans Pascale Alexandre-Bergues et Martin Laliberté (dir.), *Les archives de la mise en scène : spectacles populaires et culture médiatique 1870-1950* (Lille : Presses universitaires du Septentrion ; Colloque de Cerisy, 2016), 75-88.

步。[59]羅蘋故事深受各地導演青睞,翻拍無數。[60]雖無法證實孫了紅看過羅蘋故事改編電影,但從孫了紅寫過偵探影戲小說來看,說他是一位西方偵探電影影迷應不無過,無怪已有學者提出觀察,孫了紅的魯平傳奇相較當時其他推理故事,總更有視覺化表述的特徵。[61]

比方說在〈魯霍鬥巧記之一:古甑〉一篇中,孫了紅描寫月臺上眾人的活動,以及光線射入火車站地道的段落,頗有視覺效果。在〈俠盜魯平奇案:竊齒記〉中,孫了紅直接以「移鏡頭」來稱呼自己掉轉筆鋒之舉,並描寫魯平與電影明星的神似:

我衹想把我的鏡頭,移向這舞場的某一個角度裏。

---

59 有學者指出,20 世紀初期電影業能在全世界迅速發展,和受大眾歡迎的類型小說在全球快速流通有密不可分的關係,而兩者的攜手合作,更是造就票房大熱的不二法門,羅蘋故事在全球的快速流動,與以羅蘋為主角的電影、戲劇作品亦流行各地乃同時展開的。Federico Pagello, "A. J. Raffles and Arsène Lupin in Literature, Theatre, and Film: On the Transnational Adaptations of Popular Fiction (1905-30)," *Adaptation* 6.3 (2013): 268-282.

60 亞森羅蘋故事第一次被拍成電影,據調查,可以追溯到 1908 年美國攝影師波特(Edwin S. Porter,1870-1941)所拍攝的八分鐘短片;1913 年由法國導演卡黑(Michel Carré,1865-1945)拍攝的黑白默片「亞森羅蘋對上甘尼瑪」(*Arsène Lupin contre Ganimard*),以〈亞森羅蘋在獄中〉("Arsène Lupin en prison")原著小說為藍本,亦頗受注意。英國人也拍攝了自己的亞森羅蘋無聲電影,由塔克(George Loane Tucker,1872-1921)執導。此外,亞森羅蘋的魅力無遠弗屆,俄國導演多若寧(Mikhail Doronin,1880-1935)也早在 1918 年便讓亞森羅蘋躍上俄國大銀幕。民初中國,則有朱瘦菊改編並執導《珍珠冠》,在 1929 年推出,商請到當時的電影紅星阮玲玉演出;1931 年,另一部以亞森羅蘋為主角的電影《亞森羅賓》(天一影片公司出品、邵邨人編劇,李萍倩導演,陳玉梅、孫敏等主演)亦上映。可惜影片現今皆付之闕如,僅存若干劇照。

61 李歐梵:〈福爾摩斯在中國〉,頁 15。戰玉冰也有類似觀察,請見戰玉冰:〈亭子間、咯血症與「俠盜」想像——以 1940 年代孫了紅的居室及「俠盜魯平奇案」系列小說為中心〉,《現代中文學刊》,頁 37-46。事實上孫了紅的確也以美國偵探影片、相片為基礎改編過「電影小說」,請見 Austin Ripley 著,孫了紅譯:〈新婚血案〉,《大偵探》第 2 期(1946 年 5 月),在頁 41-42 間。Austin Ripley 是美國芝加哥論壇報知名的偵探專欄作家,作品篇幅短小,頗受讀者歡迎。

……

此人穿着畢挺的西裝，拖着一條鮮豔的紅領帶。燈光掩映之
下，年齡顯得很輕，可是光陰的刻劃，不容人類有所掩飾。如
果在白晝間細細的看，便知「青春」的字樣，已決不能加到此
人的身上。他的臉部的輪廓，很像銀幕上的「貝錫賴斯朋」，
尤其是口輔之間，一種似笑非笑的神情，更顯得相像，這是一
張並不十分討人厭的面孔。[62]

在上面這個段落中，我們彷彿電影觀眾，隨著鏡頭滑進了舞場，視線先
停留在一個人物西裝領帶的特寫，當燈光變幻，氣氛愈發神秘之時，眼
神再隨鏡頭上移臉部，通過一個近距離的大特寫，聚焦影片的主人公身
上，從而對他產生深刻的印象。事實上，貝錫賴斯朋（Philip St. John
Basil Rathbone，1892-1967）是三、四〇年代以扮演福爾摩斯出名的演
員，拍攝了十數部以福爾摩斯探案改編而成的電影，[63]孫了紅筆下的魯
平形象據此而成，可見電影在孫了紅形塑魯平此一人物時，扮演了重要
角色。

在〈黑騎士〉中，賣國賊即將與日本密使簽下不平等條約的千鈞一
髮之際，孫了紅調動如電影敘事一般靈活的筆鋒，描寫魯平有如正義使
者般趕到：

當夜九點鐘時，飛霞路上遠遠地來了一輛精美的汽車，車前射
出兩條很強烈的燈光，光線由遠而近，直向馬士驥家射來。

……二人坐定談話了一會，只聽得宅前門樓上那座四面鐘，鏜

62　孫了紅：〈俠盜魯平奇案：竊齒記〉，《萬象》第 1 卷第 3 期（1941 年 9
　　月），頁 126-127。

63　貝錫賴斯朋飾演福爾摩斯的電影在上海上映的消息，在當時上海報刊中皆可
　　見，比如"Basil Rathbone, as Sherlock Holmes, and Nigel-Bruce, as Dr. Watson,
　　relieve the adventures of the Sir Arthur Conan Doyle," *The Shanghai Evening Post
　　and Mercury,* 1946.05.11.。

鏹的接連鳴報十下，馬士驥遂把一正一副兩份密約取了出來，同松井仔細審讀一過，剛提起筆來，要在約上正式簽字，忽然他好像想起了什麼似的，抬眼向室中瞟了一週，面部欻的現出一種獰笑。

長天如漆，只有幾點疎星，閃爍作光，飛霞路上，突有一個黑衣騎士跨着一頭神駿的阿剌伯黑馬，好像一團黑烟，風馳電掣般飛滾而來。歷亂的蹄聲踏破了萬靜的空氣，那黑衣騎士飛馬到了馬士驥家門前，倐的聳身翻下馬背，恰巧那四面鐘正報着十句鐘的最後一下。[64]

從燈光的遠近，到總長和日本密使簽訂合約敲響肅靜氣氛的鐘聲，臉上獰笑的特寫，忽然連接到黑色駿馬與黑衣騎士衝破黑暗而來，以上場景緊密相連，有如蒙太奇鏡頭拼貼，相當有畫面感。

此外，在〈俠盜魯平奇案：鬼手〉、〈俠盜魯平奇案之三：血紙人〉等作品中，孫了紅還刻畫了小說主角因為看了電影，疑神疑鬼的場面。比方〈血紙人〉中的惡徒王俊熙：

這天，王俊熙進畢了午餐，坐在一隻軟椅裏，舒適地讀着報。在報紙上，有一方廣告，吸住了他的視線，這是一張大光明的電影廣告。原來，大光明戲院，這天換了一張新片，片名叫作「再世復仇記」。在這新片的廣告中，刊有如下的警句：

——他從墳墓裏走出來，將誣陷他的仇人，生生地扼死！——

一個電影廣告，刊上一些刺激性的語句，那是極普通的事。在平常人的眼光裏，至多是因語句的新奇，而引起了觀賞慾。可是，這廣告一映進了王俊熙的眼，立刻起了一種寒凜的感覺；

---

64 孫了紅、陶寒翠：〈黑騎士〉，《紅玫瑰》第 1 卷第 11 期（1924 年 11 月），頁 5-6。

他的心，有點忐忑然。

……

這張片子，是被稱為「恐怖之王」的卡洛夫所主演。

……

他非常後悔，不該去看那場含有刺激性的電影，以致引起無謂
的憂怖。[65]

從以上段落我們可以發現，電影情節的回味、重述，此時更成了增加小
說吸引力的環節，不但有利於氣氛的營造，也使小說更具有懸疑性，有
如另一條伏線，發揮著醞釀讀者情緒的效果。卡洛夫（Carlos
Villarías，1892-1976）亦是當時頗為活躍的好萊塢明星，多演驚悚片，
孫了紅愛看電影，想來不會錯過卡洛夫情節離奇的影片。有趣的是，這
個觀影經驗被他改頭換面，書寫在作品中，展演出一條從凝視西方銀
幕，到書寫本地故事的曲折路徑。

　　而前述蒙太奇鏡頭跳接般的穿插敘事，也時常在孫了紅的小說中出
現，比方在〈血紙人〉中，孫了紅通過倒敘方式講述故事主人公前半生
的秘密，增添了不少閱讀張力；在〈三十三號屋〉中，孫了紅先描述種
種神秘案件，設置懸念，方揭露真相，更令讀者手不釋卷。周瘦鵑指羅
蘋故事「事實新奇，經過曲折」，較福爾摩斯探案更為「奇趣橫
生」，[66]考察其持此見的原因，應該與勒布朗寫作推理故事，不像福爾
摩斯偵探故事的作者柯南道爾（Arthur Conan Doyle，1859-1930）般，
順時序地提出案件、查案、解謎為主要敘事模式，而能跳脫框架，多線
並進，或不按牌理出牌有關。孫了紅書寫的魯平傳奇得益於勒布朗小說

65　孫了紅：〈俠盜魯平奇案之三：血紙人（上）〉，《萬象》第 1 卷第 11 期
　　（1942 年 5 月），頁 89-90、99。

66　同註 48。

出奇制勝情節設計之靈感刺激,並更著重場景、氣氛的營造,還借鑑電影敘事手法,善用蒙太奇多線敘事模式安排伏線、前後呼應,使解謎過程或案情解說不至無趣。

除關注影像、視覺圖像呈現的內容外,學者也從觀看者的眼光出發,分析圖像是如何被理解的,及其中所呈現的觀看者之自我認識,及影像、圖像和自我的關係。[67]借鑑此一觀點,則孫了紅在作品中引用西方舶來的電影人物或情節烘托氣氛,或借鑑電影塑造故事情節、人物形象,打造一個脫胎自西方羅蘋故事的上海俠盜傳奇,所涉及的不但是他對於西方電影、小說等敘事文本的挪用、改寫等議題。更重要的是,讀者亦可以從中探討在此觀看、挪用中所反映的,他者和自身的對話和想像。也就是說,孫了紅此番嘗試,不應僅僅被視為是一對西方偵探小說、電影的學舌之舉,或可視之為孫了紅對其觀看之物的理解與「再創造」,更是一種「混雜性」(hybridity)強的跨文化實踐。[68]其創作如同一再現自我的文學擬像,因他不但借鑑、轉化了來自異國的文字、影像敘事,以呈現本地的故事;更甚者,他以極視覺化的手法呈現的俠盜,還是一個「黑騎士」,關鍵時刻能與外敵鬥智,救國家於水火之中,體現了強烈之本地認同。從路見不平到救國救民,孫了紅筆下的魯平傳奇無疑展現出更為豐沛的能量。

(三)從「新民」到「新人」:敘寫魯平的意義

自晚清梁啟超提出「新民」一說,強調民智、民力都是國家強盛的

67　John Berger, *Ways of Seeing* (London: Penguin, 1972).

68　近年來有學者援用霍米・巴巴(Homi K. Bhabha,1949-)的理論,分析上海現代派作家如何在其作品中模擬殖民地凝視,想像書寫上海的新方法,其仿寫因此不僅僅是單純的模仿之作,更可能模糊化了身份邊界。請見梁慕靈:《視覺、性別與權力:從劉吶鷗、穆時英到張愛玲的小說想像》,頁 95-96。李歐梵也有類似觀察,請見李歐梵:〈福爾摩斯在中國〉,頁 13。Homi K. Bhabha, "Of Mimicry and Man," in *The Location of Culture* (London and New York: Routledge, 1994), 85-88。

要素，冀盼英雄歸來，創造新中國，自此，呼喚「新民」的聲音，在現代文學書寫中可說是不絕如耳。孔慧怡曾經指出，偵探小說在中國流行，可以歸因於偵探小說中的偵探憑藉其才智、理性，撥亂反正、維護正義，為當時面對動亂社會的中國讀者提供了心理上的安全感。[69]李歐梵也曾指出，福爾摩斯更在此刻成為一理想人物的化身，其理性辦案、實事求是，使他成為家喻戶曉的名探，寄託了譯者、讀者面對轉變中的中國社會，尋找「新英雄人物」的想像。[70]如孫了紅所言，在現今亂世中，若「果真跳出一個跌宕不羈的俠盜來，你一定非常歡迎非常崇拜咧」。[71]的確，在戰火連天、政治混亂、治安堪憂的民初上海，不僅孫了紅本人通過書寫俠盜撥亂反正，安頓了自己的滿腔義憤；而讀者身處亂世，願有俠義之士猛抗強梁、維持正道的心理期待通過閱讀亦得到了滿足，亦是意料中事。

　　孫了紅的魯平故事面世甚早，然直到四〇年代，魯平故事仍然備受喜愛，且有越來越受歡迎之勢，這不禁提醒我們進一步思考，經歷了戰亂洗禮的戰時中國，廣大讀者們對魯平此一標榜為民除害、仗義行俠的俠盜仍然樂而不厭，那麼，他們所期待的新時代又是什麼面貌？如同上海的啟明書局在 1942 年出版《亞森羅蘋全集》時，宣傳亞森羅蘋「……以一身兼為劇盜和偵探，是一個亦兒女、亦英雄，風流倜儻而任俠慷慨的人物……亞森羅蘋的故事借劇盜而吐社會的不平，則比福爾摩斯徒為法律與資本家的鷹犬，較高十倍」。[72]可以見到時至四〇年代，中國文人、譯者接受亞森羅蘋故事時，仍反覆強調羅蘋的俠盜形象，折射出了時人日益加深的對於黑暗、不公義社會的不滿。而前文所述及的

69　請見孔慧怡：〈還以背景，還以公道——論清末民初英語偵探小說中譯〉，收於王宏志編：《翻譯與創作：中國近代翻譯小說論》（北京：北京大學出版社，2000 年），頁 93。

70　李歐梵：〈福爾摩斯在中國〉，頁 11。

71　孫了紅：〈恐怖而有興味的一夜〉，頁 10。

72　林華、姚定安譯：《亞森羅蘋案全集》（上海：啟明書局，1942 年），頁 1-2。

孫了紅書寫魯平，從不無筆墨趣味式地刻畫「東方羅蘋」，到正襟危坐紀錄「事實上之魯平」的轉變，也不無巧合地呼應著此人們日益強烈，嚮往正義得以伸張的的心理願望。而在《藍色響尾蛇》一篇中，孫了紅筆下的魯平甚至與日本間諜鬥智鬥勇，更可以說召喚、凝聚了許多讀者的報國熱情。綜之，孫了紅的魯平奇案，可說以高潮迭起的故事、熟悉親切的腔調，描寫各種都市新鮮體驗與事物，既迎合了市民讀者的喜好，再現了都市上海；魯平勇於衝破網羅，追求正義，繼之報效家國的行為，亦調節了當時中國讀者渴慕新異、想像天下得治的心理，實現了讀者期待的法外正義、實踐了「俠之大者、為國為民」的理想。

此外，孫了紅的魯平奇案，都是先在報刊連載，再集結出版的。作為備受讀者歡迎的通俗文學主人公，魯平的人物形象可說是孫了紅不斷在和讀者互動中逐漸發展的，這點卻較少為研究者關注。[73]尤其在四〇年代，孫了紅十分歡迎讀者與他互動，甚至在不少連載作品中，直接與讀者對話。比方說在〈雀語〉中，他為讀者安排了一個謎：「為了增進讀者們的興味，和對這故事的明瞭起見，記者覺得四十七號屋中的麻雀牌之謎，很有依樣葫蘆畫下之必要，并希望讀者諸君，破些功夫，費些腦力，和前面那兩個學生裝的偵探家角一下智，看是誰先打破那空屋中的悶葫蘆。現在且把含有問題的三行牌，依樣附圖如後方。」[74]而在〈奇怪的鐘：俠盜魯平奇案〉中，孫了紅描述案情後，並不推理解謎，反過來邀請讀者猜想魯平壞掉的鐘為何會響，跟鄰居家的謀殺案有何關係，並請讀者來信說明，並贈送答對者《幸福》一冊。[75]到了孫了紅在

73　比方說戰玉冰在其〈亭子間、咯血症與「俠盜」想像——以1940年代孫了紅的居室及「俠盜魯平奇案」系列小說為中心〉一文中從梳理孫了紅書寫俠盜故事時的思想和生活情境入手分析他創造俠盜形象的成因，然並未考慮孫了紅俠盜創作的報刊連載特質，也未進一步思考讀者與孫了紅俠盜書寫之間的關係。請見戰玉冰：〈亭子間、咯血症與「俠盜」想像——以1940年代孫了紅的居室及「俠盜魯平奇案」系列小說為中心〉，頁37-46。

74　孫了紅：〈雀語（五）〉，《紅玫瑰》第4卷第9期（1928年3月），頁1。

75　孫了紅：〈奇怪的鐘：俠盜魯平奇案〉，《幸福世界》第1卷第12期（1947年

《大偵探》連載《藍色響尾蛇》時，還時常刊登讀者仿作的魯平小小說，歡迎讀者推敲解謎。[76]從以上徵稿或有獎問答所獲得之投稿，得見當時羅蘋故事的普及與讀者投入的程度於一斑。

　　而魯平的人物形象一路上也經歷了階段性的轉變。後期因孫了紅身體欠佳，甚至出現了不少由孫了紅口述、讀者記錄（或孫稱之為助寫）的作品，其中也有一些和孫的前作風格不同，比方說〈俠盜魯平奇案：囤魚肝油者〉一篇，乃由孫了紅口述、柴本達助寫，文中的魯平劫富濟貧只是為了濟自己之貧；[77]〈真假魯平〉中，冒充魯平的假魯平並不行俠仗義，真魯平揭發真相卻也很容易被打發。[78]以上種種，不但說明了魯平此一小說人物如何備受讀者歡迎，及後來創作者如何嘗試在敘事情節上推陳出新，另一方面，也可以進一步讓我們反思，魯平身上凝聚的想像，除了寄託孫了紅和當時讀者的心理願望，反映了當時社會上日漸宏亮的關懷底層、保家衛國呼聲之外，是否還蘊含著對這一呼聲的反覆思辨、想像或者絕望？亦即，當後期孫了紅（及其助寫者）屢屢在魯平故事中不斷暗示正義的不能到來，對公權力伸張的無望嘲諷，展現更多的是否為對時局的悲觀與厭棄？也就是說，如前所述，魯平奇案是孫了紅在讀者熟悉的偵探推理故事、俠義公案小說基礎上添加更多新鮮元素，不斷翻新故事類型與體裁，所開展出的本地俠盜傳奇。從二〇年代的傳奇人物，到後來的「事實中的魯平」，此一人物從二〇年代到四〇年代的形象變化及其複雜面貌，向我們演示著的，是當時孫了紅不斷進

---

10 月），頁 37。

76 孫了紅在主編《大偵探》時，曾仿效美國通俗雜誌，開闢偵探小小說的專欄，當中亦有以魯平作為主角者，並邀請讀者一起參與解謎。請見幼華：〈魯平為什麼退了出來〉，《大偵探》第 32 期（1949 年 3 月），頁 9；華：〈魯平的傑作〉，《大偵探》第 35 期（1949 年 6 月），頁 13。

77 孫了紅、柴本達：〈俠盜魯平奇案：囤魚的肝油者（下）〉，《春秋（上海 1943）》第 1 卷第 6 期（1944 年 3 月），頁 143。

78 孫了紅：〈真假魯平（上）〉，《生活（上海 1947）》第 4 期（1947 年 11 月），頁 40-46。孫了紅：〈真假魯平（下）〉，《生活（上海 1947）》第 5 期（1948 年 1 月），頁 52-60。

行的辯證與思考，及他的同代讀者如何在國破家亡的變局中，與閱讀魯平故事一同幻想正義，召喚新人，最終走向幻滅的心路歷程。[79]

　　職是之故，以往談到曾一度風行上海的「東方羅蘋」小說時，人多以模仿之作視之，不值一哂。然誕生在跨文化交流、實踐中的魯平傳奇，實際上交融混雜了各種文學元素，展現了西方／中國、主流／邊緣、強勢／弱勢話語交會的痕跡，流動、醞釀著多種可能性。活躍在上海都會生活中的魯平，遊走在都市各種空間中，揭露了都市人的各種生活樣貌，印證了學者談偵探小說時提出的，偵探小說並非對現代社會的逃避，反而是對人陷入現代性漩渦的探索。[80]尤有甚者，如魯平的千面人特質一般，魯平奇案在民初上海的創造與接受，也彰顯著現代上海都會本身的多重面貌，它不僅僅摩登光亮，繁華角落不無陰暗，折射著現代都市人在中與西、新與舊的夾縫中四處徘徊的身影。更重要的是，如同李海燕研究民初言情小說時指出，通俗言情小說作者與讀者通過書寫與閱讀感傷，可說形塑了一個「情感社群」（affective community），凝聚了一個同情共感，塑造自我和社會性的空間；[81]或如陳建華所言，通過報刊與讀者頻繁互動，和讀者分享喜怒哀樂，民初通俗作家作品的連載有如一個平臺，傳遞並共同打造著現代價值。[82]延伸他們的觀點，

79　戰玉冰也觀察到了孫了紅塑造魯平此一人物形象，從二〇年代到四〇年代的轉變，並認為孫了紅寫作中對非法正義的歌頌，所彰顯的乃是民國偵探小說家對「正義」的想像之侷限性。本文則從對孫了紅的創作心理及讀者的閱讀、接受之角度出發，思考其中所隱含的對新人和新社會理想的反覆思辨，並不視之為非黑即白的，對「正義」之誤解，以深化此一思考。請見戰玉冰：〈正義，俠義，民族大義？——以亞森‧羅蘋系列小說的翻譯、模仿與本土化創作為中心〉，頁 134。

80　Jon Thompson, *Fiction, Crime and Empire* (Urbana and Chicago: University of Illinois Press, 1993), 8.

81　Haiyan Lee, "All the Feelings That Are Fit to Print: The Community of Sentiment and the Literary Public Sphere in China, 1900-1918," *Modern China* Vol. 27, No. 3 (Jul., 2001), 321-322.

82　陳建華：《紫羅蘭的魅影：周瘦鵑與上海文學文化，1911-1949》（上海：上海文藝出版社，2019 年），頁 3。

我們的確可以想像，通過閱讀東方羅蘋——魯平故事，一代讀者「想像正義」的共同情感得以受到了召喚，[83]其帶動的能量，功效可能更「深於正論」；[84]又或者，作為一個不受管制的俠盜，魯平把讀者帶進了一個正統話語以外的社會空間，在此空間中，讀者於是得以凝聚一些想像和希望，甚至是絕望。更重要的是，通過此一研究，可以讓我們進一步思考，此一想像社群的形構，或許不僅僅限於國界範疇內，更與世界文學潮流有所聯繫。從巴黎到上海，孫了紅的「東方羅蘋」魯平傳奇，不但見證了偵探文類的世界旅行，從他汲取資源、結合傳統，對本地現代偵探小說的轉化與更新中，更折射出一條中國現代文人想像世界與重構自我的路徑，其中的複雜向度，有其重要意義，值得深入探析。

五、結論

晚清民初以來，偵探小說在現代中國受到廣大歡迎，被視為能啟迪民智、傳遞新知、促使司法改革，或者文學改良的利器。若干偵探人物冷靜、理性、博學的人物形象，更成為新型人物的理想化身，寄託了許多想像。稍晚於福爾摩斯，紳士怪盜亞森羅蘋傳入中國後，也一樣深受讀者歡迎。羅蘋敢於冒險，且風流多情，在民初中國曾風靡一時，不少以他為創作靈感的「東方羅蘋」故事也應運而生，他們多身兼盜、俠於

---

83 韓森（Miriam Hansen）曾提出「通俗現代主義」（vernacular modernism）與「感知反應場」（sensory reflexive horizon，1949-2011）的概念，關注現代時期個人體驗如何得以表達，形成一種直接的情感渲染力，並公開為他人所認同。Miriam Hansen, "Fallen Women, Rising Stars, New Horizons: Shanghai Silent Film as Vernacular Modernism," *Film Quarterly* 54 no.1 (Fall 2000): 13. Miriam Hansen, "The Mass Production of the Senses: Classical Cinema as Vernacular Modernism," in *Reinventing Film Studies*, ed. Christine Gledhill and Linda Williams (London; Arnold; New York: Oxford University Press, 2000), 332-350。

84 李歐梵在他對於《申報‧自由談》的研究中，曾經引用過〈遊戲文章論〉中的這句話，以論述遊戲文章的力量可能更高於嚴肅文字。請見李歐梵：《現代性的想像：從晚清到五四》，頁 225-227。

一身，形象亦正亦邪，灑脫不羈，以劫富濟貧、行俠仗義為人所知，孫了紅的「東方亞森羅蘋：魯平」便是其中代表。本文通過細讀孫了紅的羅蘋小說翻譯以及魯平系列創作，考察孫了紅魯平傳奇之敘事特質，並將之放回羅蘋文本在上個世紀之交來到中國、現代俠盜小說的生成等文化脈絡中，分析其特色與意涵。

本文指出，從早年的「東方亞森羅蘋案」到後來的「俠盜魯平奇案」，孫了紅援用了傳統文學中俠客、英雄的概念，解讀行事風格特立獨行的西方小說人物「紳士怪盜羅蘋」，並融合了羅蘋故事的若干元素、挪用電影手法、借鑑晚清以來的社會寫實敘事，打造出獨特的上海羅蘋——魯平傳奇，展現出偵探小說此一文類在民初中國如何不斷日新又新的身影。孫了紅筆下的魯平乃一混雜的人物形象，他劫富濟貧、行俠仗義，其超越法紀的曖昧舉動，帶動了眾人的想像，更可說為讀者開創了一個寄託心曲的空間，在戰雲頻仍、國情嚴峻的時代，提供人們一個心靈的慰藉和出口，甚至反映了他們的幻滅和絕望。而魯平遊走於都市中，彷彿現代生活的指揮家，帶領讀者悠遊、徜徉於多元、喧嘩，外來與本地樂聲交錯的都會交響曲中，展演出獨特的現代生活風貌，尤饒富深意。

在魯平之外，更多的俠盜、盜帥故事繼之在中國現代文壇扎根、開枝與散葉，一同在中國文壇開創了新的人物典型與故事類型。上海出名的東方羅蘋，還有張碧梧（1897-？）在《雙雄鬥智記》中打造出的羅平。羅平亦專門劫富濟貧、好打抱不平，是體制的反對者。在《雙雄鬥智記》中，警探被張碧梧命名為「甄範同」（真飯桶），除邀功外一無作為；羅平更一再試圖說服霍桑「棄明投暗」，因為「社會中人足有一大半面子上雖是好人，實際上都是強盜，倒不如我們做強盜。」更宣稱殺光貪官污吏才算是磊落丈夫。[85]識者必會指出，清俠義公案小說中不少人物雖因貪官污吏而投身草莽，但多樂意效命朝廷、為王前驅，因此

85　張碧梧：〈雙雄鬥智記〉，《半月》第 1 卷第 5 期（1921 年 11 月），頁 7。

羅平自滿於「不如做強盜」之舉相當特殊。實際上，早在張碧梧 1919 年發表的短篇小說《劫後餘生》後記中，便感嘆川陝粵閩一帶長年兵禍，生民塗炭，百姓不知何年何月才能跳出水深火熱中。[86]由此，我們也不難理解在張碧梧創作的故事中，不但刻畫羅平「替天行道」、「維護正義」，更稱之為「雄」，戮力刻畫他時值亂世，憑一己之力主持公道的義舉，以一舒心中的沈鬱之氣。

尤有甚者，何樸齋（？-？）筆下的魯賓，甚至成了連洋人都誇讚的民族英雄，何樸齋這麼形容他：「社會上有一部分的人還說他是個有血性的男子，僑居上海的歐美人更替他鋪張揚厲。……差不多在我們中國人當中，要算他是唯一的英雄。」[87]而電影《珍珠冠》中的魯賓不但在戰時能從容作戰、為國捐軀，面臨生死關頭，還能為愛人放下珍寶，亦不可惜，顯得更為慷慨瀟灑。[88]可見從法國飄洋過海來到上海的紳士怪盜，其人物形象不但被譯寫為俠客，還化身為民族英雄、愛國戰士，展現了相當有趣的中與西、現代和傳統混雜特色。

簡言之，民初中國的東方羅蘋既有如傳統俠義小說中可見的正義化身，也是柔情萬千，低迴身世的有情人物；他同法國的紳士怪盜羅蘋一樣遊走在法律綱常邊緣，但終不能脫離其對家國、社稷的抱負，且深明忠義之辨。因此，以孫了紅為代表的魯平系列故事，更似一不斷的以文字跨域之創舉——跨越社會、階級、文學傳統間的界線，也跨越既有的文類、國族藩籬——開創了一個多元的文學空間，為現代文學與文化的想像、建構，增添了豐富的可能性。並且，誠如研究者近年所關注的，偵探小說／俠盜小說，可視為是不斷在與世界文學對話中形成的文類，

86　（張）碧梧：〈劫後餘生〉，《小說畫報》第 20 期（1919 年 2 月），頁 12。
87　何樸齋：〈慈善之賊〉，《紅雜誌》第 24 期（1922 年，月份不詳），頁 43。
88　「珍珠冠」，由朱瘦菊執導，於 1929 年推出。此片雖已散佚，然從當時報刊上刊登的電影梗概及評論，可看出此作乃改編自勒布朗的《消失的王冠》（*Arsène Lupin*）此一劇作，但將場景設置在 1927 年孫傳芳偷襲龍潭一役之後，片中魯平乃一戰爭英雄。黃華：〈「珍珠冠」之我見〉，《電影月報》第 10 期（1929 年 5 月），頁 4。

在不同文化、地域中均發展出獨特樣貌，[89]孫了紅的魯平探案可說極具代表性。而通過對一文本的跨域閱讀，不但能幫助讀者更進一步的理解、認識文學作品的豐富內涵，更如學者所言，能拓寬人們進一步探索人類文明的研究空間。[90]

尤有甚者，亞森羅蘋旅行至民初上海變身為魯平的歷程，有如他的稱號「千面怪盜」，面貌亦十分複雜，因其所涉及的不僅僅是文學文本的跨境旅行，更涵蓋了世界通俗文學、電影的跨國流動，與跨文化轉化、都市現代性等議題。魯平故事更是觀察中國現代文人如何在文學傳統基礎上，吸收域外文學、電影特長，延伸、發展新型的敘事型態，展現中國在地的文學現代性之最佳例證，在文學交流日益多元化的今日，猶能給我們帶來許多啟示。

89　Louise Nilsson, David Damrosch and Theo D'haen eds., *Crime Fiction as World Literature* (New York: Bloomsbury Academic, 2017).

90　達姆羅什著，王文華譯：〈後經典、超經典時代的世界文學〉，收於達姆羅什、劉洪濤、尹星主編：《世界文學理論讀本》（北京：北京大學出版社，2013 年），頁 168-169。

第六章
演練現代性：
陸澹盦偵探影戲小說的跨界譯寫

一、前言

　　晚清民初時期，「翻譯小說」備受歡迎，[1]而偵探小說可說最為暢銷，[2]周桂笙、周瘦鵑、程小青等知名文人、譯者，都曾以文言、白話翻譯過偵探小說；在譯書同時，更不乏自作偵探小說者，其譯與著一同催生了中國現代偵探小說熱潮。[3]

　　實際上，與此同時，西方偵探、冒險類型的電影長片，也曾風靡中

1　據阿英統計，晚清翻譯小說約佔小說總量的三分之二。請見阿英：《晚清小說史》（臺北：商務印書館，1996 年），頁 234。樽本照雄在《新編增補清末民初小說目錄》中則推算大約有四成，請見樽本照雄編，賀偉譯：《新編增補清末民初小說目錄》（濟南：齊魯書社，2002 年），頁 2。陳平原在《二十世紀中國小說史》中則指出「譯本盛行，是為小說發達之初級時代」，後期創作應大於翻譯，請見陳平原：《二十世紀中國小說史》（北京：北京大學出版社，1989 年），頁 32。

2　比方說徐念慈便曾回憶，小說林出版社當時出版的書籍中，銷量最好的便是偵探小說。覺我：〈余之小說觀〉，《小說林》第 9 期（1908 年 1 月），頁 7。

3　筆者此前在一篇對晚清偵探翻譯小說中國行旅的研究中，通過對一個文本從法國到英國、日本與中國跨國旅行的探查，考察了西歐偵探小說在中國的接受與轉化及其意涵，請見陳碩文：〈譯者現身的跨國行旅：從《疤面瑪歌》（*Margot la Balafrée*）到《毒蛇圈》〉，《政大中文學報》第 27 期（2017 年 6 月），頁 321-356。

國。此類電影發展初期流通世界各地的電影長片，多為無聲黑白電影。在上電影院還不如閱讀報刊普及的時刻，文人「寫」電影——將銀幕上的演出，用文字重新詮釋為「影戲小說」——便成為相當普遍的創作形式。

「影戲小說」乃觀影後重寫，全憑作家記憶而成。海上漱石生（孫玉聲，1864-1940）曾這麼說：

> 著小說難，譯小說尤難，譯電影劇作小說則難之又難。……至於譯電影劇為小說，當其映演之時，電光一瞥即逝，可謂過目不留，抑且劇中頭緒紛繁，往往有先後各幕驟睹之若不相連屬，至細按而始知其一氣貫通者，亦有劇本精妙，處處故作疑人之筆，使人如墮五里霧中者。有此種種不易下筆而譯之者，世乃絕鮮。即有之，或蒙頭改面，大背戲情，或失之毫釐，謬以千里。此譯電影劇作小說之所以難之又難也。[4]

影戲小說不好寫，從上述引文可見一斑。不過，更讓人好奇的還有，究竟此類小說，乃一「翻譯作品」，或者「改編」之作？我們該如何看待它與原作間的關係？怎麼挖掘其深層意涵？

陳建華在其論文〈論周瘦鵑「影戲小說」——早期歐美電影的翻譯與文學文化新景觀，1914-1922〉、〈文人從影——周瘦鵑與中國早期電影〉中，[5] 首先探討了「影戲小說」出現的時代背景、發展與其中呈現的多元面貌；在專書《從革命到共和：清末至民國時期文學、電影與文化的轉型》中，也運用了「想像的共同體」（imagined community）此一概念詮釋周瘦鵑的影戲小說及其欲以影戲其開通民智的小說觀，探

4　海上漱石生：〈《毒手》‧序一〉，收於陸澹盦：《毒手》（上海：新民圖書館，1919年），頁1。
5　陳建華：〈論周瘦鵑「影戲小說」——早期歐美電影的翻譯與文學文化新景觀，1914-1922〉，《現代中文文學學報》第10卷第2期（2011年12月），頁149-173；陳建華：〈文人從影——周瘦鵑與中國早期電影〉，《電影藝術》第342期（2012年第1期），頁131-137。

索了晚清民初影戲小說的時代意義，別開生面。[6]邵棟在《紙上銀幕：民初的影戲小說》一書及後續研究中，則通過鉤沉史料、文本，全面挖掘影戲小說作者的文化心態、創作意圖、敘事特色，勾勒出了民初上海影戲小說之面貌。[7]尤其，以上學者多指出了，電影，以及書寫電影，在以通俗形式，傳遞現代價值方面的貢獻；因「影戲小說」的出現遠早於五四新文學家談論電影，在引領新潮方面，也有其開創性意義。不過，相對龐大的作者隊伍，目前學界對個別作家進行深入的個案研究方面，還有開拓空間。而身兼譯者、小說家、教師等身份的陸澹盦，便是其中尤值得關注的一位。[8]

　　陸澹盦很早便開始在報刊連載影戲小說，此後，他也自創偵探小說，頗有文名。[9]陸澹盦改寫西方電影為影戲小說，又跨足創作的跨界經歷，不禁讓人想問，西方影片的觀影經驗如何觸發了陸澹盦的創作慾望？他怎麼通過書寫觀影經驗，投射一己之情思？尤其他以淺近文言，翻寫域外影像作品，其中又反映了什麼樣的文化協商？彰顯了什麼文學現代性特點？近年來，也有學者關注陸澹盦及其小說，然研究者對「影戲小說」作為一種當時流行於各地的文類，缺乏討論；也沒有追查陸澹盦影戲小說譯寫之始末，及考察原影片，深入分析從視覺觀影到文字改寫，陸澹盦影戲小說中涉及的跨界轉化特色及意涵。[10]本文在前人研究

6　陳建華：《從革命到共和：清末至民國時期文學、電影與文化的轉型》（桂林：廣西師範大學出版社，2009 年）。

7　邵棟：《紙上銀幕：民初的影戲小說》（臺北：秀威資訊科技，2017 年）；邵棟：〈現代雅集與電影奇觀：民初上海「大世界」中的影戲小說創作研究〉，《臺北大學中文學報》第 30 卷（2021 年 9 月），頁 393-434。

8　陸澹盦原名衍文，號澹盦，後為省筆墨，又改為澹庵、澹安。本文援用材料時以作者原名為主，皆標為澹盦。

9　陸澹盦：《李飛探案集》（上海：世界書局，1924 年）。

10　戰玉冰雖在其研究中簡要論述陸澹盦的觀影紀錄，及其影戲小說、偵探小說寫作特色，不過並沒有從「跨文化」、「現代性」想像及影戲小說的世界行旅與本地對話等角度深入分析其著譯的文化意涵，也沒有對照原作、影片深入析論其作從視覺觀影到文字再寫之間的變異或張力，而這也是筆者可深入發揮之處。請見戰玉冰：〈民國時期電影與偵探小說的交互影響——以陸澹盦的觀影

的基礎上，借鑑電影及文化研究的觀點，將影戲小說視為一種跨文化轉化的實踐，[11]及對原作之再現，[12]細讀陸澹盦一系列的影戲小說，分析其「間以新意穿插之」、[13]又譯又寫的創作，如何演練現代，以回應以上議題。

二、陸澹盦的跨界人生

陸澹盦，江蘇人，原名陸衍文，字劍寒，號澹盦（後又省改為澹庵、澹安），別號瓊華館主，又有筆名江東陸郎、佩蘭、何心等。陸澹盦自幼雅愛文藝，尤喜戲曲、小說，還善文虎，曾加入南社、萍社。1914 年自民立中學畢業後，陸澹盦參與了廣益書局《上海》雜誌的編輯工作，也開始創作與翻譯。[14]1917 年，大世界遊樂場建立後，陸澹盦為《大世界報》撰稿，也是在此時期，時常在大世界觀看外國續集電影的陸澹盦，開始撰寫一系列根據觀影經驗譯述而成的「影戲小

活動、影戲小說與偵探小說創作為中心〉，《電影新作》2021 年第 4 期（2021年），頁 34-39。

11　彭小妍指出，所謂的跨文化，並非僅跨越語言以及國家的疆界，還包括跨越了種種二元對立的思考模式，而任何人只要力求突破傳統、追求創新，都可視其文藝活動為跨文化實踐。Hsiao-yen Peng, *Dandyism and Transcultural Modernity: The Dandy, the Flâneur, and the Translator in 1930s Shanghai, Tokyo, and Paris* (London and New York: Routledge, 2010)。借鑑並延伸彭的觀點，本文將當時中國現代作家、譯者對域外電影的再創作，視為一跨越語言、文學、文化、文類的創造行動，跳脫既有的二元對立思考模式，關注其流動性與變化，以深化相關研究課題。

12　Dudley Andrew, "Adaptation," in *Film Theory and Criticism: Introductory Readings*, eds. Gerald Mast, Marshall Cohen and Leo Braudy (Oxford: Oxford University Press, 2016), 330-339.

13　陸澹盦：《黑衣盜》（上海：上海偵探學社，1927 年），頁 2。

14　據查，陸澹盦的第一篇翻譯即為刊登在《上海》雜誌上，原著為安徒生（Hans Christian Andersen，1805-1875）童話的〈野鵠〉（《上海》第 1 卷第 1 期（1915年 1 月），頁 5-18）。

說」。[15]1919 年，其處女作《毒手》，先連載於《大世界報》，後又出版單行本，十分暢銷。此後，陸澹盦又陸續出版了《黑衣盜》、《紅手套》等，頗受歡迎。[16]此後，他更陸續出版了自己創作的偵探小說《李飛探案集》，發表於世界書局的《新聲》、《紅雜誌》等。《李飛探案集》情節曲折，故事精彩，時人一時將之和程小青、孫了紅相提並論。[17]1923 年，陸澹盦參與創辦了《金剛鑽報》，同年，世界書局創辦《偵探世界》時，陸澹盦亦任編輯，在當時文壇可說頗為活躍。而與此同時，陸澹盦也先後任教於民立中學、中法工專等學校，又任同濟大學、上海商學院、上海醫學院國學教授。

　　在創作、教學外，陸澹盦也熱衷戲曲，任京戲名角綠牡丹（黃玉麟，1907-1968）的文字師，[18]為他改編不少新編戲曲。三〇年代後，還創作了大量的彈詞作品，如改編張恨水（1895-1967）的《啼笑姻緣》成彈詞，在書場、無線電臺演出，深獲喜愛，並出版單行本。陸澹盦的跨界文藝實踐並不只有如此，1924 年，陸澹盦進入中華電影公司擔任編劇，兼任中華電影學校的教務主任，培訓電影演員。1925 年，再入新華電影公司，參與了《人面桃花》等劇的拍攝，經歷可說相當豐富。

　　戰爭時期，除兼課外，陸澹盦亦曾短暫肩任法國哈瓦斯通訊社（Agence Havas）的主筆，並將目光轉向治學著述，尤其是漢碑研究，先後完成了《漢碑考》、《漢碑通假異體例釋》和《隸釋隸續補正》等書，而後又陸續撰寫了《諸子末議》、《列子末議》、《古劇備檢》、

15　大膽書生在〈小說點將錄〉中將陸澹盦比作「急先鋒」：「……澹盦性急，為文亦甚速，因擬以急先鋒。澹盦善為影戲小說，風行一時，是亦小說中的偏師也。」從中也可見陸澹盦「影戲小說」的風靡程度。大膽書生：〈小說點將錄〉，《紅雜誌》第 1 卷第 6 期（1922 年 9 月），頁 4。

16　海上漱石生：〈《毒手》·序一〉，收於陸澹盦：《毒手》，頁 1-2。

17　鄭逸梅：〈民國舊派文藝期刊談話〉，《鴛鴦蝴蝶派研究資料·史料部分》（上海：上海文藝出版社，1984 年），頁 347。

18　陸澹盦曾如此推崇黃玉麟曲藝：「玉麟唱詞中戲最擅勝場，海上諸旦角直無足與之抗衡。」請見江東陸郎：〈綠芳紅蕤樓劇談〉，《大世界報》，1921 年 2 月 12 日。

《水滸研究》等，其研究從諸子百家到明清小說戲曲，涉獵廣泛。晚年的陸澹盦還編寫了兩部工具書《小說詞語匯釋》和《戲曲詞語匯釋》，為後學開展相關研究打下地基。[19]

　　綜觀陸澹盦的一生，稱集作家、翻譯、導演、教師、編輯、學者於一身的他穿越雅俗、中外文學間，悠遊於戲曲、彈詞、電影的文藝之海，可不為過。陸澹盦的跨界更表現在跨時代的文學生涯上——成長在新舊文化交接的時刻，陸澹盦在文學素養茁壯期間，既受傳統文學的浸染，又接觸了域外文學。踏出學校後，陸澹盦悠遊於都會文化蓬勃發展、出版事業興盛、通俗文化流通、視覺藝術盛行的摩登上海，既出入印刷出版與大眾娛樂文化市場，也徜徉教育和學術之海。他既寫又譯，能編會導，活躍在學校、報刊、片場與劇場，跨越在摩登都市生活與傳統文化的多重身份間。在陸澹盦的身上，可以瞥見一位在中西、新舊思潮交融碰撞，雅俗文學與文化深切對話的時代，一位文人難以歸類、意蘊豐富的身影。探討陸澹盦的文學實踐，無疑有助於我們更深入地叩問中國現代文學在與世界文學交流的框架下所生發的新和舊、傳統與現代的對話與蛻變等議題。

---

19 范伯群主編《中國近現代通俗作家評傳》叢書中的《中國偵探小說宗匠——程小青》一書附有陸澹盦評傳，闡述其生平、創作，請見欒梅健：〈思維縝密的偵探小說家——陸澹安評傳〉，收於范伯群主編：《中國偵探小說宗匠——程小青》（南京：南京出版社，1994 年）。另，范伯群《中國近現代通俗文學史》中也有篇章論及陸澹盦，請見范伯群：《中國近現代通俗文學史》（江蘇：江蘇教育出版社，2000 年），頁 879-886。魏紹昌編輯的《鴛鴦蝴蝶派研究資料》中《民國舊派小說名家小史》一文，也簡介了陸澹盦生平、文學活動，請見魏紹昌編：《鴛鴦蝴蝶派研究資料·史料部分》（上海：上海文藝出版社，1984 年），頁 575-577。房瑩的博士論文《陸澹盦及其小說研究》也論析了陸澹盦的生平及文化性格，請見房瑩：《陸澹盦及其小說研究》（上海：華東師範大學博士學位論文，2010 年）。以上皆是本文的參考資料。

三、文字映畫：20 世紀初的「影戲小說」

　　而影戲小說作為一種文類，並非中國獨有，20 世紀初，「電影小說」（le ciné roman）在法國也曾頗為流行；[20]而在美國，電影的小說化（novelization）也是一個普遍的現象，[21]這是一種文藝類型在不同地區各自發展、交流的典型例子。美國早期（1910-1918）通俗劇電影（film melodrama）便常有小說版本，一方面是為了讓對早期電影敘事方式相當陌生的觀眾跟上情節發展；另一方面，兩者的合流也是出版商、雜誌社共同取得商業成功的自然現象。有學者根據史料統計指出，這類「衍生小說」（tie-ins）、「電影故事」（picture stories）最盛時期，每週讀者達兩千萬之多，可以想像它為報業帶來的無限商機。[22]

　　然而一直以來，將電影改寫為小說的現象卻沒有引起學界太大的關注，[23]或許和電影小說不被認為是學術研究對象有關，即學者多不將電

---

20 法國的電影小說最早也是改寫自美國的黑白通俗劇電影長片，如《紐約的秘密》（*Les Mystères de New-York*，1914），並在報刊上連載，相當成功。當時的法國超現實主義詩人也很關注此一文類的進展，視為文學現代化的先聲，他們當中有些人後來也寫電影小說，如菲利浦・蘇波，有的推出自己的電影腳本。相關研究請見 Alain Virmaux et Odette Virmaux, *Le Ciné-roman, un genre nouveau* (Paris: Edilig, coll. Médiathèque, 1983), 16. Amélie Chabrier, « Les Mystères de New-York : stratégies d'adaptation d'un serial américain au pays de l'oncle Sue, » *Médias 19*, France, Publications, Marie-Ève Thérenty (dir.), mis à jour le : 25/11/2013.參見網址：http://www.medias19.org/index.php?id=13613，瀏覽日期：2021 年 10 月 14 日。

21 學者指出，美國的電影小說一開始多為短篇小說，刊登在影迷雜誌上，相關研究請見 Johannes Mahlknecht, "The Hollywood Novelization: Film as Literature or Literature as Film Promotion?," *Poetics Today* 33 no.2 (2012) : 137-168.

22 Ben Singer, "Fiction Tie-ins and Narrative Intelligibility 1911-18," *Film History* 5 no.4(1993): 495.

23 目前可見的研究成果不多，以下幾部乃代表。Randall D. Larson, *Films into Books: An Analytical Bibliography of Film Novelizations, Movie and TV Tie-Ins* (London: The Scarecrow Press, 1995). Jan Baetens,. *La novellisation/Novelization. Du film au livre. From Film to Novel,* ed. Marc Lits (Leuven: Leuven University Press, 2004).

影的小說改編視為是一種能和小說改編電影相提並論的藝術實踐形式——電影的小說版本充其量只是作家對電影劇本的擴充，稱不上是改寫，甚至不涉及不同文類符碼的轉換，[24]只是電影產業鏈的一環，是電影衍生商品的一種。[25]究其原因，乃因不少電影的小說版本之目標讀者不只是無法上戲院觀賞電影或想重溫影片的觀眾，抑或電視普及前缺乏消閒娛樂故倚賴報刊的市民，更多的反而是影迷——這從不少電影小說的封面是電影海報、演員照片就可以看得出來——而他們閱讀這些小說的樂趣在於它提供了一個重溫觀影感動的機會；電影的小說化，也提供了觀眾進一步了解電影細節的機會，僅能說滿足了影迷的好奇心。[26]通常這類小說在電影上映前後發行，還有著相應的促銷、宣傳作用，因此，學者似多認為特地關心此類文本對視覺圖像的逆寫，似乎沒有太大的意義。

　　然而，此一假設並非百分百準確，如在美國黑白默片時代，不少電影原先便沒有完整劇本，甚至有的小說寫作者便是編劇本人，比方說經典名片《吸血鬼》（*The Vampires*，1916）。因此，筆者認為，電影小說雖不盡然都能以改寫稱之，但與其稱作「另類閱讀」（alternative reading），[27]不如將之視為轉化與協商，是語言、文學對電影的再創造、蛻變，而非僅僅是重述或模仿——尤其晚清民初中國通俗文人對西方電影的重寫，除涉及將視覺影像轉變為文字的工作外，更關係到如何

24　有學者將小說改編電影視為不同符碼系統間的轉換，並分析其中可轉換與不可轉換的要素為何，但他並沒有反過來討論電影的小說化。Brain Mcfarlane, *Novel to Film: An Introduction to the Theory of Adaptation* (New York: Clarendon Press, 1996).

25　Johannes Mahlknecht, "The Hollywood Novelization: Film as Literature or Literature as Film Promotion?," *Poetics Today* 33 no.2 (2012):137-168.

26　Linda Hutcheon, *A Theory of Adaptation* (New York / London: Routledge, 2006), 115; 118-119.

27　Deborah Allison, "Film/Print: Novelizations and 'Capricorn One'," in *M/C Journal*, 10 no.2 (May 2007)，參見網址：https://doi.org/10.5204/mcj.2633，瀏覽日期：2022 年 9 月 28 日。

將異國文化傳遞給觀眾的任務，如此即成為上文所述之「跨文化」，也是「跨界」的轉化實踐，涉及一種文類在不同地區不斷協商、形塑成各自樣貌的歷程。

此外，如學者所探討的，如果我們試著將電影小說放回其文化脈絡——亦即電影、攝影等大眾娛樂產業快速席捲世界的時刻——重新解讀，則一部電影的小說版本之所以誕生，其意圖可能根本並非為了和電影互別苗頭，也不只是為了作為它的補敘（remediation）而存在，[28]更可能只是追趕著時代的浪潮——當在大眾文化的領域裡，唯有新奇和連續不斷提供消費者工作閒暇之餘能及時享受的娛樂者能成功，而視覺影像以更直接、更具吸引力的方式吸引一般民眾的視線之時，文學作品的作者想方設法改弦易轍或與之關聯，乃一相應而生的轉變。[29]而此一不同藝術形式對文字作品的影響和衝擊，以及文學作者對其做出的調整，早在攝影圖片出現時已經發生。換言之，電影的小說化版本出現，可以看成是文學作者在大眾文化市場為文字作品取得一席之地的手段。事實上，電影跟文字作品受歡迎程度的此消彼長不像人們想像的那樣斷裂，而是一連續性的過程，電影小說的出現，還可能象徵作家開始吸收電影語法進行文學創作之先聲。[30]

而當 20 世紀最新穎、吸引人的大眾文化載體，電影，席捲世界，成為最受歡迎的休閒娛樂形式之際，相對於五四文人，中國的通俗文人

---

28 研究者將新的媒體形式借鑑、挪移舊的媒體形式之元素，將之重新發揮作用的過程中兩種媒體之間的動態往來，視為媒體演變的重要特徵。亦有學者借鑑「補敘」此一概念討論電影與改編文學作品間的關係。可見於 Jay David Bolter, and Richard Grusin, *Remediation: Understanding New Media* (Cambridge, MA: MIT Press, 1999.) Jan Baetens, *Novelization: From Film to Novel*, trans. Mary Feeney (Columbus: Ohio State University Press, 2018.)

29 Ben Singer, "Fiction Tie-ins and Narrative Intelligibility 1911-18," 491.

30 已有學者致力於探討攝影術的發明為 19 世紀法國文學和文學美學帶來的「無形革命」，闡明作家對肖像、場景和視圖的概念，如何影響了他們的文學創作。Philippe Ortel, *La Littérature à l'ère de la photographie. Enquête sur une révolution invisible* (Nîmes: Jacqueline Chambon, 2002).

對於此一來自異國的視覺藝術形式從一開始便相當關注,多有譯介,並不落人後地成為譯寫電影隊伍之一員。[31]周瘦鵑咸被認為是影戲小說此一文體的開創者,1914 年,他在《禮拜六》上發表了一篇名為〈阿兄〉的小說,稱「是篇予得之於影戲場者」,[32]其後,他陸續發表了多篇標為影戲小說的作品,多刊在《中華婦女界》、《小說大觀》等,並開始在《申報》連載「影戲話」,介紹影壇軼聞、演員和影壇概況。[33]接著,越來越多的通俗作家投入影戲小說的創作,而專門刊登電影新訊的《電影月報》還開闢了「影戲小說」專欄,受到廣泛歡迎。在國產電影還未普及的時期,中國影戲小說的靈感來源多為西方電影,尤其是美國的默片。而美國通俗劇電影因通常具冒險、偵探元素,更受到熱烈的支持,比方說格里非斯(D. W. Griffith,1875-1948)的多部電影在中國上映,便受到許多關注。

影戲小說在晚清民初中國掀起熱潮,學者多認為與當時中國電影院尚未普及,無法親臨現場的民眾希望能通過文字「閱讀」電影有關。此外,亦有人指出,影戲小說的出現,如同早期美國電影小說出現時的狀況,與當時在中國上映的異國無聲電影令人費解,就算看過影片的觀眾,可能還需通過閱讀重溫劇情息息相關。[34]周瘦鵑曾有言:「坐使男女童叟,出入於西人影戲院之門,蟹行文字,瞠目不識,誤偵探為盜賊、驚機關為神怪。聲說盲談,無有是處。」[35]可見當時一般觀眾對於電影相當陌生。而等到國產電影、有聲電影以及電影院逐漸在中國普及,民眾接觸電影的機會相對較多,也較能「看懂」電影後,影戲小說也就隨之在三〇年代逐漸消聲匿跡。不過,若我們考察當時文人閱讀影

---

31 葉嘉:《通俗與經典化的互現:民國初年上海文藝雜誌翻譯研究》(臺北:華藝學術出版社,2021 年),頁 213-214。

32 周瘦鵑:〈阿兄〉,《禮拜六》第 24 期(1914 年 10 月),頁 11。

33 相關研究請見註 5。

34 邵棟:《紙上銀幕:民初的影戲小說》,頁 23。

35 周瘦鵑:〈遊藝附錄:影戲叢談〉,《戲雜誌》第 5 號(1922 年 11 月),頁 92。

戲小說後的反應，還可以發現，除了解惑、說明的功用外，通過閱讀小說回味觀賞過的影片，也是當時影戲小說的主要功能。施濟群（1896-1946）便曾回憶：「大世界俱樂部映演《毒手盜》影片，俶奇詭異，殆冶奇情、偵探於一爐者。同人日往觀之，深恨此俶奇詭異之佳片僅電光石火，一現曇花，因謀所以永之者。」[36]可見在電影還未出現能重複觀看的形式時，影戲小說頗具「重播」之效。

　　事實上，西方視覺圖像之譯寫，晚清通俗畫報中亦所在多有，影戲小說接續著出現，與此一圖文轉譯的傳統可說頗有聯繫，[37]同為一種有意識地以視覺化表達形式進行的創作實踐。[38]有趣的是，無論是畫報文字，或影戲小說，多數作品乃以文言寫成，頗受讀者追捧。當時通俗文人以淺近文言撰寫的小說，一直有其讀者市場，[39]曾學桐城而有文名的陸澹盦，[40]選擇以文言撰寫影戲故事，亦可能有出自銷量的考量。然不

36　施濟群：〈《毒手》跋〉，收於陸澹盦：《毒手》，頁 1。（另起頁碼）

37　隨著上海印刷出版業的發達，以及中西交流的快速發展，19 世紀起便有西人在上海創辦諸多畫報，如《點石齋畫報》，取材或靈感來源或為西方報刊，搭配中國文人的解釋、書寫刊登，此一現象顯示了在圖像層面，中國已開始進入一個全球文化流動體系。請見魯道夫・瓦格納（Rudolf G. Wagner）著，賴芊曄等譯：〈進入全球想像圖景：上海《點石齋畫報》〉，《晚清的媒體圖像與文化出版事業》（臺北：傳記文學出版社，2019 年），頁 135。

38　周蕾已談到 20 世紀中國人如何在照片、影戲等視覺性圖像的衝擊在場下步入現代，而此一現象對於思考中國文學現代性的起源也有深刻意義。見 Ray Chow, *Primitive Passions: Visuality, Sexuality, Ethnography, and Contemporary Chinese Cinema* (New York: Columbia University Press, 1995), 16.

39　晚清民初時期翻譯小說眾多，新小說提倡者也不少，但亦曾出現文言小說的熱潮，徐枕亞的《玉梨魂》（1912）以駢文寫成，書寫哀情故事，在《民權報》連載，備受歡迎，是為代表。此後文言小說一度復興，反映出當時民眾對文言小說仍有一定的消費需要和愛好，僅管新文學家並不樂見，現代文學史家也偶爾忽略。陸澹盦的影戲小說在其時不久後推出，此時文言小說仍有一定之市場，故陸澹盦採用文言書寫，是很合理的選擇，尤其陸澹盦也以文筆好知名。

40　陸澹盦曾提到自己與桐城古文的淵源：「余年十三四，學於吳江孫警僧師。師治桐城古文辭甚勤。」、「因為余述桐城心法甚悉，言未嘗不盡，余恨橋目未，十不一二得，甚負師意。年來困衣食，至以說部自活，學植益落……。」陸澹盦：〈《百奇人傳》序〉，《金剛鑽報》，1923 年 11 月 15 日。

論是以文言重述西方視覺圖像，或以傳統敘事模式詮釋異國影像，上海通俗文人轉化和說明來自西方的新興視覺藝術，一方面彰顯了自己如何在傳統文學的基礎上開創新局——儘管此一聯繫卻讓他們被五四新文學精英斥之為守舊；一方面卻又以一種被新文學家視為落伍，卻又為一般讀者熟悉的簡練文言敘事，傳遞著一片刺激、亮麗、新異的西方文明與景觀。且如同上文所言，在異國視覺藝術的魅力席捲中國之時，上海通俗文人對視覺圖像、文本的積極擁抱，或許反映的正是他們對於自身創作即將消失的追趕焦慮，以及對作品暢銷賣座的積極期待。

而在中國的國產電影出現後，不少作家也據之撰寫影戲小說，且隨著越來越多電影院落成開幕，也不免有為新片上映打廣告而創作者。周瘦鵑、包天笑、陸澹盦等曾執筆撰寫影戲小說的作家，後來亦陸續涉足影業或者撰寫劇本，展現其跨界探索的動能。事實上，由此看來，中國通俗文人關注域外新潮（如電影）的時間，並不晚於新文學家。是故，通俗文人並非如五四菁英所認為的那樣過時，甚至可能和新文學家在「現代」化中國文學的努力上，形成了一種同步，或者互相補充的狀態。那麼，中國通俗文人怎麼在他們的影戲小說中再現西方摩登？怎麼展現出了可能的敘事更新？又怎樣回應了韓森（Miriam Hanson，1949-2011）所言的，20 世紀之交的早期電影是全球性的通俗白話，塑造、凝聚了世界各地的現代經驗，即所謂的「通俗現代主義」（vernacular modernism）現象？[41]下文中，我將通過對陸澹盦偵探小說翻譯的探索，進一步回應以上的議題。

四、案頭電光戲：陸澹盦影戲小說之敘事特色

1919 年起，陸澹盦開始在報刊連載「影戲小說」，尤其鍾情當時

---

41 Miriam Hansen, "Fallen Women, Rising Stars, New Horizons: Shanghai Silent Film as Vernacular Modernism," *Film Quarterly* 54 no.1 (Fall 2000): 10-22.

頗為流行的美國早期黑白默片通俗劇電影，陸續出版了《毒手》、《黑衣盜》、《紅手套》、《老虎黨》等。[42]這類電影多為「續集電影」（film serial），[43]通常長 15 至 20 集，一集約 30 分鐘，因年代久遠，多已散佚。此外，他也據格里菲斯的《一路向東》（*Way Down East*，1920）創作了影戲小說《賴婚》等，亦受到注目。

　　《毒手》是陸澹盦首部影戲小說，乃以文言寫成，每日連載，共有三十章。經筆者追查，可判斷此書應改編自百代（Pathé）公司於 1917 年出品的《隱手》（*The Hidden Hand*），導演是詹姆士・文森（James Vincent，1882-1957）。[44]該續集電影目前已經遺失，但根據僅存的腳本大綱，可見其共有十五章，是由知名的美國偵探小說家里夫（Arthur B. Reeve，1880-1936）和羅格（Charles A. Logue，1889-1938）共同執筆。里夫在當時撰寫了相當多偵探冒險類的續集電影腳本，小說也同步連載於報刊，包括了相當賣座的《伊蓮的奇遇》（*The Exploits of Elaine*，1914）[45]。該片主人公為里夫筆下最為知名的角色——有「美

42　這幾部作品中，有的是處女作（《毒手》），有的還可尋到原續集電影加以對讀（《黑衣盜》），有的則是改編自偵探冒險小說，值得細讀（《紅手套》），有的則是保有海報資料（《老虎黨》），故筆者優先討論之。

43　此處所謂「續集電影」，指的是美國早期黑白通俗劇續集電影（film serial）。為與當代華語脈絡中「影集」一詞區分，在本文中筆者採取「續集電影」此一譯法稱之。

44　該續集電影目前已經遺失，但根據僅存的腳本大綱，可見其共有十五章。在目前留存的送檢紀錄中可見，第一至三幕描述的是有人被一隱形的怪手攻擊，年輕的女主角 Doris Whitney（由 Doris Kenyon 飾演）也受到波及，接著女主角和男主角 Jack Ramsey（由 Mahlon Hamilton 飾演）不斷死裡逃生，頗符合《毒手》內容；《毒手》中的「杜麗西」、「藍模斯」應就是"Doris"、"Ramsey"的音譯，可以推測《毒手》的確改寫自此一續集電影。如小說中第十一章，描述杜麗西、藍模斯險被一束注入化學藥劑的夜來香所毒昏，與該電影第七章的標題"The Flower of Death"相符。

45　《伊蓮的奇遇》（*The Exploits of Elaine*）原本在《芝加哥先驅報》（*Chicago Herald*）連載，周瘦鵑在 1917 年便曾將之譯為《怪手》，請見 Arthur B. Reeve 原著，周瘦鵑譯：《怪手》（上海：中華書局，1917 年）。在周瘦鵑主編的《歐美名家偵探小說大觀》第二集中收有他及程小青所譯的其他里夫作品：

國的福爾摩斯」之稱的科學偵探甘迺迪（Craig Kennedy）；而演出女主角的則是珀爾・懷特（Pearl White，1889-1938）——她因飾演被電影評論家稱為史上最懸疑的冒險偵探電影《寶琳歷險記》（*The Perils of Pauline*，1914）女主角而聲名大噪，[46]也難怪當時文人曾將《毒手》的女主角誤記為寶蓮（Pauline）。[47]

《毒手》描述的是富家女杜麗西父親惠特納與一老人於家中會客室遭襲，秘書藍模斯與女伴衛達趕至，為救治傷重的惠特納，以電話聯繫了叔父阿勃那以及醫生史克雷。未料，此時該陌生老人表明自己真實身份是俄國阿立克斯公爵，乃為帶回親生女兒而來到美國。蓋因十八年前，因俄王聽信巫言，擔憂公爵之女將禍國，因此將她出養美國商人惠特納。前日，俄王忽拿出一匣，命阿立克斯公爵即刻赴美尋女。當晚，阿立克斯公爵便來至惠特納家中，正談及此事，卻忽與惠特納遭惡人槍擊。後兩人皆傷重不治，死前皆指控藍模斯為兇手。事實上，藍模斯實為一名私家偵探，受俄王所託秘密保護公爵，故方投身惠特納家為秘書；未料時間雖短，藍模斯卻與杜麗西暗生情愫，更與醫生史克雷成為情敵。與醫生同時到來的叔父阿勃那則為有意謀奪家產之人，而與藍模斯同時而至的衛達，雖從小一起與杜麗西一起長大，但她卻漸漸起了懷疑之心，認為自己方為惠特納之女，為百萬遺產真正的繼承人，故也有爭財之意。究竟為何惡黨要殺人滅口？在人人都因遺產而與女主角為難的情況下，杜麗西要如何逃離險境？

據現在留存的資料，可見小說女主角在此續集電影中被綁在空中、墜落海中、關入水牢、火牢、差點被機器、怪手、火車輾斃，女主角杜

《墨異》、《地震表》、《X光》、《火魔》、《鋼門》、《百寶箱》，請見周瘦鵑主編：《歐美名家偵探小說大觀》（上海：交通圖書館，1919年）。

46 Klaus Kreimeier, "The Most Famous Suspense Serial in History," The Early Silent Era 1895-1915，參見：https://traumundexzess.com/2015/06/27/the-perils-of-pauline-1-r-louis-j-gasnier-donald-20605776/，瀏覽日期：2022年2月26日。

47 鄭逸梅：〈民國舊派文藝期刊叢話〉，《鴛鴦蝴蝶派研究資料・史料部分》，頁412。

麗西總能在最後關頭脫險——無論是自己逃出升天，或是被男主角相救。而此一逃出虎口的緊要關頭，便被編寫為一集節目的結束。這吸引觀眾目不轉睛的「懸念」（cliffhanger），便是當時頗為流行的通俗劇電影在敘事上的特色[48]——劇中主角每每都在一集片尾面對著一個極難解決的情況，正在千鈞一髮之際，劇情便截然而止，要知主角是否能脫離險境，則要到下一集再行分解，以確保觀眾準時收看。當然，「懸念」的設置並非是 20 世紀美國編劇的發明，在《一千零一夜》、維多利亞時代的連載故事，說書演出中都十分常見，只是在此類續集電影中更被使用得爐火純青。

　　除了每一集故事都在女主角生死未卜的懸疑緊張中結束外，這類續集電影還相當具有某種程度的類型化傾向，具通俗劇（melodrama）特質，如類似的人物形象——嬌弱又不失堅強的（通常繼承了大筆遺產、引來壞人覬覦的）女主角、聰明英勇的偵探男主角等等，兩人還談起悱惻的戀愛。比起刻畫人物性格、烘托角色心理變化，通俗劇電影以情節見長，重視聳動的橋段，驚險的經歷，耐人尋味的結局。電影背景通常設置在深山峽谷、高樓大廈等奇景所在地；而火車、鐵軌、工廠、熱氣球等工業化設備或機關，也總出現在女主角冒險之旅中，成為阻礙或協助她逃脫的利器。這類電影誕生在電影藝術萌芽之初，電影語言並不十分成熟，常以器物、人物的特寫，固定攝影機機位的遠景鏡頭和字卡連結情節，對觀眾來說相對有挑戰性。但電影是活動的電光藝術，人物的移動、動作的連貫自然較敘事的縝密相對來說更為重要；而奇詭的情節、逼真的畫面，某種程度擺脫了使觀眾出戲的情況，而這也就給予了將電影小說化的作者可填補、發揮的空間。

48　"The term 'cliffhanger' originated with the series, owing to a number of episodes filmed on or around the New Jersey Palisades……" See Klaus Kreimeier, "The Most Famous Suspense Serial in History," The Early Silent Era 1895-1915，參見網址：https://traumundexzess.com/2015/06/27/the-perils-of-pauline-1-r-louis-j-gasnier-donald-20605776/，瀏覽日期：2022 年 2 月 26 日。

　　此外，早有學者指出，通俗劇電影在 20 世紀初出現，流傳至世界各大城市，和當時全球各地逐漸勃興的現代化都市生活有著千絲萬縷的聯繫。現代物質生活的改變和進步，在這類型電影中都得到反映；通俗劇電影裡男女主角無止盡的冒險歷程，這類劇情中不失煽情的情節，也彷彿代表了現代人在工商業發達的都市生活深受刺激、既享受又不安，如坐雲霄飛車的心理狀態。[49]也就是說，通俗劇電影在當時獲得廣泛的成功，受到全世界觀眾的歡迎，與其再現現代人生活經驗的藝術形式不無關係；通過電影，現代人生活體驗的表達模式得以形塑，現代人的情感得以傳遞或因此昇華，此特點無疑是這類電影的賣座原因之一。那麼，通俗劇續集電影在晚清民初中國流傳的狀況為何？當時中國人對此類影片的接受怎麼展現了現代中國的方方面面？[50]下文中，我將分析陸澹盦以這類影片為藍本的影戲小說之敘事策略和特色，作為回應以上議題的開始。

（一）電光說書人：陸澹盦的本地化轉化

　　美國早期通俗劇電影曾在中國風行一時，與卓別林、格里菲斯的影片一樣，深受觀眾歡迎。周瘦鵑曾記錄了他與朋友熱衷電影的青年歲月，尤其喜愛長篇偵探影戲，如《怪手》、《紫面具》等，稱其「一集又一集，沒有一部不看完的」。[51]

　　李歐梵曾分析道：「某些外國電影比其他電影流行是因為它們採用了傳統中國小說的那個程式化的情節曲折的敘述模式……好萊塢的敘事傳統和傳統中國流行小說中的永恆的程式之間是有某種親和性的。」[52]

49　Ben Singer, *Melodrama and Modernity: Early Sensational Cinema and its Contexts* (New York: Columbia University Press, 2001), 59-100.
50　張真著，沙丹、高丹、趙曉蘭譯：《銀幕豔史：都市文化與上海電影 1896-1937》（上海：上海書店出版社，2012 年），頁 4。
51　周瘦鵑：〈禮拜六憶語〉，《禮拜六週刊》第 502 期（1933 年 5 月），頁 46。
52　李歐梵著，毛尖譯：《上海摩登──一種都市文化在中國 1930-1945》（香港：

此一看法對於詮釋結合冒險、戀愛、偵探內容的通俗劇電影，何以令中國觀眾讀者如癡如醉、小說家技癢難耐、執筆改寫，相當有說服力，即早期美國通俗劇電影在敘事上相當接近中國讀者熟悉的「無奇不傳」之閱讀程式與敘事特色。

陸澹盦根據美國通俗劇續集電影創作之影戲小說，也處處可見此一所謂「程式化的曲折情節」之特色。以《毒手》為例，雖此部小說通篇沒有回目、詩贊或習用語，仍頗類章回故事，究其原因，與主角不斷涉險，能否脫逃，成為讀者／觀眾心中最大懸念；及小說每回結尾亦總在高潮處豁然停止，詳情「有待下回分解」有關。小說結構如是，因偵探型通俗劇續集電影情節發展本就如此，事實上陸澹盦恐也有意為之——以傳統的小說形式，配合讀者熟悉的閱讀喜好。

其次，陸澹盦在《毒手》第二章，一開篇便以長段文字先介紹小說男主人公藍模斯何許人也，亦頗有傳統小說作者先為主角報家門的味道，接著方以「我今折筆以敘毒手矣」預告作者將掉轉筆鋒，帶出事件經歷，讓讀者易於掌握故事進展、熟悉故事背景、理解人物動機，說書人身影可說是呼之欲出。[53]

陸澹盦的另一部影戲小說《黑衣盜》，改寫自 1918 年由喬治·賽茲（George B. Seitz，1888-1944）導演，珀爾·懷特主演的《仇恨之屋》（*The House of Hate*），一樣由里夫和羅格共同創作。此續集電影現存幾集，[54]兩相對照後，我們更可以發現陸澹盦如何以傳統敘事模式重述電影。

《仇恨之屋》描述華登（Waldon）家族的大家長為一戴著斗篷、

牛津大學出版社，2000 年），頁 99。

53 邵棟則指出，這類書場用語的應用，反映如陸澹盦等影戲小說的作者，還是試圖符合市場熟悉的閱讀習慣、消閒需要，有如「自動寫作」。邵棟：《紙上銀幕：民初的影戲小說》，頁 114-115。

54 現存有《仇恨之屋》（*The House of Hate*）若干集數，請見 The Serial Squadron 於 2015 年出版的光碟。亦可見於影音分享平臺，參見網址：https://www.youtube.com/watch?v=5MWDQ9a_SUw。

視他及其繼承人為仇敵的殺手謀殺。在他死後，其非婚生女兒珍珠（Pearl）成為全美最大的軍火工廠的繼承人。葛雷訓（Harvey "Harry" Gresham），一個年輕的工程師，愛上了珍珠，珍珠也對他另眼相看，然而珍珠的堂姊妹娜歐咪（Naomi Waldon）卻也愛上了葛雷訓，並盡其所能地破壞兩人的感情。堂兄哈因斯（Haynes Waldon）則想娶珍珠為妻，藉機染指家產；叔叔也覬覦她的財富，意圖取而代之。葛雷訓不斷協助珍珠抵抗一連串來自蒙面歹徒的攻擊。然而，到底誰才是背後的主使者？來自家族內部的一員或者德國的間諜？他們又為什麼要對珍珠痛下毒手？葛雷訓和珍珠決定攜手調查，力圖擊敗這恐怖的陰謀並揭開兇手的真面目。

《仇恨之屋》共有 20 集，《黑衣盜》一書則共有 40 章，續集電影的前 7 分鐘，是陸澹盦改寫的第一章。陸澹盦的小說儘管章節與原續集電影並不一致，但如同《毒手》，此書每一章也都結束在設有懸念之處，頗能引起讀者追看的熱情。

此改寫之作與原電影不一致處，則包括陸澹盦對男女主角的外貌描述。陸澹盦描寫《黑衣盜》男主角：「葛雷訓者，韋廷爾軍械廠之化學師也。性任俠，勇武多力，不畏強禦。」[55]此乃影片中所無。眾所周知，電影是可視的藝術，有賴鏡頭、場景的呈現帶動故事進展，在塑造人物方面，男女主角的長相、表情、服裝造型，乃至於主角出現時的場景、燈光等，都是塑造角色的一環。但當作家將電影改寫成小說時，則要依靠文字說明，方能準確地傳達畫面所能呈現的言外之意，或為讀者說明主角的性格和特色，幫助讀者進入狀況，因而陸澹盦此番增添，實屬意料中事。只是，陸澹盦的改寫，非但令人想起傳統小說作者先敘來歷的習慣，用詞也頗類俠義小說。在原續集電影的第 3 集，小說的第 7 章中，有一段娜歐咪故意將袖套留在椅子上，引起珍珠懷疑，與葛雷訓關係緊張的劇情。在電影中，三位主角的互動以及表情、肢體表現雖激

---

55 陸澹盦：《黑衣盜》，頁 5。

動，但並無太多對話，[56]但陸澹盦卻在此添加了不少筆墨，描述葛雷訓痛斥娜歐咪「無賴若是，形同賤婦」、「汝若非女子者，余必毆汝致死」，[57]整體表現十分煽情，此亦乃前述影戲小說常見的現象——添加影片中未能呈現的人物心理活動，以使角色關係更為立體。當然，作為在報刊連載小說的作者，也難免有刻意製造高潮、迎合讀者的考量。

此外，陸澹盦也時常提前揭露了原應隨著劇情的進展才會出現的情節，比方說，在原續集電影中，珍珠的老父僅提醒女兒考慮自己的終身大事，陸澹盦卻在小說中描述老父要他女兒「屏絕嬉戲，留意一切」，[58]尤其是考慮工廠的繼承問題——此乃整部片中引起諸多爭端的起因，陸澹盦將之提前點破，觀眾便少了恍然大悟的樂趣。此外，影片中沒有清楚交代的家族關係，陸澹盦也在文中加上括弧說明，以幫助讀者掌握全局。然如此一來，讀者自行推敲，揣想凶手何人的趣味便消失了。因影戲小說具有為觀影觀眾說明情節、回憶故事進展的功能，故陸澹盦此一改寫策略，可說其來有自，卻也無巧不成書地讓人聯想起中國傳統俠義公案小說的敘事特點——作小說者通常將故事結局自起首處先向讀者預告，再一一交代審案斷案詳情，巧合地都展現出陸澹盦如何在傳統小說敘事框架下，創發新的敘事類型。

而陸澹盦影戲小說中傳統與域外資源的聯繫，還體現在其改寫歧異上。當時中國文人曾這樣描述影戲小說的優點：「劇中有不易明瞭者，文得以引伸之。劇中有不易透澈者，文得以宣洩之。」[59]通過對照現存的原續集電影片段和陸澹盦的改寫可以發現，陸澹盦的影戲書寫的確有引伸、有宣洩，並不照本宣科，這固然可能如陸澹盦所言，乃因記憶模糊所導致；但部分增刪之處，還是涉及了他對異國影戲所進行的本地

---

56 該片段請見影音分享平臺，參見網址：https://www.youtube.com/watch?v=F1zH-hhAo_s。約 9 分 30 秒至 10 分 10 秒處。該段影片實際上只出現過一張字卡：「Get out of here!」（「出去！」）

57 陸澹盦：《黑衣盜》，頁 28。

58 陸澹盦：《黑衣盜》，頁 2。

59 海上漱石生：〈《黑衣盜》・序〉，收於陸澹盦：《黑衣盜》，頁 1。

化、個人化理解與詮釋。比如在《黑衣盜》中,可以發現陸澹盦改寫電影情節,以使故事發展更貼近中國讀者的價值觀或閱讀習慣處。比方說在原續集電影中,父親打算讓女兒繼承工廠,但陸澹盦卻讓小說中的父親表明:「惟我家家規女子不得管理軍械廠,祖宗成法,歷代遵守,不可自余而廢,故余今思得一兩全之策。」[60]故希望將女兒嫁給姪子,以便讓事業繼續留在自家人手裡。上述這段原電影中沒有的情節,尤其反映當時中國女子在傳統宗法社會的處境。陸澹盦又在小說中描述珍珠在父親死後拒嫁堂兄海因斯,相對於電影中海因斯偽裝深情表達愛意,陸澹盦則安排小說中的海因斯如此反應:「妹素孝,今奈何背嚴命耶?」[61]以「孝」之名逼婚。此一改動,也更接近當時一般中國讀者習以為常的倫理價值。

陸澹盦援用傳統小說的敘事模式、大眾熟悉的淺近文言,及偶爾改寫情節的策略重新詮釋異國影戲,扮演了補充、添加電影未能完整展現的情節、心理活動,以使讀者/觀眾更能接近、理解西方通俗劇電影情節發展的功能,也起到使電影中述及的西方社會與生活方更易於為本地讀者接受的作用。而他此一創作選擇,亦頗接近晚清上海畫報轉譯異國圖像的畫師、文人所採取的策略——引進新事物時,盡量貼近當時盛行的價值觀,這對於通俗讀物的流通、暢銷是十分關鍵的。[62]此外,陸澹盦此一策略,反映出來的更可能是與當時他所身處的文人圈子共同的審美愛好。和陸澹盦同屬一個文學圈子的作家孫玉聲,便曾在《毒手》序

---

60 陸澹盦:《黑衣盜》,頁6。
61 陸澹盦:《黑衣盜》,頁7。
62 學者指出,以《點石齋畫報》為例,其中的圖片多與新聞時事、奇談軼聞有關,畫師通常就是撰寫搭配圖像的文字者,他們傾向於選擇有「奇」可傳的主題,搭配的文字敘事與其說是新聞報導,不如說是以淺近文言闡釋的故事,且這些故事更相當貼近當時一般人認同的價值觀,這對報刊的暢銷是相當重要的。請見魯道夫・瓦格納(Rudolf G. Wagner)著,賴芊曄等譯:〈進入全球想像圖景:上海《點石齋畫報》〉,《晚清的媒體圖像與文化出版事業》,頁111。

中如此評價當時的小說：「逮一究夫通篇之脈絡，無一筆呼應處。無一節優異處。第見障墨浮煙，充塞滿紙，且情節亦陳陳相因，幾乎千篇一律，遂致閱者味同嚼蠟，此著小說之所以難也。」[63]在小說書寫的革新實踐上，相較於新小說家優先倡議語言改革，通俗小說寫作者，似乎更在意情節高潮迭起的閱讀趣味如何推陳出新。儘管，此類影片乃一來自異國的藝術形式，傳達的是當代的故事情節和生活體驗，他們以文言重述的影戲內容已不是傳統文學常見的主題，並且很可能即將衝擊、瓦解此一看似穩定的價值秩序。

　　陸澹盦新舊並陳的嘗試，還體現在重寫視覺經驗的書寫演練上，下文將繼續分析之。

（二）躍然紙上：陸澹盦影戲小說的視覺化敘事特色

　　周瘦鵑曾經指出，美國偵探類型的電影長片十分吸引人，吸睛處尤在於：「影戲中之偵探片以機關繁複，行動活潑為上，情節曲折尚在其次。」[64]這個特點的確在此類通俗劇電影中俯拾可見；別說刻畫心理活動，就連情節鋪陳也並非這類電影的重點，驚險的畫面效果，才是早期電影人拍攝時的優先考量，而故事意想不到，更是偵探故事的特長。因此，如何以文字生動呈現影中人「行動」的「活潑」，相當考驗著轉化者的功力。尤其更值得注意的是，陸澹盦的偵探影戲小說全以文言寫成，小說文筆頗受當時文人賞識。[65]陸澹盦如何以文言再現鮮活的鏡頭畫面？我們可以通過比對現今仍能見的少許電影片段和文本探討之。

　　在如今現存的《仇恨之屋》片段中，有頗多男主角與綁架女主角的惡賊搏鬥的場面，[66]對照來看，可以發現陸澹盦確實地一一將電影中的

63　海上漱石生：〈《毒手》‧序一〉，收於陸澹盦：《毒手》，頁 1。

64　周瘦鵑：〈《影戲話》三〉，《申報》，1919 年 7 月 14 日。

65　鄭逸梅曾誇獎陸澹盦文筆近似林紓，名動大江南北，各刊物都競相刊登他的作品。鄭逸梅：《藝壇百影》（鄭州：中州書畫社，1982 年），頁 171-172。

66　請見影音分享平臺，參見網址：https://www.youtube.com/watch?v=5MWDQ9a_

打鬥場面以簡潔文言呈現為文字：

> 盜黨見有人至，急置寶蓮於地，蓄勢以待。俟葛雷訓奔至，突
> 起毆擊。葛見其人以巾蒙面，知非善類，遂奮力格鬥，一轉瞬
> 間，<u>盜已漸覺不敵，葛乃突捉其肩，瞋目大呼，力擲之於圍牆</u>
> <u>外</u>。[67]

描寫惡賊與警察相爭：

> 盜黨怒，遽直前扭警察毆之，警察不敵，乃自囊中取手槍出，
> 轟然開放。不料盜黨身手靈活，力扼警察之腕，故連放數槍，
> 皆未命中，相持久之，一彈忽斜飛而出，擊中盜車之汽缸，缸
> 中汽油乃汩汩流出，盜黨見之怒甚，遂奮力猛鬥，兇悍異常。
> 警察偶一疏忽，卒被擊倒，暈絕於地。[68]

從以上引文，我們可以發現陸澹盦描寫刺激的搏鬥場面，多通過快速轉
換描寫對象，以及拼貼人物動作的特寫來增添緊張的氛圍。這段文字特
別具有突出的視覺化色彩的，尤在於「不料盜黨身手靈活，力扼警察之
腕，故連放數槍，皆未命中，相持久之，一彈忽斜飛而出，擊中盜車之
汽缸，缸中汽油乃汩汩流出。」一段，與影片對照，可以發現陸澹盦文
筆雖簡潔，但卻如實勾畫了影片中「相持久之」、「一彈忽斜飛而出」
兩個不同的鏡頭轉換，讀者閱讀時雖未能親歷影場，但相信也能感受臨
場感。

陸澹盦也在《紅手套》中絲絲入微地描述打鬥場面：

> 將近茅屋，遙見碧梨為威廉所扼，倒臥於汽車之上，千鈞一
> 髮，危急萬分。沙第驍且怒，遂自馬上飛躍而下，直撲威廉，

SUw。約 21 分 30 秒至 22 分處。
67　陸澹盦：《黑衣盜》，頁 12。
68　陸澹盦：《黑衣盜》，頁 12-13。

時碧梨已暈，僵臥不復動。威廉見沙第突至，急捨碧梨而鬥沙
第，沙第素工技擊，手足敏捷，勇猛無匹，兩人互扭久之，頹
然俱仆。威廉見地上有手鎗，即伸手攫得，向沙第開放，沙第
目明手捷，急扼其腕，鎗彈斜飛而出，適中汽車後汽鍋之上，
鍋為之洞穿，汽油汩汩而出，灌注草間……。[69]

以上段落描寫沙第救援碧梨並與惡黨搏鬥，緊湊、鮮活，文字簡潔傳
神，敘事視點也有如鏡頭快速切換。這段緊湊的文字，相當能帶動情
緒，亦頗能帶給當時讀者與閱讀經典偵探小說不一樣的視覺衝擊力和樂
趣。[70]更重要的是，陸澹盦以「素工技擊」形容沙第身手敏捷。識者多
會指出，唐人、宋人的武俠之作，並沒有內外功之分，直到向愷然
（1889-1957）創作《近代俠義英雄傳》，方出現「內家功夫」與「外
家功夫」之說，從此開啟民國武俠書寫搏鬥、功夫之風。[71]此處陸澹盦
稱沙第善「技擊」，將民國武俠小說精彩的技擊、打鬥描寫與美國偵探
冒險續集電影中的搏鬥場面聯繫起來，可說別開生面。[72]

　　事實上，在譯寫偵探影片後，陸澹盦亦以淺近文言撰寫短篇《百奇
人傳》於報刊連載。《百奇人傳》乃陸澹盦承繼唐人傳奇、宋人筆記、

69　陸澹盦：《紅手套》（上海：上海逸社，1920 年），頁 32-33。
70　已經有研究者關注這個問題：「而陸澹盦的偵探『影戲小說』《毒手》，給讀
　　者帶來了不同於古典偵探小說的『視覺衝擊力』。和偵探長片追求緊張、刺激
　　的銀幕效果一樣，小說亦通過對場景間頻繁切換、對動作場景的定格和放大來
　　展現驚險刺激的『畫面效果』。儘管小說也有私探藍模斯對『毒手是誰』的偵
　　查，但這並不是小說表現的重點。它不同於古典偵探小說的設謎—解謎的推理
　　遊戲，而是凸顯『動作』和『驚險』。」請見房瑩：《陸澹盦及其小說研
　　究》，頁 60。
71　請見陳平原：《千古文人俠客夢——武俠小說類型研究》（北京：人民文學出
　　版社，1992 年），頁 97。
72　事實上，在撰寫偵探小說同時，陸澹盦亦以古文撰寫短篇《百奇人傳》連載於
　　報刊，其中不少與武俠有關的篇章中的技擊、打鬥場面，為傳統小說中少見，
　　筆墨精彩。陸澹盦撰寫奇人異事的原因，請見陸澹盦：〈《百奇人傳》序〉，
　　《金剛鑽報》，1923 年 11 月 15 日。

明清文言筆記中所記豪俠故事（如《江淮異人錄》、《北夢瑣言》、《夷堅志》等），揣以古文韻味，試寫當代俠義之人之故事，[73]描寫險境、技擊，尤躍然紙上。[74]在〈何宇平〉一篇中，陸澹盦描述主角何宇平捉拿盜賊，十分具有鏡頭感，和影戲小說中的打鬥場面可以比擬：

> 宇平登屋，巍公持椎伏檐下。漏三鼓，倏有黑衣人自窗間出，飛躍登屋頂。……巍公鵲起沮之，四顧失宇平，亦中愯訝怪，不得已，乃持椎進，與盜方鬥，盜舞雙雙刀如雪，矯捷絕倫。巍公不能勝，鬥正酣，宇平忽從空盤旋下，揮劍刺盜首。盜格以刀，鏗然有聲。宇平一擊不中，翩然而逝。
>
> 盜皇懼，嚴備之。少項，宇平又至，盜急格拒，比欲還擊。宇平又逝去，如是者再，盜意宇平無能為，備漸疏，益力擊巍公。巍公不敵且敗。宇平忽自檐下起，疾若鷹準，以劍尖掃盜喉，盜倉卒不及格，急偏其首，劍貫盜頸，深入者數寸，齒牙盡落。盜負痛而墜，猶能強起，與巍公搏，力盡始就縛，時雞鳴月落，東方且明，事既定。[75]

從宇平忽從空中盤旋而下，到一擊不中、翩然而逝、宇平又至、又去的段落，陸澹盦描寫打鬥，有如數個鏡頭疊加剪輯，相當有節奏感，能帶動讀者緊張情緒。令人聯想起在《黑衣盜》中，陸澹盦如是描述葛雷訓前來救援珍珠：

---

73 陸澹盦：〈《百奇人傳》序〉，《金剛鑽報》，1923 年 11 月 15 日。

74 識者多會指出，晚清民初時以古文寫短篇武俠小說者，首推林紓（1852-1924）。1913 年，林紓曾撰《庚辛劍腥錄》，刻畫一名善劍的讀書人。同年，又推出《技擊餘聞》，記載江浙閩粵、臺灣一帶拳師軼聞、武林瑣事、西方技擊術等。1915 年，林紓寫作〈傅眉史〉，冠以「武俠小說」之稱，為此文類定名之始。請見葉洪生：《武俠小說談藝錄——葉洪生論劍》（臺北：聯經出版事業公司，1994 年），頁 11。

75 陸澹盦：〈何宇平〉，《新聲》第 1 期（1921 年 1 月），頁 2-3。

狂奔而下，直撲黑衣盜，盜聞聲回顧，見葛雷訓驟至，其勢甚
猛，乃即釋寶蓮，返身迎鬥，扭毆久之。⋯⋯司機者繼至，見
葛雷訓被擊墮河，駭甚，乃憤不顧身值錢與黑衣盜搏，略一盤
旋，也為盜所擊倒，暈絕於地。其時寶蓮已厥然而起，見司機
者仆，復奮勇而前，扭黑衣盜之胸，葛雷訓在水中亦泅至橋
邊，手攀橋欄，奮身而上，黑衣盜見葛復至，自知不敵，急推
開寶蓮，狂奔而逸。[76]

以上陸澹盦描繪葛雷訓等人和黑衣盜搏鬥，屢仆屢起，同〈何宇平〉中
描寫何宇平捉盜一般，相當細膩、鮮活。實際上陸澹盦曾評點《近代俠
義英雄傳》，稱向愷然寫打鬥，簡練傳神：「寫王五兩次與山西董交
手，兵刃相接，瞭然如見，非深知技擊者，斷然說不出來，小說之不易
作在此。」[77]其實以「瞭然如見」評述陸澹盦作品中的敘事方式，亦可
說相當切合。若說向愷然熟稔技擊，那麼並不是練家子的陸澹盦，何以
能寫出「七徒手與眾搏，勇不可當，人莫能近，鬥正酣，星若揚臂呼，
眾忽散去，七愕然欲逸，星若忽持毒劍起，從空躍下，以劍劃七胸，七
格以臂，劍鋒割臂，創寸許，血出，作紫色，七大吼，僵仆屋上，視
之，頃刻絕矣」。[78]這類簡練靈動的文字，當可以聯繫到其以文字重述
偵探冒險長片中動作場面等影戲小說的操練。當然，若反過來說，陸澹
盦以簡潔文言描述動作影片，卻甚得其妙，也無不可。簡之，從好萊塢
偵探長片，到影戲小說，再到《百奇人傳》，陸澹盦的文學實踐一層一
層，從觀看到寫作，跨越了文類、語言的界線，匯通了域外與本地文
藝，展現了相當獨特的面貌。[79]

76　陸澹盦：《黑衣盜》，頁 40-41
77　向愷然：《近代俠義英雄傳》（臺北：世界書局，2004 年），頁 37。
78　陸澹盦：〈毒劍〉，《新聲》月刊第 10 期（1922 年 6 月），頁 8。
79　戰玉冰在其研究中提到了陸澹盦影戲小說書寫和偵探小說之間有所聯繫，但未
　　深入分析。尤其，陸澹盦影戲小說多以淺近文言書寫，其偵探小說則是白話文
　　作品，兩者語言、文體、文類有別，兩者之間的承繼和轉變如何可能，兩者之

　　此外，電影的聲光效果在表現、帶動劇情、醞釀氣氛時所發揮的作用是相當巨大的。作為一名熱愛電影的作家，電影的光影、音效，也給陸澹盦的書寫帶來可見的影響。比方說，在《毒手》一書中，陸澹盦以「砰！砰！槍聲！槍聲！」一句開展故事，接著方描述命案經過，相當逼真。識者多會指出，傳統小說相當少見此類奇峰突兀的開場。[80]因此當電影始於這不知從何而來的槍聲時，對當時不習慣此類敘事風格的中國讀者來說，相信令他們深感如墮入五里霧中，而陸澹盦卻大膽吸收了電影的敘事手法，以槍聲開展故事，極具開創性。

　　此外，吸取了電影以場景調動、鏡頭組合傳遞驚懼氛圍的特長，陸澹盦描寫小說女主角屢經險境的經歷時亦頗生動，比方說在《毒手》中，陸澹盦刻畫杜麗西夜半坐起驚見怪手：「時值三五蟾魄皎潔，光射室中，纖屑畢現，見床前一黑色偉大之怪手徐徐而上，五指招展，作欲攫人狀。女一見此異，驚悸亡魂，口欲呼而噤不能發聲，因急自床上躍下，取外衣披之，直趨戶外。毒手見女欲逸，突起阻之，以身蔽戶，女遂不得出。……」[81]文中描繪怪手之「黑色偉大」、「五指招展」，對照當時該片的電影海報，頗為雷同（請見附圖一）；接著，作者先刻畫「光射室中」的遠景，再切入怪手「徐徐而上」的特寫，頗具鏡頭感，相當生動寫實。

　　間的張力和辯證又是什麼樣貌等議題，戰文也並未提出詳盡討論，故說服力不足。實際上，與陸澹盦偵探小說書寫更為接近的，應為當時相當受歡迎的各式偵探連載小說著與譯；值得與其影戲小說對讀並加以考察的，應是本文論及的陸澹盦武俠文言短篇作品。請見戰玉冰：〈民國時期電影與偵探小說的交互影響——以陸澹盦的觀影活動、影戲小說與偵探小說創作為中心〉，頁 34-39。

80　1903 年，周桂笙在《新小說》上連載法國作家鮑福的小說《毒蛇圈》，吳趼人眉批。小說仍在連載時，吳趼人便著手創作《九命奇冤》，故事以倒敘方式開場，敘事新穎，論者多以為受其影響。「周桂笙與吳趼人不但翻譯介紹西方現代小說形式，還自己身體力行地運用新形式，進行文體創新。《毒蛇圈》最直接的影響，就是吳趼人本人的小說《九命奇冤》」。請見趙稀方：《翻譯現代性——晚清到五四的翻譯研究》（臺北：秀威資訊科技，2012 年），頁 11。

81　陸澹盦：《毒手》，頁 10-11。

　　此外，當時中國通俗文人觀賞西方影戲後，總對其中「器械之精妙，佈置之周密，科學之發明」頗為讚嘆，[82]也就是周瘦鵑所說的「機關繁複」。而這類現代文明奇觀也可在陸澹盦的影戲小說中見到。在《仇恨之屋》中，男主角哈利設下一個計謀，將照相機藏起，打算趁黑衣盜打開保險箱、觸動機關時，拍下他的盧山真面目。陸澹盦在《黑衣盜》中稱之為「攝影機」，並為了使未進影院觀賞電影讀者能理解其作用，加上詳細說明，稱此乃一銅人，手中有電光，一旦黑衣盜觸動了機關，將會亮起燈光（即老式照相機鎂光燈），使歹人難以逃脫。西方學者已指出，在這類「冶冒險、奇情於一爐」的通俗劇電影中，火車鐵軌、工廠鍋爐、電話線等現代科技設備屢屢出現，不但涉及劇情的推動，也多和女主角的生死經歷相關，是對現代化工業社會的一種奇觀式捕捉。[83]而舉凡化學室、鍋爐、工廠、鐵道、地道、汽車等器物，在陸澹盦的影戲重述中也都沒有缺席。我們可以想像，對於閱讀其作品的讀者來說，陸澹盦的影戲小說有如他在《黑衣盜》中稱描寫的「攝影機」，扮演了如寫真、複印機一般再現異國影片中現代發明的角色，甚至更發揮了說明、詮釋的作用。

　　綜之，陸澹盦的文言影戲書寫以成行短句連接鏡頭剪接、場景轉換，也對佈景、道具等電影藝術中不可缺少的元素進行描寫，文筆精煉；尤為令人印象深刻的，則是對於影中人行動、打鬥場面絲絲入扣的刻畫。其描繪事件之奇峰突起，描寫人物連續性行動、搏鬥技擊的靈活寫實，與情節推動之快速，都可說在某種程度上拓寬了文言文的表現領域，活化了傳統小說的敘事語言和節奏，開啟了往後更多以中文敘事的可能性。新文學陣營曾大力抨擊通俗文學家的文學風格「不中不西」，斥之為落伍，然若將陸澹盦以淺近文言書寫的影戲小說，與新文學家嘗試以歐化白話文書寫新鮮事物的文學實踐對照，或可以發現兩者都在新

82　雪園：〈觀影戲有益說〉，《大世界報》，1919 年 8 月 22 日。
83　同註 49。

舊文學範式中左右突圍、不斷實驗，同為構成中國現代文學發展圖景的拼圖。[84]也因此，陸澹盦在其影戲小說中的書寫實驗，無疑值得重新關注。

（三）兒女英雄：陸澹盦影戲小說的女性想像

前文提及，當時受到歡迎的通俗劇續集電影，劇情不外乎是女主角繼承了大筆財富，對抗惡人的魔掌及陷害；她如何死裡逃生，成為每一集的關鍵劇情，也是吸引人們持續收看的主要原因。這類劇情在當時受到歡迎，絕非無中生有，有學者早已指出，這類續集電影中女主角的遭遇，反映的是 20 世紀之交女性在現代都市生活中地位的轉變，她的受難、歷險，折射了當時女性在社會中闖蕩的險阻，也寄託了時人對於女性解放的想像。[85]

比方說《紅手套》中便有一位相當引人注目的女主角 Billie——陸澹盦譯為「碧梨」——一個大膽的「牛仔女孩」（由 Marie Walcamp〔1894-1936〕飾演）。她在西部盛產油煤礦的歷買錫村成長，因大資本家覬覦其地之利，唆使當地惡霸烏鴉黨燒殺擄掠，為保護家園，亦為尋寶，碧梨捲入了極度危險的冒險中。此外，隨著劇情開展，觀眾將會發現碧梨原是城內鉅富失散的孫女，在富翁死後繼承大筆遺產，引來眾人覬覦，從此其遭遇更是險上加險，然她每一集都在緊要關頭大難不死，和油礦師沙第（Kern Thodes）並肩對抗惡徒。

《紅手套》乃陸澹盦改寫自 1919 年由麥葛溫（J. P. McGowan，1880-1952）導演的續集電影《紅手套》（*The Red Glove*），劇本由洛林（Hope Loring，1894-1959）完成，改編自伊莎貝爾·奧斯特蘭德

84　葉嘉在其近年關於通俗文學雜誌翻譯的研究中，也有類似觀察。請見葉嘉：《通俗與經典化的互現：民國初年上海文藝雜誌翻譯研究》，頁 44-50。

85　Ben Singer, "Female Power in the Serial-Queen Melodrama: The Etiology of an Anomaly," *Camera Obscura* 8 no.1 (January 1990): 115, 122.

（Isabel Ostrander，1883-1924）的小說《第五張王牌》（*The Fifth Ace*）。[86] 經筆者比對，編劇應在小說的基礎上進行了相當篇幅的改寫，而改寫自電影的《紅手套》，自然也跟原著相差甚遠。原著中的主角碧梨也是一位流落西部的富翁孫女，能勇於和盜賊抗衡，保衛家園，成為富翁的繼承人後，也能在險惡的都市和複雜的人際鬥爭裡自立，和男主角工程師一起尋覓傳說中的失魂井秘密，兩人最後也終於有情人終成眷屬、共結連理。陸澹盦於《紅手套》中重述的劇情，添加許多原著小說中沒有的動作冒險情節，讓碧梨經歷多次生死關頭的掙扎，包括搶奪紅手套的橋段；而原著中關於偵探碧梨出身、搜集證據、戳破不懷好意惡徒計謀等推理過程，則受到一定程度的簡化。《紅手套》作者更著重呈現男女主角的逃難歷程，刻畫一波未平、一波又起的冒險經歷，相對來說，推理色彩亦很淡薄。高潮迭起，不斷勇闖難關的情節設定，是此類偵探冒險續集電影的特色。陸澹盦的影戲小說也具有類似的傾向，他多描寫行動、事件、對話，加快小說的敘事節奏，加重小說的情節密度，在保留傳統小說多景物描寫、心理陳述的基礎上，多有開創、發揮。

　　更重要的是，不論是原著小說，或是陸澹盦的《紅手套》，女主人公碧梨的人物形象都相當特殊。原著小說中的碧梨被作者塑造成一位雖成長在西部荒野，卻難掩淑女氣質的美女，她獨立自主，能和男性並肩對抗盜賊，玩牌能贏過老千，還懂得投資理財，頗有生意頭腦。《紅手套》中的碧梨也不遑多讓，尤其每次經歷生死磨難時，碧梨並不只等待男主角英雄式的救援，她擅游泳、能打鬥，智高膽大，不論是跌落水中、掉下山谷，總能憑一己之力死裡逃生，解救村裡鄉團一眾男兒，並

---

86 Isabel Ostrander, "The Fifth Ace," in *The Argosy*, 1917. 電影原著《第五張王牌》的作者伊莎貝爾・奧斯特蘭德，現在已經多為人遺忘，但她曾經創造出一個知名的「盲眼偵探」——有「偵探小說女王」之稱的阿嘉莎・克莉絲蒂（Agatha Mary Clarissa Christie，1890-1976）曾在自己的小說中戲仿過——大概可以想見當時她曾相當有知名度。Agatha Christie, *Partners in Crime* (UK: Collins, 1929; USA: Dodd Mead, 1929).

保護弱小婦孺。這是一個相當具有英雄氣概的女主人公，絕不是嬌弱的傳統閨秀，儘管在陸澹盦的《紅手套》中，仍可看出作者不斷暗示女主角唯有尋得良人、結成良緣，才算是得到了完美結局，反映出尋求獨立的女性在現代社會中的進退兩難。[87]而陸澹盦的另一部影戲小說《賴婚》，轉化的是格里菲斯以《苔絲姑娘》（ *Tess of the d'Urbervilles* ）為藍本拍攝的電影，歌頌理想婚姻道德，而陸澹盦的重寫也未超出這個範疇。可以看出在上個世紀之交，無論中外，人們的婚戀觀及對女性在社會中的地位、性別角色的想像，仍然充滿著矛盾。

　　上文提及，陸澹盦偶會在其影戲小說中改寫女性角色若干言行，以符合當時社會的價值風尚，但他基本上並不在小說中大筆刪去女主角九死一生、屢仆屢起的歷險，仍可說相當程度地再現了她們的冒險精神，比方說《毒手》中的杜麗西、《黑衣盜》中的珍珠。而《紅手套》中的碧梨不畏惡勢力，對財富、權勢不感興趣，憑一己之力，為保護家園、協助弱小一再犯難，尤其令人難忘，更值得關注的是，碧梨被呈現得相當具有「俠女」風範。儘管碧梨也仍在仗劍走江湖和「頓悟良緣」之間游移，演繹了傳統小說中女主人公只有成為宜室宜家的賢妻後，女性的生命意義方得完成的典型情節，令人想起《兒女英雄傳》中的何玉鳳。[88]但我們或許仍可想像，陸澹盦偵探影戲小說中的碧梨們，相較其他通俗作家在影戲小說中對女性角色進行的「狹邪化」處理，[89]或多或少仍提供了當時讀者一個想像新型女性的典範，並且，巧妙回應了西方

---

87 學者指出，通過不斷重述女主角在追求獨立自主的路上屢次遇險，編導團隊可說是不斷深化了當時女性在社會上處境之艱難此一主題。Ben Singer, "Female Power in the Serial-Queen Melodrama: The Etiology of an Anomaly," *Camera Obscura* 8 no.1(January 1990): 117.

88 王德威指出，《兒女英雄傳》一書儘管在描寫英雄俠客的兒女情長敘事上別開生面，然而其情節設置仍難脫離根深蒂固的傳統文化思想之影響，比方說女主角何玉鳳必須在締結良緣後，作者才稱其功德圓滿，呈現出相當典型的儒家倫理教化觀。請見王德威：《被壓抑的現代性——晚清小說新論》（臺北：麥田出版社，2003 年），頁 207。

89 邵棟：《紙上銀幕：民初的影戲小說》，頁 179。

學者對此類好萊塢早期通俗劇續集電影中的女主人公形象的詮釋——她
們在劇中不斷遭遇艱險，力圖拼搏，反映的仍是當時社會中人看待女性
自主時，對獨立女性仍存在著既嚮往又排拒的複雜心態。

五、逆寫影像・轉化異國：陸澹盦影戲小說的文化意涵

陸澹盦另本影戲小說《老虎黨》，改寫自 1919 年的《老虎的蹤
跡》（The Tiger's Trail），[90]由露絲・羅蘭（Ruth Roland，1892-1937）
主演、里夫編劇，一樣由百代公司推出，其宣傳海報上如此標示：「一
說到續集電影，大家都馬上想到百代。」「續集電影需要的是特殊化，
通過五年的時光以及 24 部影片的錘鍊，百代將之化成一門科學。百代
會呈現給你最好的！」[91]而此「一門科學」之說，相當耐人尋味。

上文已提到，百代公司此類賣座通俗劇電影都有一個共同點——一
個十分純真、無辜的少女因身懷鉅款、繼承遺產或者其他原因涉入神秘
案件，並連番遭遇不測、暗算，幾乎喪命，且總會被聰明、強壯的男主
角搭救，並在其幫助下破解謎團，獲得新生。編導總會以充滿懸念的手

---

90 從現今可存的資料中，我們可以窺見這部續集電影的大概內容。葛登
（Randolph "Grim" Gordon）擁有一個來自東印度島嶼的印度教老虎神像，是他
和史壯（Peter Strong）、布依（Col. Boyd）一起旅行時發現的，然而距此不久
後，史壯、布依便遭殺害，貝兒（Belle Boyd），布依的女兒，繼承了父親手上
三分之一份資料，記載著他們三人在探險時發現的寶藏埋藏地點。葛登在西部
擁有一大片鈾礦，而在他的礦工中不乏崇拜虎神的信徒。貝兒前往礦場尋找父
親以前的夥伴，卻備受一群由夏威爾（Bull Shotwell）率領的法外之徒攻擊，幸
好葛登礦場裡的工程師蘭登（Jack Randall）出手相救，貝兒才得以從覬覦她手
上三分之一份藏寶圖的惡徒手上死裡逃生。在現存的劇照中，我們可以看見貝
兒在某一集中被關押在老虎身旁的牢籠中，成為諸多綁匪綁架的目標的照片，
展現出女主角的悲慘遭遇，可以想像和上述兩部續集電影頗為雷同，都是典型
的冒險之作。

91 Louis Reeves Harrison,"Reviews and Advertising Aids: The Tiger's Trail," in *Moving
Picture World* (New York: Chalmers Publishing Company, 1919), 40(2): 278-279.
Retrieved August 24, 2014.請見文末附圖二。

法進展故事，每一集總在女主角性命堪憂時戛然而止，讓觀眾欲罷不能
地繼續追蹤。故事裡的其他主角，不論是否是女主角的親人、友人，為
謀求財富不惜取其性命，彰顯了現代商業社會的無情與黑暗。此外，續
集電影的「機關」、「場景」更是一大賣點。女主角會面臨各種緊要關
頭，包括被懸吊在懸崖上、丟入深淵中或放在籠子中成為老虎的食物，
且總能運用機關逃脫。誠如百代公司廣告所說，他們的確已經找到了讓
這類偵探劇情長片賣座的「科學」公式——俊男美女、奇情歷險、壯觀
的電影場景如美國大西部的自然風光、鐵路、礦場、小木屋和溪流，還
有大都會的摩天大樓、辦公室、豪宅、黑暗角落，以及各式機關，男女
主角不管是為奸人所害，或者盜寶尋仇，一波未平一波又起的連環劇
情，頗能讓觀眾大飽眼福，難以自拔。而觀眾亦深陷視覺娛樂帶來的奇
觀景致中，戰慄、沉醉，無法自拔。

　　而對當時的中國觀眾來說，這些西方影戲亦有如一幅巨大的西方浮
世繪，以奇觀化的異國風情，熟悉的情節，吸引觀眾。一般市民通過觀
看，取得了消遣和歡樂之餘，同時也滿足了獵奇的慾望，而這更可能是
在程式化情節帶來的熟悉感以外，此類西方續集電影更令中國觀眾著迷
的原因之一。也就是說，我們不能忽略的是，在觀看異國他者的同時，
這些本地的中國讀者可能也同時體驗了何謂西方——不論是高樓大廈的
街景，或者是急流湍湍的峽谷，晶亮嶄新的現代化設備。有如學者所指
出的，此類以都市神秘案件為主題的連載文學作品，提供給一般讀者
的，無非是一種嶄新的想像和都市奇觀；同樣地，當這類作品轉而以影
像方式呈現，觀眾所能領略的無異於前，還更勝以往。[92]

---

[92] 學者指出，有如歐仁蘇（Eugène Sue，1804-1851）的小說在凝聚當時讀者都市
　　想像上的巨大影響力，流行於 20 世紀初期的美國影集及其文字改編作品可說承
　　繼了此一敘事傳統，更直觀地形塑著觀眾、讀者對都市現代生活的認識。
　　Amélie Chabrier, « Les Mystères de New-York : stratégies d'adaptation d'un serial
　　américain au pays de l'oncle Sue, » *Médias 19*, France, Publications, Marie-Ève
　　Thérenty (dir.), mis à jour le: 25/11/2013，參見：http://www.medias19.org/index.
　　php?id=13613，瀏覽日期：2021 年 10 月 14 日。

　　撰寫影戲小說的陸澹盦，於是可稱為是一名將美國早期通俗劇電影傳衍給更多中國讀者的吹笛人，也神似一名提供讀者現代想像的魔法師，更是一個為無法在現場觀影的人遞送電影精彩之處的說書人，肩負為讀者傳達「洋洋」大觀（視覺上的觀影及對西方的觀看）的重責，將上述的各式「西方」一一展演在讀者面前。而在中國，尤其是上海，都市化的速度和規模也與西方大都會可以相提並論，陸澹盦的影戲小說不但再現了西方都會奇觀，也為中國讀者重現了都市生活樣貌，展示了一個描寫都市生活的敘事結構。不論是否曾經遊歷過上海，外地讀者可以從中「看見」、「閱讀」現代社會生活體驗如何被表達，也就是在這層意義上，在韓森所謂的美國早期電影代表的通俗現代性傳布到中國的歷程中，通俗文人可說扮演了相當重要的角色。[93]我們甚至可以更進一步論述，中國讀者非但能通過影戲小說「觀看」現代，甚至能從閱讀電影書寫中，瀏覽一個嶄新的都會中國，演練現代體驗，而心嚮往之；[94]如同當時中國文人自述，西洋影戲可歌可泣，觀之能令人興起；片中英雄故事，還能為吾國為政者之師，[95]故在此意義上，其偵探影戲之觀影書寫、出版推廣，小可視為與其自身民族文化建構之想像密不可分的文學實踐。[96]

─────

93 Miriam Hanson 談「通俗現代主義」（vernacular modernism）時指出，早期電影以通俗的現代美學，傳播、塑造了各地的現代經驗。Miriam Hansen, "Fallen Women, Rising Stars, New Horizons: Shanghai Silent Film as Vernacular Modernism," *Film Quarterly* 54 no.1 (2000): 10-22.以此概念討論影戲小說者，還可見於邵棟：〈現代雅集與電影奇觀：民初上海「大世界」中的影戲小說創作研究〉，頁423-424。

94 史書美指出，中國現代文化人對西方強勢文化入侵頗為反感，但此一情緒並未伴隨著對西方現代性的批判，他們對所謂「都會西方」（metropolitan West）和殖民西方（colonial West）所抱持的態度十分分歧。Shih Shumei, *The Lure of the Modern: Writing Modernism in Semicolonial China, 1917-1937* (Berkeley: University of California Press, 2001), 36. 本文「都會中國」的觀點延伸自此一說法。

95 周瘦鵑：〈何等英雄〉，《遊戲雜誌》第 9 期（1914 年 12 月），頁 27-28。

96 早有學者指出，民族乃一「想像的共同體」，而報紙等印刷文化的出現，為重現此一想像的共同體提供了技術和手段，也就是說，文字閱讀，及各地方言的

　　此外，不論是《毒手》一書中的女主角杜麗西，或者《紅手套》中的女主角碧梨，雖慘經家變，孤身一人，卻不屈不撓，奮力求生。儘管陸澹盦有時會改寫故事情節，使小說女主角顯得更為符合中國傳統大家閨秀的面貌，但她們在小說中四處遊歷、死裡逃生的堅忍身姿以及「女俠」氣質，以及不能免俗地和男主角間產生的浪漫感情，都頗具代表性地折射出了當時文人對於新型女性的重新詮釋，也凸顯了當時女性正在面對的轉型中的社會和兩性關係，以及她們的艱難處境。

　　也因如此，這類偵探冒險續集電影雖娛人耳目，陸澹盦改寫的文字也怡情助興，然在消遣娛樂外，陸澹盦的影戲小說同時更帶有展現未知給本地讀者的教育、啟蒙功能。當時文人甚至還如此表述：「影戲亦社會教育之一，以樂觀者之眾，感人驀速。歐美諸國，習知其利弊，因勢導之，遂收奇效。良以影片之製，各有旨趣，如軍事片則動人愛國之心，冒險片則作人堅忍之氣，愛情片則纏綿悱惻，盡男女之至性，偵探片則魑魅罔兩，暴社會之罪惡，乃至羅克卓別令輩，以突梯滑稽，博人嘻笑，亦足為勞於職業者，蘇其困憊。刻畫既工，觀感自速，收效之烈，固其宜矣。」[97]從上述百代影業公司的廣告看來，西方創作者未必

　　印刷語言的出現，為人們想像民族提供了助力。然而作為一種現代媒體的報紙又如何展現「想像社群」？小說，不同於報紙，又怎麼了助長了想像共同體的成形？事實上，識者多會指出，小說的虛構性質，為人們形塑此一「想像」頗有推波助瀾之功；亦即，研究者通過對小說如何接受、置換特定話語，並透過敘事、情節、人物、意象等呈現此一時代變遷的細膩分析，可以探詢文學作品銘刻人類思想經驗，匯集各種複雜話語的痕跡；是故，文學作品的流傳和閱讀，也能彰顯時人的時代精神，也成為後來者想像前人生活的素材。實際上，通過對於民初時期通俗文人電影、影戲小說書寫的考察，可以發現，電影等視覺化藝術形式的出現，在此意義上，也不亞於小說等文學作品的貢獻，通過規模更大、速度更快的傳播，電影更可能在此共同體的想像歷程中扮演了重要的角色。而在東亞，異國文本、電影之跨文化流傳，更跨越了、挑戰了既有的文類疆界及模式，其文學實踐、概念變遷和想像更具有創造性、流動性，愈發值得深入探索。Benedict Anderson, *Imagined Communities: Reflections on the Origin and Spread of Nationalism*, Revised Edition (London, New York: Verso, 2006).

97 施濟群：〈「影戲」‧弁言〉，《新聲》第 5 期（1921 年 9 月），頁碼不詳。

有此雄偉意圖，然這並不妨礙當時文人以如此心態來接受西方電影，並在這脈絡下將觀影經驗改寫成影戲小說，並期待它的淑世功能。

　　事實上，自梁啟超提倡「小說界革命」始，新小說便成為中國知識份子「新民」、「啟蒙」之工具；1915 年，袁世凱（1859-1916）時期的國民政府設立通俗教育研究會，審查相關小說、戲曲和文藝雜誌，更加摒斥道德敗壞的通俗文學作品。而文學革命以來，民初知識份子如陳獨秀也多提倡白話，反對具陳腐形式的傳統文學；劉半農更將通俗文學視為新文學建立前，教化一般民眾的消遣文學，最終將被新文學淘汰；而周作人更將之視為迎合下層社會的娛樂作品。[98]通俗文學在此文學進化觀視野影響下，從此咸被視為與新文學涇渭分明，僅有娛樂功能的舊有文學形式，並被認為終應消失。在五四新文學的進步文學觀成為文學史的主流論述後，通俗文學乃落後、陳舊之文學成見，更長年為許多文學批評者沿襲，如前文所述，近年來方陸續有學者對此提出反思，重新挖掘通俗文學家在現代文學場域中的貢獻。[99]的確，儘管在通俗報刊上刊登的文言小說，總因後起的五四文學革命陣營大力提倡白話文學的進步性，一向被貼上守舊、保守的標籤。然以陸澹盦的文言影戲小說為例，我們可以發現其中所內含的豐富文化意涵，顯然已經不是落後、消閒可以概括。陸澹盦此番影戲創作，是當時世界通俗文學文化流傳各地的跨文化實踐，本身更可說是世界文學的一環。更弔詭的是，陸澹盦援用了傳統小說的敘事模式，諸如說書人的視角、章回體的結構，以及文言——被新文學運動菁英視為毫無表現力的陳舊語文形式——演繹一個嶄新的閃亮新世界；以人物行動活潑、深具聲光色彩的文字樂園，召喚讀者對新生活的想像和參與。在新文學健將提倡文學革命、所向披靡之

98 請見陳獨秀：〈文學革命論〉，《新青年》第 2 卷第 6 期（1917 年 2 月），頁 1-4；劉復（劉半農）：〈通俗小說之積極教訓與消極教訓〉，《太平洋》第 1 卷第 10 號（1918 年），頁 1-10；仲密（周作人）：〈平民文學〉，《每週評論》第 5 期（1919 年 1 月），頁 12-19。
99 相關研究請見胡志德著，趙家琦譯：〈清末民初「純」和「通俗」文學的大分歧〉，《清華中文學報》第 10 期（2013 年 12 月），頁 219-251。

際，舊文學家實則亦於更新中國文學的路途中貢獻了其另類的影響力。此一舉措形成了一個與韓森所談的「通俗現代主義」的對話關係——電影此一通俗、親和力高的娛樂形式，理當應更具有有效傳遞、再現現代價值和生活體驗的功能；然而，在電影流行於現代上海文化場域之初，發揮此一現代生活體驗傳遞功能的並非只是「白話」一般的「影像」，[100]文字作品（甚至是文言作品）亦挑戰、補強了其能量，與之形成了饒有思辨性的複雜關係。亦即，此無疑暗示了我們，在影視作品、白話論述及其想像，發揮、推廣現代魅力之時，（淺近文言）的文字作品在現代文藝開創及生發影響之初期，仍具一定之貢獻。[101]

　　晚清以來，與中國都市文化的萌芽發展、報刊出版的繁榮可說是同步進展的連載小說市場，在更具有吸「睛」力的圖像、電影等視覺文藝作品出現後，亦催生出了象徵文學和影像結合的「影戲小說」。此種新文類的誕生，繼續帶動了報業的成長，在此歷程中，通俗文學家穿梭、彌合新舊文學的各種嘗試，亦是現代中國文學轉化更新的一個重要面向，是不能為人所遺忘的。尤其，此類「影戲小說」譯寫中體現出了現代文人如何在域外文藝編譯與再創作中，觀看他者、凝聚自我身影的歷程。他們一方面嚮往現代西方，又一方面維護舊有，以迎合固有讀者的閱讀趣味，展現出瞻前顧後的複雜身影，也使得現代文學發展歷程充滿了豐富的面貌，值得深入思索。「影戲小說」既以淺近文言寫成，卻多刻畫西方現代生活，傳遞異域風情體驗，不論在形式上、內容主題上，其實都觸及了與現代文學新生相關的種種面貌，這不啻提醒了我們，在世界文學的架構下思考中國現代文學流變相關議題時，不能忽略的是以「跨越」的視角重審文學史上的現象，則新文學家的關懷，與通俗文學

---

100 張真著，沙丹、高丹、趙曉蘭譯：《銀幕豔史：都市文化與上海電影 1896-1937》，頁 24。

101 筆者在前文中提及的陸澹盦民初中國影戲小說書寫與韓森提出的通俗現代主義理論概念有可對話之處，此一構想誕生於與愛丁堡大學黃雪蕾教授的交流中，特此致謝。

家以舊化新的嘗試，都可看成組構現代文學當前風貌的重要部分，兩者之間並不必然壁壘分明，而能彼此流動。的確，現代世界變動不居，文人的生命體驗與以之為燃料醞釀而生的創作星火，一樣變幻莫測。在此過程中，中國現代文人如何擁抱世界，安放舊有？怎麼嚮往國際，不放逐傳統？事實上，又何須放逐傳統？又該怎麼不斷精進、出入於雅俗之間？對現代通俗文學家之譯寫進行開闊、靈活的思考，對今日吾人思考東亞文學如何走向世界，甚至面對更多不同媒介之文學形式瞬息萬變之挑戰，無疑仍具有啟發意義。

六、結論

　　從觀看電影長片到執筆撰寫影戲小說，陸澹盦的偵探冒險書寫所涉及的是將西方電影轉化為文字，再創作一己作品的歷程，也彰顯了當時中國人已進入了一個全球通俗文化快速流動的世界體系中。本文透過對於陸澹盦影戲小說的細讀，以及比對續集電影改編原著、現存影片等資料，探討陸澹盦偵探影戲翻譯的特色及其文化意涵。本文指出，陸澹盦的影戲創作在當時流行的美國通俗劇續集電影的基礎上，以淺近文言寫成，在傳統小說敘事的基礎上創造、描繪新異現代故事，除因遺忘而有缺漏，或偶對人物、情節進行本地化的改編外，基本上相當如實呈現影片中男女主角的冒險歷程，包括了電影中的打鬥、機關設置、壯闊場景等，對於帶領讀者領略現代文明、認識西方文化、想像異域，可以說扮演了重要的角色。而通過描繪動作、情節、場面調度，和新奇的電影內容、主題及人物，影戲小說的書寫者某種程度上可說是挑戰、拓寬了傳統文學的表現領域，實驗了小說文體、語言在現代轉型的可能性，更衝擊、鬆動著傳統價值與世界觀，在在展現了中國本地文學現代性如何可能在域外多元文藝風潮的洗禮下生發、凝聚。

　　陸澹盦的偵探冒險續集電影書寫涉及了不同文化、文類及語言的視閾融合，進行著文字與影像間、西文與中文間、外來文化與本地敘事傳

統間不同層次的交流與協商，這些對話，提供了我們重新思考通俗現代性、影像和文學連接與斷裂等議題的契機。延伸上文所述學者的觀點，[102]我們或許可以想像，通過不斷觀看、重複閱讀通俗劇電影中的冒險、偵探片段，現代中國讀者、觀眾的心靈亦不斷接受刺激和挑戰，回應或鼓舞著他們高潮起伏的嶄新生活經驗，更凝成、塑造、演練了他們感知、表述現代事物的方式。此一新文學菁英念茲在茲的重要主題——表現現代人的心靈和生命處境——在通俗文學和文化中竟亦不少見。

　　總之，在陸澹盦看似通俗的影戲小說中，蘊含著彌合新舊的想像；在消閒的影戲作品裡，掩藏的是對現代人生活和心靈的映照，蘊藏著豐富的解讀可能。更重要的是，這類創作蘊含著中國現代文學早期發展階段的獨特樣貌，此後還刺激了更多本地化文化實踐的產生，對中國現代文學之現代性研究與詮釋提出了許多挑戰，富有一定之學術意義。

---

102 請見註 49。

附圖：

圖一

The Hidden Hand（1917）電影海報

圖二

The Tiger's Trail（1919）劇照及電影海報

結論

　　中國現代文學若是一座花圃，則百年來可說是奇花異草盛開，馨香無數。不只各式創作豐富多彩，在中西交流頻繁，全球文化快速流動的20世紀之交，域外文藝潮流與作品，即時來到中國，與本地文學文化交匯，創發不少文藝結晶，共同構築了一片花團錦簇的天地。自晚清始，中國文人欲以翻譯復興文藝，以振興國魂的呼聲便屢屢不絕；五四新青年更力求輸入域外佳作、改良文學，視之為盜火義舉。域外文學之譯介更頻繁現身現代文學報刊園地，二〇年代，茅盾在《小說月報》上發表〈一年來的感想與明年的計劃〉，直言要通過翻譯，汲取國外文學的各種技法，推進新文學發展為主要目標。[1]施蟄存於《現代》創刊號中也說：「這個月刊既然名為『現代』，則在外國文學之介紹一方面，我想也努力使牠名副其實。我希望每一期的本誌能給讀者介紹一些外國現代作家的作品。」[2]而自20世紀初始，便有文學家撰寫中國文學史時不忘「世界文學」之在場；[3]鄭振鐸更提倡「統一的文學觀」，以世間

1　茅盾：〈一年來的感想與明年的計劃〉，《小說月報》第 12 卷第 12 期（1921年 12 月），頁 1-4。

2　施蟄存：〈編輯座談〉，《現代》第 1 卷第 1 期（1932 年 5 月），頁 197-198。

3　黃人：《中國文學史》（上海：國學扶輪社，1911 年），頁 3。

一切文學為研究主體，[4]可見中國現代文人對文學譯介的熱情接連不斷，年深日久，且與其創作、評述，攜手構築現代文學地景。因此，早有學者提出，翻譯文學與中國現代文學密切交織，應看成是中國現代文學一個重要的組成部分。[5]更有研究者指出，中國現代文學中有 44 種主要創新類型，是在域外文學作品翻譯成中文時同步誕生的；而外語的導入，對於中國文學語言在修辭、文法等創新方面，提供了資源，更觸發了諸多嶄新元素和手法。[6]以上意見，無不指出中國現代文學的新生和蛻變，可說是於世界文學潮流的在場下同步發展的，值得深入探索。

近年來，現代中國文學與世界文學之交涉此一重要現象，漸受學者關注，紛紛從比較文學、文化翻譯的視角出發，挖掘以往較受忽略的中國現代文人、作家之翻譯作品及其轉化；也從跨文化的觀點，觀察中國現代報刊、史料、創作、翻譯、影像、圖像之域外連結，以力求更全面地描繪中國現代文學史圖景。而上述中國文學與世界文學的對話交流，乃至於中國文學現代性的生發，其突飛猛進、應運而生之地，首先得是上海。上海開埠在先，時勢所趨，早受歐風美雨浸潤；二、三〇年代，都會文化勃興，言論、出版環境相對自由，文人多雲集於此，使上海更引領風騷，成為中國報刊書籍出版中心，而有「文化實驗室」之稱；[7]戰爭時期，孤島上海文藝弦歌不輟，更暗渡現代薪火。上海獨特的都會文化、出版環境與中國現代文學之關係，早已備受關注，欲探索中國現代文人的跨域文藝譯寫及其中所展現的現代性面貌、國族文化想像與世

4　鄭振鐸：〈文學的統一觀〉，《小說月報》第 13 卷第 8 期（1922 年 8 月），收於達姆羅什（David Damrosch）、劉洪濤、尹星主編：《世界文學理論讀本》（北京：北京大學出版社，2013 年），頁 65-76。

5　謝天振：《譯介學》（南京：譯林出版社，2013 年），頁 14。

6　Edward Gunn, *Rewriting Chinese, Style and Innovation in Twentieth-Century Chinese Prose* (Stanford: Stanford University Press, 1991), 39.

7　李歐梵引用 Heinrich Fruehauf 的研究如此指稱上海多元多語的文化空間，請見李歐梵著，毛尖譯：《上海摩登：一種新都市文化在中國 1930-1945》（香港：牛津大學出版社，2000 年），頁 20。

界文學接受、轉化，則民初上海亦絕對是秉要執本的文學場域。在本書中，奠基於前輩學者和筆者以往的研究成果，筆者分別從域外文藝譯述與國族想像、異國時潮譯寫與詮釋、通俗文學之跨界轉化等面向，以個案的具體細讀、研究著手，探討活躍於 20 世紀初期上海現代文學黃金時期之文人、作家、譯者多元的文藝譯介、改寫、詮釋、閱讀與評述，並將之置於全球文化流動、世界文學與中國文學對話的框架下，帶入翻譯研究、視覺分析、文化研究等視角，進行脈絡化的閱讀，期待能以點連成面，構築中國現代文學的星圖，並探索中國文學現代性的豐富特質。

本書中的個案研究包括了施蟄存、葉靈鳳、傅雷、朱維基、芳信、孫了紅、陸澹盦等在創作以外，亦多有翻譯，甚也辦刊、出版、教學、治學、繪畫、參與電影工作的現代文學家。他們活躍於民國時期的世界大都會上海，以其多元的文藝實踐說明了中國現代文壇的活力與開放，見證了中國現代文學與域外文學、文藝潮流思想交融的多元面貌，共同構築了一片與世界同行的現代文學圖景，從不同面向上展演了中國本地的現代性景觀。

中國現代文學雖在與世界文學潮流共生中開展，誕生於三千年未有之變局之際，現代文人作家之跨域文藝實踐，亦難免沾染無所不在的家國情懷，展現出中國現代文人兼具國族關懷與世界主義視野的微妙色彩。本書第一章探索了以現代派名家及著名編輯為人熟知的施蟄存，如何秉持對世界文學的關注，在戮力譯介域外時潮、思考現代文學創發之際，亦承繼晚清民初以來文人翻譯世界各地命運乖舛、飽經風霜的國度或民族之文學作品之熱情，譯介以東歐各國為主的弱小民族文學。除從中國現代弱小民族文學翻譯之脈絡入手，分析施蟄存翻譯特色外，本書更著重分析其弱小民族文學翻譯與施蟄存一直以來的文學關懷、創作思索間之關係，更關注其中所展現的豐富面貌。筆者首先考察了「弱小民族文學」的含義及其流變。事實上，因「民族」一詞在中國現代語境含義複雜，「弱小民族」一詞之詞意亦相當多變，但大抵來說，多指涉的

是與強大帝國相對的弱小之國;而所謂弱小民族文學,便是描述其波瀾起伏之命運,富動人之情的作品。當時不少中國譯者多期待通過翻譯弱小民族文學作品以振作現代中國人之精神,企求國家之復興;而今不少學者也多將「弱小民族」文學翻譯者視為革命文學的知音,稱其充滿奮鬥與抵抗的精神。然,個別弱小民族文學譯者的文學觀、翻譯立場各有殊異,對弱小民族文學作品的翻譯選擇與詮釋自有不同的解讀策略,其翻譯作品主題雖大多為反抗壓迫、追求公平正義等內容,但吶喊以外,也有陰鬱、笑聲和情懷,展現了當時弱小民族文學翻譯在中國的多元樣貌。比如實際考察施蟄存「弱小民族」文學翻譯,可以發現其翻譯作品主題相當多樣化,不只以革命、救亡為主要關懷,也看重作品中體現的普世價值以及文學性。從其翻譯選擇,可以發現他對中國現代文學創新的期盼,對人類能通過文學互通交流的信心。由此,施蟄存的弱小民族文學翻譯不但呼應了現代中國知識人復興國族的厚望,而最終還標示著他對中國文學走向世界的想像,及施蟄存對文學創作的思考、對文壇思潮的回應。若從不同從流文學之「譯讀」的視角分析之,其文學翻譯實踐更展現出對世界文學主流的回應與補充,展現了中國現代文人、譯者認識世界的好奇心及對文學現代性、世界文學的探索,對吾人今日之文化實踐,也甚有參考價值。

　　承繼前一章對域外文藝翻譯與國族文化建構的關懷,本書第二章〈譯述藝術:傅雷與《藝術旬刊》的現代文藝〉探討的是由歐、日留學歸國的文藝家傅雷、倪貽德等主持,在上海美術學校支持下出版的《藝術旬刊》中之異國文藝譯介。誕生於中國洋畫運動蓬勃發展的現代上海藝壇,《藝術旬刊》編輯者以推廣美術、教育民眾,及推動中西藝術交融新生為目標,大力譯介歐洲文藝潮流,回顧西方美術經典,評述中國現代美術,並期待中國文藝的復興。本文首先爬梳「藝術」一詞在中國的現代意涵之凝成,及其如何成為中國現代文人勾勒未來國族文化面貌的關鍵詞。接著,本文著重分析《藝術旬刊》靈魂人物傅雷在《藝術旬刊》上發表的域外文藝譯介。首先,通過梳理傅雷於《藝術旬刊》連載

之美術史講座系列文章，筆者探討了其翻譯始末與特色，並釐清西方美術經典知識如何通過留學歸國精英的傳遞在民初中國流通；及西方藝術史專家評論藝術家、作品的形式，如何進入當時中國現代藝術家的視野，參與了中國現代藝術話語建構。此外，本書更挖掘了以傅雷為中心的《藝術旬刊》編輯，如何秉持以異為尚之心態，多方引介域外藝術潮流，期許使中國藝壇步向世界之林。而除藝術情報、知識外，文學作品的譯介亦佔刊物相當篇幅，其中，連載時間最長，最重要者，是傅雷所譯，法國超現實主義詩人以卓別林電影人物夏洛為主角的小說《夏洛》（*Charlot*）。相對於原作，傅雷謳歌夏洛屢仆屢起的精神與溫柔的胸懷，將此一被超現實主義詩人詮釋得帶有自由解放色彩的人物，再現為一具「英雄」色彩，能鼓舞中國民眾士氣，激發人民奮起的理想象徵，展現出獨特的翻譯特色。然而，在國族命運多舛、政治情勢混亂，各大意識形態陣營皆積極發展其文藝論述，商業出版市場十分競爭的三〇年代上海，《藝術旬刊》編者雖意圖秉持文藝的獨立，仍難以維持，不久便吹響熄燈號。《藝術旬刊》壽命雖短，但內容精良，展現出中國現代藝術家多元的文藝關懷及世界視野，及其對「現代藝術」的想像。以傅雷為例，他雖多嚮往歐洲時興藝術潮流，但譯介卻又不僅僅限於現代主義藝術，對於經典美術作品，與具前衛色彩的文學創作亦多關注，展現了多樣化的特質；更重要的是，傅雷於積極探索、翻譯新潮之際，仍時時回眸自身，更不忘召喚時代英雄的到來，其中國「文藝復興」的理想躍然紙上。《藝術旬刊》由此不僅展現了現代主義文藝思潮如何在上個世紀初穿梭在不同地域、文化之間，進行了一場又一場的跨境／跨界旅行的樣貌，更演示了此一思潮如何為中國譯者群體接受、詮釋，以回應其文化場域及時代焦慮的風貌。

的確，當時域外時興的前鋒文藝潮流，不論是左翼文藝、前衛藝術、現代主義等，通過快速的文化流通渠道，幾乎同步流傳至中國，引起文藝青年不落人後的關注。本書第三章〈左翼與摩登之外：葉靈鳳《現代小說》中的文藝譯介與小說創作〉，探討葉靈鳳在其和潘漢年共

同主編，既刊登唯美、浪漫翻譯小說，更兼有左翼文學宣言、創作實踐的文藝雜誌《現代小說》中的文學翻譯及創作。如同兼具唯美、進步色彩的《無軌列車》和《新文藝》，《現代小說》中唯美文學及普羅文學的創作及譯介並陳，展現出編者葉、潘兩人趨新求異、積極擁抱一切新興文藝思潮的心態；而他們對左翼文藝思潮的譯介選擇及馬克思文藝評判標準的挪用，更體現了後期創造社轉向革命文學，到左聯成立的期間，若干現代文人對於蘇聯文學思潮、日本普羅文學思潮的選擇性接受，及對文學和社會、革命的關係所進行的階段性思考，此亦為該刊的特色。作為刊物的領軍人物，譯介以外，葉靈鳳的插畫、小說作品，亦刊登在《現代小說》中。不論以現代視角書寫古事，或投入潮流，創作革命文學，葉靈鳳的小說創作都力求「追新求異」，汲取新鮮異國元素，嘗試以新的表現形式，書寫他此時最大的關懷——愛情。而葉靈鳳對木刻版畫、唯美插圖亦有所關注，力求將路線各異的先鋒藝術介紹給中國讀者，而其美術創作也展現類似的混雜性強之特色。葉靈鳳在《現代小說》中的文學、圖像譯寫，其跨域文藝實踐中本地文藝元素、域外風潮之緊緊交織，反映出其不論左右、欲作「新人」的願望；而在他的小說創作中所流露的對現代、都市的矛盾情感，更展現出中國文學現代性的特殊樣貌。

除了葉靈鳳外，文藝實踐多元、靈活的上海現代唯美文人，所在多有。本書第四章〈唯美者的戰歌：朱維基、芳信二戰前後的異國詩歌翻譯〉一文，探討的便是上海唯美文學社團綠社成員朱維基、芳信二戰前後的異國詩文翻譯。從大力提倡唯美文學，到參與戰爭詩的翻譯、出版，朱維基、芳信的文藝實踐經歷了何種轉變？而他們歌頌唯美的歌聲，又如何在戰時被時代雄渾的合唱所替代？通過對朱維基、芳信文學生涯的考察，筆者參酌前人探討民國文人情感變遷的研究成果，考察朱維基、芳信其唯美文學譯寫如何寄託了不顧一切的吶喊，展現了反叛的精神，勾勒出他們從美的信徒，成為行列中一員的轉變。從以反抗、叛逆的姿態書寫唯美、為情為愛歌唱的使者，到戰爭時期不惜犧牲生命，

要為受難祖國歌唱、翻譯戰爭詩的戰士，朱維基、芳信在獻身於愛和美的譯寫後，又從為家國助陣吶喊中，尋求慰藉。兩人的文學實踐不但寄託了其婉曲心聲，承載其激情，還折射了中國現代文人以文藝實踐回應時代，創造時代的複雜面貌，以及 20 世紀初期，現代文學與政治思潮如何糾纏共生，作為一種世界文學型態與現象，在時代困局中與各地青年同步前行的旅程。

本書第五、六章探討的是備受讀者喜愛，然很長一段時間卻不為新文學史家看重的通俗文學作家之文學譯介。近來，陸續有學者通過對通俗作家創作、翻譯的考察，挖掘他們的文學實踐中所呈現出來的文化意涵，並指出，因其暢銷，當時通俗文學作家的域外文學、文化譯介，在傳遞西方文化價值、再現現代生活體驗方面，可能更為深入人心。本書更從文學上的需要，及譯者、作家反映時代的匠心獨運等角度，挖掘通俗文人通過域外文學、影像、藝術的洗禮，翻寫文學類型，傳遞現代想像之貢獻。

首先，活躍於一戰前「美好年代」的巴黎，時髦、現代、玩世不恭的「紳士怪盜」亞森羅蘋，在 20 世紀初便抵達中國，化身為智勇雙全、多情慷慨的「俠盜」。而後，孫了紅攫取亞森羅蘋故事靈感，創作出一系列的「東方亞森羅蘋」傳奇，備受歡迎。一直以來，羅蘋故事在中國的翻譯與仿作，人多以通俗或模擬之作視之，然在〈紳士怪盜的跨文化行旅：孫了紅的「東方亞森羅蘋」魯平奇案〉一文中，筆者分析孫了紅如何懷著濃重的現實感懷，融合域外文藝、電影語言、傳統文學等元素，形塑一個新型的英雄人物，表達對時局的想望，並探討其作如何展現了西方／中國、主流／邊緣、強勢／弱勢話語交會的痕跡，流動、醞釀著多種詮釋可能性。孫了紅所形塑的，更加本地化的俠盜故事，交融混雜了各種文學元素，凝聚了一開放的文學形象，可以說，魯平故事本身便是世界文學的一部分。而誕生在譯與寫之間的魯平奇案，也提醒了我們，所謂文學經典與通俗之作、世界文學與民族文學、電影和文學界線，或許並不如我們想像的壁壘分明。

除偵探小說譯寫曾在晚清民初引起一陣熱潮外，偵探冒險電影也曾風靡中國，首善之地便在上海。當時中國一度頗流行無聲黑白電影，因此，「寫」電影——將銀幕上的畫面，重新詮釋、改寫——亦隨之出現，即所謂的「影戲小說」。「影戲小說」乃據影片改寫，全憑作家記憶而成，如此，究竟影戲小說與原作間的關係該如何看待？其文化意涵又是什麼？在〈演練現代性：陸澹盦偵探影戲小說的跨文化譯寫〉一文中，借鑑文化研究觀點，筆者將中國影戲小說視為跨文化轉化實踐的一種，通過與西方「電影小說」之對照，考察上海文化人陸澹盦如何援用傳統小說的敘事模式與淺近文言，對當時流行的好萊塢通俗劇電影進行本地化改編。其譯寫不僅具帶領讀者領略現代文明、認識西方文化之功能，其譯寫電影之文體、語言，更為拓寬、充實中國現代文學語言風貌打下基礎。也就是說，筆者非但著重探索陸澹盦在看似通俗的影戲小說中，蘊含彌合新舊的想像，再現現代景觀，更多方面探詢其作品中所蘊藏的豐富解讀可能——其作品雖然通俗，但卻見證了 20 世紀之交全球藝術、文化之跨國流動，涉及了文字與影像間、西文與中文間、外來文化與本地傳統間不同層次的交流與協商，體現了中國現代文學在與各種文學資源、文類、媒介的對話和交鋒間，結合傳統文學元素，形塑一己之樣貌，而此實踐更可與當時於世界各地風行的電影書寫有所呼應、對話。

綜之，中國現代文人在 20 世紀初期上海的多元文藝譯寫，展現出相當開放、多元的面貌，並觸及現代生活的方方面面；他們的文藝實踐跨越不同語文、藝術形式及文化脈絡，卻不約而同地一一回應著各自身處的生命情境與時代，與世界同行。那是一個斷裂與承繼，開放與內省並存，歌頌前進卻又低迴懷舊的時分，不論是書寫、翻譯，評論或紹介，中國現代文人可說都以文字刻畫了心靈圖景，展現獨特的文學現代性景觀。

總結至此，筆者以下更欲延伸相關研究視角，提出幾點值得持續精進的面向。

一、以世界文學為架構重省中國現代文學

　　如筆者在〈導論〉中所言，文學翻譯與跨域交流雖古已有之，然時序來到 19、20 世紀之交，全球文化的快速交流達到嶄新的規模，器物、制度、物質、科技以外，眾多異國思想、知識、觀念、潮流等更於此時風起雲湧，席捲而來。從「天下」、「萬國」而「世界」；從溥天之下，莫非王土，進展到邁向全球的共和國視野，中國現代文人隨時勢所趨，一腳踏入了全球化世界體系，並伴隨著國勢傾頹，救亡圖存的呼聲，在世界文學的在場下，「現代」文學，以新家國，此已成為現代中國文學史上難以忽視的現象。此時，多有文人主張在時代困局中戮力翻譯，欲「別求新聲於異邦」，[8]將翻譯看作挑戰既有傳統，鎔鑄新質時的利器；並將「西洋文學的翻譯」，視為新文學研究者的責任與努力，力圖「介紹世界的現代思想」，[9]以鼓舞中國新文學的發展。翻譯，對當時的中國現代文人來說，固然如同以往，為傳達「遠方殊俗」之舉，然其關懷更為多元，眼光更為寬廣，更將準確、廣泛地譯介世界文學，以追趕列強腳步，視之為文學家的任務。是故，此一時期的中國文人、譯者大量譯介世界文學作品，旨在以之引領「新潮」，提升國民精魂，催生中國現代作家更多樣的文學創發，回應著中國文人以人為本的詩心文膽。其譯介看似關懷不同，然實則都折射了上世紀之交快速的全球文化流動，以及中國現代文壇多元並進的新文化想像。

　　比方說，從本書論及的晚清、民初文人對於弱小民族文學物傷其類的追思、對哀聲逸響的關注，到三〇年代施蟄存的傳譯，中國現代文人追求域外文學潮流時的人道關懷始終如一。而以施蟄存為例，其更念茲在茲的還有對「現代」文學的再三思考——如何以新舊融合的表現形

8　魯迅：〈摩羅詩力說〉，《墳》，收於，《魯迅全集》第 1 卷（北京：人民文學出版社，1981 年），頁 65。

9　茅盾：〈新文學研究者的責任與努力〉，《小說月報》第 12 卷第 2 號（1921 年 2 月），頁 3。

式,呈現人類內心之發現與認同。而施蟄存之翻譯初衷,不僅在於通過閱讀、譯寫弱小民族文學以映照自身國族命運,更為秉持著其一貫的世界視野,尋找現代文學新可能。又比方說在中國現代文壇一度引領風潮的域外左翼文藝思潮,[10]除左翼文藝人士從「革命文學」的角度出發,期待文學催生政治變革的理想,大力譯介、提倡;而亦有不少文藝青年從「新興文藝」的角度認識其前衛面貌,其譯介著力凸顯其叛逆、追新求異的情懷,參與了中國文藝現代性建構。五四新文學家多以為通俗文學俚俗、落後,大力提倡文學革命,想像現代文學新貌;然考察上世紀之交中國通俗文人的文學、電影譯寫,其在傳遞現代文化、域外想像,乃至於現代文學的創新等方面,也不落人後,有其貢獻。

以往學界論述文學史上流派社團、作家譯者的文學活動時,多習於以各大陣營的對立等面向出發,論述其特色與成就。事實上,當時不少中國文人的文藝愛好其實相當多元。通過對其文藝譯介、創作進行全面的梳理,則能看出所謂左右翼文學、經典與通俗文學、國族文學和世界思潮的邊界,並不如想像的不可跨越,甚至乃彼此流動的。而文學,作為不斷呈顯世界的藝術創作,本身便是不斷變換的。因此,作為現代中國文學研究者,吾人最大的挑戰及契機,便在於跳脫非此即彼的疆界,將現代文人的文藝歷程放回一個更大的脈絡中加以分析,以彰顯中國現代文壇的複雜性。並且,若研究者探討現代中國文人的文學實踐,僅僅關注其生平、交遊、辦刊、創作,卻不納入其域外文藝譯介實績,則對該文學家之認識難免不足,也難以更充分地挖掘他們的文藝實踐中的隱含特質,而今,從更寬廣的視角,全面地考察其文藝成績,無疑是吾人的首要任務。

近年來,陸續有學者關注特定各文學類型借鑑域外文學的情形,[11]

---

10 據文學史家統計,1919-1949 年,共有 1700 多種外文譯書出版,左聯創立期間出版的約有 700 種,多為俄國文藝。請見錢理群、溫儒敏、吳福輝:《中國現代文學三十年》(北京:北京大學出版社,1998 年),頁 197。

11 請見熊輝:《現代譯詩對中國新詩形式的影響研究》(臺北:秀威資訊科技,

或思索作家之文學風格與敘事特色，與其文學譯介的關係。然而，通過細緻的比對、細讀，或寬廣的鳥瞰、比較，挖掘特定作家的作品風格如何與世界文學潮流的交流、共生的相關研究，仍有大片空間等待填補，以照亮更多作家、流派的多面向文學特色，此議題無疑仍值得筆者未來深入思索。

二、從翻譯出發的文學史視野

　　識者多會指出，晚清以來，中國文人雖戮力翻譯，然因種種因素，其「翻譯」，屢屢成為「翻繹」、「翻逸」，既有所演繹，亦有所逸出。無論是初期所謂的「達旨」、[12]「豪傑譯」，[13]或僅表述其意的「譯述」，在翻譯成規尚未成形，翻譯觀念尚未建立時，大多折射出晚清文人翻譯時在文學傳統、個人體驗、中西方思想價值系統的對立下衝撞、掙扎的痕跡。然當時序進入 20 世紀初期，越來越多譯者反思何為翻譯，不論是對忠實原貌逐字翻譯的「直譯」、「硬譯」等概念的討論，[14]或當時文人譯者對於翻譯的「信、達、雅」、「信、順」等議題的種種探索，[15]都可看出中國現代文人的「翻譯」觀愈形成熟與多元。在分析中國現代文壇的世界文藝譯寫時，於紀錄、整理翻譯史實以外，探討個別譯者的翻譯特色、實績及其翻譯思想，以觀照一時一地翻譯理念的變遷，或回顧當時翻譯理論之發展，並從新的視角闡釋其時譯者之

2013 年）；張麗華：《現代中國「短篇小說」的興起——以文類形構為視角》（北京：北京大學出版社，2011 年）。

12　「題曰達旨，不云筆譯」，語出赫胥黎（Aldous Leonard Huxley）著，嚴復譯：《天演論・譯例言》（北京：商務印書館，1981 年），頁 xi。

13　請見蔣林：《梁啟超「豪傑譯」研究》（上海：上海譯文出版社，2009 年）。

14　請見顧鈞：《魯迅翻譯研究》（福建：福建教育出版社，2009 年）。

15　魯迅、梁實秋的翻譯論戰，相關研究請見王宏志：〈翻譯與階級鬥爭：論 1929 年魯迅與梁實秋的論爭〉，《中國文化研究所學報》新第 7 期（1998 年 1 月），頁 291-312。

貢獻，仍是吾人未來值得努力的方向。

此外，儘管大多數現代譯者的翻譯，多能展現出較為詳實的風貌，然而，每位譯者所身處的境遇、場域，意識形態等因素，又頻頻對其翻譯策略產生相當之影響；舊有文化系統、詩學傳統與異國文學元素之多方交會，也在在使其翻譯活動折射出相當豐富的文化意涵。尤有甚者，當時中國現代文人的文藝實踐不但誕生在一複雜多變的政治情勢、文化脈絡中，還面對著商業、革命、傳統、激進等不同聲音的糾葛纏繞，多方面展現出文化協商、文學系統間的對話。如同「譯」字，還有闡釋、訓釋之含義，[16]儘管相較晚清時期，現代中國文人的域外文藝翻譯更多地體現了以原著為中心的翻譯觀，[17]然也因上述種種原因，其翻譯仍不乏從特定角度，詮釋改寫之作，呈現了豐富的本地色彩。而當譯者譯而優則寫，或者有意或無意地汲取翻譯靈感，譯寫並進之時，則其譯寫之間的對話、協商，便成為十分值得留意的課題。以此角度重新對焦特定現代文學作家的文學實踐，或許能幫助研究者打開一扇開啟文學家心靈世界的門窗，也能從另一個面向上，補充或者重新探論文學史重要議題，進而照亮原本史家、讀者以為已經了無新意的作品，發現其人其作的新面貌，可見此一議題未嘗不是值得吾人繼續關注的研究方向。

三、跨域的研究視角

20 世紀初期，從歐洲、日本席捲、傳播至上海的世界思潮，包括了西歐前衛藝術、左翼文學與大眾流行文藝，涉及相當多元的文化轉譯與實踐。以往學者談論中國現代文學作家、文人的譯介時，不乏從「跨

16　《正字通・言部》：「譯，凡詁釋經義亦曰譯。」請見張自烈編，廖文英補：《正字通・言部》（北京：中國工人出版社，1996 年），頁 1081。

17　關詩珮：〈從林紓看文學翻譯規範由晚清中國到五四的轉變：西化、現代化和以原著為中心的觀念〉，《中國文化研究所學報》第 48 期（2008 年 1 月），頁 343-371。

文化」角度加以評論的意見，不過，中國現代文人懷抱參與世界文壇建構的熱情，積極譯介域外文藝，欲以之一新國族，其熱情並不止於小說，包括詩歌、戲劇、雜文、社論，乃至於各式文藝思潮、論著新知，都成為他們譯介的對象；其翻譯視野多元，藝術、電影、戲劇等，都為他們所熱烈關注，此一「跨域」——對不同領域、場域、地域的文藝皆有所涉獵的現象，可以說相當特殊。因此關注其創作如何在與域外、各場域的文藝接觸、碰撞中同步發展、對話和交流，甚至是將其作品放在世界文學架構下，探討它如何與之形成一互相關聯的「關係」，是相當值得重視的議題。現代文學的研究者若能納入各領域文藝在中國流通情況的研究視角，對現代文人多元的跨域譯寫進行分析，相信將能呈現出更為全面的文化景觀，並對現代文人之文學實踐有更深刻的反思。

此外，筆者也想指出，當時中國現代文人的域外文藝譯介之所以如此，與他們的以新為尚的情感結構脫離不了關係。此一情感結構包括了對各種新興文藝領域的關注，將之都當成是「新」來接受，此外，也源自於文藝青年苦悶、煩悶的情緒，急欲尋找一個「以身相許」的思潮對象。因此，在戰鼓頻傳、國情嚴峻、言論受箝制的時代，中國現代文人的跨域文藝實踐，更隱約地折射其心聲，也為讀者開創了一寄託心曲之地。以朱維基、芳信等人二戰前後的詩歌譯介為例，在戰雲密佈，文網緊密的景況下，翻譯，有時更可能成為其傳言達志的窗口。而孫了紅在危難時刻，從電影、小說中汲取能量，翻譯、書寫「俠盜」，更不乏在文學實踐中寄託其淑世情志之意。

尤有甚者，文學翻譯有如一多元的空間，更似一個「平臺」，它「介於兩者之間」（in-between）[18]——介於民族之間、文化之間、文類

---

18 它如 Thomas Moore 指稱的，是一個不上不下，不在此處不在彼岸的中間狀態，也像翻譯研究學者所言，是一個自我和他者文化相遇的地帶，一個沒有清楚邊界，各種文化相逢之處。請見 Thomas Moore, "Neither Here nor There," *Parabola* 25 no.1 (2000): 34；Anuradha Dingwaney and Carol Maier, *Between Languages and Cultures: Translation and Cross-Cultural Texts* (Pittsburgh: University of Pittsburgh Press, 1995), 8.

之間、相互之間——既跨越社會、文化間的界線，也跨越既有的國族藩籬，為現代文學與文化的想像、建構，增添了豐富的可能性。故此，考察中國現代文人、譯者的文學、文化、藝術等翻譯時，此一「跨越」、「介於」的概念，能幫助我們以流動的而非對立的視角，重新思考世界／民族、革命／唯美、通俗／純文學等中國現代文學史上許多習以為常之觀念及重要議題，甚至回應「世界文學」的相關討論。

四、譯與寫之間的現代性

考察中國文學現代性的面貌，是不少研究者的重要關懷；然釐清中國文學現代性的複雜與曖昧，及深入建構此一理論概念內涵，卻又不乏挑戰性。[19]若中國現代性的發生並不僅能被視為是對西方文明之衝擊、挑戰所形成的回應；又不僅僅能簡化為對西方啟蒙時代以來科技、物質現代化理論的接受或追求，那麼中國本地現代性究竟是什麼面貌？又如何體現出不同的特色呢？

相對於對龐大複雜的概念本身進行空泛而艱難的討論，本書在前人研究成果的基礎上，[20]提出一個「中國文學現代性是在現代文人不間斷的跨越、譯寫、實踐中生成的」的框架，以此思考、探討中國文學現代性的各種可能。除結合史料，對文學作品進行脈絡化的閱讀、研究，也從跨文化轉化的視角，思考中國現代文人如何在文學傳統的創發同時，接受域外思潮？而為反映一己經驗，又如何調整，改變，在域外形式與本地內容的多重關係中形塑、協商、逐漸凝聚新的意識、價值與創造？為釐清、呈顯此一特質，筆者在本書中首先探討現代文人、作家在上海的文藝譯寫特色，及其背後的深層意涵，以深化對此一議題的認識。中

19　胡志德（Theodore Huters）著，吉靈娟譯：〈20 世紀初中國文學現代性的曖昧面貌〉，《人文中國學報》第 24 期（2017 年 6 月），頁 231-261。

20　李歐梵：〈晚清文化、文學與現代性〉，《現代性的想像：從晚清到五四》（新北：聯經出版事業公司，2019 年），頁 20-33。

國現代文壇創作星火滿天，譯與寫之間豐沛的交流、對話不可勝數，本書通過數個個案考察，探索中國現代文人文藝實踐之勇往直前、求新求變，卻又瞻前顧後，吶喊徬徨，而家國情懷又不時穿梭其中的獨特樣貌，希冀對相關領域的探索有所貢獻。

　　有如現代性的想像未有盡頭，中國文學現代性的實踐及其意涵也豐富複雜，難以定義，然曖昧模糊，或許正反映了其真實面貌之一隅。通過本書的個案分析，可以看出中國現代文學的形塑歷程固然與近現代中國人試圖與西方世界並駕齊驅的現代性追求難分難捨，但也關涉現代文人由傳統走入現代的心路歷程。他們的作品，包括創作、翻譯、評論，無一不展現世變與詩心的交融，反映出在時運交移之際，文人如何感物吟志，醞釀新的感受，思考新的理解及表述方式，展現出獨特的中國現代性面貌。中國現代文人在不斷消化、接受新潮、世變等外在變化之同時，也不忘與傳統、自我對話，故而其文藝實踐複雜，矛盾，充滿歧義；其翻譯或書寫，也同樣變幻莫測，展現出豐富的意涵。因此，若線型地理解、想像時間，與渴望不斷前進，日新又新的心態，象徵著張揚理性精神的現代性概念，那麼相對來說，在不斷前進中回望自身，猶疑、反覆，此一不斷跨越、出入的雙重面貌，或許便是中國文學現代性的特質。

　　從此角度出發，持續思考不同現代作家、譯者的貢獻或限制，或一文學類型或潮流在現代中國語言、文化形態中的改變、落地再生，及其如何與世界文學版圖交織互動，以呈現出中國文學現代性的富麗景觀，以繪製出一片閃亮的中國現代文學星雲，仍值得深入挖掘。本書雖然完結於此，然中國文學現代性的勾畫和探索絕對未完足於此處，而這也是筆者未來期待進一步開展的目標。

五、說好一個故事：文學走向世界

　　19 世紀以來，早有中西報人、記者、出版家與文人，以世界眼

光、國際視野，創辦多種中外文刊物，紹介寰宇新聞、史地文物、新知舊學、文藝思潮。現代中國報刊發展更是一日千里，有了突飛猛進的進展。隨著各大通訊社來華，及中國出版、媒體產業的日臻成熟，各式報刊也日益增多。與此同時，各種大型出版機構、書店、筆會、協會，乃至於電影產業，都在中國，尤其如國際大都會上海現身。而全球交通的快捷進步，更使世界文壇和中國文人作家的接觸成為可能。誠如施蟄存回憶道：「三十年代上海文學跟世界文學發展大體上同步。這與當時環境有很大關係。四川路有兩家英文書店，淮海路有家法文書店，虹口有日文書店，還有幾家賣國外雜誌的書店，每個月可以在書店看到新書，每天都有新雜誌。文化交流與世界同步。」[21] 上海文壇的世界文學出版、中國現代文學外譯情況，遠較我們能想像的更為精彩和頻繁。20世紀以來，中國走向世界，或者世界走向中國的規模和快捷，都已不可同日而語。然中國現代作家世界文藝譯寫的研究，其雙語或多語書寫的情況，以及對他們和域外文藝人士的交往，和世界文壇的互動，乃至於域外文學家在現代中國的文學活動，中國現代文學外譯的情況各方面，仍有許多研究空白，有待未來筆者進一步探索。

　　最後，行文至此，做為結語，筆者想將對跨域譯寫進行的思考延伸至當代。拜網路、多媒體科技的強勢發展之賜，今日吾人面對的全球跨文化、跨界流動、資訊傳遞較此前以往更為即時便利，我們與「世界」的關係從未曾如此緊密；而文學，也沒有一個時刻不比今天更像「世界中」的文學，展現出了較以往更為複雜、流動、多層次的樣貌，卻也帶來全球文化日趨同一的擔憂。我們不禁要問，本書所討論的議題對於我們理解當代又能有什麼啟發？

　　本書所談幾位文人中，不乏晚年仍戮力翻譯者，如施蟄存。然接受採訪時，施蟄存談到現代文學的黃金歲月，仍認為是上海現代文壇，他

21　張英：〈期待中國文學與世界文學交融：訪著名學者施蟄存〉，《山花》1996年第 1 期（1996 年），頁 71。

說到：「中國文學發展得最好還是在三十年代。」[22]事實上，對文壇一直仍相當留心的施蟄存，此言意指當代作家不懂古典文學，卻也不懂外國文學，更不清楚世界文學的走向，並直指這與當代作家因各種原因不再或不能閱讀世界文學有關。當然，施蟄存接受訪問時身處九〇年代，相較當時，我們身處的 21 世紀初期，文學環境顯然活潑得多，而今，在互聯網高速發展的今日，跨域的文學交流之迅速與無遠弗屆已不在話下，然，更大的問題恐怕還在於施蟄存關注的另一個面向：「商業入侵文化，消費文化佔據主流……。當前文化面臨嚴重的危機，文化結構和社會結構都在變，怎麼重組中國文化結構這是一個問題」。[23]

施蟄存的感慨涉及了兩個不同層面的議題。首先，是現代文學如何持續在異國、本地，新與舊的文學潮流，以及多元的跨域轉化流動間產生新變，誕生新質，進而輸出世界的問題；而此時此地的現代讀者，面對「全球化」、「現代化」的態度，依然兩難模糊？還是在曖昧處醞釀更多的反思？另一個難題，則是文學譯介固然在跨國文化交流中扮演吃重角色，我們仍不能忽視其中所涉及的，文化迻譯背後權力結構不平等、言論出版的自由受限等困境，當然，還有商業掛帥的資本市場機制對於文學翻譯和交流的影響。

此一難題可能是當代每一個作家、譯者、文學愛好者都正在面對的共同處境。在網路影音、多元媒體平臺強勢興起的 21 世紀；在文學日益蕭條，閱讀和書寫漸為人遺忘的此刻；在世界各地的交流看似同步，毫無時差，而各種文藝類型跨界、交流頻繁平常，卻日益平面和碎片化的今日；在全球一心、世界大同的理想受到極端民族主義情緒、激烈對立的政治意識型態挑戰的當下，我們又要怎麼在聲光化電、人工智慧轟炸、消費掛帥的世界，以文字彼此了解？怎麼以文學作為對時代困境的超越和抵抗？怎麼維持對文學創新的期盼，以及對人類終能互通共鳴的

---

22 張英：〈期待中國文學與世界文學交融：訪著名學者施蟄存〉，頁 71。
23 張英：〈期待中國文學與世界文學交融：訪著名學者施蟄存〉，頁 71。

信心？

　　「譯者，逆者也」（Traduttore, traditore），這句古老的義大利俗諺一直廣為人知，而今卻不合時宜。然而，翻譯文學研究，其促使研究者關懷的，如同單德興所言，無疑仍是其「逆」。[24]「逆」所象徵的既是「逆風高飛」，也是「逆向而行」。也就是說，當我們想像以「翻譯世界」為視角，重新探勘中國現代文學史時，我們正在嘗試以逆向的角度，重新審視中國現代文學。此「逆」，更象徵著中國現代文學重要的特質，迂迴纏繞、迴旋往復，帶領讀者超越、跨越，重新「逆向」回溯現代及當代文學史上許多習以為常的現象和闡釋，進一步或更全面地省思作家、文人的心靈圖景。在文學翻譯、出版面臨巨大挑戰，以及文學存在意義日日為人質疑、世事難以「逆料」的今日，翻譯作為一與眾不同「叛逆」之聲，更提醒了我們，堅持以「跨越」、「流動」的視野，不斷叩問、敲擊所有的堅固壁壘，不斷尋求對話和理解，此一「逆反」，對於我們重新思考文學、文化，乃至於人類文明，仍可說相當重要，並具有一定創新意義。

---

24 單德興：《翻譯與脈絡》（臺北：書林出版社，2013 年），頁 17-18。

後記

　　學術領域的前進，不啻一趟冒險旅程，一路上若沒有前輩師長的燈火領航，同行學友的相伴前進，學生親朋的照拂扶持，這趟航程絕不可能如此平順，這本目前為止學思心得結集而成的小書，獻給您們。

　　大一起，直到博士班、博士後，我成於政大中文系，長於政大中文系，今又有幸回到母校服務，與政大學緣深厚。茁壯路上，感謝政大中文系師長的教導、提攜；系、院同仁及學長姐弟妹的包容關照，能在此學風溫厚嚴謹的環境中持續精進，是我之幸。

　　受教於政大的歷程中，尉天驄老師學問淵博，待學生真摯、溫暖，承蒙老師不棄，諄諄教誨，讓我能站在巨人身上探望世界，培育我待人處事、教學研究的視野；碩博士學位論文的指導教授唐翼明老師治學周密，在我研究、成長路上殷殷指點，形塑我的問學識見。兩位師長文人風骨令人景仰，師恩更加難忘，謹於此致上無比謝忱，但願這本小書沒讓您們失望。

　　鄭文惠老師的溫暖關懷，奮進探詢學問之海的勇氣、毅力，良功心苦的指導，潛移默化中打開了我的研究眼界，也形塑了我不斷精進的治學態度。而在文惠老師帶領下成立的近現代報刊與文化研究論壇，結集了海內外許多學友，二十年來論學切磋，磨礪學問，讓我能在優秀師友的陪伴下前進，更是推動我持續問學的動力。師恩似海深，我將銘記於

心。

　　李奭學老師問學縝密,視野寬廣,於我在文哲所博士後研究期間,多所指導;法國東方語文學院的何碧玉老師,以及波爾多蒙田大學的安必諾老師,在我每一個學習階段的指教、關懷,都讓我受益無窮。師長們能寫會譯、善評精論,治學穿梭於中外古今之間,在在開啟了我的學術眼光,謹以這本不成熟的小書,向您們致上無窮謝意。

　　本書撰寫過程中,曾造訪了不少圖書館,包括了北京的國家圖書館、北京大學圖書館、上海圖書館、法國國家圖書館、法蘭西學院圖書館、香港中文大學圖書館等,感謝各大圖書館員的專業支援。還要特別感謝陳平原老師、夏曉虹老師、楊聯芬老師,在我來往北京讀書、查閱資料時的提點、鼓勵,每每讓我受益匪淺。而蒐集研究資料的過程中,沈國威教授、黃雪蕾教授、張麗華教授、王宇平教授、楊振教授、邱偉雲教授、崔文東教授及其他專家學者們,或惠賜資料,或代為借閱、複印、掃描圖書,銘感五內,亦在此謹致謝忱。

　　永遠的精神領袖李歐梵老師及維多利亞讀書小組的師友,您們在我探索學術的旅途上一路相伴,不論是研究觀點的激盪、研究資料的分享,都使我獲益良多,向您們深深致上謝意。

　　這本書中許多篇章的初稿,是在學術會議中誕生的,感謝各大會主辦單位的邀請、支持與辦會辛勞,以及小組成員、與談人、參與會議的師友無私交流,讓我能接著持續修訂文章,終於成書發表。

　　這本小書得以完成,還得感謝所有培植我研究能量的單位與環境——國科會多年的支持,第一份專任教職工作單位中興大學的援助;更要感謝在這條道路上與我教學相長,協助甚多的學生與研究助理們:田乃文、陳美絲、曹育愷、鄧觀傑、李蘋芬、詹珮蓉、張家綾,以及參與專書校稿工作的林屏汝、張育菘、張浥雯、黃競緯、陳姿均、張紫瑄,及所有曾經協助我研究、教學工作的助理們。

　　感謝政大出版社,總編輯廖棟樑教授,及編輯林淑禎女士的襄助,讓書籍得以出版。兩名審查委員寶貴、嚴謹、精闢的建議,讓我得以進

一步精進、完善論著，亦一併致謝。

　　最後，謹把這本小書獻給我的家人。感謝父母的教養栽培，謝謝您們以素樸虔敬的努力，永恆的支持包容，為我示範了什麼是愛的能量。完成此書期間，父母年邁多病，我疏於照護問安，心中一直有愧，但願這本小書的出版，能報答父母恩情之萬一。公公婆婆則是我堅實的後盾，也是文學同好和知音，感謝您們慈愛、正向，給予我無限支持和照拂，日西月東，摯情永感。

　　感謝外子戀之對我不論千山萬水，一路的支持相挺。感謝你日日提醒著我，唯有相信愛、付出愛、收穫愛，方是人生真諦。

　　吾子倬兒，感謝你的出生，讓我明瞭人生，也領會愛是如何嚴肅又深沉的責任。教研工作忙碌，不能時時刻刻陪伴，日日在母職與教職間尋求平衡，你卻溫暖、美麗，帶給我無數歡笑，讓我得以持續追夢。身為你的母親，是我最驕傲之事，因為有你，我很幸福。

　　完成這本小書的時光，歷經我於異國勉力育兒，同時大疫蔓延，戰事頻傳，母病兒幼之際，如今回首，不可謂不艱辛。然，是閱讀與寫作支持著我度過這段充滿挑戰的歲月，也是文學給予我相信人生的動能。這本小書凝鍊著我過去生命階段的所思所得，如今謹向世上獻上拙著，百感交集之餘，亦期待先進後學勉勵指正。

參考書目

一、古人著作

西漢・司馬遷撰，瀧川資言考證，水澤利忠校補：《史記會注考證附校補》，上海：上海古籍出版社，1986 年。

東漢・許慎撰，清・段玉裁注：《說文解字注》，臺北：黎明文化事業公司，1996 年。

南朝宋・范曄：《後漢書》，臺北：鼎文書局，1981 年。

北齊・魏收：《魏書》，臺北：鼎文書局，1980 年。

明・張自烈編，清・廖文英補：《正字通・言部》，北京：中國工人出版社，1996 年。

清・趙爾巽等：《清史稿・藝術傳》，臺北：鼎文書局，1981 年。

清・余金著，顧靜標校：《熙朝新語》，上海：上海書店，2009 年。

二、史料與文學著譯

（一）報章雜誌

《大偵探》，上海：第一編輯公司出版，1946 年 4 月-1949 年 8 月。

《無軌列車》，上海：第一線書店，1928 年 9 月-1928 年 12 月。

《現代小說》，上海：現代書局，1928 年 1 月-130 年 3 月。

《詩篇》，上海：時代圖書公司，1933 年 11 月-1934 年 2 月。

《藝術旬刊》，上海：摩社，1932 年 9 月-12 月。

小青：《燈光人影》，《新聞報》，1916 年 12 月 31 日；1917 年 1 月
　　1 日、1 月 3 日。

朱維基：〈談彌爾頓「失樂園」的翻譯〉，《十日談》第 11 期（1933
　　年 11 月），頁 6-7。

何樸齋：〈慈善之賊〉，《紅雜誌》第 24 期（1922 年），頁 43-58。

何樸齋：〈亞森羅蘋與福爾摩斯〉，《偵探世界（上海）》第 22 期
　　（1924 年 3 月），頁 12。

沈寂：〈孫了紅這個人〉，《幸福世界》第 1 卷第 6 期（1947 年 2
　　月），頁 48-49。

周作人：〈哀弦篇〉，《河南》第 9 期，1908 年 12 月 20 日。

周作人：〈平民文學〉，《每週評論》第 5 期（1919 年 1 月），頁 12-
　　19。

周作人：《苦口甘口》，上海：太平書局，1944 年。

瘦鵑：〈《影戲話》三〉，《申報》，1919 年 7 月 14 日。

周瘦鵑：〈遊藝附錄：影戲叢談〉，《戲雜誌》第 5 號（1922 年 11
　　月），頁 91-93。

周瘦鵑、張碧梧：〈亞森羅蘋最新奇案：珍珠項圈・探案者譯者附
　　誌〉，《紫羅蘭》第 3 卷第 1 期（1928 年 4 月），頁 2-3。

周瘦鵑：〈禮拜六憶語〉，《禮拜六週刊》第 502 期（1932 年 5
　　月），頁 45-46。

邵洵美：〈介紹批評與討論〉，《獅吼》第 9 期（1928 年 11 月），頁
　　31-32。

施蟄存：〈編輯座談〉，《現代》第 1 卷第 1 期（1932 年 5 月），頁
　　197-198。

施蟄存：〈創作的典範〉，《文飯小品》第 1 期（1935 年 2 月），頁

34-36。

施蟄存：〈林微音其人〉，收入《北山散文集（一）》（上海：華東師
　　範大學出版社，2001 年），頁 387-389。

施蟄存：〈最後一個老朋友——馮雪峯〉，《新文學史料》1983 年第 2
　　期（1983 年），頁 199-203。

施蟄存：〈中國文藝工作者十四家對日感言〉，《文藝春秋》第 3 卷第
　　1 期（1946 年 7 月），頁 61-75。

施蟄存：〈關於「現代派」一席談〉，《文匯報》，1983 年 10 月 18
　　日。

施濟群：〈「影戲」弁言〉，《新聲》第 5 期（1921 年 9 月），頁碼
　　不詳。

瞿秋白：〈列甯主義概論〉，《新青年》第 12 卷第 1 期（1925 年 4
　　月），頁 29-47。

瞿秋白：〈列甯主義與中國的國民革命〉，《嚮導》第 143 期（1926
　　年 1 月），頁 1300-1303。

胡適：〈中國的文藝復興時代〉，收入歐陽哲生、劉紅中編：《中國的
　　文藝復興》（北京：外語教學與研究出版社，2001 年），頁 149-
　　225。

茅盾：〈改革宣言〉，《小說月報》第 12 卷第 1 期（1921 年 1 月），
　　頁 2-4。

茅盾：〈新文學研究者的責任與努力〉，《小說月報》第 12 卷第 2 號
　　（1921 年 2 月），頁 2-5。

茅盾：〈一年來的感想與明年的計劃〉，《小說月報》第 12 卷第 12 號
　　（1921 年 12 月），頁 1-4。

馮乃超：〈宣言〉，《時調》創刊號，1937 年 11 月 1 日。

孫了紅：〈傀儡劇〉，《偵探世界（上海）》第 6 期（1923 年 9
　　月），頁 1-24。

孫了紅：〈半個羽黨〉，《偵探世界（上海）》第 19 期（1924 年 3

月），頁 1-19。

孫了紅、陶寒翠：〈黑騎士〉，《紅玫瑰》第 1 卷第 11 期（1924 年 11
月），頁 1-10。

孫了紅：〈東方亞森羅蘋近案：玫瑰之影（上）〉，《紅玫瑰》第 1 卷
第 14 期（1924 年 11 月），頁 1-12。

孫了紅：〈東方亞森羅蘋近案：玫瑰之影（下）〉，《紅玫瑰》第 1 卷
第 15 期（1924 年 11 月），頁 1-15。

孫了紅：〈恐怖而有興味的一夜〉，《紅玫瑰》第 2 卷第 11 期（1925
年 10 月），頁 1-13。

孫了紅：〈虎詭（二）〉，《紅玫瑰》第 3 卷第 31 期（1927 年 8
月），頁 1-14。

孫了紅：〈雀語（一）〉，《紅玫瑰》第 4 卷第 5 期（1928 年 2
月），頁 1-17。

孫了紅：〈俠盜魯平奇案：竊齒記〉，《萬象》第 1 卷第 3 期（1941
年 9 月），頁 125-141。

孫了紅：〈俠盜魯平奇案之三：血紙人（上）〉，《萬象》第 1 卷第
11 期（1942 年 5 月），頁 84-104。

孫了紅：〈俠盜魯平奇案之三：血紙人（下）〉，《萬象》第 2 卷第 1
期（1942 年 7 月），頁 88-110。

孫了紅：〈俠盜魯平奇案之四：三十三號屋（下）〉，《萬象》第 2 卷
第 4 期（1942 年 10 月），頁 101-117。

孫了紅、丁之：〈俠盜魯平奇案之五：一〇二（六）〉，《萬象》第 2
卷第 12 期（1943 年 6 月），頁 146-160。

孫了紅：〈烏鴉之畫（上）〉，《大眾》第 10 期（1943 年 8 月），頁
43-46。

孫了紅：〈病後隨筆：生活在同情中〉，《萬象》第 3 卷第 2 期（1943
年 8 月），頁 200-204。

孫了紅：〈俠盜魯平奇案：木偶的戲劇（三）〉，《春秋（上海

1943）》第 1 卷第 3 期（1943 年 10 月），頁 114-129。

孫了紅、柴本達：〈俠盜魯平奇案：鯧魚肝油者（下）〉，《春秋（上海 1943）》第 1 卷第 6 期（1944 年 3 月），頁 125-143。

孫了紅：〈這不過是幻想：蜂屋隨筆之一〉，《幸福世界》第 1 卷第 5 期（1946 年 12 月），頁 12-15。

孫了紅：〈奇怪的鐘：俠盜魯平奇案〉，《幸福世界》第 1 卷第 12 期（1947 年 10 月），頁 36-37。

孫了紅：〈真假魯平（上）〉，《生活（上海 1947）》第 4 期（1947 年 11 月），頁 40-46。

孫了紅：〈真假魯平（下）〉，《生活（上海 1947）》第 5 期（1948 年 1 月），頁 52-60。

孫了紅：〈孫了紅日記〉，《幸福世界》第 2 卷第 2 期（1948 年 1 月），頁 18-22。

孫毓棠：〈談抗戰詩（續）〉，《大公報》，1939 年 6 月 15 日。

徐遲：〈抒情的放逐〉，《星島日報》（星座）第 8 版，1939 年 5 月 13 日。

徐遲：〈中國詩〉，《星島日報》（星座）第 8 版，1939 年 7 月 2 日。

張碧梧：〈雙雄鬥智記〉，《半月》第 1 卷第 5 期（1921 年 11 月），頁 1-10。

（張）碧梧：〈劫後餘生〉，《小說畫報》第 20 期（1919 年 2 月），頁 1-12。

梁啟超：〈新民說一〉，《新民叢報》第 1 號（1902 年 1 月），頁 1-10。

陳蝶衣：〈俠盜魯平的塑造者——孫了紅〉，《萬象》（香港）第 3 期（1975 年 9 月），頁 36-38。

陳獨秀：〈說國家〉，《安徽俗話報》第 5 期，1904 年 6 月 14 日。

陳獨秀：〈敬告青年〉，《青年雜誌》第 1 卷第 1 號（1915 年 9

月），頁 1-6。

陳獨秀：〈文學革命論〉，《新青年》第 2 卷第 6 期（1917 年 2 月），頁 1-4。

陳獨秀：〈太平洋會議與太平洋弱小民族〉，《新青年》第 9 卷第 5 號（1921 年 9 月），頁 1-4。

陳獨秀：〈列甯主義與中國民族運動〉，《新青年》第 12 卷第 1 期（1925 年 4 月），頁 47-52。

陸澹盦：〈何宇平〉，《新聲》第 1 期（1921 年 1 月），頁 2-4。

陸澹盦：〈毒劍〉，《新聲》第 10 期（1922 年 6 月），頁 7-8。

陸澹盦：〈《百奇人傳》序〉，《金剛鑽報》，1923 年 11 月 15 日。

雪園：〈觀影戲有益說〉，《大世界報》，1919 年 8 月 22 日。

傅斯年：〈新潮之回顧與前瞻〉，《新潮》第 2 卷第 1 期（1919 年 10 月），頁 199-205。

傅雷：〈文學對於外界現實底追求（下）〉，《藝術》第 2 期（1933 年 1 月），頁 1-6。

傅雷：〈「夏洛外傳」譯者序〉，《聯華畫報》第 6 卷第 4 期（1935 年 9 月），頁 17-19。

黃華：〈「珍珠冠」之我見〉，《電影月報》第 10 期（1929 年 5 月），頁 4。

葉靈鳳：〈談現代的短篇小說〉，《六藝》第 1 卷第 3 期（1936 年 4 月），頁 36-37。

葉靈鳳：〈獻給魯迅先生〉，《論語》第 96 期（1936 年 9 月），頁 1164-1166。

葉靈鳳：〈悼羅曼羅蘭〉，《大眾週報》第 2 卷第 5 號（1943 年 10 月 30 日）。

楊之華：〈穆時英論〉，《中央導報》（南京）第 1 卷第 5 期（1940 年 8 月），頁 26-30。

蔡元培：〈中國的文藝中興〉，《北京大學日刊》，1924 年 5 月 19

日。

魯迅：〈上海文藝之一瞥〉，上海《文藝新聞》第 20 號，1931 年 7 月 27 日；第 21 號，1931 年 8 月 3 日。

魯迅、茅盾、田漢：〈歡迎反戰大會國際代表團的宣言〉，《長風》第 1 卷第 2 期（1933 年 9 月），頁 60-61。

觀雲：〈維朗氏詩學論〉，《新民叢報》第 22 號（1905 年 6 月），頁 45-52。

古城貞吉譯：〈論社會〉，《時務報》第 17 冊（1896 年 12 月），頁 碼不詳。

史班特（Stephen Spender）著，袁可嘉譯：〈釋現代詩中底現代性〉，《文學雜誌》第 3 卷第 6 期（1948 年 6 月），頁 27-35。

考特威爾（Christopher Caudwell）著，朱維基譯：〈英國詩歌發展的三個階段〉，《求真雜誌》第 1 卷第 1 期（1946 年 5 月），頁 51-56、第 1 卷第 2 期（1946 年 6 月），頁 57-61、第 1 卷第 3 期（1946 年 7 月），頁 68-76。

考特威爾（Christopher Caudwell）著，朱維基譯：〈詩歌的本質〉，《中國建設（上海 1945）》第 1 卷第 3 期（1945 年 12 月），頁 50-55。

莫里斯・勒布朗（Maurice Leblanc）著，孫了紅譯：〈繡幕〉，收入《亞森羅蘋案全集》（第十一冊）（上海：大東書局，1929 年再版），頁 1-27。

廚川白村著，朱希祖譯：〈文藝的進化〉，《新青年》第 6 卷第 6 期（1919 年 11 月），頁 581-584。

戴路易斯（Cecile Day-Lewis）著，朱維基譯：〈一個對於詩的希望〉，《文藝新潮》第 2 卷第 1-6 期（1939 年 11 月-1940 年 4 月）。

戴路易斯（Cecile Day-Lewis）著，朱維基譯：〈近代抒情詩產生的困難：一個對於詩的希望（第十章）〉，《文學新潮》第 2 卷第 9 期

（1940 年 9 月），頁 346-348。

戴路易斯（Cecile Day-Lewis）著，朱維基譯：〈近代詩中的詞藻問題：一個對於詩的希望（第九章）〉，《詩創作》第 7 期（1942 年 1 月），頁 48-51。

羅曼・羅蘭（Romain Rolland）著，張崧年譯：〈精神獨立宣言〉，《新青年》第 7 卷第 1 期（1919 年 12 月），頁 30-48。

（二）書刊

卞之琳編譯：《我們當時相愛而實在無知：英國詩選（英漢對照）》，上海：上海人民出版社，2021 年。

向愷然：《近代俠義英雄傳》，臺北：世界書局，2004 年。

朱維基：《花香街詩集》，上海：作者自印，1933 年。

朱維基：《世紀的孩子》，上海：永祥印書館，1946 年。

朱維基、芳信合譯：《水仙》，上海：光華書局，1928 年。

周作人：《瓜豆集》，臺北：里仁書局，1982 年。

周作人：《知堂回想錄》，香港：三育圖書文具公司，1980 年。

周瘦鵑編譯：《歐美名家偵探小說大觀》，上海：交通圖書館，1919 年。

芳信：《春蔓》，上海：光華書局，1928 年。

芳信：《秋之夢》，上海：光華書局，1929 年。

芳信譯：《西班牙人民軍戰歌……而西班牙歌唱了》，大連：新華書店，1948 年再版。

施蟄存：《小珍集》，上海：良友圖書公司，1936 年。

施蟄存：《燈下集》，北京：開明出版社，1994 年。

施蟄存：《北山散文集》第 1 到 4 輯，上海：華東師範大學出版社，2001 年。

施蟄存著，劉凌、劉效禮編：《十年創作集》，上海：華東師範大學出

版社，2008 年。

梁啟超：《飲冰室合集》第 7 冊，北京：中華書局，1989 年。

梁啟超著，張品興主編：《梁啟超全集》第 1 冊，北京：北京出版社，1999 年。

陳子善、徐如麒編：《施蟄存七十年文選》，上海：上海文藝出版社，1996 年。

黃人：《中國文學史》，上海：國學扶輪社，1907 年。

黃人：《普通百科新大辭典》，上海：國學扶輪社，1911 年。

陸澹盦：《毒手》，上海：新民圖書館，1919 年。

陸澹盦：《紅手套》，上海：上海逸社，1920 年。

陸澹盦：《李飛探案集》，上海：世界書局，1924 年。

陸澹盦：《黑衣盜》，上海：上海偵探學社，1927 年。

傅雷：《世界美術名作二十講》，《傅雷全集》第 18 卷，瀋陽：遼寧教育出版社，2003 年。

傅雷：《傅雷譯文集》，合肥：安徽人民出版社，1981 年。

葉靈鳳：《天竹》，上海：現代書局，1928 年。

葉靈鳳：《靈鳳小品集》，上海：現代書局，1933 年。

葉靈鳳：《霜紅室隨筆》，上海：上海雜誌公司，1946 年。

葉靈鳳：《讀書隨筆》，上海：上海雜誌公司，1946 年。

葉靈鳳著，絲韋編：《葉靈鳳卷》，香港：三聯書店，1995 年。

葉靈鳳著，陳子善編：《葉靈鳳隨筆合集之三‧北窗讀書錄》，上海：文匯出版社，1998 年。

葉靈鳳：《讀書隨筆》，香港：三聯書店，2019 年。

葉靈鳳著，盧瑋鑾策劃、箋；張詠梅注釋裝訂：《葉靈鳳日記》，香港：三聯書店，2020 年。

蔣敏編選：《手套與乳罩》，上海：良友圖書公司，1945 年。

魯迅：《魯迅全集》，北京：人民文學出版社，1981 年。

魯迅：《魯迅著譯編年全集》，北京：人民文學出版社，2009 年。

魯迅：《魯迅雜感選集》，上海：青光書局，1933 年。

瞿秋白：《瞿秋白論文學》，北京：人民文學出版社，1959 年。

戴望舒譯：《戴望舒譯詩集》，長沙：湖南人民出版社，1983 年。

施蟄存譯：《波蘭短篇小說集》，上海：商務印書館，1937 年。

施蟄存譯：《稱心如意》，上海：正言出版社，1948 年。

施蟄存譯：《域外詩抄》，長沙：湖南人民出版社，1987 年。

施蟄存著，沈建中編：《施蟄存序跋》，南京：東南大學出版社，2003 年。

施蟄存譯，編委會編：《施蟄存譯文全集》，上海：上海人民出版社、華東師範大學，2021 年。

葉靈鳳譯：《新俄短篇小說集》，上海：光華書局，1928 年。

葉靈鳳譯：《世界短篇傑作選》，上海：光華書局，1930 年。

劉海粟：《存天閣談藝錄》，北京：中國青年出版社，1990 年。

易可維茨（Marc Ickowicz）著，戴望舒譯：《唯物史觀的文學論》，上海：水沫書店，1930 年。

勒布朗（Maurice Leblanc）著，周瘦鵑等譯：《亞森羅蘋案全集》，上海：大東書局，1929 年（再版）。

勒布朗（Maurice Leblanc）著，宦征宇譯：《八大奇案》，臺中：好讀出版，2010 年。

勒布朗（Maurice Leblanc）著，徐柳芳譯：《羅蘋的告白》，臺中：好讀出版，2011 年。

莫爾那（Ferenc Molnár）著，施蟄存譯：《丈夫與情人》，上海：正言出版社，1948 年。

奧登（Wystan Hugh Auden）著，朱維基譯：《在戰時》，上海：詩歌書店，1941 年。

羅丹（Auguste Rodin）著，傅雷譯：《羅丹藝術論》，臺中：好讀出版社，2003 年。

羅曼・羅蘭（Romain Rolland）著，葉靈鳳譯：《白利與露西》，上

海：現代書局，1928 年。

羅曼・羅蘭（Romain Rolland）著，傅雷譯：《約翰克里斯朵夫》，上
　　海：商務印書館，1937 年。

羅曼・羅蘭（Romain Rolland）著，傅雷譯：《貝多芬傳》，上海：駱
　　駝書店，1946 年。

顯克微支（Henryk Sienkiewicz）著，施蟄存譯：《勝利者巴爾代
　　克》，上海：正言出版社，1948 年。

三、近人論著

（一）專著

孔另境編：《現代作家書簡》，上海：生活書店，1936 年。

方長安：《中國近現代文學轉型與日本文學關係研究》，臺北：秀威資
　　訊科技，2012 年。

方聞著，談晟廣編：《方聞的中國藝術史九講》，臺北：典藏藝術家庭
　　股份有限公司，2021 年。

王中忱、林少陽：《重審現代主義：東亞視角或漢字圈的提問》，北
　　京：清華大學出版社，2013 年。

王宇平：《現代之後——施蟄存一九三五～一九四九年創作與思想初
　　探》，臺北：秀威資訊科技，2008 年。

王宏志：《翻譯與創作——中國近代翻譯小說論》，北京：北京大學出
　　版社，2000 年。

王宏志：《重譯「信、達、雅」——20 世紀中國翻譯研究》，北京：
　　清華大學出版社，2007 年。

王志松：《小說翻譯與文化建構：以中日比較文學研究為視角》，北
　　京：清華大學出版社，2011 年。

王柯：《中國，從「天下」到民族國家》，臺北：政大出版社，2017

年。

王智明：《落地轉譯：臺灣外文研究的百年軌跡》，新北：聯經出版事業公司，2021 年。

王瑤：《中國新文學史稿》，上海：上海文藝出版社，1982 年。

王德威：《歷史與怪獸：歷史・暴力・敘事》，臺北：麥田出版社，2004 年。

王德威：《現代「抒情傳統」四論》，臺北：國立臺灣大學出版中心，2011 年。

王曉漁：《知識份子的「內戰」：現代上海的文化場域（1927-1930）》，上海：上海人民出版社，2007 年。

石曉岩：《文學翻譯與中國文學現代轉型研究（1898–1925）》，北京：社會科學文獻出版社，2021 年。

吳景明：《蔣錫金與中國現代文藝運動》，瀋陽：東北師範大學出版社，2015 年。

呂文翠：《海上傾城：上海文學與文化的轉異，1849-1908》，臺北：麥田出版社，2009 年。

呂文翠：《易代文心：晚清民初的海上文化賡續與新變》，新北：聯經出版事業公司，2018 年。

宋炳輝：《弱勢民族文學在中國》，南京：南京大學出版社，2007 年。

宋炳輝：《文學史視野中的中國現代翻譯文學──以作家翻譯為中心》，上海：復旦大學出版社，2013 年。

宋炳輝：《弱勢民族文學在現代中國（以東歐文學為中心）》，北京：北京大學出版社，2017 年。

宋原放主編，陳江輯注：《中國出版史料（現代部分）》，山東：山東教育出版社，2001 年。

李今：《海派小說與現代都市文化》，合肥：安徽教育出版社，2000 年。

李今：《三四十年代蘇俄漢譯文學論》，北京：人民文學出版社，2006年。

李春：《文學翻譯與文學革命：早期中國新文學作家的翻譯研究》，北京：中央編譯出版社，2019年。

李洪華：《中國左翼文化思潮與現代主義文學嬗變》，北京：中國社會科學出版社，2012年。

李超：《上海油畫史》，上海：人民美術出版社，1995年。

李超：《中國現代油畫史》，上海：上海書畫出版社，2007年。

李楠：《晚清、民國時期上海小報研究：一種綜合的文化、文學考察》，北京：人民文學出版社，2005年。

李奭學：《中國晚明與歐洲文學——明末耶穌會古典型證道故事考詮》，北京：三聯書店，2010年。

李奭學：《譯述：明末耶穌會翻譯文學論》，香港：香港中文大學出版社，2012年。

李廣宇：《葉靈鳳傳》，石家莊：河北教育出版社，2003年。

李歐梵：《現代性的想像：從晚清到五四》，新北：聯經出版事業公司，2019年。

李鑄晉、萬青力：《中國現代繪畫史：晚清之部（1840-1911）》，臺北：石頭出版股份有限公司，1998年。

沈國威：《近代中日詞匯交流研究：漢字新詞的創制、容受與共享》，北京：中華書局，2010年。

邱怡瑄：《史識與詩心：近現代戰爭視域下的「詩史」傳統》，臺北：新文豐出版，2022年。

汪介之：《回望與沈思：俄蘇文論在20世紀中國文壇》，北京：北京大學出版社，2005年。

邵棟：《紙上銀幕：民初的影戲小說》，臺北：秀威資訊科技，2017年。

金理：《現代記憶與實感經驗：現代中國文學散論集》，臺北：秀威資

訊科技，2014 年。

金觀濤、劉青峰：《觀念史研究：中國現代重要政治術語的形成》，香
　　港：香港中文大學出版社，2008 年。

阿英：《晚清小說史》，臺北：商務印書館，1996 年。

咸立強：《尋找歸宿的流浪者──創造社研究》，上海：東方出版中
　　心，2006 年。

姜維楓：《近現代偵探小說家程小青研究》，北京：中國社會科學出版
　　社，2007 年。

段懷清：《傳教士與晚清口岸文人》，廣州：廣東人民出版社，2007
　　年。

段懷清：《西學東漸與晚清語言文學》，上海：復旦大學出版社，2021
　　年。

胡榮：《從〈新青年〉到決瀾社──中國現代先鋒文藝研究（1919-
　　1935）》，上海：復旦大學出版社，2012 年。

范伯群：《中國偵探小說宗匠程小青》，南京：南京出版社，1994
　　年。

范伯群主編：《中國近現代通俗文學史》，南京：江蘇教育出版社，
　　1999 年。

范伯群：《中國現代通俗文學史（插圖本）》，北京：北京大學出版
　　社，2007 年。

范伯群：《俠盜文怪──孫了紅》，臺北：業強出版社，2017 年再
　　版。

郎紹君：《論中國現代美術》，江蘇：江蘇美術出版社，1988 年。

夏志清：《中國現代小說史》，香港：香港中文大學出版社，2001
　　年。

徐禎苓：《說部美學與文體實驗：上海新感覺派的重寫研究》，臺北：
　　政大出版社，2021 年。

徐雪筠等譯編：《上海近代社會經濟發展概況（1882-1931）──〈海

關十年報告〉譯編》，上海：上海社會科學院出版社，1985 年。

秦紹德：《上海近代報刊史論》，上海：復旦大學出版社，1993 年。

高旭東：《比較文學與中國文體的現代轉型》，北京：北京大學出版社，2017 年。

許鈞、宋學智、胡安江：《傅雷翻譯研究》，南京：譯林出版社，2016 年。

張中良：《五四時期的翻譯文學》，臺北：秀威資訊科技，2005 年。

張松建：《抒情主義與中國現代詩學》，北京：北京大學出版社，2012 年。

張珂：《中國的「世界文學」觀念與實踐研究（1895-1949）》，北京：中央民族大學出版社，2016 年。

張廣海：《政治與文學的變奏：中國左翼作家聯盟組織史考論》，香港：三聯書店，2017 年。

張靜廬：《在出版界二十年》，上海：上海書店，1990 年。

張麗華：《現代中國「短篇小說」的興起——以文類形構為視角》，北京：北京大學出版社，2011 年。

張麗華：《文體協商：翻譯中的語言、文類與社會》，北京：北京大學出版社，2023 年。

梁慕靈：《視覺、性別與權力：從劉吶鷗、穆時英到張愛玲的小說想像》，新北：聯經出版事業公司，2018 年。

郭延禮：《中國近代翻譯文學概論》，武漢：湖北教育出版社，1998 年。

陳平原：《二十世紀中國小說史》，北京：北京大學出版社，1989 年。

陳平原：《中國小說敘事模式的轉變》，香港：香港中文大學出版社，2003 年。

陳平原主講，梅家玲編訂：《晚清文學教室：從北大到臺大》，臺北：麥田出版社，2005 年。

陳平原：《千古文人俠客夢——武俠小說類型研究》，北京：人民文學
　　出版社，1992 年。

陳平原：《中國現代小說的起點：清末民初小說研究》，北京：北京大
　　學出版社，2010 年。

陳平原：《左圖右史與西學東漸——晚清畫報研究》，香港：三聯書
　　店，2019 年。

陳室如：《近代域外遊記研究（1840-1945）》，臺北：文津出版社，
　　2008 年。

陳室如：《晚清海外遊記的物質文化》，臺北：里仁書局，2014 年。

陳建華：《20 世紀中俄文學關係》，上海：學林出版社，1998 年。

陳建華：《從革命到共和——清末至民國時期文學、電影與文化的轉
　　型》，桂林：廣西師範大學出版社，2009 年。

陳建華主編：《俄羅斯人文思想與中國》，重慶：重慶出版社，2011
　　年。

陳建華主編：《中國外國文學研究的學術歷程・第 7 卷・俄蘇文學研究
　　的學術歷程》，重慶：重慶出版社，2016 年。

陳建華：《紫羅蘭的魅影：周瘦鵑與上海文學文化，1911-1949》，上
　　海：上海文藝出版社，2019 年。

陳思和：《中國文學中的世界性因素》，上海：復旦大學出版社，2011
　　年。

陳相因主編：《左翼文藝的世界主義與國際主義：跨文化實例研究》，
　　臺北：中央研究院中國文哲研究所，2020 年。

陳相因主編：《戰爭、傳統與現代性：跨文化流派爭鳴》，臺北：中央
　　研究院中國文哲研究所，2020 年。

陳國球：《抒情傳統論與中國文學史》，臺北：時報出版社，2021
　　年。

陳德鴻、張南峰編：《西方翻譯理論精選》，香港：香港城市大學出版
　　社，2006 年。

單德興：《翻譯與脈絡》，臺北：書林出版社，2013 年。

彭小妍：《浪蕩子美學與跨文化現代性：一九三〇年代上海、東京及巴黎的浪蕩子、漫遊者與譯者》，新北：聯經出版事業公司，2012年。

黃心村：《緣起香港：張愛玲的異鄉和世界》，香港：香港中文大學出版社，2022 年。

黃可：《上海美術史札記》，上海：上海人民美術出版社，2000 年。

楊代春：《〈萬國公報〉與晚清中西交流文化》，長沙：湖南人民出版社，2002 年。

楊迎平：《現代的施蟄存》，臺北：秀威資訊科技，2017 年。

楊迎平：《施蟄存評傳》，上海：上海人民出版社，2021 年。

楊義：《中國現代小說史（第一冊）》，北京：人民文學出版社，2011年。

楊聯芬：《晚清至五四：中國文學現代性的發生》，北京：北京大學出版社，2006 年。

葉洪生：《武俠小說談藝錄——葉洪生論劍》，新北：聯經出版事業公司，1994 年。

葉渭渠、唐月梅：《日本文學史・現代卷》，北京：經濟日報出版社，2000 年。

葉渭渠：《日本文學思潮史》，北京：北京大學出版社，2009 年。

葉嘉：《通俗與經典化的互現：民國初年上海文藝雜誌翻譯研究》，臺北：華藝學術出版社，2021 年。

鄒振環：《20 世紀上海翻譯出版與文化變遷》，南寧：廣西教育出版社，2001 年。

熊月之：《西學東漸與晚清社會》，上海：上海人民出版社，1994年。

熊月之主編，許敏著：《上海通史》第十卷「民國文化」，上海：上海人民出版社，1999 年。

熊輝：《現代譯詩對中國新詩形式的影響研究》，臺北：秀威資訊科技，2013 年。

臧傑：《民國美術先鋒：決瀾社藝術家群像》，北京：新星出版社，2011 年。

趙孝萱：《鴛鴦蝴蝶派新論》，宜蘭：佛光人文社會學院，2002 年。

趙稀方：《翻譯現代性──晚清到五四的翻譯研究》，臺北：秀威資訊科技，2012 年。

趙鵬：《海上唯美風：上海唯美主義思潮研究》，上海：上海文化出版社，2013 年。

劉青峰編：《民族主義與中國現代化》，香港：香港中文大學出版社，1994 年。

劉紀蕙：《心的變異：現代性的精神形式》，臺北：麥田出版社，2004 年。

劉軍：《文學的燈火：現當代文學評論集》，上海：上海人民出版社，2014 年。

劉欽偉編：《中國現代唯美主義文學作品選》，廣州：花城出版社，1996 年。

劉瑞寬：《中國美術的現代化：美術期刊與美展活動的分析 1911-1937》，北京：三聯書店，2008 年。

劉劍梅：《革命與情愛：二十世紀中國小說史中的女性身體與主題重述》，臺北：釀出版，2014 年。

潘光哲：《晚清士人的西學閱讀史（1833-1898）》，臺北：中央研究院近代史研究所，2014 年。

蔣林：《梁啟超「豪傑譯」研究》，上海：上海譯文出版社，2009 年。

鄭逸梅：《藝壇百影》，鄭州：中州書畫社，1982 年。

戰玉冰：《現代與正義：晚清民國偵探小說研究》，上海：上海社會科學院出版社，2022 年。

盧瑋鑾、鄭樹森主編，熊志琴編校：《淪陷時期香港文學作品選：葉靈鳳、戴望舒合集》，香港：天地圖書有限公司，2013 年。

盧輔聖等：《中國畫的世紀之門》，上海：上海科技教育出版社，2002年。

盧潤祥：《神秘的偵探世界——程小青孫小紅小說藝術談》，上海：學林出版社，1996 年。

錢理群、溫儒敏、吳福輝：《中國現代文學三十年》，臺北：五南圖書出版社，2002 年。

謝天振、查明建主編：《中國現代翻譯文學史》，上海：上海外語教育出版社，2004 年。

謝天振：《譯介學》，南京：譯林出版社，2013 年。

鄺可怡：《黑暗中的明燈——中國現代派與歐洲左翼文藝》，香港：商務印書館，2017 年。

顏健富：《從「身體」到「世界」：晚清小說的新概念地圖》，臺北：國立臺灣大學出版中心，2014 年。

顏健富：《穿梭黑暗大陸——晚清文人對於非洲探險文本的譯介與想像》，臺北：國立臺灣大學出版中心，2021 年。

魏紹昌編：《鴛鴦蝴蝶派研究資料》，上海：上海文藝出版社，1984年。

魏艷：《福爾摩斯來中國：偵探小說在中國的跨文化傳播》，北京：北京大學出版社，2019 年。

羅新璋編：《翻譯論集》，北京：商務印書館，1984 年。

羅仕龍：《志於道・遊於譯：宋春舫的世界紀行與中西文學旅途》，新竹：國立清華大學出版社，2023 年。

關詩珮：《晚清中國小說觀念譯轉——翻譯語「小說」的生成及實踐》，香港：商務印書館，2019 年。

嚴志雄：《錢謙益〈病榻消寒雜咏〉論釋》，新北：聯經出版事業公司，2012 年。

闞文文：《晚清報刊上的翻譯小說》，濟南：齊魯書社，2013年。

顧鈞：《魯迅翻譯研究》，福州：福建教育出版社，2009年。

（二）譯著

W. ロプシャイト（Wilhelm Lobscheid）著，津田仙、柳澤信大、大井鎌吉譯，中村敬宇校正：《英華和譯字典》，東京：山內輚出版，1879-1881年。

大衛‧達姆羅什（David Damrosch）、劉洪濤、尹星主編：《世界文學理論讀本》，北京：北京大學出版社，2013年。

王德威（David Der-wei Wang）著，宋偉杰譯：《晚清小說新論——被壓抑的現代性》，臺北：麥田出版社，2003年。

加林‧提哈諾夫（Galin Tihanov）著，席志武譯：〈世界文學的定位〉，方維規主編：《思想與方法：地方性與普世性之間的世界文學》，北京：北京大學出版社，2016年，頁49-61。

史書美（Shu-mei Shih）著，何恬譯：《現代的誘惑：書寫半殖民地中國的現代主義（1917-1937）》，南京：江蘇人民出版社，2007年。

弗雷德里克‧卡爾（Frederick R. Karl）著，陳永國、傅景川譯：《現代與現代主義：藝術家的主權1885-1925》，北京：中國人民大學出版社，2004年。

伊夫‧瓦岱（Yves Vade）著，田慶生譯：《文學與現代性》，北京：北京大學出版社，2001年。

安東尼‧吉登斯（Anthony Giddens）著，田禾譯：《現代性的後果》，南京：譯林出版社，2000年。

托瑪斯‧卡萊爾（Thomas Carlyle）著，周祖達譯：《論英雄、英雄崇拜和歷史上的英雄業績》，北京：商務印書館，2005年。

李海燕（Haiyan Lee）著，修佳明譯：《心靈革命：現代中國愛情的譜

系 1900-1950》，北京：北京大學出版社，2018 年。

貝維拉達（Gene H. Bell-Villada）著，陳大道譯：《唯美主義二百年：
　　為藝術而藝術與文學生命》，臺北：Portico 出版社，2006 年。

李歐梵（Leo Ou-fan Lee）著，沈瑋、朱妍紅譯：〈探索「現代」——
　　施蟄存及《現代》雜誌的文學實踐〉，《文藝理論研究》第 5 期
　　（1998 年），頁 41-52。

李歐梵（Leo Ou-fan Lee）著，毛尖譯：《上海摩登：一種新都市文化
　　在中國 1930-1945》，香港：牛津大學出版社，2000 年。

李歐梵（Leo Ou-fan Lee）著，王宏志等譯：《中國現代作家的浪漫一
　　代》，北京：新星出版社，2010 年。

狄澤林克（Hugo Dyserinck）著，方維規譯：〈比較文學形象學〉，
　　《中國比較文學》2007 年第 3 期，頁 152-167。

彼得‧蓋伊（Peter Gay）著，梁永安譯：《現代主義：異端的誘惑：從
　　波特萊爾到貝克特及其他人》，臺北：立緒文化事業公司，2009
　　年。

柄谷行人著，林暉鈞譯：《日本近代文學的起源【典藏版】》，臺北：
　　心靈工坊文化事業股份有限公司，2021 年。

胡志德（Theodore Huters）著，趙家琦譯：〈清末民初「純」和「通
　　俗」文學的大分歧〉，《清華中文學報》第 10 期（2013 年 12
　　月），頁 219-251。

胡志德（Theodore Huters）著，吉靈娟譯，〈20 世紀初中國文學現代性
　　的曖昧面貌〉，《人文中國學報》第 24 期（2017 年 6 月），頁
　　231-261。

馬提亞斯‧弗萊澤（Matthias Freise）著，張帆譯：〈世界文學的四個
　　角度——讀者，作者，文本，系統〉，方維規主編：《思想與方
　　法：地方性與普世性之間的世界文學》（北京：北京大學出版社，
　　2016 年），頁 174-185。

特里‧伊格爾頓（Terry Eagleton）著，陳太勝譯：《如何讀詩》，北

京：北京大學出版社，2016 年。

埃雷斯·馬內拉（Erez Manela）著，吳潤璿譯：《1919：中國、印度、埃及和韓國，威爾遜主義及民族自決的起點》，新北：八旗文化，2018 年。

張真（Zhang Zhen）著，沙丹、高丹、趙曉蘭譯：《銀幕豔史：都市文化與上海電影 1896-1937》，上海：上海書店出版社，2012 年。

鈴木貞美著，王成譯：《文學的概念》，北京：中央編譯出版社，2011 年。

雷蒙·威廉斯（Raymond Williams）著，劉建基譯：《關鍵詞：文化與社會的詞彙》，臺北：巨流出版社，2003 年。

劉禾（Lydia H. Liu）著，宋偉杰等譯：《跨語際實踐——文學、民族文化與被譯介的現代性（中國，1900-1937）》，北京：三聯書店，2002 年。

劉禾（Lydia H. Liu）著，楊立華等譯：《帝國的話語政治：從近代中西衝突看現代世界秩序的形成》，北京：三聯書店，2009 年。

魯道夫·瓦格納（Rudolf G. Wagner）著，鍾欣志譯：〈中國的「睡」與「醒」：不對等的概念化與應付手段之研究（二）〉，《東亞觀念史集刊》第 2 期（2012 年 6 月），頁 3-54。

魯道夫·瓦格納（Rudolf G. Wagner）著，賴芊曄、徐百柯等譯：《晚清的媒體圖像與文化出版事業》，臺北：傳記文學出版社，2019 年。

樽本照雄編，賀偉譯：《新編增補清末民初小說目錄》，濟南：齊魯書社，2002 年。

韓南（Patrick Hanan）著，徐俠譯：《中國近代小說的興起》，上海：上海教育出版社，2010 年。

薩依德（Edward W. Said）著，薛絢譯：《世界·文本·批評者》，臺北：立緒文化公司，2009 年。

（三）單篇論文

丁超：〈對五四時期東歐民族文學與文化在中國譯介流布的再認識〉，《外語教學與研究》第 51 卷第 4 期（2019 年 7 月），頁 620-628。

孔令雲：〈救亡：抗戰時期翻譯文學的主流價值取向〉，《現代語文》2013 年第 10 期（2013 年），頁 39-42。

方維規：〈西方「文學」概念考略及訂誤〉，《讀書》2014 年第 5 期（2014 年），頁 9-15。

方維規：〈何謂世界文學？〉，《文藝研究》2017 年第 1 期（2017 年），頁 5-18。

方維規：〈歷史形變與話語結構——論世界文學的中國取徑及相關理論問題〉，《文藝爭鳴》2019 年第 7 期（2019 年），頁 94-102。

方維規：〈起源誤識與撥正：歌德「世界文學」概念的歷史語義〉，《文藝研究》2020 年第 8 期（2020 年），頁 22-37。

王汎森：〈煩悶的本質是什麼——「主義」與中國近代私人領域的政治化〉，《思想史》創刊號（2013 年 10 月），頁 85-137。

王宏志：〈翻譯與階級鬥爭：論 1929 年魯迅與梁實秋的論爭〉，《中國文化研究所學報》新第 7 期（1998 年），頁 291-312。

王宏志：〈「人的文學」之「哀弦篇」：論周作人與《域外小說集》〉，《中國文化研究所學報》第 46 期（2006 年），頁 367-392。

王宏志：〈作為文化現象的譯者：譯者研究的一個切入點〉，《長江學術》第 69 期（2021 年 1 月），頁 87-96。

王德威：〈小說作為「革命」——重讀梁啟超《新中國未來記》〉，《中國現代文學》第 26 期（2014 年 12 月），頁 1-22。

王德威：〈「世界中」的中國文學〉，《中國現代文學》第 31 期（2017 年 6 月），頁 1-26。

王德威：〈現代中國文論芻議：以「詩」、「興」、「詩史」為題〉，《中國文化研究所學報》第 65 期（2017 年 7 月），頁 285-309。

石娟：〈從「劇賊」、「俠盜」到「義俠」——亞森羅蘋在中國的接受〉，《蘇州教育學院學報》第 31 卷第 4 期（2014 年 8 月），頁 22-26。

史婷婷、劉敘一：〈譯介多元現代的世界文學——以《現代》的轉譯活動為中心〉，《外語研究》2022 年第 3 期（2022 年），頁 106-111。

安雅蘭（Julia Andrews）：〈裸體畫論爭及現代中國美術史的建構〉，收入《海派繪畫研究文集》（上海：上海書畫出版社，2001 年），頁 117-150。

曲楠：〈「滿天吹著西班牙的風」：抗戰時期的中國詩壇與西班牙內戰〉，《中國現代文學研究叢刊》2018 年第 1 期（2018 年），頁 71-88。

何旻：〈現代世界文學環流中的「精美」與「餘裕」之物：周氏兄弟與作為文學媒介翻譯的《域外小說集》毛邊本〉，《魯迅研究月刊》2021 年第 2 期（2021 年），頁 41-47。

吳方正：〈裸的理由——二十世紀初期中國人體寫生問題的討論〉，《新史學》第 15 卷第 2 期（2004 年 6 月），頁 55-113。

吳正毅：〈從福爾摩斯到霍桑——中國現代偵探小說的本土化過程及其特徵〉，《蘇州教育學院學報》第 25 卷第 2 期（2008 年 6 月），頁 48-51。

吳舒潔：〈世界的中國：「東方弱小民族」與左翼視野的重構——以胡風譯《山靈》為中心〉，《文學評論》2020 年第 6 期（2020 年），頁 212-220。

李志毓：〈情感史視野與二十世紀中國革命史研究〉，《史學月刊》2018 年第 4 期（2018 年），頁 14-17。

李奭學：〈烽火行──中國抗日戰爭裡的奧登與伊舍伍德〉，收入《中外文學關係論稿》（新北：聯經出版事業公司，2015 年），頁 393-406。

李奭學：〈八方風雨會「文學」〉，《東亞觀念史集刊》第 10 期（2016 年 6 月），頁 151-177。

李歐梵：〈中國現代文學的現代主義〉，收入林燿德編：《當代臺灣文學評論大系・文學現象卷》（臺北：正中書局，1993 年），頁 124-125。

李歐梵：〈現代性與中國現代文學〉，收入胡曉真編：《中國現代文學國際研討會論文集：民族國家論述──從晚清、五四到日據時代臺灣新文學》（臺北：中央研究院中國文哲研究所籌備處，1995 年），頁 9-24。

李歐梵：〈福爾摩斯在中國〉，《當代作家評論》第 2 期（2004 年 3 月），頁 8-15。

李歐梵：〈羅曼羅蘭與世界主義〉，收入陳相因主編：《左翼文藝的世界主義與國際主義》（臺北：中央研究院中國文哲研究所，2020 年），頁 23-56。

沈松僑：〈近代中國民族主義的發展──兼論民族主義的兩個問題〉，《政治與社會哲學評論》第 3 期（2002 年 12 月），頁 49-119。

邵棟：〈現代雅集與電影奇觀：民初上海「大世界」中的影戲小說創作研究〉，《臺北大學中文學報》第 30 期（2021 年 9 月），頁 393-434。

周芳美，吳方正：〈1920-1930 年代中國畫家赴巴黎習畫後對上海藝壇的影響〉，收入《區域與網絡近千年來中國美術史研究國際學術研討會論文集》（臺北：國立臺灣大學藝術史研究所，2001 年），頁 629-668。

林燿德、鄭明娳：〈中國現代主義的曙光──與新感覺派大師施蟄存先生對談〉，《聯合文學》第 6 卷第 9 期（1990 年 7 月），頁 130-

141。

金觀濤，劉青峰：〈從「天下」、「萬國」到「世界」——晚清民族主義形成的中間環節〉，《二十一世紀》第 94 期（2006 年 4 月），頁 40-53。

柳蘇（羅孚）：〈鳳兮鳳兮葉靈鳳〉，《讀書》第 6 期（1988 年），頁 22-28。

施蟄存：〈為中國文壇擦亮「現代」的火花——答新加坡作家劉慧娟問〉，收入《沙上的腳跡》（瀋陽：遼寧教育出版社，1995 年），頁 174-183。

胡光華：〈廿世紀前期中國的美術留（遊）學生與中國近現代美術教育的發展〉，《藝術家》第 47 卷第 2 期（1998 年 8 月），頁 258-269。

胡克：〈卓別林喜劇電影對中國早期電影觀念的影響〉，《當代電影》2006 年第 5 期（2006 年），頁 109-113。

胡榮：〈傅雷與《藝術旬刊》〉，《貴州大學學報》第 29 卷第 3 期（2015 年 6 月），頁 32-37。

胡榮：〈1912-1949 年中國西洋美術史論著中的後印象派：以呂澂、豐子愷、魯迅和倪貽德之編（譯）著為例〉，《現代美術學報》第 30 期（2015 年 12 月），頁 103-128。

胡閩蘇：〈救亡的「寓言」：晚清小說中的波蘭亡國書寫〉，《中國現代文學研究叢刊》2017 年第 2 期（2017 年），頁 42-56。

彭丹：〈本土與現代的融合——論孫了紅的反偵探小說創作〉，《安康學院學報》第 23 卷第 5 期（2011 年 10 月），頁 63-66。

夏曉虹：〈晚清「新小說」辨義〉，《文學評論》2017 年第 6 期（2017 年），頁 5-15。

孫麗瑩：〈一九二〇年代上海的畫家、知識份子與裸體視覺文化——以張競生〈裸體研究〉為中心〉，《清華中文學報》第 10 期（2013 年 12 月），頁 287-340。

徐曦：〈對奧登的另一種翻譯——論朱維基譯《在戰時》〉，《中國現代文學研究叢刊》2018 年第 4 期（2018 年），頁 210-223。

徐曦：〈馬克思主義文論視域下的奧登譯介：以朱維基譯《在戰時》為例〉，《英語文學研究》2019 年第 1 期（2019 年），頁 109-118。

崔文東：〈《意大利建國三傑傳》化用明治日本政治小說考〉，《東亞觀念史集刊》第 13 期（2017 年 12 月），頁 55-88。

崔文東：〈青年魯迅與德語「世界文學」——《域外小說集》材源考〉，《文學評論》2020 年第 6 期（2020 年），頁 191-200。

崔峰：〈為《譯文》溯源——從茅盾的《譯文·發刊詞》說起〉，《中國比較文學》2009 年第 4 期（2009 年），頁 80-88。

崔琦：〈顯克微支《燈臺卒》在美日中的譯介與流通〉，《中國比較文學》2019 年第 1 期（2019 年），頁 78-95。

張芙鳴：〈執著的中間派——施蟄存訪談〉，《新文學史料》2006 年第 4 期（2006 年），頁 23-29。

張珂：〈民國時期「世界文學選本」的編纂思路及歧異〉，《中華文化論壇》，2014 年第 8 期（2014 年），頁 82-86。

張英：〈期待中國文學與世界文學交融：訪著名學者施蟄存〉，《山花》第 1 期（1996 年），頁 71-73。

單德興：〈朝向一種翻譯文化——評韋努隄的《翻譯改變一切：理論與實踐》，《翻譯論叢》第 8 卷第 1 期（2015 年 3 月），頁 143-154。

梁秉鈞：〈中國三、四○年代抗戰詩與現代性〉，《現代中文文學學報》第 6 卷第 2 期（2005 年 6 月），頁 159-175。

莊蕾：〈《藝術旬刊》與決瀾社創辦的不解之緣〉，《大眾文藝》2013 年第 1 期（2013 年），頁 278-279。

郭詩詠：〈建構潛意識的內在空間：論施蟄存《將軍底頭》的「內在性」問題〉，《中山人文學報》第 14 號（2002 年 4 月），頁 125-145。

郭詩詠：〈論施蟄存小說中的文學地景——一個文化地理學的閱讀〉，《現代中文學刊》第 3 期（2009 年 12 月），頁 11-25。

陳子善：〈關於施蟄存的「古事小說」〉，《書城》2017 年 10 月號（2017 年），頁 58-61。

陳平原：〈晚清辭書與教科書視野中的「文學」——以黃人的編纂活動為中心〉，收入陳平原、米列娜（Milena Doležalová-Velingerová）主編：《近代中國的百科辭書》（北京：北京大學出版社，2007 年），頁 155-192。

陳俊啟：〈魯迅、現代性與中國小說現代化的考察〉，《中央大學人文學報》第 67 期（2019 年春季號），頁 1-43。

陳俊啟：〈新小說、政治小說，或現代小說？——晚清時期「中國小說現代化」的考察〉，《文與哲》第 35 期（2019 年 12 月），頁 233-266。

陳建華：〈論周瘦鵑「影戲小說」——早期歐美電影的翻譯與文學文化新景觀，1914-1922〉，《現代中文文學學報》第 10 卷第 2 期（2011 年 12 月），頁 149-173。

陳建華：〈文人從影——周瘦鵑與中國早期電影〉，《電影藝術》第 342 期（2012 年），頁 131-137。

陳國球：〈放逐抒情：從徐遲的抒情論說起〉，《清華中文學報》第 8 期（2012 年 12 月），頁 229-261

陳國球：〈抒情的傳統與現代〉，收入高嘉謙、鄭毓瑜編：《從摩羅到諾貝爾》（臺北：麥田出版社，2015 年），頁 192-208。

陳國球：〈異域文學之光：陳世驤與魯迅及波蘭文學〉，《東亞觀念史集刊》第 15 期（2018 年 12 月），頁 269-280。

陳傳芝：〈抗戰時期商務印書館的外國文學譯作出版〉，《編輯之友》2010 年第 9 期（2010 年 9 月），頁 110-114。

陳碩文：〈「演繹／譯」唯美：論林微音之譯作《馬斑小姐》與創作《花廳夫人》〉，《編譯論叢》第 5 卷第 2 期（2012 年 9 月），

頁 61-81。

陳碩文：〈譯者現身的跨國行旅：從《疤面瑪歌》（*Margot la Balafrée*）到《毒蛇圈》〉，《政大中文學報》第 27 期（2017 年 6 月），頁 321-356。

陳碩文：〈「這奇異的旅程！」：周瘦鵑的亞森羅蘋小說翻譯與民初上海〉，《政大中文學報》第 32 期（2019 年 12 月），頁 39-86。

陳滿意：〈抗戰時內遷長汀的廈門大學〉，《北京晚報》，2021 年 8 月 12 日。

陸志國：〈弱小民族文學的譯介和聖化——以五四時期茅盾的翻譯選擇為例〉，《外語教學理論與實踐》2013 年第 1 期（2013 年），頁 91-95、78。

彭小妍：〈浪蕩子美學與越界——新感覺派作品中的性別、語言與漫遊〉，《中國文哲研究集刊》第 28 期（2006 年 3 月），頁 121-148。

黃子平、陳平原、錢理群：〈論「二十世紀中國文學」〉，《文學評論》1985 年第 5 期（1985 年），頁 3-14。

黃興濤、王峰：〈民國時期「中華民族復興」觀念之歷史考察〉，《中國人民大學學報》2006 年第 3 期（2006 年），頁 129-137。

黃興濤：〈清末現代「民族」概念形成小考〉，《人文雜誌》2011 年第 4 期（2011 年），頁 140-144。

楊迎平：〈施蟄存傳略〉，《新文學史料》2000 年第 4 期（2000 年），頁 148-162。

楊振：〈從具有個性到具有代表性的詩人：弗朗索瓦·維庸在民國（1917-1937）的譯介〉，《跨文化對話》第 36 期（2016 年），頁 373-385。

楊振：〈《震旦大學院雜誌》（1916-1929）中的知識分子與政治威權——從法國中世紀詩人維庸（François Villon）的形象談起〉〉，《中國比較文學》2018 年第 3 期（2018 年），頁 171-

185。

楊聯芬：〈女性與革命——以 1927 年國民革命及其文學為背景〉，《政大中文學報》第 8 期（2007 年 12 月），頁 121-149。

賈植芳：〈人格‧人性‧人情‧友情——憶施蟄存先生〉，《黑龍江日報》，2003 年 12 月 15 日。

葉祝弟：〈意象抒情與施蟄存「江南新感覺」〉，《當代文壇》2020 年第 5 期（2020 年），頁 117-125。

劉慧：〈論施蟄存的詩歌翻譯對其新詩的影響〉，《長沙大學學報》第 34 卷第 3 期（2020 年 5 月），頁 140-144。

劉敘一：〈政治的懸置，文藝的聚焦——《現代》雜誌「現代美國文學專號」翻譯活動研究〉，《外語與翻譯》2018 年第 1 期（2018 年），頁 19-23。

蔡祝青：〈文學觀念流通的現代化進程：以近代英華／華英辭典編纂 "literature" 詞條為中心〉，《東亞觀念史集刊》第 3 期（2012 年 12 月），頁 273-333。

蔡祝青：〈「文學」觀念的現代化進程：以晚清報刊的運用實例為中心〉，《清華中文學報》第 24 期（2020 年 12 月），頁 153-205。

蔣錫金：〈芳信和詩歌書店〉，《新文學史料》1980 年第 4 期（1980 年），頁 128-132。

樓適夷：〈從三德里談起〉，《新文學史料》1982 年第 4 期（1982 年），頁 196-197。

戰玉冰：〈民國時期電影與偵探小說的交互影響——以陸澹盦的觀影活動、影戲小說與偵探小說創作為中心〉，《電影新作》2021 年第 4 期（2021 年），頁 34-39。

戰玉冰：〈亭子間、咯血症與「俠盜」想像——以 1940 年代孫了紅的居室及「俠盜魯平奇案」系列小說為中心〉，《現代中文學刊》2022 年第 2 期（2022 年 4 月），頁 37-46。

戰玉冰：〈正義，俠義，民族大義？——以亞森‧羅蘋系列小說的翻

譯，模仿與本土化創作為中心〉，《中國比較文學》2022 年第 3 期（2022 年），頁 123-138。

賴榮幸：〈被遺忘的版畫引路人——葉靈鳳與 1930 年代的新興版畫運動〉，《美術學報》2016 年第 5 期（2016 年），頁 83-92。

謝佳娟：〈請見根茲巴羅風景畫研究的變遷及其意義——一個藝術史學史的考察〉，《新史學》第 27 卷第 2 期（2016 年 6 月），頁 151-235。

鍾欣志：〈宋春舫的多語書寫與民國初年交會區的知識互換〉，《戲劇研究》第 29 期（2022 年 1 月），頁 37-70。

鄺可怡：〈跨越歐亞戰爭語境的左翼國際主義——論巴比塞《火線》及葉靈鳳的中文翻譯〉，《中國文化研究所學報》第 69 期（2019 年 7 月），頁 155-195。

羅志田：〈中國文藝復興之夢：從清季的古學復興到民國的新潮〉，《漢學研究》第 20 卷第 1 期（2010 年 6 月），頁 277-307。

羅志田：〈天下與世界：清末士人關於人類社會認知的轉變——側重梁啟超的觀念〉，收入《近代讀書人的思想世界與治學取向》（北京：北京大學出版社，2009 年），頁 30-54。

羅執廷：〈雷馬克的《西線無戰事》與民國時期的非戰／尚戰話語〉，《中國現代文學研究叢刊》2014 年第 10 期（2014 年），頁 140-151。

關詩珮：〈從林紓看文學翻譯規範由晚清中國到五四的轉變：西化、現代化和以原著為中心的觀念〉，《中國文化研究所學報》第 48 期（2008 年），頁 343-372。

（四）學位論文

尹輝：《五四前後「弱小民族文學」譯介研究》，山東：山東大學中國現當代文學博士學位論文，2019 年。

呂作用：《傅雷與視覺藝術》，杭州：中國美術學院美術史與美術理論
　　專業博士學位論文，2011 年。

孟艷：《民國時期西方美術史譯介概述》，金華：浙江師範大學美術史
　　專業碩士學位論文，2014 年。

房瑩：《陸澹盦及其小說研究》，上海：華東師範大學中國各體文學理
　　論專業博士學位論文，2010 年。

金筱凡：《外來藝術與書刊插圖設計——以葉靈鳳的藝術創作為例》，
　　臺南：國立成功大學藝術研究所碩士學位論文，2017 年。

姜巍：《重釋「俠盜」：周瘦鵑與亞森羅蘋案翻譯，1914-1933》，香
　　港：香港中文大學翻譯系碩士學位論文，2021 年。

張穎：《《譯文》與 1930 年代中國的世界文學樣貌》，長春：東北師
　　範大學中國現當代文學專業博士學位論文，2020 年。

趙家琦：《東京／上海：從日本「新興文學」視域重探日、中新感覺派
　　的多重現代性交涉（1920s-1930s）》，新竹：國立清華大學中國
　　文學所博士學位論文，2015 年。

劉庭豪：《「摩登」之外與「內在現實」——施蟄存小說重探》，新
　　竹：國立清華大學中國文學所碩士學位論文，2016 年。

四、外文著作

Anderson, Benedict. *Imagined Communities: Reflections on the Origin and Spread of Nationalism.* New York and London: Verso, 1991.

Andrew, Dudley. "Adaptation." In *Film Theory and Criticism Introductory Readings,* edited by M. Cohen, and L. Braudy, 330-339. Oxford: Oxford University Press, 2016.

Apter, Emily. *Against World Literature: On the Politics of Untranslatability.* London, New York: Verso, 2013.

Aspley, Keith. *The Life and Works of Surrealist Philippe Soupault (1897-*

1990). New York: Edwin Mellen Press, 2001.

Auden, Wystan Hugh, and Christopher Isherwood. *Journey to a War*. London: Faber and Faber Limited, 1939.

Bassnett, Susan, and André Lefevere. *Constructing Cultures: Essays on Literary Translation*. Clevedon: Multilingual Matters Ltd, 1998.

Baudelaire, Charles. *Petits Poèmes en prose (Le Spleen de Paris)*. Paris: Michel Lévy frères, 1869.

Baudelaire, Charles. « De l'héroïsme de la vie moderne. » *In Écrits sur l'art*, 151-54. Paris : Livre de Poche, 1992.

Baetens, Jan. *Novelization: From Film to Novel*. Translated by Mary Feeney. Columbus: Ohio State University Press, 2018.

Behr, Wolfgang. "'To translate' is 'to exchange': Linguistic Diversity and the Terms for Translation in Ancient China." In *Mapping Meanings: The Field of New Learning in Late Qing China,* edited by Michael Lackner, Natascha Vittinghoff, 173-209. Leiden: Brill, 2004.

Benardete Maír, José, and R. Humphries, eds.···*And Spain Sings: Fifty Loyalist Ballads Adapted by American Poets*. New York: The Vanguard Press, 1937.

Berger, John. *Ways of Seeing*. London: Penguin Books, 1990.

Berman, Antoine. *Toward a Translation Criticism: John Donne*. Translated and edited by Françoise Massardier-Kennedy. Kent: Kent State University Press, 2009.

Bevan, Paul. *Intoxicating Shanghai—An Urban Montage: Art and Literature in Pictorial Magazines during Shanghai's Jazz Age*. Leiden and Boston: Brill, 2020.

Bhabha, Homi K. "Of Mimicry and Man." In *The Location of Culture,* 85-88. London and New York: Routledge, 1994.

Bien, Gloria. *Baudelaire in China: A Study in Literary Reception*. Newark :

University of Delaware Press, 2013.

Bordes, Léon François André. *Vingt leçons d'histoire de l'art*. Paris : Gigord, 1927.

Calinescu, Matei. *Five Faces of Modernity: Modernism, Avant-Garde, Decadence, Kitsch, Postmodernism*. Durham: Duke University Press, 1987.

Carpenter, Humphrey. *W. H. Auden: A Biography*. Oxford: Oxford University Press, 1992. (Original publication 1981.)

Caudwell, Christopher. *Illusion and Reality: A Study of the Sources of Poetry*. New York: International Publishers, 1937.

Chen, Shih-Hsiang. "Polish Literature in China and Mickiewicz as 'Mara Poet'." In *Adam Mickiewicz in World Literature*, edited by Waclaw Lednicki, 569-88. Berkeley: University of California Press, 1956.

Cheah, Pheng. "World against Globe: Toward a Normative Conception of World Literature." *New Literary History* 45, no. 3 (Summer 2014): 303-329.

Cheung, Martha P. Y. "'To Translate' means 'to Exchange'? A New Interpretation of the Earliest Chinese Attempts to Define Translation ('Fanyi')." *Target* 17, no. 1 (2005): 27-48.

Chow, Ray. *Primitive Passions: Visuality, Sexuality, Ethnography, and Contemporary Chinese Cinema*. New York: Columbia University Press, 1995.

Cunningham, Valentine. *British Writers of the Thirties*. Oxford: Oxford University Press, 1988.

Damrosch, David. *What is World Literature?* Princeton, N. J.: Princeton University Press, 2003.

Day-Lewis, Cecil. *A Hope for Poetry*. Oxford: Basil Blackwell, 1934.

Debicki, Andrew P. *Spanish Poetry of the Twentieth Century: Modernity and*

Beyond. Lexington: The University of Kentucky Press, 1994.

Dingwaney, Anuradha, and Carol Maier, eds. *Between Languages and Cultures: Translation and Cross-cultural Texts.* Pittsburgh and London: University of Pittsburgh Press, 1995.

Downes, Stephanie, A. Lynch and K. O'Loughlin, eds. *Emotions and War: Medieval to Romantic Literature.* Basingstoke: Palgrave Macmillan, 2015.

Fisher, David James. *Romain Rolland and the Politics* of *Intellectual Engagement.* Berkeley and Los Angeles: University of California Press, 1988.

Foucault, Michel. "Of Other Places." Translated by Jay Miskowiec. *Diacritics* 16, no. 1 (Spring 1986): 22-27.

Fong, Wen C. *Between Two Culture: Late-Nineteenth- and Twentieth-Century Chinese Paintings from the Robert H. Ellsworth Collection in the Metropolitan Museum of Art.* New York: Metropolitan Museum of Art, 2001.

Gamsa, Mark. *The Reading of Russian Literature in China. A Moral Example and Manual of Practice.* New York: Palgrave Macmillan, 2010.

Genette, Gérard. "Introduction to the Paratext." Translated by M. Maclean. *New Literary History* 22, no. 2(1991): 261-272.

Gunn, Edward. *Rewriting Chinese, Style and Innovation in Twentieth-Century Chinese Prose.* Stanford: Stanford University Press, 1991.

Hansen, Miriam. "Fallen Women, Rising Stars, New Horizons: Shanghai Silent Film as Vernacular Modernism." *Film Quarterly* 54, no. 1(2000): 10-22.

Hansen, Miriam. "The Mass Production of the Senses: Classical Cinema as Vernacular Modernism." In *Reinventing Film Studies,* edited by Christine Gledhill and Linda Williams, 332-50. Oxford: Oxford

University Press, 2000.

Hearn, Maxwell K., and Judith G. Smith, eds. *Chinese Art: Modern Expressions*. New York: Metropolitan Museum of Art, 2001.

Hewitt, Andrew. *Fascist Modernism: Aesthetics, Politics, and the Avant-Garde*. Stanford: Stanford University Press, 1993.

Hockx, Michel. *Questions of Style*: *Literary Societies and Literary Journals in Modern China*: *1911–1937*. Leiden, Boston: Brill, 2003.

Hutcheon, Linda. *A Theory of Adaptation*. New York and London: Routledge, 2006.

Huters, Theodore. *Bringing the World Home: Appropriating the West in England in Late Qing and Early Republican China*. Honolulu: University of Hawai'i Press, 2005.

Huters, Theodore. *Taking China to the World: The Cultural Production of Modernity*. N.Y.: Cambria Press, 2022.

Hynes, Samuel Lynn. *The Auden Generation: Literature and Politics in the 1930s*. London: Bodley Head, 1976.

Ickowicz, Marc. *La Littérature à la lumière du matérialisme historique*. Paris: Edition Marcel Rivière, 1929.

Kao, Meiching. "*China's Responses to the West in Art, 1898-1937.*" PhD diss., Stanford University, 1972.

Kohlmann, Benjamin. *Committed Styles: Modernism, Politics, and Left-Wing Literature in the 1930s*. Oxford: Oxford University Press, 2014.

Labanyi, Jo. *Spanish Literature: A Very Short Introduction*. Oxford: Oxford University Press, 2010.

Larson, Randall D. *Films into Books: An Analytical Bibliography of Film Novelizations, Movie and TV Tie-Ins*. London: The Scarecrow Press, 1995.

Lee, Gregory. *Dai Wangshu: The Life and Poetry of a Chinese Modernist.*

Hong Kong: The Chinese University of Hong Kong Press, 1989.

Lee, Haiyan. *Revolution of the Heart: A Genealogy of Love in China, 1900-1950.* Stanford: Stanford University Press, 2007.

Lee, Haiyan. "All the Feelings That Are Fit to Print: The Community of Sentiment and the Literary Public Sphere in China, 1900-1918." *Modern China* Vol. 27, No. 3 (Jul., 2001): 291-327.

Liu, Lydia H. *Translingual Practice: Literature, National Culture, and Translated Modernity-China, 1900-1937.* Stanford: Stanford University Press, 1995.

Mcfarlane, Brain. *Novel to Film: An Introduction to the Theory of Adaptation.* Oxford: Clarendon Press, 1996.

Mahlknecht, Johannes. "The Hollywood Novelization: Film as Literature or Literature as Film Promotion?" *Poetics Today* 33, no.2 (June 2012): 137-168.

Manteiga, Robert C. "Politics and Poetics: England's Thirties Poets and the Spanish Civil War." *Modern Language Studies* 19, no.3(1989): 3-14.

Mao, Peijie. *Popular Magazines and Fiction in Shanghai, 1914-1925: Modernity, the Cultural Imaginary, and the Middle Society.* Lanham: Lexington Books, 2021.

Miłosz, Czesław. *The History of Polish Literature.* London: Collier-Macmillan, 1969.

Mittler, Babara. *A Newspaper for China? Power, Identity, and Change in Shanghai's News Media, 1872-1912.* Cambridge M.A.: Harvard University Asia Center, 2004.

Moretti, Franco. "Conjectures on World Literature." *New Left Review* 1 (2000): 54-68.

Nilsson, Louise, David Damrosch, and Theo D'haen, eds. *Crime Fiction as World Literature.* New York and London: Bloomsbury Academic, 2017.

Ordon, Edmund. "The Reception of the Polish Short Story in English: Reflections on a Bibliography." *The Polish Review* 2 no. 2/3 (Spring-Summer 1957):125-132.

Pagello, Federico. "A. J. Raffles and Arsène Lupin in Literature, Theatre, and Film: On the Transnational Adaptations of Popular Fiction (1905-30)." *Adaptation* 6 *no.* 3(2013): 268-282.

Peng, Hsiao-yen. *Dandyism and Transcultural Modernity: The Dandy, the Flâneur, and the Translator in 1930s Shanghai, Tokyo, and Paris.* London and New York: Routledge, 2010.

Pérez, J., and W. Aycock, eds. *The Spanish Civil War in Literature.* Lubbock, Texas: Texas Tech University Press, 1990.

Perry, Elizabeth J. "Moving the Masses: Emotion Work in the Chinese Revolution." *Mobilization: An International Journal* 7 no. 2 (2002): 111-128.

Poster, Jem. *The Thirties Poets.* Buckingham: Open University Press, 1993.

Pratt, Mary Louise. "Arts of the Contact Zone." *Profession* no. 91 (1991): 33-40.

Proust, Antonin. *Edouard Manet, Souvenirs.* Paris: H. Laurens, 1913. (Original publication 1897.)

Redfield, Robert, and Milton B. Singer, "The Cultural Role of Cities." *Economic Development and Social Change* 3(1954): 53-73.

Reed, Christopher A. *Gutenberg in Shanghai: Chinese Print Capitalism, 1876-1937.* Vancouver : University of British Columbia Press, 2004.

Renouard, Caroline. « Arsène Lupin à l'Athénée (1908) : un spectacle populaire entre répétitions et innovations. » Dans Pascale Alexandre-Bergues et Martin Laliberté (dir.), *Les Archives de la mise en scène : spectacles populaires et culture médiatique 1870-1950*, 75-88. Lille: Presses universitaires du Septentrion ; Colloque de Cerisy.

Ruaud, André-François. *Les nombreuses vies d'Arsène Lupin.* Lyon: Les Moutons Électriques, 2005.

Replogle, Justin. "Auden's Marxism." *PMLA* 80 no.5 (December 1965): 584-595.

Sienkiewicz, Henryk. *Yanko: The Musician and Other Stories.* Translated by Jeremiah Curtin. Boston: Little, Brown, 1893.

Shen, Den. *Literary Stylistics and Fictional Translation.* Beijing: Peking University Press, 2017.

Shih, Shu-mei. *The Lure of the Modern: Writing Modernism in Semicolonial China, 1917-1937.* Berkeley: University of California Press, 2001.

Singer, Ben. "Female Power in the Serial-Queen Melodrama: The Etiology of an Anomaly." *Camera Obscura* 8 no.1(January 1990): 90-129.

Singer, Ben. "Fiction Tie-ins and Narrative Intelligibility 1911-18." *Film History* 5, no. 4(1993): 489-504.

Singer, Ben. *Melodrama and Modernity: Early Sensational Cinema and its Contexts.* New York: Columbia University Press, 2001.

Smith, Thomas Robert. ed. *Baudelaire: His Prose and Poetry.* New York: Modern Library, Boni and Liveright, 1919.

Spender, Stephen. *The Thirties and After: Poetry, Politics, People 1933-1970.* New York: Random House, 1978.

Soupault, Philippe. *Charlot.* Paris: Gallimard, 2014.

Sullivan, Michael. *The Meeting of Eastern and Western Art.* Berkeley: University of California Press,1989.

Tam, King-fai. "The Traditional Hero as Modern Detective: Huo Sang in Early Twentieth Century Shanghai." In *The Post-colonial Detective,* edited by Ed Christian, 140-158. Basingstoke: Palgrave MacMillan, 2001.

Thompson, Christina. "Kuprin in English: A Bibliography of Works by and about Him." *Russian Language Journal* 30, no.105(Winter 1976): 99-

108.

Thompson, Jon. *Fiction, Crime, and Empire: Clues to Modernity and Postmodernism*. Urbana and Chicago: University of Illinois Press, 1993.

Venuti, Lawrence. *The Translator's Invisibility: A History of Translation*. London and New York: Routledge, 2008.

Vermeer, Hans J. "Skopos and Commission in Translational Action." In *Readings in Translation Theory,* edited by A. Chesterman, 173-200. Helsinki: Finnlectura, 1989.

Vermeer, Hans J. and Katharina Reiss. *Towards a General Theory of Translational Action: Skopos Theory Explained*. Translated by Christiane Nord. London, New York: Routledge, 2014.

Virmaux, Alain, and Odette Virmaux eds. *Le ciné-roman, un genre nouveau*. Paris: Edilig, 1983.

Wang, David Der-wei, ed. *A New Literary History of Modern China*. Cambridge M.A.: Harvard University Press, 2017.

Wang, Ban. *China in the World: Culture, Politics, and World Vision*. Durham, NC: Duke University Press, 2022.

Williams, Raymond. *Politics of Modernism: Against the New Conformists*. London, New York: Verso, 1989.

Yeh, Catherine Vince. *The Chinese Political Novel: Migration of a World Genre*. Cambridge M.A.: Harvard University Asia Center, 2015.

長谷川銕次郎：《世界を背景とせる日本現代史》，東京：慶文堂書店，1925 年。

五、網路資料

Allison, Deborah. "Film/Print: Novelizations and 'Capricorn One'." M/C Journal 10, no.2. Accessed September 28, 2022. https://doi.org/10.5204/mcj.2633

Chabrier, Amélie. « Les Mystères de New-York : stratégies d'adaptation d'un serial américain au pays de l'oncle Sue.» Médias 19, France. Accessed October 14, 2021. http://www.medias19.org/index.php?id=13613.

Kreimeier, Klaus. "The Most Famous Suspense Serial in History." The Early Silent Era. Accessed February 26, 2022. https://traumundexzess.com/2015/06/27/the-perils-of-pauline-1-r-louis-j-gasnier-donald-20605776/

Teichner, Noah. "A Poet in Tramp's Clothing: Surrealist Writers and Charlie Chaplin (1918-1953)." Paper delivered at "The Birth of the Tramp" conference held at the Cineteca di Bologna (June 26th-28th, 2014). Accessed July 2, 2022. http://www.cinetecadibologna.it/files/festival/Sotto_le_stelle/2014/100charlot/atti/teichner.pdf.

文庫網站 http://www.everymanslibrary.co.uk/history.aspx

馬鳴謙：〈施蟄存外文藏書撮談（下）〉，《澎湃新聞》，網址：https://www.thepaper.cn/newsDetail_forward_9492964，瀏覽日期：2023 年 6 月 22 日。

教育部重編國語辭典修訂本 https://dict.revised.moe.edu.tw/index.jsp

六、報刊全文資料庫

上海申報全文圖像資料庫
http://small.wenzibase.com/

中央研究院史語所漢籍全文資料庫

　　https://hanchi.ihp.sinica.edu.tw/ihp/hanji.htm

中國近現代思想及文學史專業數據庫（1830-1930）

　　https://nccur.lib.nccu.edu.tw/handle/140.119/62689

民國時期期刊全文數據庫（1911-1949）

　　https://www.cnbksy.com/product/productDescription?id=12&isProduct
　　=false

晚清期刊全文數據庫及增輯（1816-1911）

　　https://www.cnbksy.com/